日本の時代をつくった本

幕末から現代までの社会と文学をビジュアルで読み解く

永江 朗 監修

日本の時代をつくった本

はじめに

この150年で日本の書物はずいぶん変わった。形態も、内容も、ことばも。

たとえば樋口一葉『たけくらべ』は、次のようにはじまる。

廻《まわ》れば大門《おおもん》の見返《みかへ》り柳《やなぎ》いと長《なが》けれど、お歯《は》ぐろ溝《どぶ》に燈火《ともしび》うつる三階《がい》の騒《さわ》ぎも手《て》に取《と》る如《ごと》く、明《あ》けくれなしの車《くるま》の往来《ゆきき》にはかり知《し》られぬ全盛《ぜんせい》をうらなひて、大音寺前《だいおんじまえ》と名《な》は仏《ほとけ》くさけれど、さりとは陽気《ようき》の町《まち》と住《す》みたる人《ひと》の申き、

このあとも読点だけの文章が続く。

『たけくらべ』が「文学界」に連載されたのは1895（明治28）年から翌年にかけてだった。およそ120年前の小説だ。『たけくらべ』だけが特別だったわけではない。その4年前に発表された幸田露伴『五重塔』の書き出しは次のとおり。

木理《もくめ》美《うるわ》しき槻胴《けやきどう》、縁にはわざと赤樫《あかがし》を用ひたる岩畳《がんじょう》作りの長火鉢《ながひばち》に対《むか》ひて話し敵《がたき》もなく唯《ただ》一人、少しは淋《さび》しさうに坐《すわ》り居る三十前後の女、男のやうに立派な眉《まゆ》を何日《いつ》掃《はら》ひしか剃《そ》つたる痕《あと》の青々と、見る眼も覚むべき雨後の山の色をとどめて翠《みどり》の匂ひ一トしほ床《ゆか》しく、

『五重塔』もまた読点だけの長い文章が続き、なかなか句点があらわれない。しかし、文章のリズムは心地よい。ちょっと声に出してよみたくなる。

『五重塔』『たけくらべ』からおよそ90年後、村上春樹『ノルウェイの森』は次のように

はじまる。

僕は三十七歳で、そのときボーイング７４７のシートに座っていた。その巨大な飛行機はぶ厚い雨雲をくぐり抜けて降下し、ハンブルク空港に着陸しようとしているところだった。十一月の冷ややかな雨が大地を暗く染め、雨合羽を着た整備工たちや、のっぺりとした空港ビルの上に立った旗や、ＢＭＷの広告板やそんな何もかもをフランドル派の陰うつな絵の背景のように見せていた。やれやれ、またドイツか、と僕は思った。

露伴や一葉からまだ1世紀もたたないのに、日本語はこんなに大きく変わった。もっとも、『ノルウェイの森』から30年たっても、わたしたちはこの小説をそれほど古くさいと感じない。ボーイング７４７は現役で飛んでいるし（いまは７４７-8型）、ＢＭＷもスポーティーな高級ドイツ車として健在だ。「雨合羽」ということばを使う人は少なくなったかもしれないが。

１５０年前、本といえば柔らかくて軽く、薄い和本だった。それがまたたく間に硬くて頑丈な洋本にとってかわられた。書店の風景も、個人の書斎も変わっていった。和本は表紙を上に寝かせて置かれたが、厚くて硬い洋本は立てて並べられるようになった。やがて活版印刷から写植オフセット印刷になり、電子書籍・電子雑誌が登場した。

１５０年で変わったのは書物だけでなく、日本社会も変わった。人びとの生活様式も、考え方も、感覚も変わった。服装も、歩き方も、話し方も。戦争や大地震、恐慌など、大きなできごとがあったあとでは急激に、そうでないときもゆっくりと変わっていった。

振り返ると、その時々に合わせた書物がつくられてきた。書物は時代を映す鏡だ。時代が書物をつくる。詩歌や小説が書かれ、海外の作品が翻訳され、雑誌がつくられた。それだけでなく、書物が時代をつくることもある。たとえば福沢諭吉『学問のすゝめ』は明治の精神に大きな影響を与えた。『少年マガジン』や『少年サンデー』などマンガ誌は戦後ベビーブーマーたちの心をとらえ、のちに独自の文化を築き上げる基礎となった。

映画、ラジオ、テレビ、そしてインターネット。150年のあいだに、印刷以外にもさまざまなメディアが登場した。そのたびに書物の終わりを予言する人があらわれた。しかし書物はなくならなかった。ただし、社会のなかでのポジションはそのつど変化してきた。

本書はこの150年のあいだに刊行された書籍や雑誌などを振り返りつつ、それらが社会に与えた影響と社会がそれらに与えた影響を考える。取り上げた書物は厳密な基準によって選ばれたものではないが、それぞれその時代の何かを表現している。書物が人びとの理想を示すこともあれば、即物的な欲望をあらわしていることもある。聖も俗も、貴も賤も、書物にはある。

この150年という時間は、長い歴史のなかの一部分である。この150年以前にも長い書物の歴史があったし、これからも書物の歴史は続いていく。ひとつひとつの書物を見ながら150年を振り返ると、これからの150年がおぼろげながらも見えてくる。

永江朗

もくじ◉日本の時代をつくった本

日本の時代をつくった本 ◉ もくじ

第二章

大正時代——大正デモクラシー

第三章

昭和前期(戦前)——昭和モダニズムと戦争

135

136 国民も知識人も一斉に戦争へと突き進んでいった

138 **或阿呆の一生** 芥川龍之介——芥川最晩年の遺書的作品

140 **上海** 横光利一——新感覚派文学を代表する先駆的都会小説

142 **蟹工船** 小林多喜二——北洋の蟹漁に従事する労働者の苦境を描く

144 **「いき」の構造** 九鬼周造——日本の美意識「いき(粋)」を分析した哲学者の名著

146 **宮本武蔵** 吉川英治——当時の人心に呼応した、新聞小説史上最大の人気作

148 **雪国** 川端康成——日本の美を追求した傑作

150 **鮫** 金子光晴——戦時下日本を痛烈に批判した「抵抗詩集」

152 **生活の探求** 島木健作——ベストセラーになった、生き方を問う小説

154 **麦と兵隊** 火野葦平——軍報道部員の経験を綴った戦争文学の傑作

156 **風立ちぬ** 堀辰雄——サナトリウムを舞台にした純愛小説

158 **近代の超克**——西欧的近代を超えることができるのか

160 **細雪** 谷崎潤一郎——戦争と近代化で失われていく美しい生活

162 ●**オフセット印刷**——出版業界をとりまく技術発展③

第四章

昭和後期（戦後）――復興と高度経済成長

第五章　昭和後期（戦後）・平成――失われた時代と未来への展望

なお、連載開始年などの関係で、本文の刊行年とキャプションの刊行年が異なることがあります。

序章

江戸時代

――出版文化が花開いた時代

江戸時代の出版文化

江戸以前の本の歴史

日本で本が作られるようになったのは、奈良時代頃と考えられている。仏教の教えを実践するため経典の筆写（写経）が盛んにおこなわれ、特に聖武天皇は自ら筆をとっただけでなく、紙を生産し、写経を専門におこなう経生《きょうせい》を召し抱えるなど、朝廷をあげて多くの写経をおこなった。この頃の本は巻子本《かんすぼん》といわれる巻物や、紙を一定幅で蛇腹に折った折本などの形態であった。今でも本を一巻、二巻と数えるのはこの時の名残である。

版木を彫って本を作ることを開板《かいはん》というが、中世の開板事業は寺社が担っていた。このうち、臨済宗の五山の寺が刊行したものを五山版《ござんばん》という。寺院が作る出版物は経典や教義のような内典と、それ以外の外典に区別された。虎関師錬《こかんしれん》の『聚分韻略《じゅうぶんいんりゃく》』は、江戸時代後期までの大ロングセラーとなった。

五山版が発達する過程で、さまざまなノウハウが蓄積された。たとえば、紙は、楮《こうぞ》（クワ科の落葉低木）の樹皮を主材料とした楮紙《ちょし》が採用され、江戸時代末頃まで紙の主流として続いた。また製本については、室町時代に明から袋綴じが伝わり、明治の初めまで続く主流となった。

五山版のように中世には寺院が書物を広める役割を果たしたが、保存や教育にも重要な役割を果たした。学校や文庫は武家によって創設されたが、その管理や教育は僧侶がおこなうことが多かった。一種の治外法権であった宗教施設で書物は守られたのである。

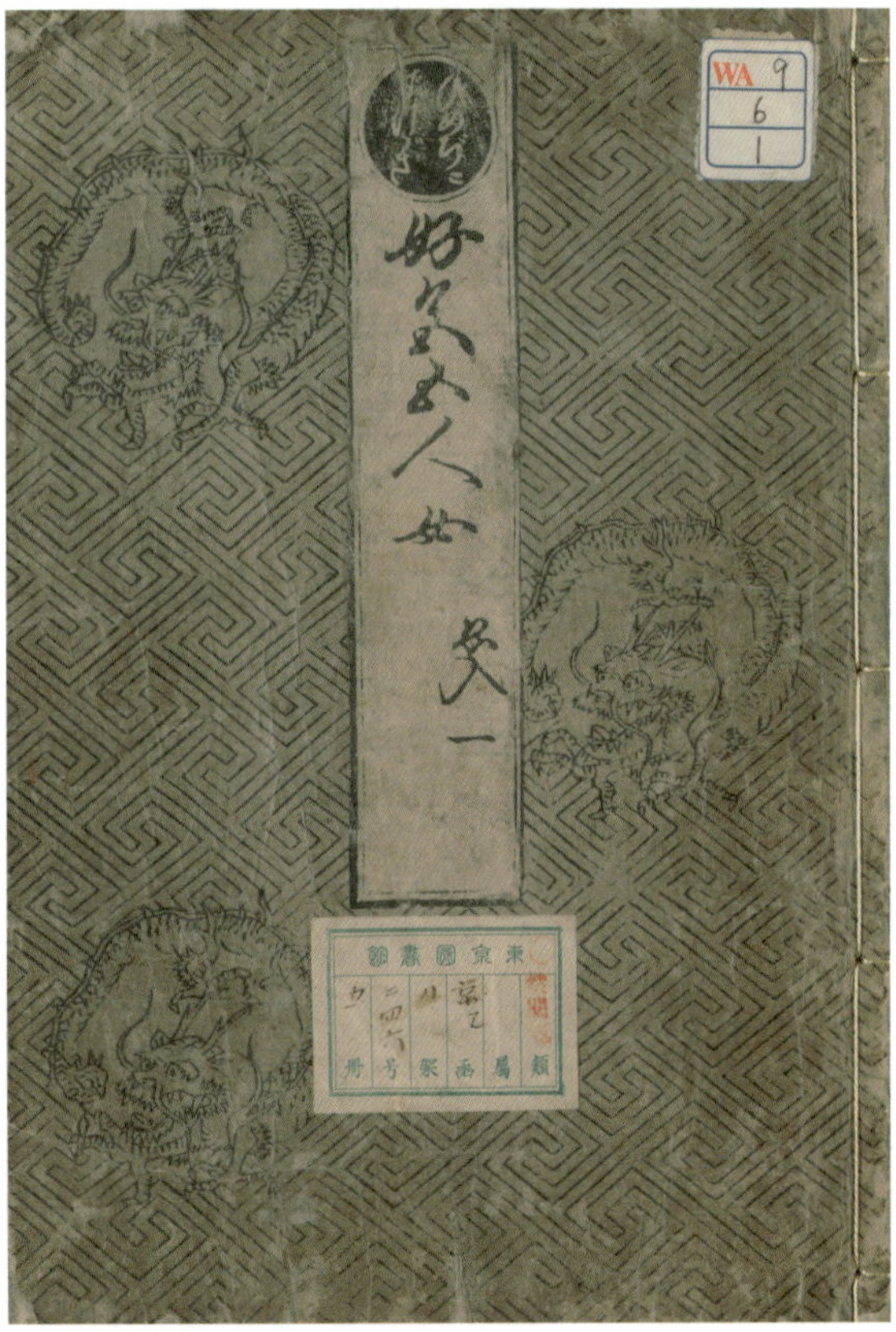

『好色五人女 5巻』、1686（貞享3）年、森田庄太郎発行、
国立国会図書館ウェブサイトから転載

なお、漢字を読むための工夫として、句読点、レ点、一二点を用いた返り点と送り仮名を入れる訓点の方法が南北朝、室町時代にでき上がり、五山の僧たちによって広められた。

読書が庶民に浸透した江戸時代

室町時代まで、本の形式は手で書き写す「書写本」が主であり、読者は武家や隠者であった。安土桃山時代以降、木を彫って印刷する「木版本」が多くなり、江戸中期からは読者も富裕な町人、農民が主体となる。

本を購入するようになったのも江戸時代からだ。それまでは文化的事業として印刷が行われてきたので、経済的活動を目的とした出版が始まったのは江戸時代に入ってからなのである。

１６０９（慶長14）年、京都の「本屋新七」が『古文真宝』という宋までの詩文を集めた書を開板し、販売したのが日本の商業出版の始まりとされている。屋号であった「本屋」という言葉が、現在でも書店の別称として使われているのは興味深い。

ちなみに、本という言葉が書物をさすようになったのも江戸時代からである。戦国時代に宣教師が作った『日葡辞書』によると、Fonは「本来のもの」という意味で、写本または原本・正本をさしていた。「Monono Fon」（物之本）がいわゆる書物をさす言葉だった。「Soxi」（双紙）は「やさしい言葉で書かれた歌や物語の書物」となっていたので、仏書や漢籍などの教養書は物之本といい、娯楽性の高いものを草紙あるいは草紙（草双紙）と呼んでいたことがわかる。

江戸時代、出版をする大手の書店は京都、大阪、江戸にほぼ限られていたが、それらの書店に所属する形で無数の販売店があった。その中には行商もあり、また貸本屋も存在した。大衆本専門の書店も各地に登場し、読書人口は飛躍的に増加した。

文化期、江戸には６００軒ほどの貸本屋が存在したという。貸本屋は最低１００～２００人の顧客を持ち、草紙屋から貸本屋に本が売れれば、実際に売れた数の10倍の読者がいたとされる。つまり、当時1万部売れた本は、現在の10万部のベストセラーに相当するのである。

幕末の話になるが、来日したペリーは、下田や函館のような地

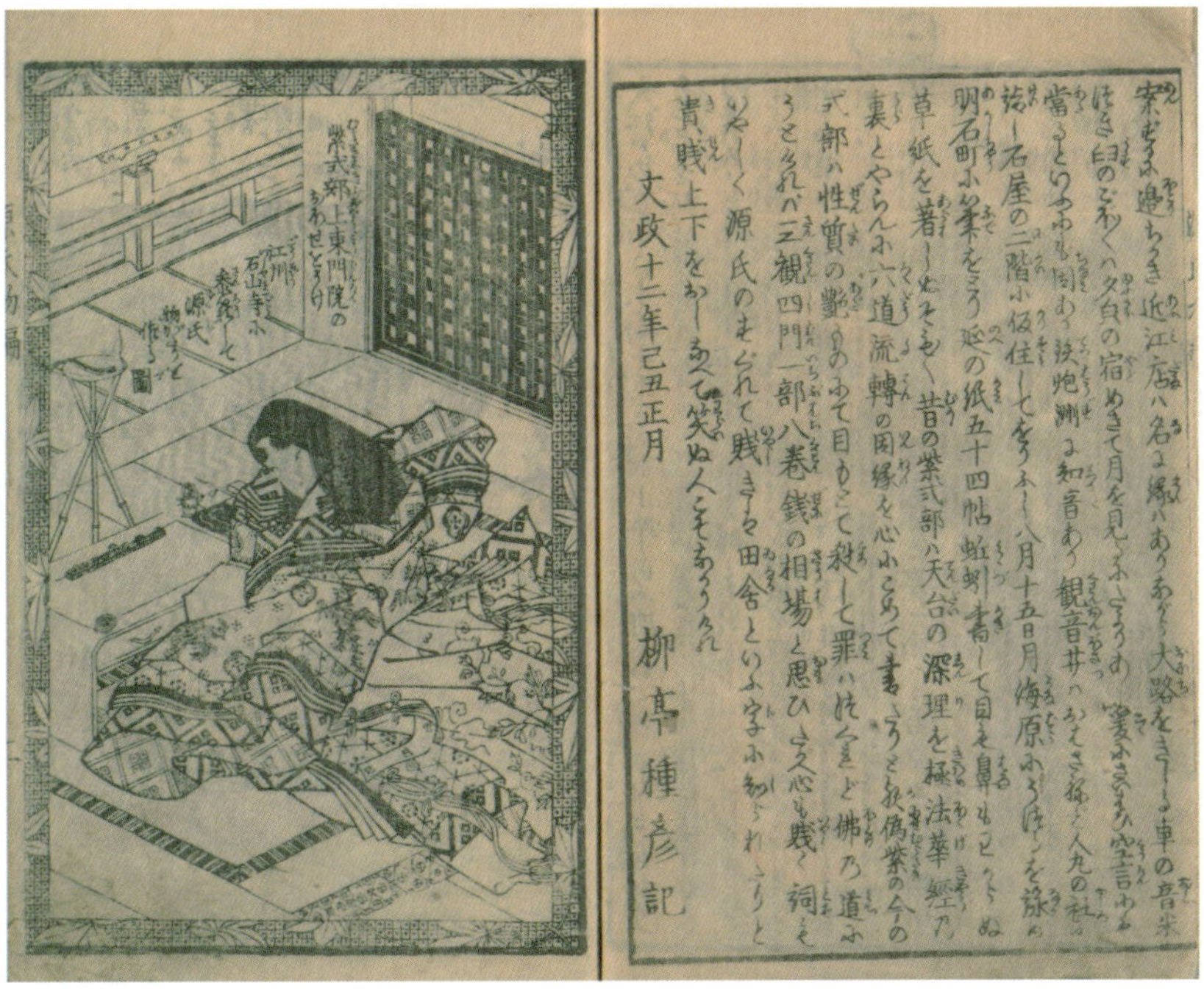

『修紫田舎源氏 初編上』、1829（文政12）年、鶴屋喜右衛門発行、国立国会図書館ウェブサイトから転載

方都市でも書物が店頭で売られ、多くの人々が読み方を教えられ、見聞を得ることに熱心であることに驚いている（『ペルリ提督日本遠征記（4）』岩波文庫）。

本の読み方を教えたのが寺子屋だ。天保期（1830年代）から急激に増え、幕末にピークを迎えた。このおかげで武士層だけでなく、町民、農民の識字率がきわめて高くなり、これが本の販売量と比例した。

版木がある限り、何度でも刷り増しができ、品揃えは増えていく。そのため、江戸時代を通して本の売り上げは上昇し続けた。

江戸の書店と写本

江戸時代初期において、出版の中心は圧倒的に上方、それも京都であった。中期になると、江戸と上方がほぼ拮抗し、大衆向けの双紙本が現れる。後期になると、出版の中心は江戸に移行し、双紙本が著しく増大する。

じつは、江戸時代初期には古活版印刷が盛んであった。これは豊臣秀吉の朝鮮出兵が関係している。当時、朝鮮では銅製の活字を用いた印刷術が発達していた。これが日本に入り、一部を銅製で鋳造し、大部分を木製で彫った木活字を用いた古活版印刷となったのである。

しかし、この古活版印刷は50年ほどで廃れてしまう。活版印刷は冊数を決めて印刷し、印刷後は活字をばらして次の本に使う。つまり、増刷に向いていないため、増刷できる中世以来の木版印刷に戻ってしまったのである。技術的な面で見れば後退したように見えるが、それだけ本が売れるようになったということだ。

江戸時代の書店は現在の書店とは様相が異なる。最大の違いは

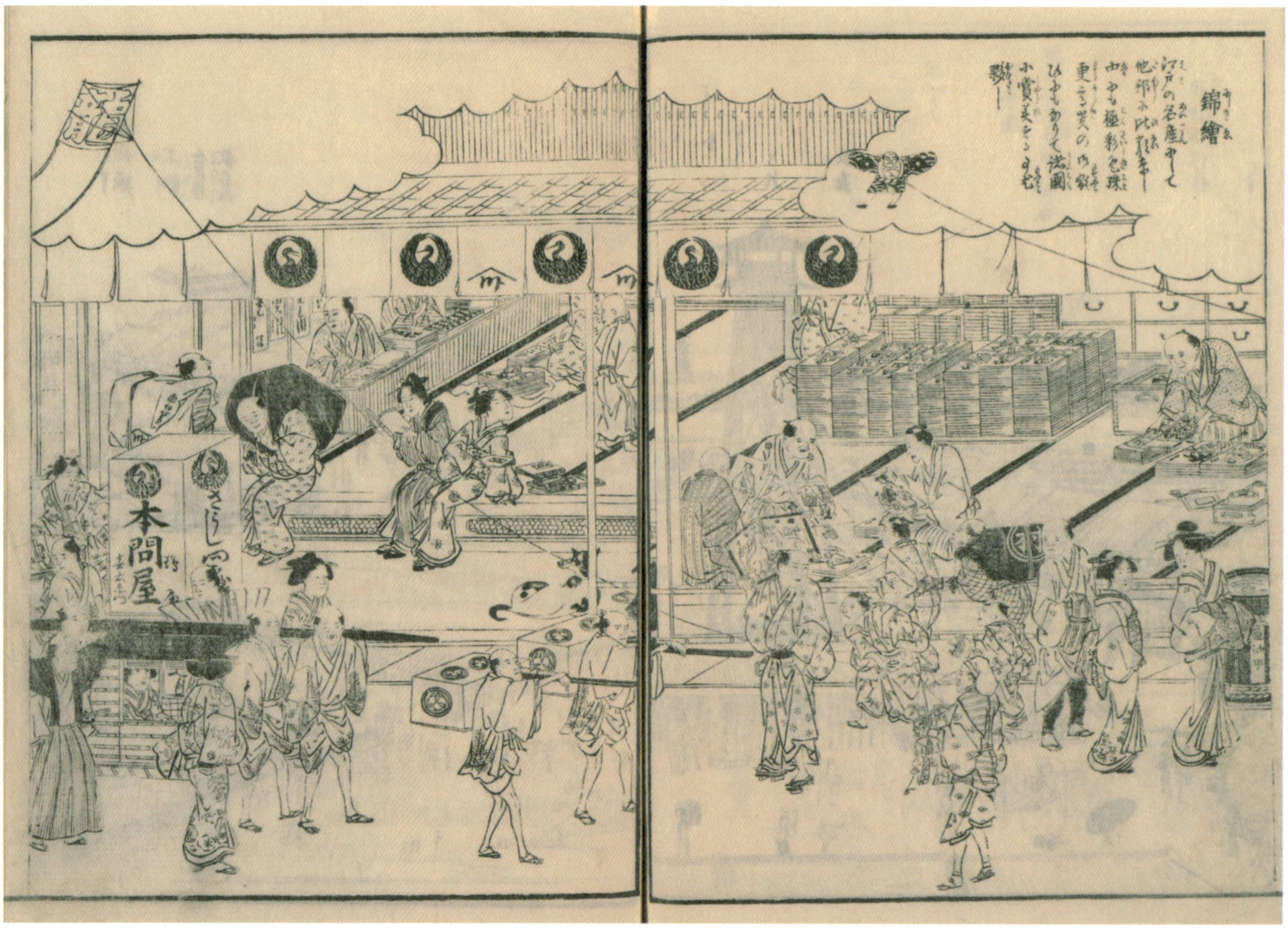

『江戸名所図会 7巻』、1834～1836（天保5～7）年、須原屋茂兵衛ほか発行、国立国会図書館ウェブサイトから転載

江戸時代の書店は現在の出版社の機能をもつということである。

さらに、江戸時代の書店は自店の本を卸販売しながら、他店を含めた新刊書の販売、古本の売買から貸本の兼業、版木の売買までおこなう、いわば書籍の総合総社だった。現在でいえば、版元、取次、小売店、古書店、貸本屋を一軒の店でおこなっていたのである。

1721（享保6）年には「諸商人諸職人組合仲間相定候付」という布令が出され、本屋仲間という出版業者の組合を作った。仲間に入るということは、販売ルートに乗ることであり、正式な出版に加わることであった。本屋は本を出すこと、すなわち版木の権利をもつことを重視した。これは現代の出版権に相当する。それに本を取り次ぐ流通機構がともない、本屋としての営業が成り立っていたのである。

しかし、仲間の意味あいはそれだけではなかった。

仲間が公認された翌年、享保7年11月に次のような出版条目が発布される。

一、新しく出版する書物に、みだりに異説を取り混ぜたようなものを固く禁ずる

二、好色本は風俗を害しているので、既刊のものは内容を改めるか絶版にすること

三、人の家筋、先祖のことなどを書いて流布することを禁ずる

四、今後新しく刊行する書物はすべて、作者、版元の実名を奥書として示すこと

五、権現様についてはもちろん、徳川家の事柄を書いた版本・写本を以後禁止する

六、今後、仲間でよく吟味して違反のないように心得ること

（橋口侯之介『江戸の本屋と本づくり【続】和本入門』平凡社ライブラリー）

仲間には、出版を検閲し、自主規制することが義務づけられたのである。

古活字印刷から木版印刷へという流れを紹介したが、これは書店で流通した本の形態であり、出版物全体では約4割を写本が占めた。これは江戸時代を通して変わらなかった。

その理由は、幕府の禁書政策が関係している。幕府は本屋に対し厳しく検閲をおこなったが、統制されていたのは本屋仲間から出す印刷物に限られていたため、写本は一時期を除いて規制の対象にならなかった。禁書となった本の写本が作られ、貸本屋などで読むことができたのである。

顕著な例としては、新井白石の本がある。新井白石は徳川吉宗が将軍になると失脚、晩年は著作に専念したが、出版されたのは江戸後期の本が多い。それまでの間、著作の多くは写本として伝えられ、人々に読まれていたのだ。

書籍の需要が増大した幕末

幕末になると、世の中と同様、出版にも変化が現れた。

ひとつは、地方の出版である。寛政以後の出版界は江戸を中心に展開したが、天保期以降になると状況が一変する。地方の城下町の書店は藩校出入り権、藩板、藩校権の支配権を得て営業基盤を強化すると同時に、地方書店だけの共同出版も開始する。江戸の書店も、地方書店との積極的な提携をおこなうようになった。天保の大飢饉を背景に大量の飢饉対策書が出版された。これらは

救荒書と呼ばれ、領主の推奨などにより、地方へと大量に流れていった。

　同時に不安定な社会情勢によって、武士層にかつてない書籍需要が生じた。危機に対処するためには武士の再教育が必要であり、出版統制をくぐり抜けやすい写本秘書が役に立つ。たとえば、嘉永3年の吉田松陰の読書記録や必読目録をみると、禁書、秘書がその気になれば容易に手に入るほどの書籍流通網が九州にまで及んでいることがわかる。

　一方、収奪や自然災害による農村の危機、商品生産の発展にともなう農民の社会意識の向上、寺子屋就学人口の増加などによって、庶民層における教科書としての書籍需要が増加した。また、幕府は読売（瓦版）を長い間禁じてきたが、文政年間に入ると大火や地震などの災害事件に限って黙認するようになる。天保弘化の時期は読売の発展期となり、ペリー来航、安政の大地震はさらに読売を発達させた。

　二百数十年という長い時間をかけて発展した江戸の出版文化は、明治維新によって流通・販売制度が急変することはなかった。しかし、1875（明治8）年になると既存の出版業界は新政府から厳しい弾圧を受けることとなる。

第一章

明治時代

——近代化の推進

急激な近代化の光と影

明治初期の出版業界には、学問を修めた士族出身者や洋行帰りの若者が多く参入した。自ら慶應義塾出版局を立ち上げ、『学問のすゝめ』を刊行した福沢諭吉もその一人だ。啓蒙の意識を前面に押し出し、先進的で読みすい内容は開国直後の明治の人々に受け入れられベストセラーとなる。初編は1872（明治5）年に出版され、売れ行きがよかったため続編が書かれ、1876（明治9）年の17冊目まで続いた。1880（明治13）年に全編を合本したものは数十万部も売れた。

明治初期の出版界が生み出した「マルチクリエイター」といえば坪内逍遙だろう。彼は西洋の物語は人情と世態を模写する「小説」であると説いた理論書『小説神髄』で知られるが、翻訳家、劇作家など多彩な顔を持っていた。『当世書生気質』などの小説も自ら執筆した。明治時代の知識人は「自由」、「個人」などの新しい概念と同時に、キリスト教的思想を背景にした精神的な愛を啓蒙した。逍遙も古い時代の「恋」ではくくれない新しい理念を、「ラブ」という言葉に託したことで知られる。逍遙自身は、30歳で小説家としての筆をおいたが、坪内に影響を受け、小説『浮雲』を書いた二葉亭四迷を世に出したことでも知られる。

二葉亭四迷は1887（明治20）年から1889（明治22）年に『浮雲』第1編、第2編、第3編を執筆。日本で最初に言文一致で書かれた同作の文学界への影響は大きかったが、本人は小説を放棄。さまざまな職業を経て、再び小説を書くのは二十年近くの後だった。舞台は当時新興メディアとして急速に部数を増やしていた新聞だ。東京朝日新聞主筆の池辺三山に請われて新聞小説『其面影』を1906（明治39）年10月10日に始めた。そしてその二葉亭四迷と朝日新聞の二枚看板となっていたのが夏目漱石だ。

明治時代のお雇い外国人の一人、エルヴィン・フォン・ベルツから「死への跳躍」と警告された日本の急激な近代化は揺籃期の文壇にも押し寄せた。

明治初期に福沢諭吉が独立自尊などの明るい思想で、近代化が進む明治時代の精神的支柱になった一方、近代化のもたらす弊害にいち早く警鐘を鳴らしたのが夏目漱石だった。

夏目漱石が処女作『吾輩は猫である』の連載を雑誌『ホトトギス』で始めたのが1905（明治38）年1月。漱石は英国留学中に研究に没頭しつつも、急速な近代化の歪みを露呈する日本について「真に目が醒めねばダメだ」と思うに至る。帰国後に精神衰弱に陥り、状態を緩和するために高浜虚子にすすめられたのが小説執筆の契機だった。猫の視点で、当時の日本人の文化や暮らしを風刺した同作は評判を呼ぶ。

漱石と同時代に生きた明治を代表する女流作家が樋口一葉である。1895（明治28）年から翌年にかけて『文學界』に連載された『たけくらべ』は、辛口評論で知られた森鷗外にも「まことの詩人」と激賞される。一葉が文壇で注目を集め始めた1994（明治27）年には日清戦争が開戦。一葉は激変する社会環境の中で、必死に生きる下層社会の人々を描いた。夏目漱石や森鷗外など知識階層が触れない世界を書いたことが、知識人たちの関心を惹き、文壇に衝撃を与えた。

明治中期以降は、出版市場の拡大に伴い、出版社も文学作品に力を入れ始める。出版社が人気のある作家を発掘し、個人的に関係を深めて作品を出版するようになる。

代表例が春陽堂と尾崎紅葉の関係だろう。春陽堂の初代和田篤太郎は、新人の頃の紅葉に作品執筆を頼むなどして関係を深め、作品を独占するようになる。

紅葉の代表作の『金色夜叉』は、1897（明治30）年から『読売新聞』に連載され人気を集めた。連載中の紅葉の死により未完に終わるものの、作品は春陽堂が原稿を買い取り、前編から続々編までの5冊本、合冊版、その後は縮刷本や文庫本として出版され、ベストセラーになる。

この時期には、探偵物や歴史物などのいわゆる「大衆小説」の流行も生まれた。大衆小説は明治半ば以降売り上げの面で純文学作品をしのぐ人気となり、その後もブームがしばしば起きるようになる。

その最初の盛り上がりが明治20年代の探偵小説ブームであり、黒岩涙香が人気作家となる。彼は『法廷の美人』を始めとした西洋の探偵物語を数多く翻訳して新聞紙上に発表。その後、本として出版されると、いずれもたちまちベストセラーになった。

涙香は忠実な逐語訳にこだわらずに、原文の趣旨を残しながら細部を変えるという方式を採用したため、わかりやすさが大衆の支持を得た。涙香の人気に便乗して各社は探偵小説を多く出版した。

明治時代は作家も出版社も試行錯誤を重ねた。近代化の中で欧米の文化を取り入れながら、一から全てを自分たちで作っていこうと苦闘した。小説というジャンル自体が新しく、作家たちは言葉で世界を変えようともがいた。結果として、作品内容が普遍性に富み、現代でも読み継がれる名作が数多く残ることになったのだろう。

1871
（明治4年）

西国立志編
サミュエル・スマイルズ

自由精神を鼓舞して
青年を導いた
「明治の聖書」

明治という新しい時代

1870（明治3）年から1871（明治4）年にかけては、日本の基礎が固まっていく時代であった。明治3年1月には、日章旗が国旗として定まった。また、最初の日刊新聞『横浜毎日新聞』が刊行されたのもこの年である。

明治4年になると、政治のシステムが大きく変わる。まず、廃藩置県によって藩制から府県制へと変化した。さらに、政府の形が太政官制（二官六省制）から太政官（三院制）に移行し、中央官制の形ができあがった。また、通貨の単位としての「円」が誕生したのもこの年であり、郵便制度も開始された。

明治初の大使節団が、不平等条約の見直し交渉や欧米の政治や社会状況の視察のために渡航した。つまり、江戸時代の名残がどんどん消え、海外から新しい文明や考え方が入ってくる——そんな時代であった。

サミュエル・スマイルズの『自助論』（『Self-Help』）が『西国立《さいこくりつ》志編《しへん》』として中村正直によって翻訳されたのは、この年である。

明治最大のベストセラー

じつは、江戸時代にもベストセラーに相当する言葉があった。「千部振舞」という言葉がそれである。出版物が千部売れると、出版社の社長は従業員と共に氏神様にお参りしたという。

明治に入って印刷技術が向上すると、書物の発行部数も増大した。なかでも桁違いのヒットを飛ばしたのは、現代でもよく知られる福沢諭吉の『学問のすゝめ』と『西国立志編』であった。

明治初期の郵便ポスト。

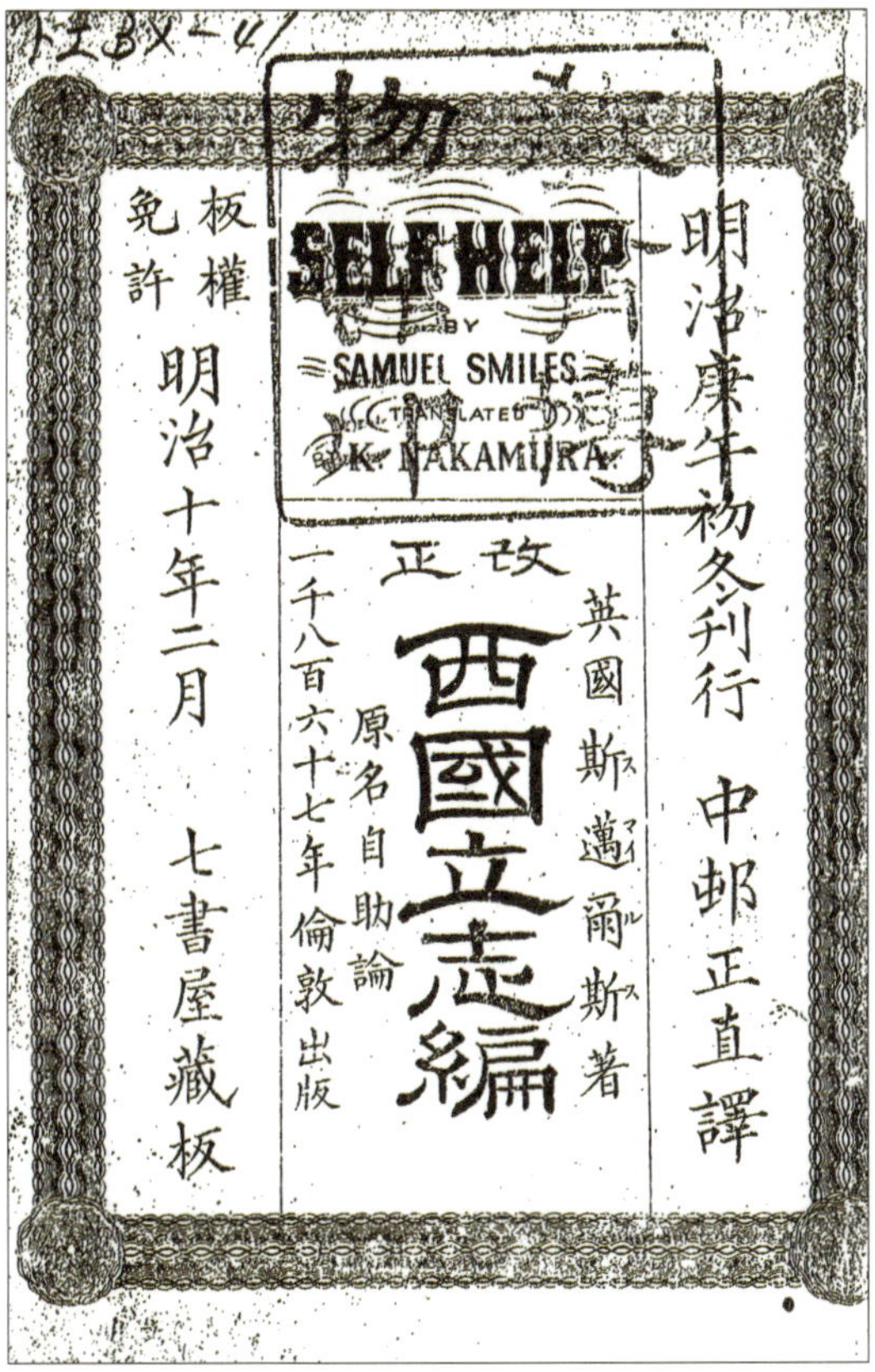
明治庚午初冬刊行　中邨正直譯
SELF HELP
BY
SAMUEL SMILES
TRANSLATED
K. NAKAMURA
改正
西國立志編
英國斯邁爾斯著
原名自助論
一千八百六十七年倫敦出版
板權免許
明治十年二月　七書屋藏板

『西国立志編』、1876（明治9）年、木平愛二ほか発行、
国立国会図書館ウェブサイトから転載

『西国立志編』は、１８７０（明治３）年から１８７１（明治４）年にかけて13編11冊が刊行されたが、その総計は１００万部を下らないという。

スマイルズの母国イギリスは当時、産業革命を経て繁栄の絶頂にあった。本書には、その全盛期に活躍した偉人たち――シェークスピアやアダム・スミス、ニュートンなどの名言やエピソードが数多く掲載されている。

彼らの成功哲学は日本中で読まれ、明治維新の飛躍的発展を支えた。その成功哲学には多くの青年が触発された。星新一の『明治の人物誌』にも父の星一がどれだけ多くの影響を受けたのかが詳しく記されている。

『西国立志編』には、冒頭に「天は自ら助くる者を助く」という言葉があるように、和を尊び、社会全体の繁栄を願い、自らを輝かせ発展させる姿が描かれている。私利私欲や目先の利益を捨て、自らの天命に従って物事を道義に基づいておこなっていくことが、人々を成功に導くと書かれている。

翻訳者の中村正直はイギリス留学時に本書と出会い、感銘を受けて訳稿を仕上げた。世界を轟かせたイギリス人の成功哲学を見出し、それを当時の日本の若者たちに啓蒙したいという思いがあったのだろう。

本書は、幾度となく変革の波が押し寄せた、明治期の思想に多大な影響を与えたのである。

●作家

サミュエル・スマイルズ

１８１２年（文化９）年～１９０４（明治37）年

１８１２（文化９）年、産業革命発展期のスコットランド・ハディントンに生まれた。スマイルズははじめ医者を志し、働きながらエジンバラ大学を卒業した後、数年間外科医として働いた。やがて法文系の学問を修め、45（弘化２）年には鉄道会社に勤めた。その町では、青年たちによって小さな集会が定期的に行われていた。いわば自発的に発生した小さな学校である。スマイルズはそこに呼ばれ、54（嘉永７）年まで講演をおこない、その後著作に専念するようになる。

1872
（明治5年）

学問のすゝめ

福沢諭吉

文明への信頼と渇望が生んだ啓蒙思想の頂点

江戸時代の実質的な終焉

明治元年の正月に鳥羽・伏見の戦いがあり、翌年に五稜郭が落城して戦闘が終焉。明治新政府による改革が始まっていたが、世の中はまだ江戸時代のままだった。

『学問のす、め』が出版される1872（明治5）年前後に、ようやく新時代らしい動きが出てくる。大きな変革は1869（明治2）年の版籍奉還である。政府は各藩から領有権を取り上げるかわりに、旧藩主らに知事の世襲制を与えた。

1872（明治5）年になると、新橋～横浜間で鉄道が開通し、陸軍省や海軍省の設置も相次いでおこなわれた。徴兵制が導入されたのは、1873（明治6）年のことである。

こうして政治や生活はどんどん新しくなっていくが、新しい世の中で人々はどのように生きればいいのかということは誰も教えてくれない。そこにタイミングよく発売されたのが『学問のす、め』であった。

『学問のす、め』は文字通り、学問をすすめるパンフレットのような書物であるが、世界をどう見るかということや、世界と自分とのかかわりなど、明治という新しい時代にふさわしい内容が含まれている。

『学問のす、め』は、江戸から明治へと社会が大きく変化するときに登場した、必然的な書物であったといえるのである。

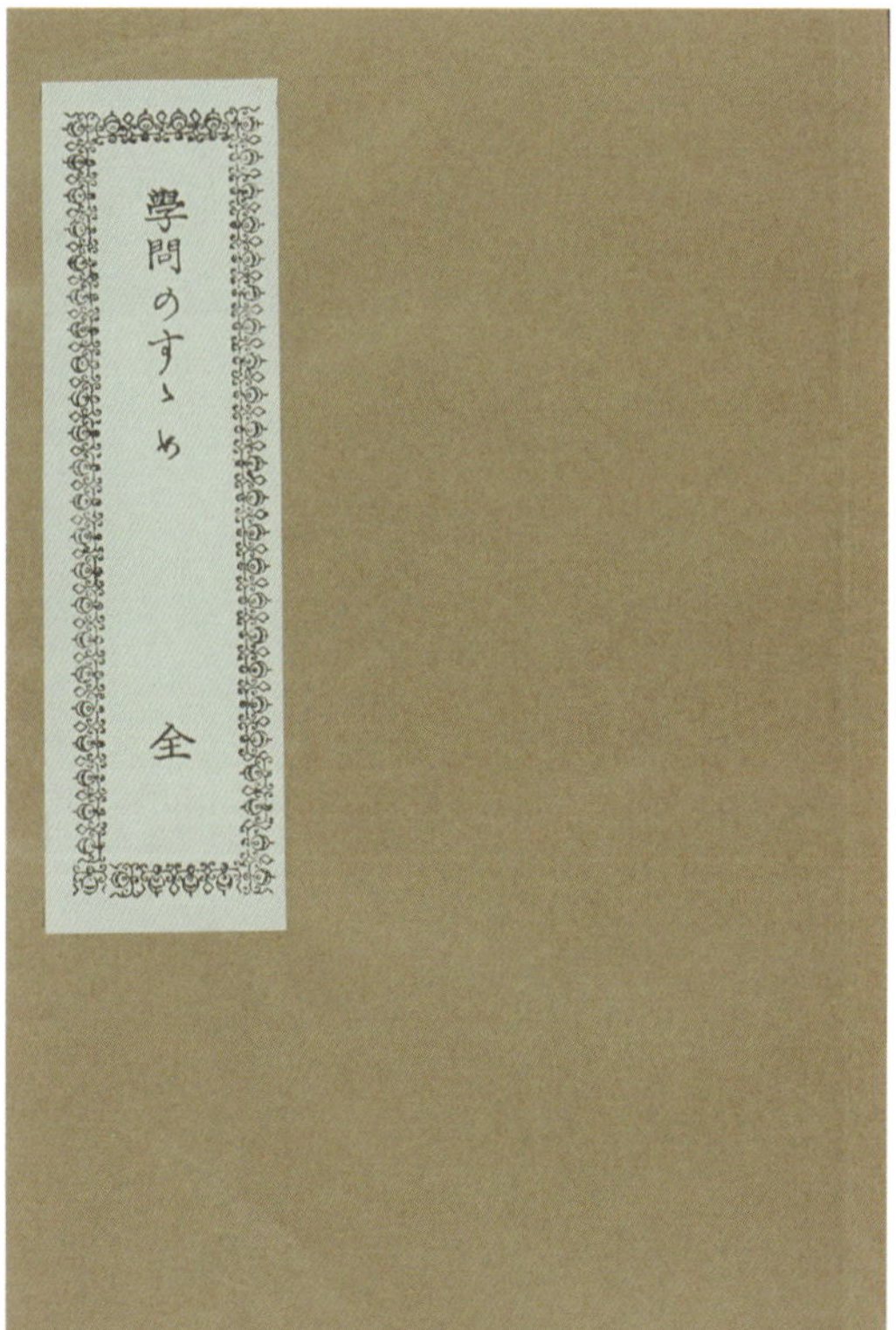

『学問のす、め』、1872（明治5）年、
慶應義塾出版局発行、復刻版、日本近代文学館提供

ベストセラーとなった啓蒙書

『学問のすゝめ』は「天は人の上に人を造らず人の下に人を造らずと云へり」という有名な文章で始まる。簡潔でわかりやすい文体で書かれている。

明治5年2月に初編が発売され、20万部という当時としては膨大な部数を発行した。福沢諭吉は、1876（明治9）年まで『学問のすゝめ』を書き続け、全部で17編となった。最終的には約340万部売れ、これは当時の国民の10人に1人は読んだことになる。

初編は当初、中津市学校のために書き下ろされた。初編の端書《はしがき》に「小幡篤次郎」という名前が記されている。小幡は福沢と同じ豊前中津藩の出身で、小幡がその学校長を務め、福沢は開校を指導した関係にあった。つまり、『学問のすゝめ』は、故郷に創立された学校の生徒と関係者に読ませるための書物だったのである。

端書によれば、『学問のすゝめ』は、「故郷中津に学校を開くにつき、学問の趣意を記して旧く交わりたる同郷の友人へ示さんがため」に福沢が書いたもので、これを見た人が「この冊子を独り中津の人へのみ示さんより、広く世に布告せばその益もまた広かるべし」と言ったので、全国版が刊行されたという経緯がある。

「人はみな平等に生まれてくる」と当時の日本人が誰も考えていなかったことを宣言した福沢は、「しかしながら」という。現実の社会には賢愚、貴賤、貧富の格差がある。それはなぜだろうか。

学問を勤て物事をよく知る者は貴人となり富人となり、無学なる者は貧人となり下人となるなり。

これが、福沢が学問をすすめる理由である。

学問の必要性は、これだけではない。学問は個々人の経済的、政治的、精神的な独立の不可欠な手段であると福沢は説く。さらに、一国の独立には一身の独立が必要であり、国際的な平等の基礎は一国の独立にあると主張し、各々の国民が独立するためには学問、とりわけ日常に役立つ実学が必要であると説いた。

本作を通じて明治の人々は啓蒙を受け、日本の近代化に必要な考え方を学んだ。本作は、その後の歴史の礎を築き上げる土台の書となったのである。

●作家

福沢諭吉

ふくざわゆきち

1834（天保5）年～1901（明治34）年

一万円札表面の肖像として採用されている福沢諭吉は1834（天保5）年、豊前中津藩（大分県中津市）の下級藩士福澤百助と妻於順の次男として大阪に生まれた。幼少期に父と死別。21歳で長崎に出て蘭学を学んだのち、大阪で緒方洪庵の医学塾に入塾し、蘭学を続ける。58（安政5）年、藩命によって江戸に出、塾を開いて蘭学を講じる一方、独学で英語を学んだ。60（万延元）年幕府使節渡米の際には咸臨丸で随行し、翌年の幕府のヨーロッパへの使節派遣には翻訳方（通訳）として参加している。その後、67（慶応3）年にも軍艦購入使節として再び渡米している。68（明治元）年芝新銭座に塾舎が完成し、慶應義塾と名付けた。官軍と彰義隊の合戦が起こる中でも講義を続けた逸話は有名である。以後、政府の登用を固辞し、教育と著述に専念した。82（明治15）年に『時事新報』を創刊して主筆として活躍した。1901（明治34）年脳溢血で死去。著書に『西洋事情』『文明論之概略』『福翁自伝』などがある。

1874（明治7年）

明六雑誌

学会誌の先駆けとなった学術総合雑誌

文明開化の揺籃期

1874（明治7）年前後、士族の反乱などで政治状況は混沌としていたが、文明開化は着実に進んでいた。

1873（明治6）年には、10月9日、神田錦町でのちの東京帝国大学の前身である開成学校の開所式がおこなわれた。学科は、法・理・工業・諸芸・鉱山で、日本の国力増強に資するエリートの養成がねらいであった。

この頃、日本人の食生活にも変化が現れていた。牛鍋や洋菓子、パン、麦酒、牛乳、アイスクリームなどが登場し、1872（明治5）年には日本初の西洋料理屋「築地精養軒」がオープン。この店は鹿鳴館時代の、華やかな文明開化を象徴するものであった。

当代随一のインテリが集まった啓蒙団体

『明六雑誌』を発行した〈明六社〉は、1873（明治6）年7月に結成された啓蒙思想団体である。森有礼《もりありのり》を社長とし、西村茂樹、津田真道《まみち》、西周《にしあまね》、中村正直、加藤弘之、福沢諭吉ら、当時の日本最高の知識人たちが集結。1873（明治6）年に結成したことから〈明六社〉と名づけられた。

会員は旧幕府官僚が多く、開成所の関係者と慶應義塾門下生の官民調和で構成された。学識者のみでなく、旧大名、浄土真宗本願寺派や日本銀行、新聞社、勝海舟ら旧士族など、錚々たるメンバーが参加。会合は毎月1日と16日に開かれた。

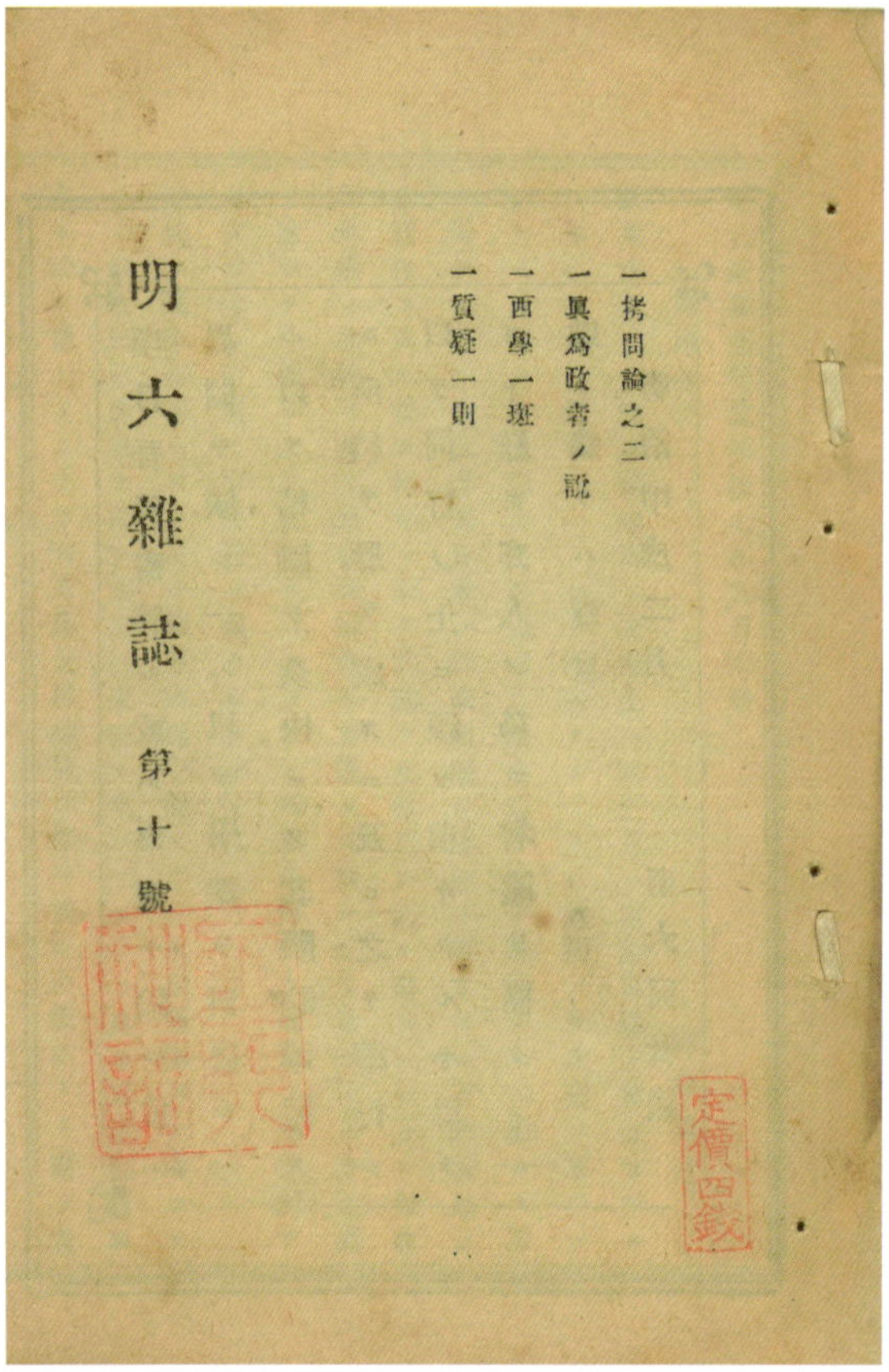

『明六雑誌 第十号』、1874（明治7）年、明六社発行

アメリカから帰国したばかりの森有礼は、富国強兵のためには人材育成が急務であり、「国民一人一人が知的に向上せねばならない」と考えた。そして欧米で見聞してきた「学会」なるものを日本で初めて創立しようと思いつく。

「帝都下の名家」を招集するために西村茂樹に相談し、同志への呼びかけを始めた。当時、39歳であった福沢諭吉を会長に推したが固辞され、森が初代社長に就任した。会員は、「定員」「通信員」「名誉員」「格外員」に分けられていた。

欧米事情に明るい知識人たちが、啓蒙するための手段として選択したのが定例演説会と雑誌発行であった。両者は不可分の関係にある。何故なら、定例演説会で個別のテーマについて意見交換し、それを基に筆記したものが『明六雑誌』に掲載されたからである。こうした新しい知の情報伝達は『明六雑誌』の成功に大きく貢献した。

１８７４（明治7）年3月、『明六雑誌』が刊行された。規約によれば、月に2回発行となっているが、実際の刊行はその通りにはおこなわれなかった。創刊時には一気に4冊出版しているが、月に1回しか発行されないこともあった。掲載される論説本数も2〜6本とばらつきがある。

『明六雑誌』はさまざまな問題を提起し、知識を紹介して人々の関心を高めることが目的であった。演説会と雑誌という当時目新しかった情報伝達手段は人々の関心をひいた。

この雑誌で扱っていたテーマは、総合学術誌を目指していたため多岐にわたる。政治や経済、社会問題や風俗、教育論や哲学、宗教などを取り上げ、民衆の啓蒙に貢献した。

たとえば、第1号の巻頭論文は西周の『洋字ヲ以テ国語ヲ書スルノ論』というローマ字論が掲載された。このように、論説の多くは目を見張る斬新さと雑多さに満ちていた。

１８７５（明治8）年、故人の名誉を保護するという大義名分のもとに制定された太政官布告「讒謗律《ざんぼうりつ》」にふれて、11月に43号をもって自主廃刊した。この間の雑誌掲載論文数は１５６編に及んだ。いずれも明治初期の時代精神を映した論考であり、発行部数は月平均３２００部に達した。

森有礼の生涯

１８４７（弘化4）年、薩摩国鹿児島城下春日小路町（現在の鹿児島県鹿児島市春日町）で薩摩藩士・森喜右衛門有恕の五男として生まれた。１８６０（安政7）年頃より造士館で漢学を学び、１８６４（元治元）年頃より藩の洋学校である開成所に入学し、英学講義を受講する。１８６５（慶応元）年、五代友厚らとともにイギリスに密航、留学する（薩摩藩第一次英国留学生）。その後、ロシアを旅行し、アメリカにも渡り、キリスト教に深い関心を示した。アメリカの教科書を集める。明治維新後に帰国し〈明六社〉を結成する。１８７５（明治8）年、東京銀座尾張町に私塾・商法講習所（一橋大学の前身）を開設する。１８８５（明治18）年、第1次伊藤内閣の下で初代文部大臣に就任。１８８６（明治19）年には、学位令を発令し、日本における学位として大博士と博士の二等を定めた。黒田内閣でも留任。１８８９（明治22）年2月11日、官邸を出た所で国粋主義者・西野文太郎に短刀で脇腹を刺された。翌日午前5時に死去。41歳だった。

1877（明治10年）

日本開化小史

田口卯吉

日本文明の歴史的変遷をたどった啓蒙史学の傑作

士族の衰退と自由民権運動

『日本開化小史』が刊行された1877（明治10）年は、西郷隆盛による西南戦争が起きた年である。幕藩体制時は支配層であった士族は、明治の世になって追い詰められていた。

廃藩置県で保証された禄は、1876（明治9）年の金禄公債の一時金と引き替えになくなり、1873（明治6）年の徴兵令によって国民皆兵が実施されると、武家としての誇りもなくすこととなった。さらに明治9年3月の廃刀令が追い打ちをかけた。また、明治6年の政変により西郷隆盛、江藤新平、板垣退助らが下野したことで、士族の明治政府に対する反感は一層強まり、多くの不平士族を生んだ。そして1874（明治7）年の佐賀の乱を皮切りに、神風連の乱や秋月の乱、萩の乱など、各地で士族の反乱が相次いだ。明治10年2月には旧薩摩藩の士族が中心となって西郷隆盛を擁立して挙兵。西南戦争が勃発する。日本最大の内戦となるが、西郷隆盛の自刃をもって9月に終結した。

翌年には石川県の不平士族によって、内務卿大久保利通の暗殺事件（紀尾井坂の変）が起こっている。これ以降、不平士族の不満の矛先は国会開設や憲法制定を求める自由民権運動へと移り、盛り上がりをみせていく。

こうした時代の移り変わりの最中、歴史を新しい史観で見つめなおした『日本開化小史』が刊行されていった。

文明を体系的に叙述した初の書

本書は、田口卯吉が大蔵省に出仕していた時期に執筆された。日本史上において、はじめて文明史を体系的に記した1冊と言われている。田口の研究した範囲は多岐にわたり、金融・経済などの実学にはじまり、考古学、言語学、史学、哲学、文学、民俗学などの古今東西の学問にまでおよんだ。博覧強記の田口が『日本開化小史』を書き上げたのは、27歳の時であった。

本作は、自国の歴史を縦糸に、歴史家のヘンリー・バックルやフランソワ・ギゾーなどの文明史などを横糸に紡ぎ、「史論体」（歴史上の事件と事件との関連を因果関係の道理をたどって解説するというもの）と呼ばれる叙述法で社会全体の編成を推論した。

このような手法で書かれた本作は、歴史の発展や進化を法則的かつ統一的に捉えた嚆矢の一冊となった。

本書の第一章で田口は、「貨財に富みて人心野《すすまざる》の地なく、人心文《すすめる》にして貨財乏しきの国なし」、つまり文明の進歩には貨幣と経済が密接に関わっていると説いた。この主張は、本書全編を通して貫かれている基本的な法則である。

第1章では神話時代から大化改新まで、第2章では中国文明の受容、文化の発達、律令国家の形成から平氏政権の成立までを扱い、第3章では武士の台頭、武士団の成立を東国を中心に検討し、源平の内乱までを論じている。

続く第4章では、鎌倉幕府の創立よりその治世の間の有様までを、第5章では鎌倉幕府の滅亡による南北朝の戦まで、第6章では南北朝の戦乱以後戦国にいたるまでの時代を説いている。

ここまでは歴史に沿って政治、社会、経済面を論述しているが、第7章では日本文学の起源より1800年代まで、第8章では鎌倉幕府創立以後戦国に至る間の日本文学の沿革と、文化史の論述となっている。

第9～10章は戦国時代から徳川時代を、第11章は「徳川氏治世の間に世に顕れたる開化の現象」、第12章は「文學進歩の景況」と題して、戦国末から幕末にいたる時代を100年単位で区切り、衣食住から歌舞伎、小説、和歌など、さまざまな項目を列挙しており、そして、終章では、明治維新の序幕について論じている。

本書は、福沢諭吉『文明論之概略』とともに、明治初期の歴史書の代表とされ、在野史学に大きな影響を与えた。

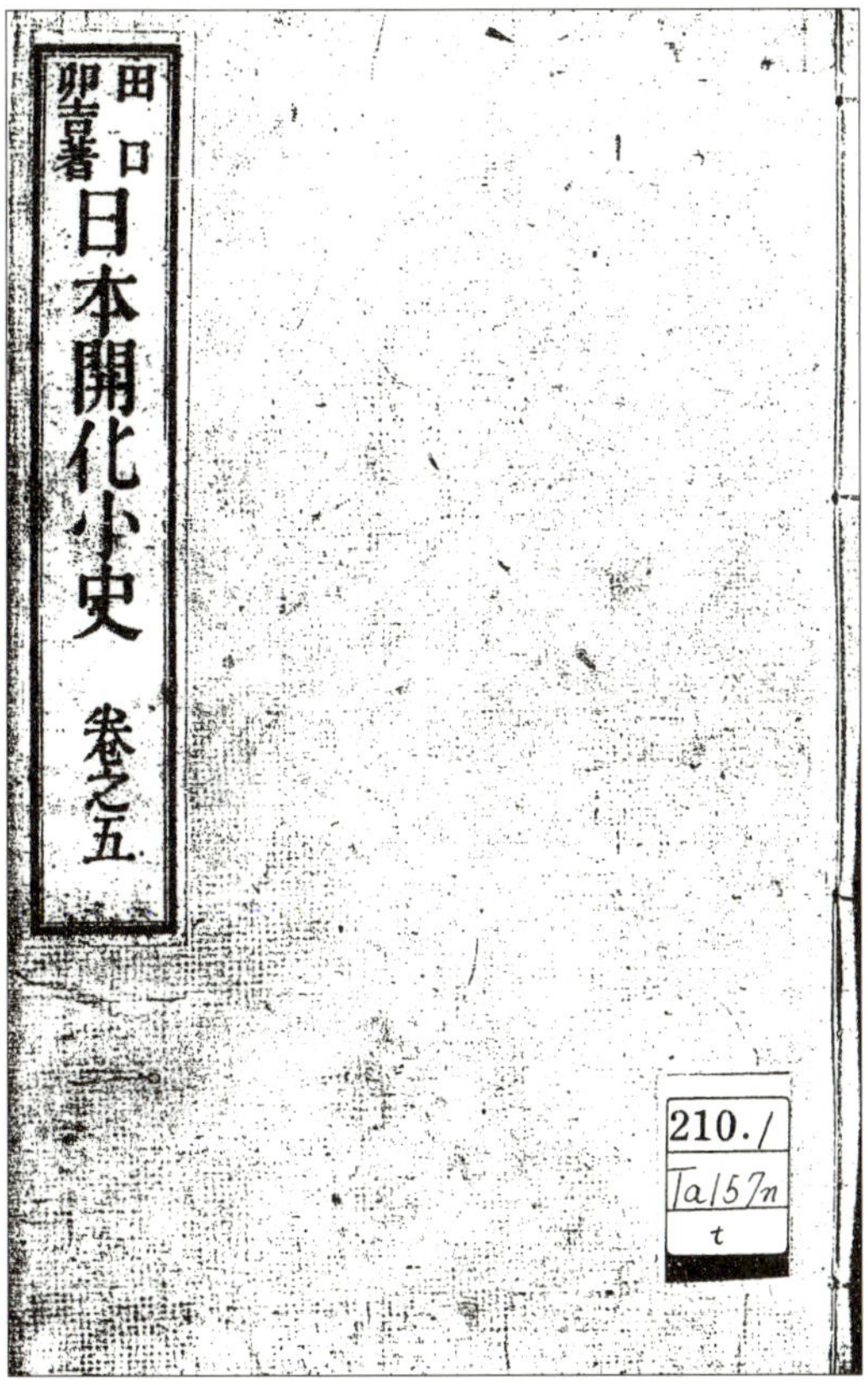

『日本開化小史 巻之5』、1881～1884（明治14～17）年、田口卯吉発行、国立国会図書館ウェブサイトから転載

●経済学者

田口卯吉

たぐちうきち

1855（安政2）年～1905（明治33）年

田口卯吉は1855（安政2）年、幕臣の家に生まれた。66（慶応2）年に元服して従士見習いとなるが、12月に幕府の軍制改革で従士組が廃止され、新設の銃隊に配属される。昌平坂学問所でも学んでいる。幕府倒壊ののち、静岡に移り、徳川藩の沼津兵学校に入学、英語、漢語を学んだ。明治5年、大蔵省翻訳局上等生徒に命じられた。以来、大蔵省の官吏として経済学、歴史学の研究を続け、77（明治10）年、自費出版で『日本開化小史』第1巻を上梓する。最終巻は82（明治15）年10月に刊行された。78（明治11）年、『自由交易日本経済論』を出版。同年官を辞し、翌年にはイギリスの『エコノミスト』をモデルとした月刊『東京経済雑誌』を発行、主宰し、自由主義の立場で論陣を張った。以来、ジャーナリスト、経済人、代議士として活躍し、『日本開化之性質』『日本之意匠及情交』『楽天論』など多くの著作を残している。晩年には『国史大系』、『群書類従』の編纂に道筋をつけた。1905（明治38）年、慢性萎縮腎と中耳炎により死去。享年、49歳。

1878
（明治11年）

八十日間世界一周
ジュール・ヴェルヌ

明治の翻訳ブーム

「ヴェルヌもの」の人気

明治初期は翻訳ブームの時代でもあった。１８８２（明治15）年頃までで１５００点以上の翻訳書があったと推定されている。

地理、歴史、道徳、宗教、政治、法律、経済、礼儀、医学、心理、論理、物理、科学、生物、天文などのジャンルが多かったが、小説もわずかながら翻訳された。そのひとつがジュール・ヴェルヌの『八十日間世界一周』（川島忠之助訳）である。

『八十日間世界一周』を契機として、『九十七時二十分月世界旅行』（井上勤訳）、『海底二萬里』（鈴木梅太郎訳）、『地底旅行』（織田信義訳）、『北極一周』（井上勤訳）、『月世界一周』（井上勤訳）など、ヴェルヌ作品の翻訳が多数出版されて、一世を風靡することになる。

技術の可能性を小説の世界に

１８７８（明治11）年6月、銀行員の川島忠之助は自費でヴェルヌの『八十日間世界一周』を刊行した。これがかなりの人気を博したため、明治13年6月刊行の後編は川島が自費出版せずに済んだ。

イギリス人フィリアス・フォッグという紳士がある一夜、友人と八十日で世界を一周する賭けをした。フォッグはさまざまな事件に遭遇しながらも見事世界一周を成し遂げたが、わずか5分超過してしまう。賭に敗れたと思ったフォッグは、じつは時差のために計算を間違えていたに過ぎず、むしろ七十八日で一周していたことを知り、賭けに勝利する。これが、『八十日間世界一周』のあらすじだ。

外洋も航行できる当時の蒸気船。

移動に使う交通機関としては、蒸気船と鉄道が想定されている。フランスで『八十日間世界一周』が出版されたのは１８７２（明治５）年。明治５年といえば、日本で最初の鉄道（新橋〜横浜間）が開通した年であり、まさに文明の利器の最先端ともいえる存在であった。

物語も明治５年10月２日の『デイリー・テレグラフ』紙に掲載された「イギリス領インド帝国に新たに鉄道が設けられた」という記事に注目したフォッグが「これで世界を80日で一周することが可能になった」と主張したことで、賭けに展開する。

ヴェルヌは未来小説の創始者ともいえる存在だ。科学が潜在的に持っている可能性を空想の世界に展開する。ほかにも、ヴェルヌの作品には人工衛星、ロケット、電送写真、潜水艦、ラジオ、テレビ、映画、無線電信、Ｘ線、飛行機、ヘリコプターなどさまざまな当時の最新技術が登場している。ヴェルヌを愛読した日本人は、彼の小説の中に科学技術の発展による国家の繁栄を思い描いたのかもしれない。

もうひとつ、日本のそれまでの小説では、主人公が進退窮まった場合、これを救うものは神仏の加護か、狐狸妖怪の助けで乗り切るしかなかった。しかし、『八十日間世界一周』では、主人公はすべて金によって窮地を脱しているのだ。このような表現も、当時の読者にとっては目新しいものだったに違いない。

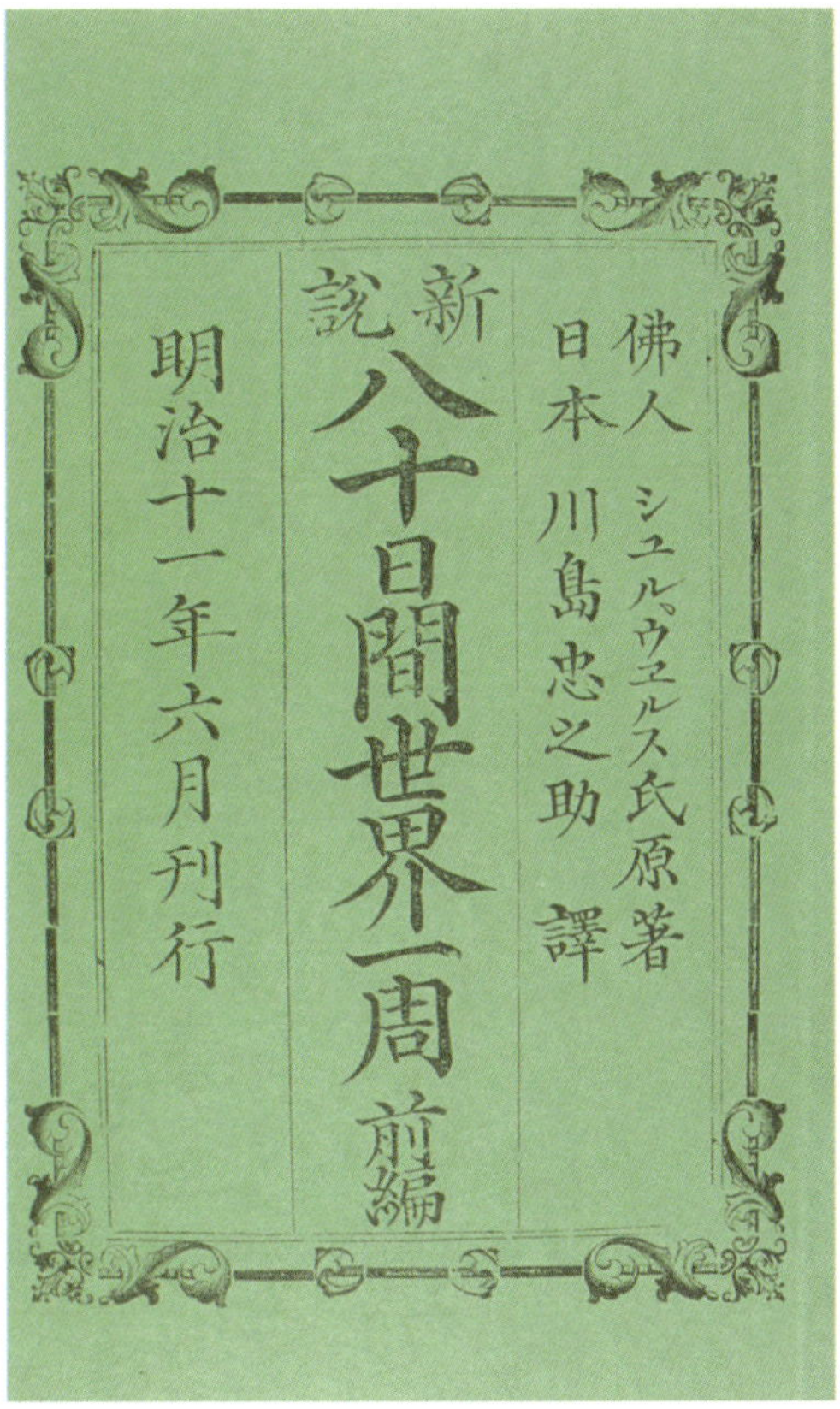
佛人 シユルヴエルス氏原著
日本 川島忠之助 譯
新説 八十日間世界一周 前編
明治十一年六月刊行

『新説 八十日間世界一周 前編』、1878（明治11）年、丸屋善七発行、複刻版、日本近代文学館提供

●作家

ジュール・ヴェルヌ

１８２８（文政11）年〜１９０５（明治38）年

１８２８（文政11）年、フランス西部の港町ナントに生まれた。ＳＦの父とも呼ばれる。少年時代に『ロビンソン・クルーソー』の影響から密航を企てたが失敗。「もうこれからは、夢の中でしか旅行はしない」と言ったという逸話は有名である。異国への憬れと文学への思いをつのらせた。父の強制で法律を学んだが、やがて文学への道を志す。はじめは戯曲家になろうとしたが、63（文久２）年に『気球に乗って五週間』で大成功をおさめ、以来、空想科学小説を次々と発表する。『地底旅行』『月世界旅行』『海底二萬里』『八十日間世界一周』『二年間の休暇』などの作品は、遠い国へ憬れ空想で旅をすることを好んだ少年時代の体験から生まれたものであり、その舞台も南海、北極、地底、宇宙など広範囲にわたる。その近代性、科学性は当時の思潮を反映しているだけではなく、予言的である。潜水艦や月ロケットなどを登場させていて、「二十世紀はヴェルヌの時代」とさえいわれる。糖尿病が悪化し、１９０５（明治38）年に自宅で死去。

1879
（明治12年）

民権自由論

植木枝盛

国会期成同盟の結成

藩閥政治への反感から起こった自由民権運動にとって、最大の目標は憲法制定と国会開設であった。

自由民権運動を唱導した板垣退助が1875（明治8）年に結成した〈愛国社〉は、途中解散をはさみながらも、国会開設請願の署名集めや全国での遊説などをおこなっていた。

1880（明治13）年3月15日には、第4回〈愛国社〉大会が大阪で開かれ、全国から政治結社の代表たちが参加。『民権自由論』はほぼ同時期に、大阪の版元から出版された。

約10万人の国会開設請願の署名を集めたこの大会で、〈愛国社〉は国会開設運動の実働部隊となる国会期成同盟《こっかいきせいどうめい》として発展的に解消した。

1881（明治14）年に国会開設の勅諭が発布されると、目的を達した国会期成同盟は板垣退助率いる〈自由党〉として発展を遂げていく。

民権思想普及を支えた理論書

民権思想普及のための啓蒙書

『民権自由論』は明治の民権思想を代表する理論書である。民衆に向けて民権思想を普及する目的で書かれているため、文体も「あります」調の口語体となっている。

本書で、植木枝盛はまず私生活主義および政治的無関心を批判し、そうした安楽は「死んだも同然の安楽」として、次のように断言する。

人というものはただ目を光らし鼻で呼吸をし飯を喰い子をこしらえるのみにてはまだ十分に活きたる人とはいわれません。（中略）寧《いっ》そ死んでしまって早く棺の蓋をしてもらうが宜しい。

つまり、社会と没交渉のままでの私的生活の幸福はありえないと主張する。

国安全ならば民もまた安楽に国危うければ民は命も保ち難し、政府善良なれば民幸福を得、政府暴虐なれば民不幸を蒙る。

また、このように植木は、人間における自由は、人間の本性に根ざしていると説く。

自由は天から与えたのじゃ。どんと民権を張り自由を展べなさいよ。

ここからが本題である。

人民と政府の関係はいかにあるべきか。「国は全く民によって出来たものじゃ」というのが植木の考えである。

植木は専制政府を否定する。徳川幕府は専制政治で２６０年の太平を出現させたが、それは太平ではなく大乱である。また、専制政府の下では国家的独立と維持は不可能である。植木は天賦人権の理念にもとづく自由民権論を率直に受容し、定着させようとしたのだ。

自由民権の時代には、政府内部および民権派各派に私擬憲法と呼ばれる憲法構想が生まれた。

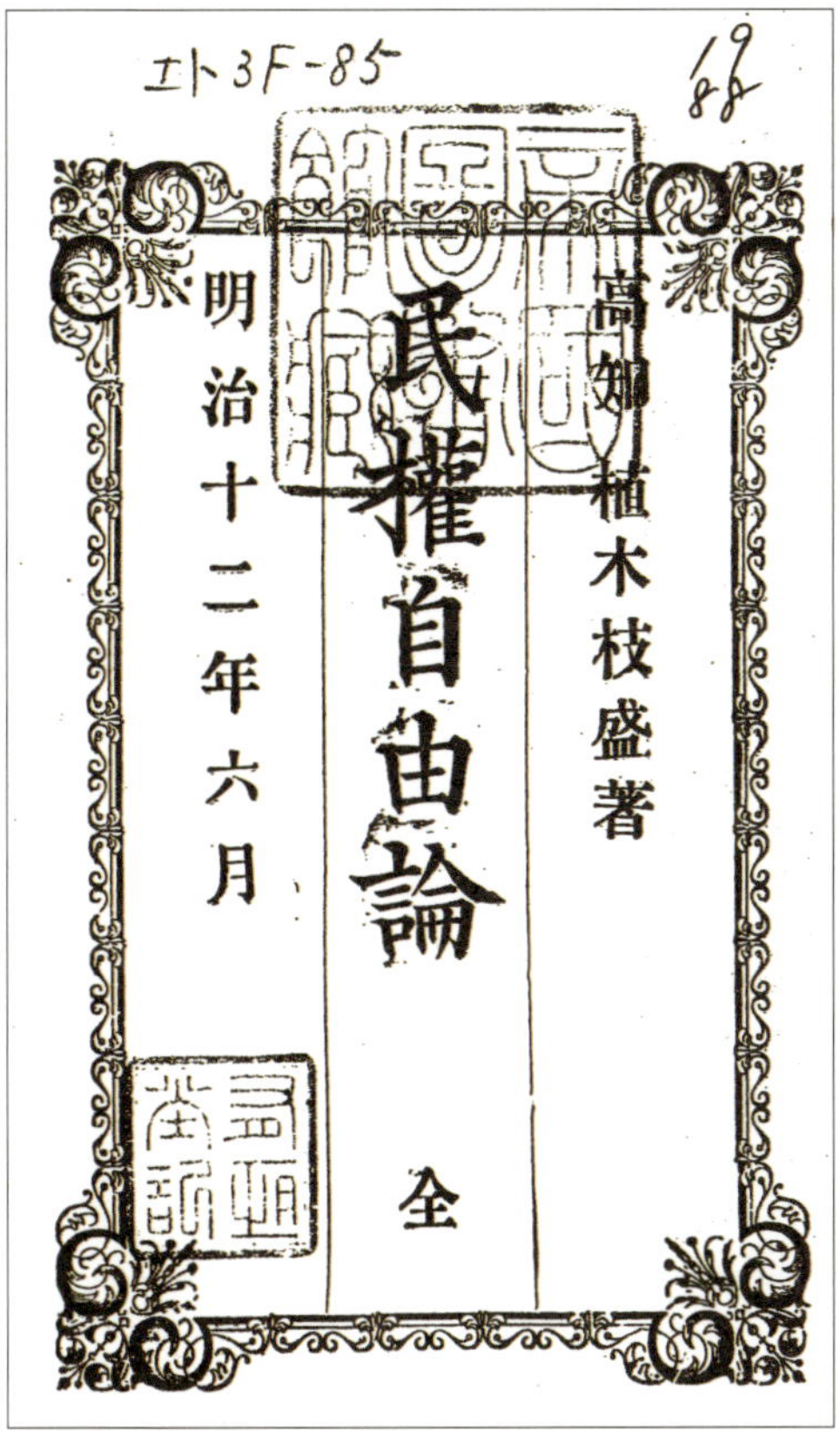

『民権自由論』、1879（明治12）年、小池仙次発行、国立国会図書館ウェブサイトから転載

『民権自由論』を書いたのち、植木枝盛が参加した「東洋大日本国国憲按」は民権派の代表的な私擬憲法であり、民衆の自由、権利を最大限に保障している（抵抗権や革命権まで保障されている）という意味で、民主主権論の理念をもっとも強く反映した憲法構想とされる。

●思想家

植木枝盛《うえきえもり》

１８５７（安政４）年～１８９２（明治25）年

１８５７（安政４）年正月、土佐国（高知県）土佐郡に土佐藩の藩士の子として生まれた。板垣退助の演説に接し、また福沢諭吉ら〈明六社〉の啓蒙思想家の演説、作品に接するなかで自由民権思想を育んだ。77（明治10）年３月、〈立志社〉へ入社。中心メンバーとして著作、遊説による民権運動の普及に活躍した。『民権自由論』が出版されたのは79（明治12）年４月である。小冊子であり、民権思想普及のための啓蒙的作品であった。その後、〈立志社〉建白の起草、土佐州議員としての州会章程の起草、小高坂村村会議員として男女同権を含む村会規則の作成、『愛国志林』の創刊、編集、自由党結成への参画、私擬憲法の作成、酒屋会議の開催、飯田事件檄文の起草など、自由民権運動の指導者として忙しく活動している。その間に書かれた論説は社会問題のみならず、廃娼、婦人解放、家族制度、演劇改良論にまで及ぶ。90（明治23）年の第１回衆議院議員選挙に立候補して当選。92（明治25）年１月に発病し、急逝した。享年、35歳。

1883（明治16年）

経国美談

矢野龍渓

立憲改進党の理想が描かれた政治小説

相次ぐ新聞の創刊と政治小説

北海道開拓使官有物払下げ問題に端を発した1881（明治14）年の政変をきっかけに、板垣退助を盟主とあおぐ自由党と、政府から放逐された大隈重信をいただく立憲改進党が相次いで結成され、官民の対立は激しくなった。

自由党の機関誌『自由新聞』は1882（明治15）年6月に、その大衆版『絵入自由新聞』は同年9月に創刊された。また、自由党解党の年明治17年には『自由燈《じゆうのともしび》』が創刊された。

一方、改進党系では『郵便報知新聞』が1882（明治15）年4月の改進党結成とともに機関誌となった。

姉妹紙に1883（明治16）年創刊の『開花新聞』を改題した『改進新聞』がある。

これらの新聞は政治小説の啓蒙的役割を重視したので、政治小説の発表舞台となった。

『経国美談』は新聞に連載された小説ではないが、こうした流れのなかで書かれた。

古代ギリシアを題材とした政治小説

矢野龍渓の『経国美談』（前編明治16年、後編明治17年）は、立憲改進党系の政治理念を表した、もっともすぐれた政治小説である。

『経国美談』は古代ギリシアのテーベ（アテネとスパルタの2強国によってしばしば独立を侵される小国）の勃興に素材を求めた歴史小説でもある。翻訳と創作の中間的な作品ということもでき、文体は雅俗折衷体である。

立憲改進党の大隈重信。

自由党の板垣退助。

内容は『水滸伝』ふうの英雄豪傑に造形された威波能《イパミノンダス》、巴比陀《ペロビダス》、環留《メルロー》という3人の名士の活躍を描く。

前編では、テーベにおける民主政治の回復、後編では専制国家スパルタを打ち破って国威を発揚するまでの経緯が描かれる。

小説の舞台は、紀元前4世紀の古代ギリシア。ペロポネソス戦争で、スパルタがアテネを下しギリシア世界の覇権を握る。中小国テーベの民主派指導者たちは、テーベにおけるスパルタ寄りの専制勢力を打ち倒し、国際政治の荒波のなかで虚々実々の政治を繰り広げる。

主人公のひとり、イパミノンダスの戦略と戦術によって、紀元前371年、テーベはレウクトラの戦いでスパルタを下し、ギリシア世界の覇権を握る。

前編の主題は民権の確立、後編の主題は国権の伸張であって、民権と国権が分かちがたく結びついていた自由民権運動の性格を反映している。

ただし、龍渓は立憲改進党に所属していたため、テロリストや大衆蜂起は否定的に描かれている。

専制政治を打倒し、民主政治の国を作り、その力を四方へと伸ばそうとした英雄たちの活躍を著したこの物語は、当時の若者たちの熱狂的な支持を集めた。

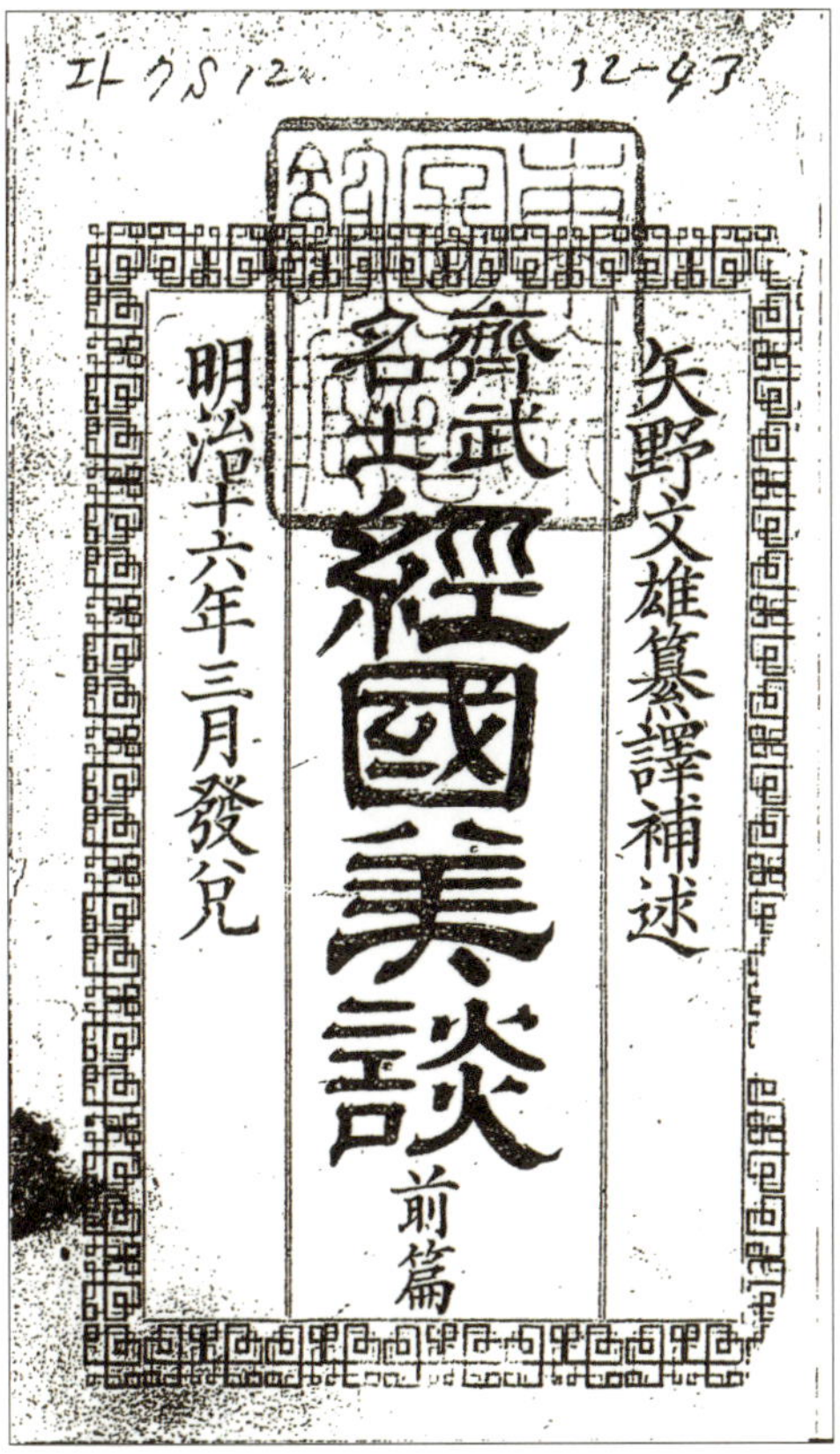

『経国美談 前編』、1883〜1884(明治16〜17)年、報知新聞社発行、国立国会図書館ウェブサイトから転載

●作家・政治家

矢野龍渓

やのりゅうけい

1850(嘉永3)年〜1931(昭和6)年

1850(嘉永3)年豊後国(現在の大分県)に、佐伯藩(毛利家)の藩士・矢野光儀の長男として生まれる。本名は文雄。少年時に藩校に学び、攘夷論が起こった時には自らすすんで鉄砲所へ入り鉄砲術の免許皆伝を受ける。祖父からは儒教的訓練と政治の素質を受け継ぎ、父からは『ロビンソン漂流記』を読み聞かされるなど西洋の知識を授けられた。71(明治4)年に慶應義塾へ入塾し、英米の憲法史を研究、73(明治6)年に卒業し講師となる。後に盟友となる尾崎行雄や犬養毅などと交際し、英米の政治制度を研究した。82(明治15)年に、所属していた東洋議政会を率いて立憲改進党に参加。多忙による過労で、一時病床についたが、その時間を利用して国民を鼓舞し憲政を立てさせるのに役立つような政治小説を書こうと執筆したのが『経国美談』であり、ベストセラーとなった。その資金で翌年には新聞事業視察のためヨーロッパに外遊している。99(明治32)年以降は政界から身を退く。1931(昭和6)年に自宅で尿閉症のため死去。

1885
（明治18年）

佳人之奇遇
東海散士

元会津藩士が描いた弱小民族の悲史

政治システムの転換期

『佳人之奇遇』の初編が刊行された1885（明治18）年は、日本初の内閣が発足した年である。1889（明治22）年には、大日本帝国憲法が発布され、翌年には第1回衆議院議員選挙が実施された。わずか5年のうちに、これだけの制度が始まっているのだ。その後1888（明治21）年までに4編が刊行され、完結する1897（明治30）年までの間には国会の開設や日清戦争の勃発などがあり、『佳人之奇遇』は日本の政治システムが大きく転換するなかで書かれたのである。

東海散士（本名・柴四朗）は会津藩の出身だ。少年期に会津藩士として戊辰戦争に従軍し、明治に入ってからは東京で謹慎生活を送り、その後、国内を転々として生活した。彼にとって少年期以降、特に明治という時代はまさに激動の時代であっただろう。

気宇壮大な政治小説

先に述べたとおり、『佳人之奇遇』は明治18年から30年にかけて、12年の歳月を費やして書かれた8編16巻の大著である。

主人公の東海散士（つまり著者）が米国に留学、ふたりの佳人（アイルランドの美女紅蓮、スペインの貴女幽蘭）とひとりの中国の明朝の遺臣にめぐり会い、彼らが抑圧されている民族の解放と独立のために奔走するなかでさまざまな出来事が展開していくという物語である。ほぼ全世界を舞台としており、同時代のほかの小説と比べても、スケールの大きさでは群を抜いている。

小説中には、強大国に抑圧され、侵略された弱小国の話が繰り返し描写される。ここで解き明かされているのは、小国が衰亡にいたる道のりだ。ここで描かれる小国とは日本のことを暗示している。

著者である柴四朗は自らを主人公の東海散士になぞらえ、自分

日清戦争の虎山の戦いの図。

の体験を軸に小説を展開させていく。自分の体験とは、1879（明治12）年から18年に及ぶ6年間の米国留学と、敗北した「賊軍」会津藩の出身であること、そして『佳人之奇遇』を書き継ぐなかでの欧州視察旅行である。この3つの体験が、物語に強く反映されているのだ。

『佳人之奇遇 巻1～16』、1885～1897（明治18～30）年、博文堂発行、日本近代文学館提供

ちなみに柴四朗自身は、1892（明治25）年から10回、福島県から衆議院議員に選出され、政治家として活躍している。

本作は、弱国が強国に抵抗するという対比を描いて愛国心を褒め称え、当時の若者たちに絶大なる支持を得た。政治小説を代表する一作である。

●作家・政治家

東海散士《とうかいさんし》

1853（嘉永5）年～1922（大正11）年

富津の会津陣屋（現富津八坂神社）に生まれた。本名は柴四朗。藩校日新館で学び、少年期に会津藩士として戊辰戦争に従軍。のちに東京で謹慎生活を送り、赦免後も東京で勉学に励む。学費の問題から国内を点々とする。1877（明治10）年、別動隊として参戦した西南戦争において熊本鎮台司令長官・谷干城に見出され、27歳のとき岩崎家の援助を受けてアメリカに留学。ペンシルベニア大学及びパシフィック・ビジネス・カレッジを卒業して、85（明治18）年に帰国。同年、政治小説『佳人之奇遇』初版を東海散士の名で発表した。ほかにも著書として『東洋之佳人』『埃及近世史』などがある。大阪毎日新聞の初代主筆でもあった。乙未事変に関与し、収監されたが裁判では無罪となった。政治家としては、92（明治25）年以降福島県選出衆議院議員として活躍し、10回当選している。農商務次官、外務参政官などを歴任し、条約改正反対運動に尽力した。1922（大正11）年、熱海の別荘で死去。享年69歳。『ある明治人の記録』で知られる柴五郎は実弟。

1885
（明治18年）

小説神髄

坪内逍遥

日本の仕組みが整えられた時代

『小説神髄《しんずい》』の刊行が始まった1885（明治18）年は、日本の仕組みが整えられた時代といえる。

それまでの右大臣、左大臣を置く太政官制が廃され、日本は今日に通じる内閣制に移行した。

太政官制においては、天皇を直接的に助けるのは右大臣、左大臣に限られ、その職に就けるのは皇族、華族に限られ、実際に政治をおこなう卿や参議の職権は左右大臣の下に置かれていた。内閣制の最大の目的は、伝統的な身分制度にとらわれない人材登用であった。

翌年には明治憲法の草案作りが始められる。

『小説神髄』は、坪内逍遥による近代日本文学黎明期における最初の理論書である。

坪内逍遥は少年時代に読本・草双紙などの江戸戯作や俳諧、和歌に親しみ、ことに滝沢馬琴に心酔したが、東京大学文学部に入ってからは西洋小説も広く読むようになった。

1881（明治14）年、英文学教授ホートンの学期試験で文芸批評の成績が悪かったことをきっかけに、英国の近代文芸批評を読み漁るようになった。

明治最初の啓蒙的な文芸批評体系

当時よく読まれていた草双紙。

その当時の日本では、文学に関するまとまった批評や独自理論はまったく見られなかった。そんな時代に逍遥は、かつて読んだ江戸小説を新しい知識と突き合わせて批評的に再検討し、新たな文芸理論の体系を構想し始める。逍遥は自分のつくったノートやメモを整理し、1885

（明治18）年から分冊の形で9回にわたって松月堂という書店から『小説神髄』を刊行。ちなみに、この分冊は200冊ほどしか売れなかったが、のちに出した合本は多くの人に広まった。

封建的文学観を排除

『小説神髄』は、きわめて原理的で、芸術の本質論にまで遡って展開している。明治10年代、自由民権運動末期の頃から一時は政治小説、のちに雑多な読み物が多数あらわれた。また、啓蒙思想の一部としての文学啓蒙の流れがあったが、逍遥はそれらと距離を置いていた。

この作品で展開される文学批評の特徴は次の3点である。1点は、封建的な勧善懲悪の文学観念を廃し、文学の本質は「人情」を描くことにあるとしたことである。

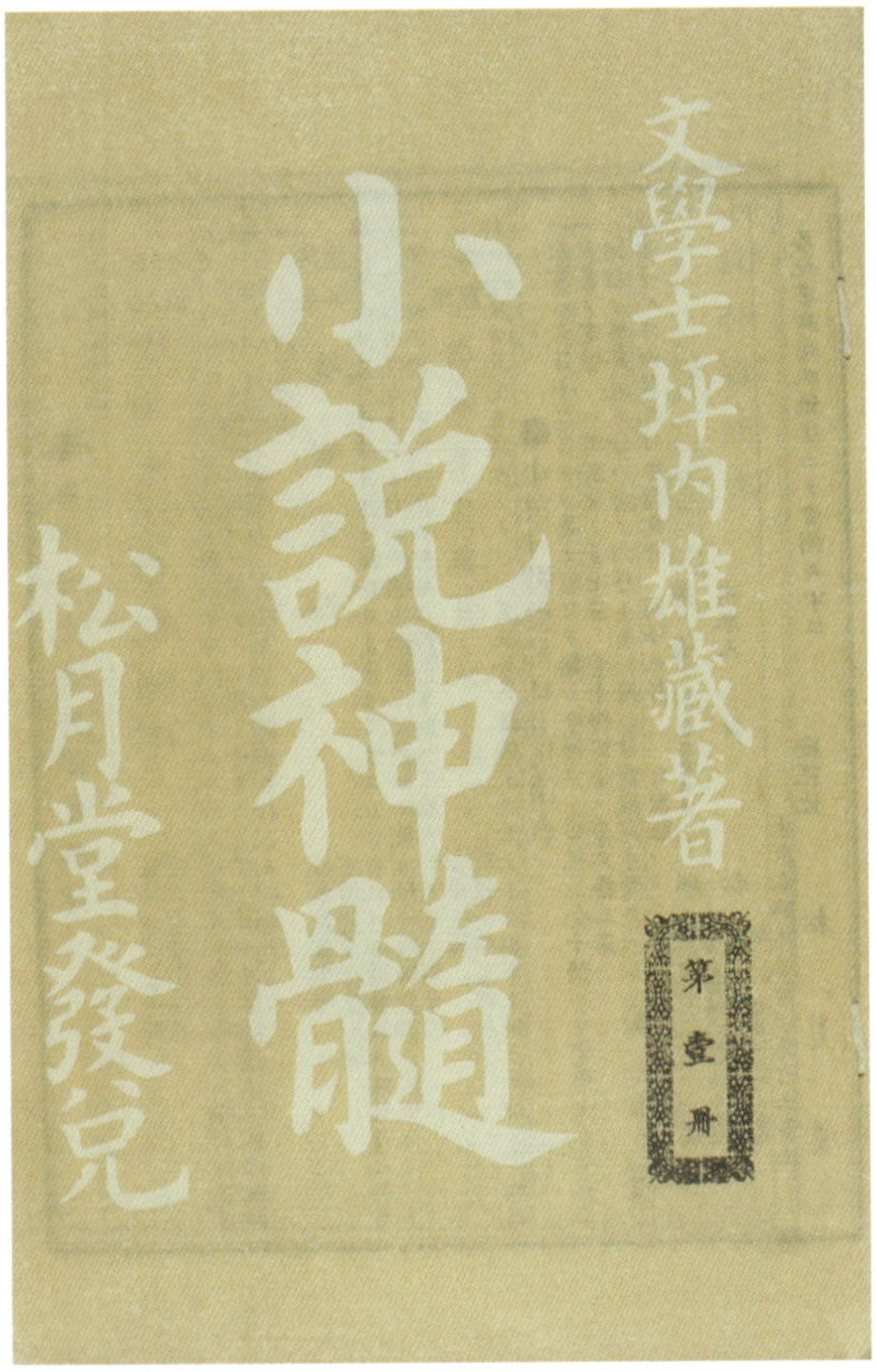

『小説神髄 第1冊』、1885（明治18）年、松月堂発行、複刻版、日本近代文学館提供

2点は、小説の時代の到来に備えて、小説に焦点を合わせて論を展開したこと。

3点は、リアリズムこそが小説の主眼だとした点である。

逍遥のこの指摘は、のちに島崎藤村らの自然主義小説や、志賀直哉や有島武郎の白樺派につながっていく。いわば、日本近代文学の始まりである。

●作家

坪内逍遥《つぼうちしょうよう》

1859（安政6）年～1935（昭和10）年

尾張藩領だった美濃国加茂郡太田宿（現・岐阜県美濃加茂市）の生まれ。父は尾張藩士で太田代官所の手代をつとめていた。少年時代に名古屋で貸本屋の書庫に日参して日本の物語、小説、とくに江戸中期の小説を読みふけった。愛知外国語学校から東京開成学校入学、東京大学予備門を経て、東京大学文学部政治科を1883（明治16）年に卒業し文学士となる。在学中は西洋文学を学んだ。早稲田大学の前身である東京専門学校の講師となり、のちに早大教授となっている。84（明治17）年にシェイクスピア『ジュリアス・シーザー』の翻訳『該撒奇談自由太刀余波鋭鋒』を出版。翌年に評論『小説神髄』を発表。その理論を実践すべく小説『当世書生気質』（『春のやおぼろ先生』名義）を著した。89（明治22）年に徳富蘇峰の依頼で『国民之友』に『細君』を発表した後は小説執筆を断ち、シェイクスピアと近松門左衛門の本格的な研究に着手。最後までシェイクスピア全集の訳文改訂に取り組み、『新修シェークスピア全集』刊行と同時に亡くなった。

1887（明治20年）

三酔人経綸問答

中江兆民

明治20年代の日本から将来を展望した予言的な書

自由民権運動最後の盛り上がり

1887（明治20）年は、自由民権運動の最後の盛り上がりである三大事件建白運動が起こった年である。

三大事件とは「地租軽減、言論・集会の自由、外交失策」のことである。

外務大臣の井上馨が中心になって作成していた条約改正案では、外国人判事の方針が示されていたが、日本の自主的法治権を損ねる改正案に国民は反発。

かねてからの増税案と政治活動に対する弾圧への反発もあり、10月29日に片岡健吉が元老院に提出した建白書をきっかけにして、この三大事件を巡る大規模な請願運動が起こった。民権運動家たちは条約改正方針を撤回させ、大いに面目を施した。

この後、民権運動は発展的に解消し、議会内での政治活動に移行していく。日本は立憲君主制の議会制民主主義国として歩み始めるのである。

3つの視点でみる日本の将来

『三《さん》酔《すい》人《じん》経《けい》綸《りん》問《もん》答《どう》』は、明治時代の思想家中江兆民の著作である。1887（明治20）年に刊行された。早い段階で小日本主義を主張した書として評価される。

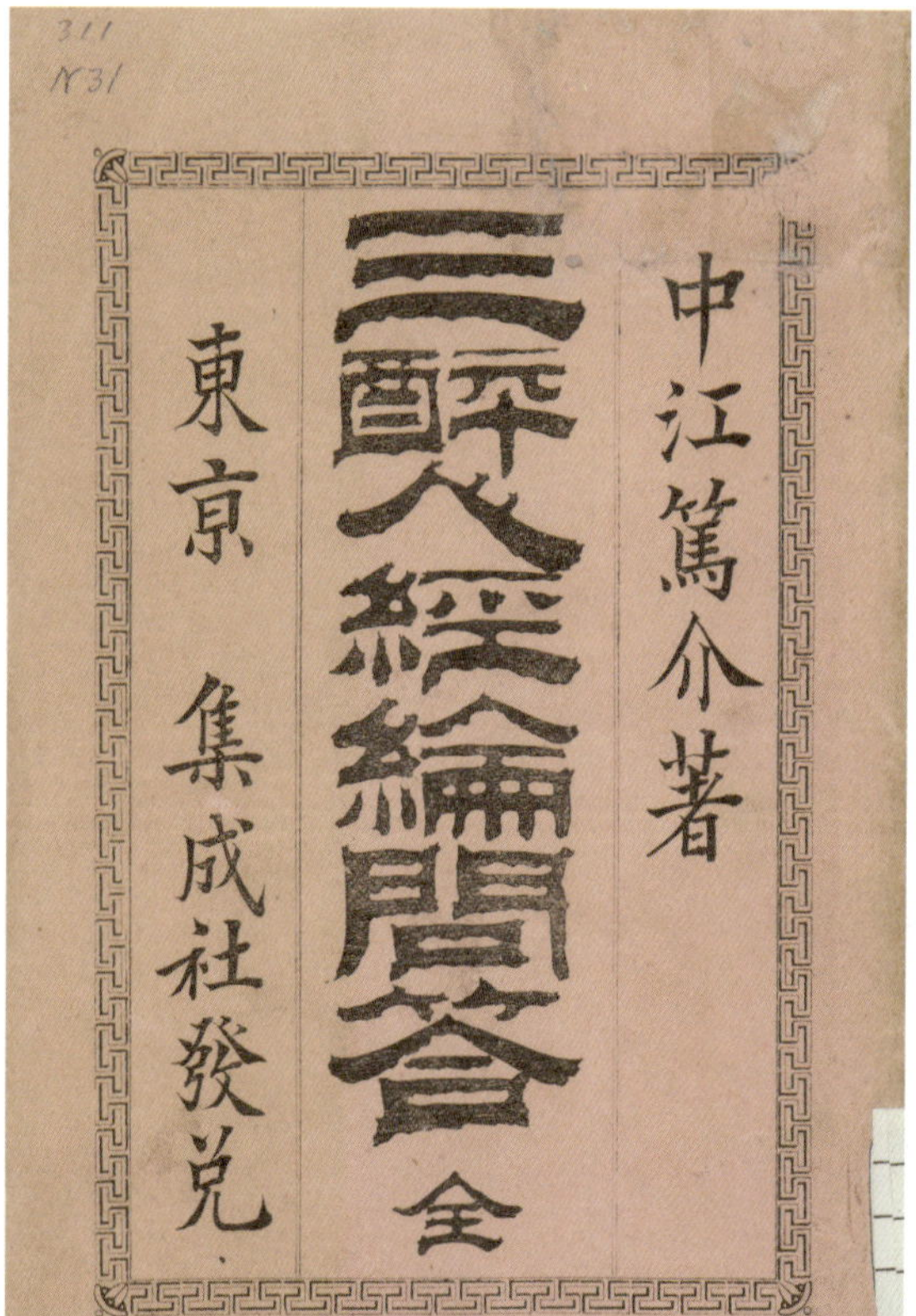

『三酔人経綸問答』、1887（明治20）年、集成社書店発行、日本近代文学館提供

3人の思想の異なる登場人物、洋学紳士（紳士君）、豪傑君、南海先生が酒席で議論する。

本書は、洋学紳士によって立てられた命題に対して、豪傑君が反対の命題を唱える。そして最後に、南海先生が本質的に統合した命題を作るという弁証法的な手法で構成されている。

3人は「自由」について議論する。洋学紳士は、歴史を進歩の過程としてとらえる進化思想を前提とし、進歩の条件として自由の拡大を尺度として人類社会の発展段階を「無制度の時代」「君主宰相の時代」「立憲君主制」と分類する。

立憲君主制は専制制度に比べれば大きな進歩だが、権利に差があれば、自由にも差が生ずることは免れない。

では、どうすればいいか。民主制こそは「世界人類の知恵と愛情を一つにまぜ合わせて、一個の大きな完全体に仕上げる」ものであり、諸国が民主制になれば、当然殺し合いをする道理もなくなる。

この主張に対し、豪傑君は国権的な立場から「現在、すべての国が争って軍事を奨励しています」といい、「どうしてももう一つ大きな国を割き取って、自分じしん富んだ国にならねばならないのです」という。

南海先生は、両者の説を現実的視野から批判し、「紳士君の説は思想上の瑞雲のようなもの」「豪傑君の説は実行し得ない政治的手品」と片付ける。

「民権と呼ばれているものにも、二種類あります。イギリスやフランスの民権は、回復の民権です。下からすすんで取ったものです。ところがまた、別に恩賜の民権とでもいうべきものがあります」と述べ、南海先生は恩賜的民権を肯定して、思想の重要性、平和外交、防衛本位の国民軍の創設を説き、あるべき政体を次のように構想する。

立憲制度を設け、上は天皇の尊厳、栄光を強め、下はすべての国民の幸福、安寧を増し、上下両議員を置いて、上院議院は貴族をあて、代々世襲とし、下院議院は選挙によってとる。それだけのことです。

ジャン＝ジャック・ルソーの『社会契約論』を紹介し、「東洋のルソー」とも称された中江兆民は、本書を通じて、日本における民主主義のあり方について追求した。

●思想家

中江兆民《なかえちょうみん》

1847（弘化4）年～1901（明治34）年

高知城下の山田町（現・高知市はりまや町三丁目）に生まれた。本名を篤助といった。洋学者細川潤次郎に英語を学んだ後、平井義十郎、村上英俊らからフランス語を学び、新政府成立後は司法省に出仕してフランスに留学。1874（明治7）年に帰国し、自宅に〈仏蘭西学舎〉（のちに仏学塾）を開く。また一時、外国語学校校長、元老院書記官を務めたがまもなく辞職。自由民権運動に理論的支柱を供給すべく言論活動に従事。81（明治14）年には『東洋自由新聞』を創刊してその主筆となった。87（明治20）年、後藤象二郎の農商務大臣辞職を求める封書を代筆するなど運動に関わったため、同年公布の保安条例で一時東京を追われたが、90（明治23）年第1回衆議院議員総選挙には大阪より立候補して当選した。しかし、民党の妥協に怒ってまもなく議員を辞し、以後、北海道にわたって実業に関係するなどしたが、失敗。1901（明治34）年、喉頭がんにより死去。享年54歳。

1887（明治20年）

浮雲
二葉亭四迷

進む西欧化のなかで書かれた

『浮雲』が発表された1887（明治20）年から1889（明治22）年にかけては、明治政府の最大の目標である文明開化、つまり欧化政策が続いていた。

たとえば、1887（明治20）年には伊藤博文首相が仮装舞踏会を開催している。また、富士山山頂にてはじめて気象観測がおこなわれたり、横浜に最初の水道施設が敷設されたりしている。

翌年には、東京上野黒門町に日本初の珈琲喫茶店がオープン。宮城内に初めて電灯が点ったものこの年である。その翌年には東海道本線が全通する。

日本初の言文一致体の長編小説

じつは『浮雲』は未完の小説である。

初編が発行され、それから第二編、第三編が『都の花』に連載された。

作者である二葉亭四迷は『浮雲』を書き継ぐうち、次第に自己の文学的資質に疑問を感じ、小説の筆を折ってしまった。それから20年ほど翻訳を中心に活動し、小説は書いていない。

日本の近代文学のスタート地点にある小説として知られる『浮雲』であるが、二葉亭四迷としては満足のいく作品ではなかったのである。

この小説は、日本の文学史において「近代文学のはじまりの作品」と評価されることが多い。その理由のひとつには、日常生活で用いる話し言葉（口語体）による言文一致体で書かれた最初の作品であることが挙げられる。

二葉亭四迷は東京外語学校でロシア語を学び、ツルゲーネフなどのロシア近代文学を通して近代

言文一致体で書かれた
リアリズム小説

当時の鉄道の機関車や車両は外国製。

的自我に目覚め、当時親交のあった坪内逍遥の助言を元に『浮雲』の執筆を始めた。

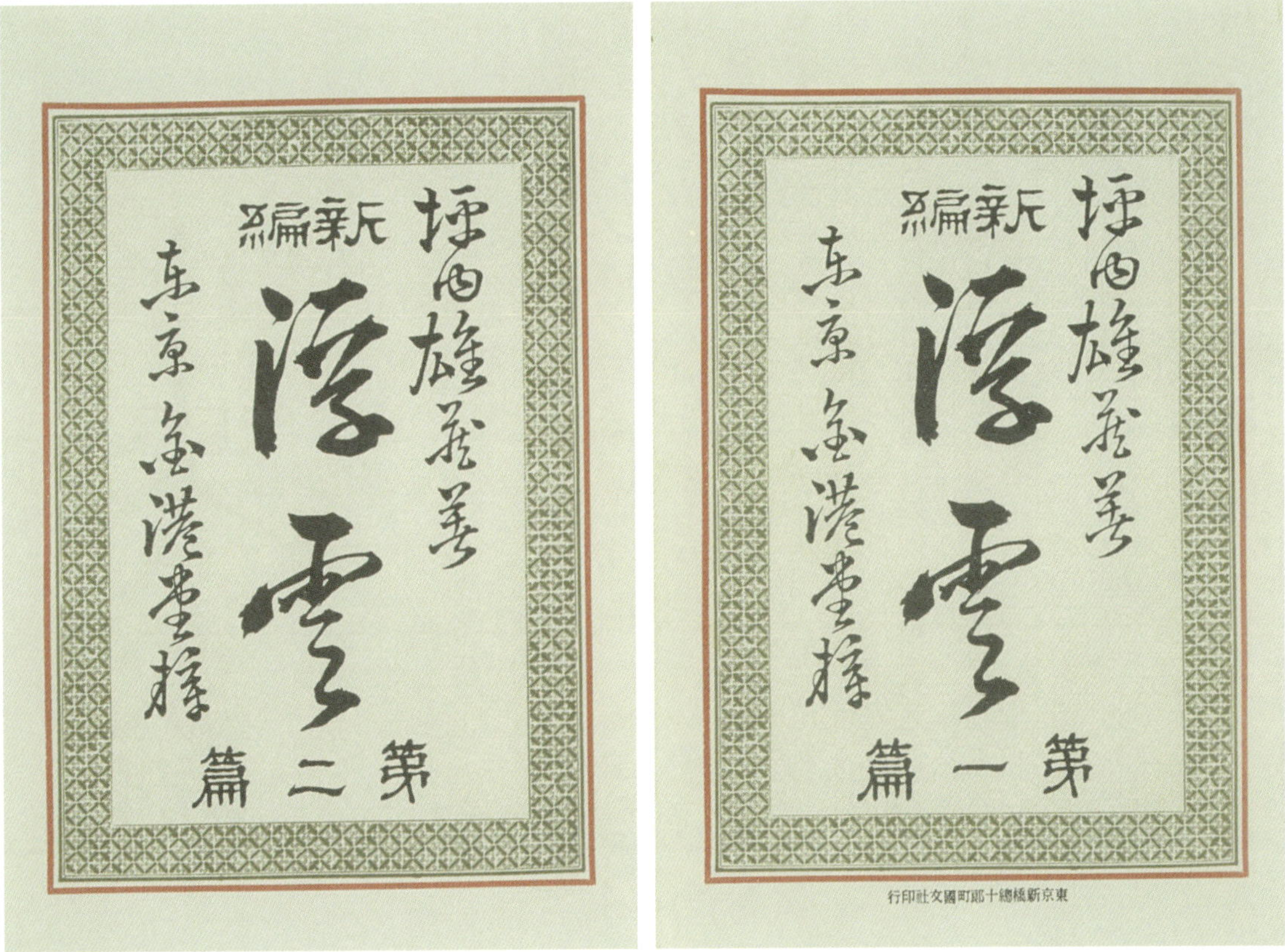

『浮雲 第1篇・第2篇』、1887～1888（明治20～21）年、金港堂発行、複刻版、日本近代文学館提供

この作品の主人公である内海文三は、官吏をクビになるのを端緒に出世の道を断たれ、結婚寸前の恋人に捨てられるという、うだつの上がらない青年である。この作品は、主人公内海の悲惨な状況を生み出した社会やシステムに対して読者が怒りを覚えるのと同時に、内海の境遇を我がことのように思い、共感を生んだ。

本書は日常という舞台の中で近代人の内面的な苦悩や近代社会の矛盾が批判的に描かれており、文学的な形式だけでなく、日本の近代文学の成立を告げる最初の作品といえるのだ。

●作家

二葉亭四迷

ふたばていしめい

1864（元治元）年～1909（明治42）年

江戸市谷の尾州上屋敷に生まれた。松江の相長舎で漢学、森川塾で数学を学んだ。軍人を志し陸軍士官学校を受験したが、視力不足のため不合格となった。1881（明治14）年外交官をめざし東京外国語学校露語部へ入学。85（明治18）年、学制の改変から東京外国語学校が東京商業学校附属露語学部になり、その露語科5年に編入された。翌年、東京商業学校附属露語科を退学した。この直後、坪内逍遥を知り、その勧めで評論『小説総論』を発表。87（明治20）年6月、『浮雲』第一篇を坪内逍遥の名義で金港堂から出版。その「はしがき」ではじめて二葉亭四迷と号した。翌年7月から『あひゞき』を『国民之友』に訳載。そのほか、ゴーゴリからゴーリキー、アンドレーエフにいたる多くのロシア作家を翻訳し、自然主義作家へ大きな影響を与えた。1906（明治39）年に小説『其面影』、翌年に小説『平凡』を東京朝日新聞に連載した。08（明治41）年、朝日新聞特派員としてロシアに赴任。翌年5月、インド洋ベンガル湾を航行中、日本郵船賀茂丸の客室で客死した。

1887（明治20年）

中央公論

のちに大正デモクラシー時代の言論をリード

新聞・雑誌が続々と誕生

『中央公論』が生まれたのは1887（明治20）年で、当初は『反省会雑誌』という誌名であり、『中央公論』に改題したのは1899（明治32）年のことである。

明治20年代は大日本帝国憲法発布や、立憲政治の始まり、日清戦争など、衆目を集める出来事が増え、雑誌の創刊が急増した。就学率が50パーセントを超えたことも影響している。

総合雑誌として著名な徳富蘇峰《とくとみそほう》の『国民之友』と三宅雪嶺《みやけせつれい》の『日本人』の流れに連なる雑誌である。

文芸にも強い総合雑誌

『中央公論』の前身は、『反省会雑誌』という機関誌である。禁酒などを主張した社会改革運動「反省会」のメンバーによって創刊されたが、彼らの多くは京都の西本願寺にあった普通教校（龍谷大学の前身）の学生や教授の有志たちである。

この雑誌は当初、仏教の再建を目的としていた。当時、同志社大学を創設した新島襄らを中心としたキリスト教の思想が広まっており、それに対抗する必要があったのである。

『反省会雑誌』は、後に『反省雑誌』と改題し、さらに1899（明治32）年には『中央公論』となる。

この頃になると、当初の宗教的な色合いは薄れ、1993（明治36）年に滝田樗陰《ちょいん》が入社すると、菊池寛、芥川龍之介などを起用し、日本を代表する総合雑誌としての歴史が始まる。滝田は東大在学中から夏目漱石などと接しており、入社すると論壇や文壇を通して多くの逸材や新人作家を発掘し、数えきれないほどの書き手を世に送り出した。

大正時代に築き上げられた思想の流れは、本誌の政治評論で活躍した大山郁夫や吉野作造らによって広まり、大正デモクラシーにおける言論をリードし続けた。

永井荷風、島崎藤村にはじまり、谷崎潤一郎、

滝田樗陰。

室生犀星、芥川龍之介、志賀直哉、広津和郎などの文豪の代表作を次々と掲載して文芸欄を充実させ、『中央公論』は権威のある総合雑誌となったのである。

しかし、1919（大正8）年に『中央公論』のライバル誌となる『改造』が発刊される。この雑誌は、堺利彦などの社会主義者を起用したが、マルクス主義が当時の知識人の間に広まっていたこともあり、そのラジカルな誌面で部数を伸ばし、『中央公論』の勢いが弱まることとなった。

そして、日本が軍国主義一色となっていた第二次世界大戦中に、『改造』に掲載された細川嘉六の論文がきっかけで、戦時中最大の言論弾圧である「横浜事件」が起こる。その結果、『改造』および『中央公論』の編集者や記者が逮捕され30人が有罪、4人が獄死した。この事件によって、『中央公論』は軍から勧告を受けて廃刊となる。

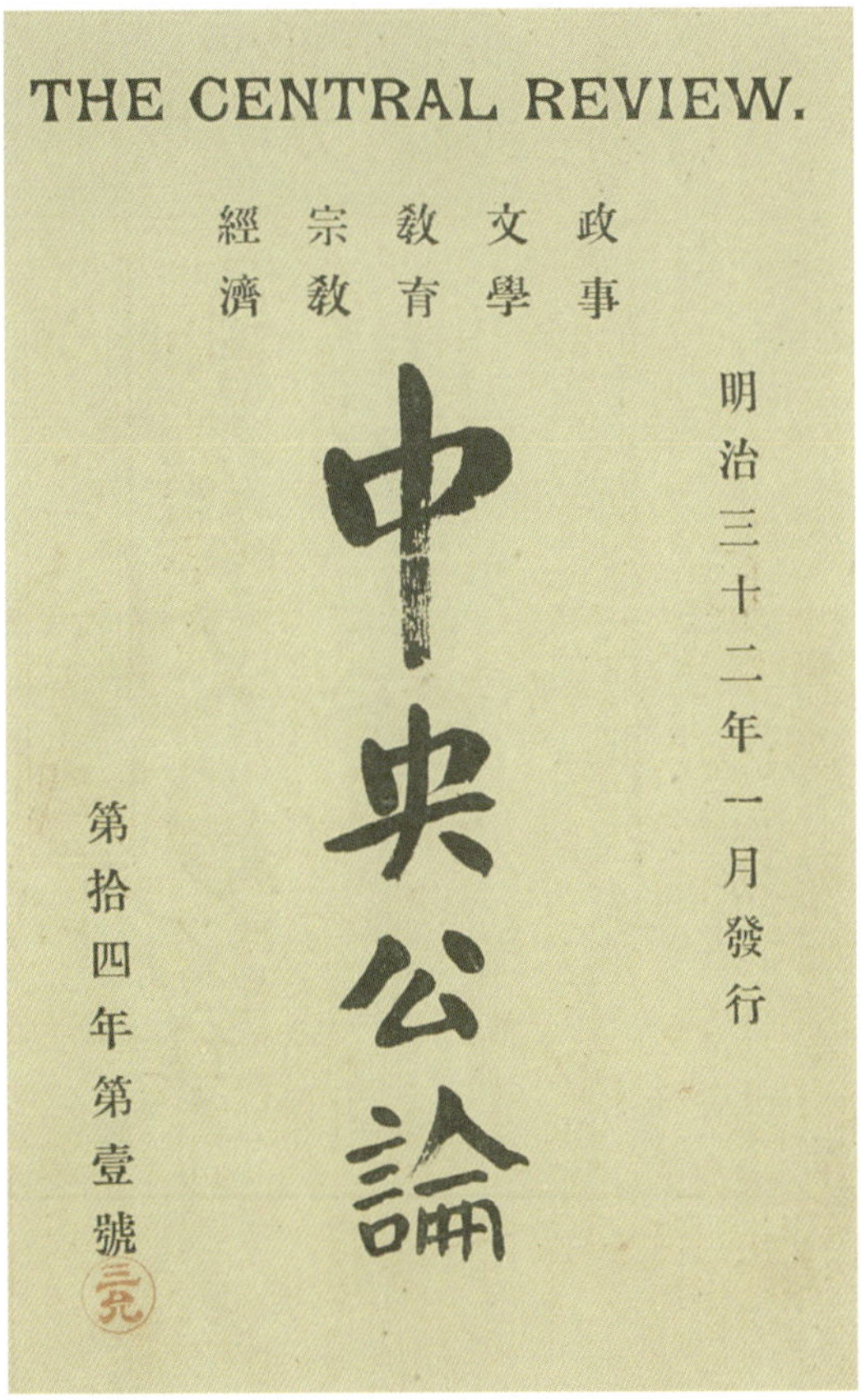

『中央公論』、1899（明治32）年、反省社発行、日本近代文学館提供

しかし、終戦後の1946（昭和21）年に復刊、1999（平成11）年に経営危機から読売新聞傘下になるも、現在に至るまでさまざまな小説や評論が掲載される総合雑誌として継続している。

滝田樗陰の生涯

滝田樗陰は1882（明治15）年、秋田市手形新栄町で生まれた。1903（明治36）年、東京帝国大学英文科に入学。入学間もないころからアルバイトとして、近松秋江が主幹を務めていた『中央公論』で働くようになる。

『中央公論』でのアルバイトは、『ロンドン・タイムズ』など外国の新聞雑誌類の翻訳であった。やがて、当時の言論界を代表する徳富蘇峰など多くの名士を訪問して原稿の依頼に駆け回るようになり、新鮮で魅力的な思潮に触れていくうちに、次第に雑誌づくりの魅力に取り憑かれていく。

正式に編集に携わるようになった樗陰がまず取り組んだのが、宗教色が濃くて堅苦しい印象の中央公論誌に、文芸創作欄を設けることであった。海外にも類例のない総合月刊誌を目指したのである。

文芸欄が誌上に実現したのは1905（明治38）年だが、このとき以来、『中央公論』は発行部数を急速に伸ばし、1912（大正元）年には、樗陰は30歳の若さで主幹に抜擢された。1925（大正14）年10月27日、死去。

1888（明治21年）

法廷の美人
黒岩涙香

新しい政治システムの時代

黒岩涙香が『法廷の美人』を連載した1888（明治21）年は、伊藤博文が憲法草案を審議していた時期である。10月には国会議事堂が竣工している。明治半ばにいたって、ようやく近代的な政治システムが構築されつつある最中であった。

1889（明治22）年の大日本帝国憲法発布、翌年の第1回衆議院選挙など、現代につながる政治の基礎がこの頃に産声をあげはじめている。

政治の面だけでなく、欧化政策など新しい風俗や文化が多く流入した時代にあって、人々は新しい時代の息吹を感じつつも、それらをどう受容していくかに迷っていたはずだ。

このような混沌とした時代に、黒岩は新聞記者としてジャーナリズムの世界に入ったが、記者の仕事と同時に得意の英語力を活かして翻案小説を手がけることになる。

黒岩は多趣味で外国ミステリーを原書で3000冊ほど読破しており、その世界を日本人にも紹介したいと考えていた。黒岩が『今日《こんにち》新聞』に在籍していたときに、仮名垣魯文の門下生だった彩《さい》霞園柳香《かえんりゅうこう》に協力を仰ぐ。

黒岩が英語の原書のあらすじを伝えて、文章が得意な柳香がそれを日本人に合ったストーリーに書き換えるという手法で連載を開始したのである。

しかし当時の日本では、物語は時間軸に沿って編年的に綴られるものであるという通念があり、「ミステリー＝謎解きの面白さ」という「構造」はあまりにも斬新すぎた。当時の柳香は戯作を中心に執筆することが多く、原書のあらすじを時間軸通りに再構成したミステリー作品は面白みに欠けており、この試みは失敗に終わったのである。

日本最初の翻訳ミステリー

斬新な翻訳手法で話題を呼ぶ

これを踏まえて黒岩は、1人で次の作品に取りかかる。

その作品は、イギリスの作家ヒュー・コンウェイの『Dark Days』（明治17年）が原作の『法廷の美人』であった。イギリスのロンドン郊外を舞台にした、ある医者の男とその患者の美しい娘、そしてある貴族の男とそれを取り巻く人間たちによって繰り広げられる、悲哀を帯びた恋愛、殺人と裁判を織り交ぜたミステリー小説である。

黒岩はこのコンウェイの原作を、原書通りに忠実に翻訳せず、舞台であるヨーロッパの地名は残しながら、物語の趣旨だけを抜き取ったり、登場人物を和名にしたりするなど、思い切った表現や内容の翻案小説に仕上げた。

もちろん黒岩は、小説のタイトルにもこだわった。原書の『Dark Days（暗い日々）』という無味乾燥なタイトルを、『法廷の美人』という1人の薄幸の美人が犯罪に巻き込まれてしまい、法廷に立っているニュアンスを帯びたものに置き換え、読者の興味を惹く工夫を凝らしたのである。

こうした意匠や構想が、当時新聞小説を読んでいた読者に受け入れられ、黒岩の手がける『法廷の美人』をはじめとする翻案小説は、ますます人気を集めるようになる。娯楽の少なかった当時の人々は、紙面上で毎日少しずつ展開される物語に夢中になり、新聞社は少しでも読者の食指が動く連載を求めて競り合った。

このように、新聞社にとって新聞小説は固定読者を獲得するための有効な手段であった。

その後、黒岩は『萬朝報』という新聞を創刊して一世を風靡したが、その時にもデュマの『巌窟王』（モンテ・クリスト伯）や、ユーゴーの『噫無情《ああ》』（レ・ミゼラブル）などの翻案小説が、その新聞の人気を支える一助となるのである。

『法廷の美人』、1889（明治22）、薫志堂発行、高知県立文学館提供

●ジャーナリスト

黒岩涙香 くろいわるいこう

1862（文久1）年〜1920（大正9）年

土佐国安芸郡川北村大字前島（現・高知県安芸市川北）に土佐藩郷士、黒岩市郎の子として生まれた。藩校文武館で漢籍を学び、1978（明治11）年16歳で大阪に出て中之島専門学校で英語力を身につける。翌年、上京して成立学舎や慶應義塾に進学するも、卒業せず。大阪時代から新聞への投書を始め、自由民権運動に携わる。『同盟改進新聞』や『日本たいむす』に新聞記者として入社後、82（明治15）年に創刊された『絵入自由新聞』に入社。2年後に主筆となり、語学力を生かして記者として活躍。『今日新聞』に連載した翻案小説『法廷の美人』がヒットして、翻案小説のスターとなり、次々に新作を発表した。89（明治22）年、『都新聞』に破格の待遇で主筆として迎えられたが、社長が経営に失敗。92（明治25）年に朝報社を設立し、『萬朝報（よろずちょうほう）』を創刊した。1915（大正4）年の御大典に際して、新聞事業の功労により勲三等に叙せられる。20（大正9）年、肺がんのため死去。

1890
（明治23年）

国民新聞

日本近代のオピニオンリーダーが作った新聞

立憲政治の始まりと『国民新聞』の創刊

『国民新聞』が創刊された1890（明治23）年は、初の帝国議会が開かれた年である。

7月1日に第1回衆議院議員総選挙が行われ、11月25日には第1回通常議会が召集された。

選挙権は直接国税15円以上の高額納税者の満25歳以上の男性に限られ、選挙権を有していたのは総人口のわずか1パーセントにすぎなかった。

それでも選挙結果は定数300のうち、政府の政策に批判的な民党系の政党の議席が過半数を占めた。

徳富《とくとみ》蘇《そ》峰《ほう》は、改革政治家として強い自負と決意を持ち、自身の言論活動を遺憾なく発揮できる、独立自営の新聞の発刊を意図していた。

そのため、明治23年の立憲政治開始を目標に、私塾の大江義塾を閉鎖して上京。そして、日本初の総合雑誌『国民之友』を創刊した。

日清戦争が転機に

『国民新聞』は、徳富蘇峰が雑誌『国民之友』の発行に成功したのちに、1890（明治23）年2月1日に創刊した日刊新聞であ

國民新聞
寶の山
日本之少年
幼年雑誌
支那文學
ゆにてりあん

『国民新聞』9月1日号、1891（明治24）年、国民新聞社発行、第1面、日本近代文学館提供

る。基本理念は「独立」であり、はじめの頃は「平民主義」を唱え、平民主義の立場から政治問題を論じていたが、評判はよくなかった。

『国民新聞』にとって、日清戦争は大きな転機となった。言論・報道活動が国家と一体化し、戦争報道が経営規模の拡大をもたらしたのである。

その後、三国干渉問題をきっかけに帝国主義的国家主義の立場をとるようになる。明治後期から大正初期にかけては山県有朋、桂太郎、寺内正毅、大浦兼武ら藩閥勢力や軍部と密接な関係を持ち、「御用新聞」と呼ばれ、政府系新聞の代表的存在となった。

日露戦争終結時には世論に対して講和賛成を唱えたため、１９０５（明治38）年９月５日には講和反対を叫ぶ暴徒の焼き討ちに遭った（日比谷焼打事件）。さらに憲政擁護運動で第三次桂内閣を代弁する論陣を張ったため、１９１３（大正２）年２月11日に護憲派民衆の襲撃にあっている（第一次護憲運動東京事件。大正政変とも呼ばれる）。

この間、１９０７（明治40）年９月には日本新聞史上初めて地方版を創刊（千葉版）。１９２４（大正13）年８月21日には、日本初の天気図を掲載した。

大正中期に大衆化が図られ、東京五大新聞の一角を占めるようになるが、関東大震災の被害により社業は急激に傾いた。

徳富蘇峰。

１９２６（大正15）年５月、甲州財閥の根津嘉一郎の出資を仰ぎ共同経営に移行する。やがて根津と蘇峰は対立し、１９２９（昭和４）年１月５日に蘇峰は退社。

その後、時代は下って１９４２（昭和17）年、戦時体制下により『都新聞』と合併することとなり、10月１日『東京新聞』が誕生した。

徳富蘇峰の生涯

１８６３（文久３）年、肥後国上益城郡杉堂村の母の実家において、熊本藩の一領一疋の郷士・徳富一敬の第五子・長男として生まれた。

１８７２（明治５）年には熊本洋学校に入学。１８７６（明治９）年８月に上京し、官立の東京英語学校に入学するも10月末に退学、京都の同志社英学校に転入学した。同年12月に創設者の新島襄により金森通倫らとともに洗礼を受けた。西京第二公会に入会、洗礼名は掃留《ソウル》であった。学生騒動に巻き込まれて同志社英学校を卒業目前に中退した。

帰郷して自由党系の民権結社〈相愛社〉に加入し、自由民権運動に参加した。１８８２（明治15）年３月、大江村の自宅内に私塾「大江義塾」を創設。平民主義の思想を形成していった。

１８８６（明治19）年、『将来之日本』を脱稿。東京に転居して論壇デビューを果たした。翌20年には言論団体〈民友社〉を設立し、月刊誌『国民之友』を創刊した。

１８９０（明治23）年２月、蘇峰は民友社とは別に国民新聞社を設立して『国民新聞』を創刊。

１９５７（昭和32）年11月２日、死去。

1890
（明治23年）

舞姫
森鷗外

最初の本格的な文学論争を引き起こす

『舞姫』の意義

教科書に載るほど有名な作品であると同時に、主人公・太田豊太郎の苦悩と葛藤から取った行動について論じられることが多いが、この作品は当時の知識階級が西洋の新しい価値観に向き合いはじめた中で紡がれた、日本における最初のロマン主義小説であるといわれている。

この物語は、ベルリンに留学した青年の太田豊太郎が踊り子のエリスと出会い、別れるまでを、豊太郎の手記の形で綴られたものであり、鷗外自身のドイツでの体験が本作に投射されているといわれている。

海外文学と比べると日本語では人物の内面を描写するのは力不足であると考えられていた折、鷗外は抒情的な内面描写で物語を紡ぎ上げた。

本書において鷗外は、終始豊太郎のひとり語りという自己の内面を吐露しやすい構造を取り入れたことで、内面描写をしやすくしている。

また、表現手法こそ違うが、日本の近代化による自我のめざめを経験した青年が主人公であるという点で、二葉亭四迷の『浮雲』と並び、日本の近代文学における先駆的な作品とされている。

『舞姫』、1907（明治40）年、彩雲閣発行、日本近代文学館提供

初の本格的な文学論争

鷗外の処女作『舞姫』は1890（明治23）年1月『国民之友』

に掲載され、称賛をもって迎えられた。
誰もがこの作品を称える中、批評家石橋忍月《いしばしにんげつ》は『舞姫』の作品評を2月の『国民之友』に掲載する。そこでは『舞姫』について5つの指摘がなされており、なかでも「著者は豊太郎をして恋愛を捨てて功名を取らしめたり、然れども予は彼が応《ま》さに功名を捨てて恋愛をとるべきものたるを確信す」という指摘は作品の内容やテーマに関わる最も重要な点であるといえる。

これに対して鷗外は4月に『しがらみ草子』にて『気取半之丞に与《あた》ふる書』として忍月へ反論をおこなう。それを受けた忍月は改めて鷗外にひとつずつ反論しながら『舞姫再評』を4月27日号『江湖新聞』から掲載し始めた。再評が出た翌日、今度は『国民新聞』に鷗外の『再、気取半之丞に与《あた》ふる書』が掲げられ、5月6日まで6回も掲載された。

忍月も続く4月29日号、30日号の『江湖新聞』に『舞姫再評』を発表するが、鷗外の反論が予想以上に早いために不満を抱く。更に議論をかく乱するかのような態度に気持ちが削がれたのか、忍月は5月の『舞姫四評』にて鷗外が態度を改めないのであれば相手にしないと告げて論争に幕を引いた。

作品が発表されてから5カ月間続いた鷗外と忍月の論争は『舞姫』論争と呼ばれる。当時はまだ評論が文学活動のひとつとして認められていなかった時代であった。これは日本文学における初めての本格的な文学論争であったとされる。

忍月の最大の指摘は「主人公の豊太郎は功名を捨てて恋愛をとるべきではないのか」というものだが、本作は功名対恋愛という単純な図式ではない。

そもそも「恋愛」という言葉や概念が流行するのが明治25年であることを考えると、当時は「恋愛」という概念自体が定まっていなかったといえる。

豊太郎は国や母に従う「器械的」な自分とは別に、エリスと過ごす「まことの我」の存在も感じている。このような自己の多義性は現在では一般的だが、当時の日本では必ずしも理解されるものではなかった。豊太郎は前近代から抜け出して近代的自我に目覚めつつあったといえる。

『舞姫』は、ひとりの青年の近代的自我の目覚めを描いた作品でもあったのである。

●作家・医学者

森鷗外《もりおうがい》

1862(文久2)年～1922(大正11)年

本名森林太郎。代々津和野藩の典医を務める森家の長男として生まれる。10歳で父と上京し、東京大学予科に最年少で入学。大学では医学を学び、卒業後軍医となる。1884(明治17)年より軍の衛生学の調査と研究のためドイツへ留学。帰国後、軍医として仕事をおこないながら、『舞姫』『雁』『山椒大夫』『高瀬舟』などの小説、『渋江抽斎』などの史伝を多数執筆。医学や文学の評論、小説や戯曲などの翻訳もおこない、多くのヨーロッパ文学を日本へ紹介した。1907(明治40)年、陸軍軍医総監・陸軍省医務局長に就任。16(大正5)年まで務めたのち、陸軍を退職。その後帝室博物館総長兼図書頭となる。22(大正11)年7月9日、60歳で死去。千駄木団子坂上にあった「観潮楼」に家族とともに30年間暮らし、娘の森茉莉は小説家・随筆家として活躍した。

1891（明治24年）

真善美日本人

三宅雪嶺

明治中期のナショナリズムの代表作

政府主導の欧化政策

『真善美《しんぜんび》日本人』が書かれたのは１８９１（明治24）年。〈政教社〉という国粋主義的な政治評論団体により刊行された。

１８８０年代の日本は、外務卿の井上馨が中心となって、極端な欧化主義政策が行われた。その象徴のひとつともいえるのが、東京日比谷に１８８３（明治16）年に建てられた鹿鳴館である。ここでは、海外から外務官などの要人を招いて、舞踏会が行われ、鹿鳴館は欧化主義を象徴する建築物とされていた。

欧化政策の象徴ともなった鹿鳴館。

急速な欧米化を目指す政府による欧米文明摂取の態度は、文明を生み出した精神やエネルギーを摂取するよりも、その上澄みを摂取するという側面があった。これに反発した国粋主義的な青年グループが「外政内政共に国家自らの立場」を確立するため、広く文明創造の観点から日本の近代化の道を主体的に探ろうとして結成したのが〈政教社〉である。

日本人の国粋主義を考える

『真善美日本人』は、１８９１（明治24）年に評論家三宅雪嶺《せつれい》によって書かれたもので、「日本人の本質」「日本人の能力」「日本人の任務」という目次構成になっている。

「日本人の本質」では日本人を「歴史ある日本の国家に分子たるの人、斯《ここ》に之を名《なづ》けて日本人といふ也」と定義した上で、日本人の任務を「大《おお》に其の特能を伸べて、白人の欠点を補ひ、真極《きわま》り、善極り、美極る円満幸福の世界に進むべき」とする。

この「真」「善」「美」３つの価値類型に分けた任務に、日本人が堪えうるかどうかを考察したのが、次の項目「日本人の能力」

である。

まず「真」は、学術の分野である。博物館、図書館を完備させ、アジア大陸への学術探検隊の派遣に尽力すべきと提案している。

「善」は、善＝正義と理解して、「海外諸強国に対して正義を伸ぶるの実力あるか」「我国（略）に大に軍備を拡張するの余裕ありとなすか」というふたつの問いを提示する。

これに対し、欧米列強の圧力には抗しなければならず、現在の当面する課題は何よりも産業立国が前提であり、正義を世界に伸ばすことは「日本人が人類の善を極むるに於て応分の力を出し得る要件」と結ぶ。ここでは、産業、軍事面での国粋主義が明らかにされている。

「美」は、日本の美を、世界に向かって発揚すべきことを論じている。

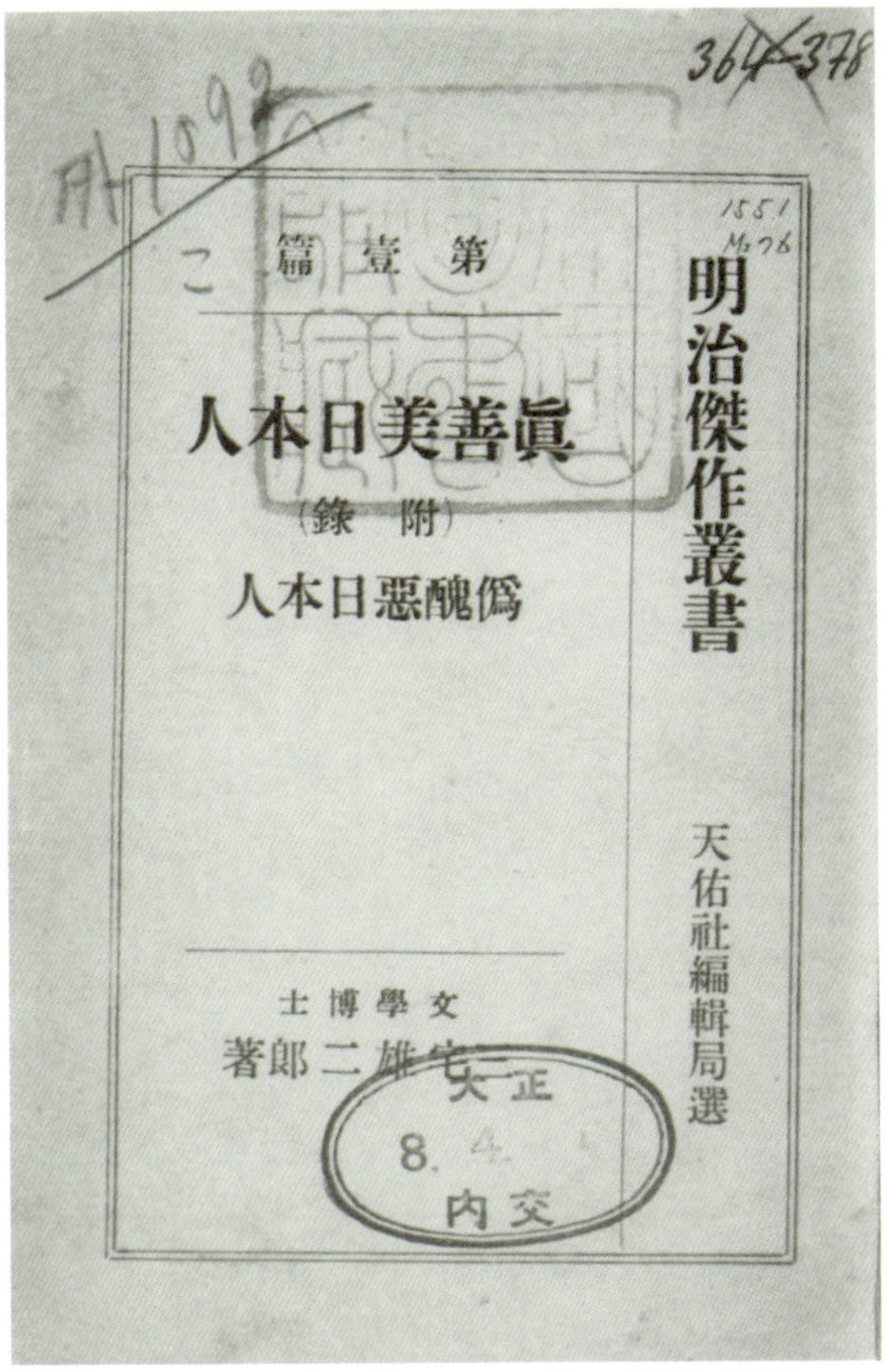

『真善美日本人』（明治傑作叢書 第1編）、1919（大正8）年、天佑社発行、扉、国立国会図書館ウェブサイトから転載

三宅雪嶺はこのように、日本人が「真、善、美」の3つを用いることで世界に貢献できると説いている。

日本は世界から見て、どういう位置づけの国家なのか、という発想から雪嶺の国粋主義は出発しており、その考えには愛国と博愛が内在されていた。この書物は、明治中期において日本人の特性を発揮して、世界にどう貢献するべきかを模索したものである。

●思想家

三宅雪嶺《みやけせつれい》

1860（万延元）年～1945（昭和20）年

加賀藩家老本多家の儒医・三宅恒の子として生まれた。1883（明治16）年、東大哲学科を卒業。准助教授として同大学編輯所に務めたが、まもなく文部省編輯局に移り、86（明治19）年には東京専門学校（早稲田大学の前身）講師となる。後藤象二郎の大同団結運動や条約改正反対運動など自由民権運動に関わる。88（明治21）年、志賀重昂、杉浦重剛らと〈政教社〉を設立し、国粋主義の立場を主張するため、『日本人』（のちに『日本及日本人』）を創刊し、国粋主義を主張した。誌面にあらわれたナショナリズムの論調は可能性に満ちたものであったが、現実の政府の施策としばしば衝突し、発行停止を命じられた。91（明治24）年、〈政教社〉から『真善美日本人』『偽悪醜日本人』を刊行。また、その後も個人雑誌として『我観』を創刊し、『中央公論』などに論説を発表して注目を集めた。林内閣において文部大臣への入閣の要請があったものの辞退している。37（昭和12）年帝国芸術院会員、43（昭和18）年文化勲章受章。45（昭和20）年死去。

1892
（明治25年）

萬朝報

ゴシップ報道の先駆者

戦争の時代に創刊

明治政府のスローガンは「富国強兵」「文明開化」であったが、これは海外列強に追いつき、日本が列強国として領土を拡大していく意図が込められていた。ヨーロッパの列強に抗して立ち上がって、清や朝鮮に代わってアジアを支配しようという発想である。

『萬朝報《よろずちょうほう》』が創刊された時代は、まさに富国強兵政策のただなかにあった。1892（明治25）年に創刊されると、2年後には日清戦争が始まり、日露戦争へとつながっていく。また、創刊の年には衆議院の第2回臨時総選挙がおこなわれたものの、選挙運動中に内務省による選挙干渉がなされ、各地で警察と民権派各党の候補者および支持者との衝突が発生した。自由党が強い高知県では10名の死者を出す惨事に発展し、全国でも20名以上の死者を出すなど、世情は騒然としていた。

黒岩涙香の個性が炸裂した新聞

『萬朝報』は1892（明治25）年、『都新聞』を辞したジャーナリスト黒岩涙香《るいこう》（49ページ参照）により東京で創刊されたタブロイド版の日刊紙である。タイトルには「よろず重宝」の意味がかけられていた。発行元は朝報社である。

『萬朝報』は日本におけるゴシップ報道の先がけとして知られ、スキャンダル記事を中心に、著名人のプライバシーを暴露する誌

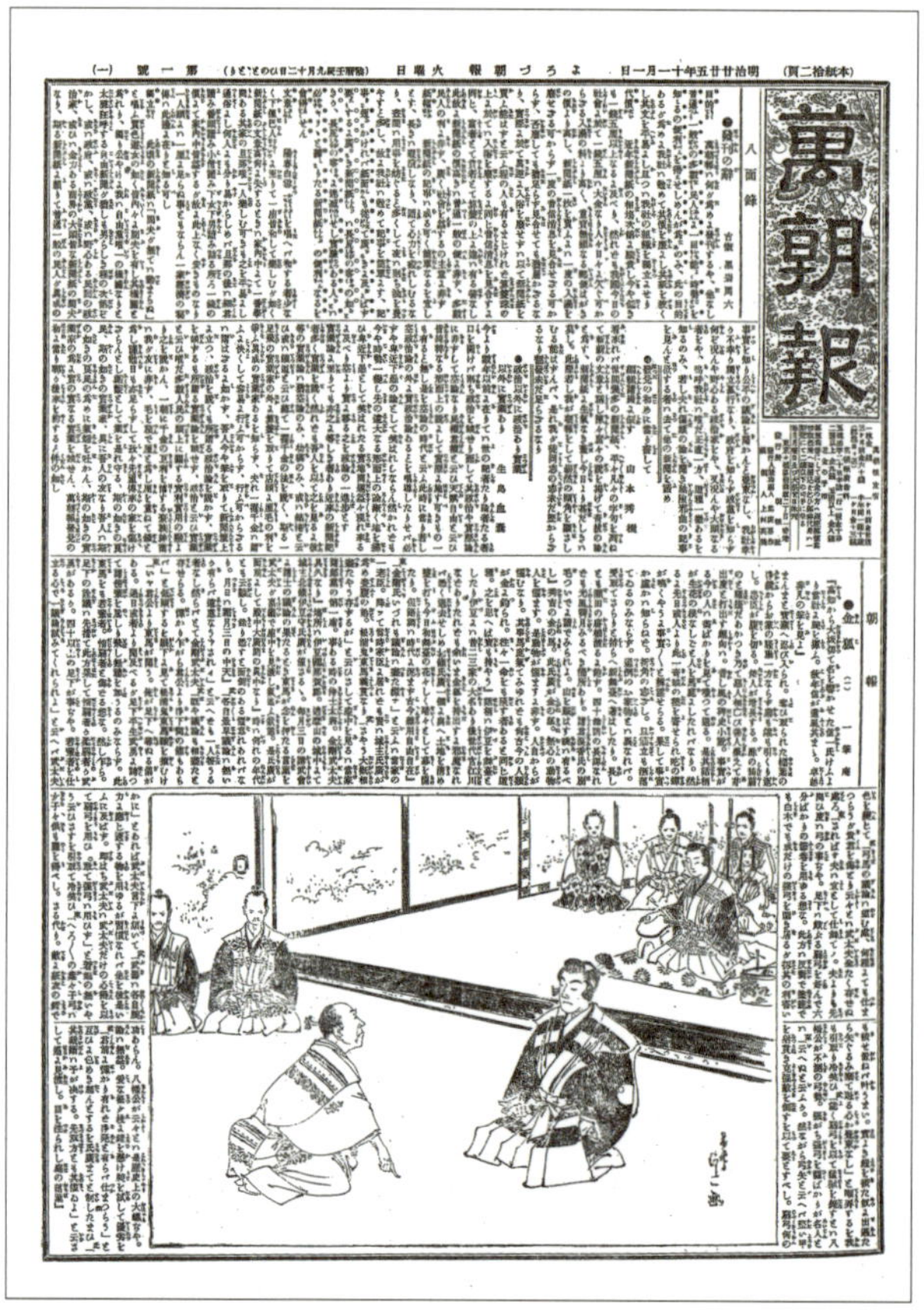
萬朝報

『萬朝報』1号、1892（明治25）年、萬朝報社発行

面が特徴であった。有名人・無名人の愛人関係を、本人はもとより愛人や父親も実名住所職業入りで掲載。これも涙香の筆によるものであった。

「相馬家毒殺騒動」（明治期に起こったお家騒動のひとつである相馬事件）や「淫祠蓮門教会」といったスキャンダラスな出来事を他紙よりも長期にわたり、ドラマチックに報道することで部数を伸ばしていった。

また、読者の目を引く目的で赤い紙に印刷したため、「赤新聞」とも呼ばれるようになる。その第三面には市井の社会記事を掲載していたことから、現在も使われている「三面記事」という言葉が生まれた。

本紙は「永世無休　萬朝報」の看板を掲げ、翻案小説で一世を風靡していた黒岩涙香が手がけた『巌窟王』『鉄仮面』『白髪鬼』などの作品を次々と掲載した。

「一に簡単、二に明瞭、三に痛快」を標語に、大衆に幅広く受け入れてもらうために、値段も低価格に設定。五目並べなどが掲載された家庭欄も充実させた。

この創意工夫が功を奏して、大衆紙として『萬朝報』は発行部数を次々と伸ばし、ついには1899（明治32）年に東京で刊行されている新聞中の1位となり、発行部数は30万部となった。

やがてスキャンダル報道だけでは売れなくなってくると、涙香は堺利彦、斎藤緑雨、幸徳秋水、内村鑑三といったインテリに参加を求め、日清戦争時の世論形成をリードしていく。

1901（明治34）年には〈理想団〉を結成し、労働問題や女性問題を通じ、社会主義思想から社会改良を謳った。その後、主な購読者であった労働者層獲得をめぐって『二六新報』と激しい販売競争を展開する。

日露戦争開戦初期には非戦論を唱えていたものの、世間の流れが開戦に傾くにつれ黒岩自身も主戦論に転じる。このため、非戦を貫いた堺利彦、幸徳秋水、内村鑑三が退社。これを機に次第に社業は傾き、黒岩の死後は凋落の一途をたどった。1940（昭和15）年に『東京毎夕新聞』に吸収され、廃刊となる。

堺利彦《さかいとしひこ》の生涯

1871（明治3）年、没落士族の三男として豊前国に生まれた。朝報社に入社。社会改良を主張する論説や言文一致体の普及を図る一方で、社主の黒岩涙香、同僚の内村鑑三、幸徳秋水らと〈理想団〉を結成。この時期に社会主義思想に共鳴し、非戦論を唱える。退社後幸徳秋水と〈平民社〉を結成、『平民新聞』を発刊。社会主義思想の普及に努めた。『へちまの花』『新社会』を発行。日本共産党の創立にも参加。1933（昭和8）年死去。

斎藤緑雨《さいとうりょくう》の生涯

1868（慶応3）年、現在の三重県鈴鹿市で生まれる。10歳で上京し、明治法律学校（現在の明治大学）に進学するも中退。辛辣な批評家として知られ、漱石以上のアフォリズムの名人と評される。『油地獄』『かくれんぼ』などで小説家としても認められるが、病もあり、一生を貧窮のうちに暮らした。『萬朝報』『読売新聞』などで『眼前口頭』などを連載。樋口一葉を評価し、森鷗外、幸田露伴とともに紹介した。『萬朝報』記者だった幸徳秋水と親交があり、秋水は困窮した緑雨のために『平民新聞』に連載をもたせた。肺結核により1904（明治37）年死去。

1892（明治25年）

五重塔
幸田露伴

露伴の理想主義による明治文学の金字塔

功利主義への反対

幸田露伴は尾崎紅葉と並び、明治20年代の文学界を牽引した作家である。

この時期は紅露時代とも呼ばれ、写実主義の紅葉と理想主義の露伴は文壇の双璧をなしていた。なかでも1892（明治25）年に書かれた『五重塔』は露伴の傑作として名高く、彼の理想主義的な特色が色濃く反映された作品といわれる。

タイトルになっている『五重塔』は当時、東京谷中の天王寺にあった五重塔がモデルになっているが、1957（昭和32）年に焼失した。

十兵衛という頑固で世渡り下手な大工はある日、五重塔が建てられるという噂を耳にして、自分に任せてほしいと上人のもとへ直談判に行く。しかし、すでに源太という立派な大工に任せることが決まりかけていた。

義理と人情に生きる江戸っ子の源太はふたりで協力して塔を作ろうと提案するが、十兵衛はそれを断る。その後も源太は十兵衛の顔を立てた提案を行うのだが、十兵衛は決して首を縦には振らない。

十兵衛は己の仕事に対して無限の愛着と自信を備えているからこそ、一切か無の二択しか持っていない。このような主人公の造形は、作品発表当時の支配的思潮であった功利主義に異を唱えたものだった。

明治20年代の日本は自由民権運動が衰退するとともに、近代国家システムが本格的に形を整えた時代でもあった。欧米列強に対抗するために国民意識や帰属意識が尊重される中、十兵衛の言動はわがままにもみえる。

やがて源太の仲間の不興を買った十兵衛は耳を切り落とされてしまう。それでも構わず五重塔の建設に心血を注ぎ、源太の助力もあって五重塔は無事に完成する。

職人にみる露伴の理想

『五重塔』の由来について、露伴は倉という大工から聞いた話がきっかけであったと述べている。

此の倉といふ男も極めて妙な人物で、無学の聖人とでもいふ趣のある、慾はなく、処世の才はなく、極のろく、一体の挙動が浮薄でない。

近代社会の合理性とは相容れないが、こうした人を指して露伴は「無学の聖人」と称した。処世術はなくとも、自分の仕事に一心不乱に取り組む職人の姿に、自身の理想を重ねて称賛したのである。

終盤、十兵衛が心血を注いで築いた五重塔は嵐に見舞われる。この場面はその文体の凄絶さから一番の見どころとされている。荒れ狂う大自然の猛威に打ち勝った五重塔の姿は、芸術の力が自然を超越したことを表すものにほかならない。その出来栄えを人々も称えて物語は終わっていく。

十兵衛を通して、人生の側面としてではなく、仕事に人生そのものをかけた職人の姿が、鮮やかに描き出されている。社会で生きるには不器用だが、十兵衛は後世に残る大仕事を一心になし遂げた。

周囲との軋轢《あつれき》をものともしない一途なその姿は、露伴の考える理想的な生き方そのものであった。

『五重塔』（『尾花集』収録）、1892（明治25）年、
青木嵩山堂発行、扉、国立国会図書館ウェブサイトから転載

●作家

幸田露伴《こうだろはん》

1867（慶応3）年～1947（昭和22）年

本名成行《しげゆき》。蝸牛庵など多くの別号がある。江戸下谷に生まれる。東京英学校（現在の青山学院大学）を中退し、東京府図書館に通いながら淡島寒月などを知る。給費生として逓信省官立電信修技学校（のちの逓信官吏練習所）に入学。卒業後は官職である電信技師として北海道余市に赴任したが、坪内逍遥の『小説神髄』などに出会い、文学の道を志して1887（明治20）年に職を放棄し帰京。89（明治22）年に書いた『露団々』が山田美妙の激賞を受け、『風流佛』『五重塔』などを発表。作家としての地位を確立する。同世代の尾崎紅葉とともに「紅露時代」と並び称され、明治文学の一時代を築いた。1904（明治37）年以降は、『頼朝』『平将門』などの史伝の執筆や古典の評釈をおこなう。08（明治41）年には京都帝國大学国文学講座の講師となったが、わずか一年足らずで辞することとなる。中国の古典を踏まえた『幽情記』『運命』を発表し、文壇に復活。47（昭和22）年7月30日、戦後に移り住んだ千葉県市川市にて満80歳で没。娘の幸田文、孫の青木玉も随筆家として知られる。

1895
（明治28年）

たけくらべ

樋口一葉

奇跡の14カ月

1895（明治28）年、1月に雑誌『文學界』に一編の小説が発表された。樋口一葉の『たけくらべ』だ。吉原遊廓の風物や四季の移りかわりを背景に遊女となる運命の少女を描いた。一葉は吉原という特殊な舞台を用意しながら、子どもが近い将来に向き合わなければならない現実を浮き彫りにした。身分や地位、経済力で人々が分け隔てられる近代社会の一面に光をあてた。

この作品は、1896（明治29）年1月まで断続的に7回にわたって連載された。同作は話題を呼び、同年4月に『文芸倶楽部』に一括掲載されると、森鷗外、幸田露伴、斎藤緑雨の辛口評論で鳴らした3人が激賞した。鷗外は一葉を「まことの詩人」と絶賛し、主宰する『めさまし草』への寄稿も依頼したほどだ。

一葉は14歳から中島歌子の歌塾〈萩の舎〉で和歌や『源氏物語』などを学び、塾生のなかでも文学的才能は卓越していた。原稿料で生活する日を夢見て、職業小説家を目指していたが才能が花開くまでには時間がかかった。

1894（明治27）年12月にそれまでの古典的作風を一変させる、肉親とのしがらみを題材に執筆した『大つごもり』が文壇の注目を集める。翌年には『たけくらべ』を連載する一方、『にごりえ』、『十三夜』を、また1896（明治29）年には『わかれ道』などを同時並行で発表。矢継ぎ早に作品を世に送り出した無理がたたったのか、同年11月、24歳と6カ月の短い生涯を閉じる。

一葉の実質的な作家生活はわずか14カ月ばかりだったために、日本文学史で燦然と輝く「奇跡の14カ月」と呼ばれている。

封建制度下の女性の閉塞と苦悩

社会の底辺を取り上げた

一葉を語る上で欠かせないのが生活の苦しさだ。一葉は兄の死で16歳で一家の大黒柱となり、窮乏生活を支えた。生涯に14回も引っ越したのも、母や妹を養うために安い物件を求めて住居を移したからだ。

一度は筆を折り、吉原遊郭近くで駄菓子や荒物を売る店を始めた。この時の見聞が後に『たけくらべ』に生きることになるのだが、収入にはならず10カ月弱で店をたたむ。借金に走り、相場にさえ手を出そうとしたが、もはやほかに生計の道はないと覚悟し、再び物書きの世界に戻る。

日清戦争による物資不足やインフレも一葉の貧乏に拍車をかけた。代表作のひとつである『にごりえ』は亡父の七回忌法要の費用と引き換えに書いた作品だ。

生活困窮の一葉は1894（明治27）年、観相家である久佐賀義孝に1000円（現在の約1000万円）の借金を依頼する。久佐賀は月々15円を提示し、妾になる交換条件を出したという。それに応じたかどうかは定かではないが、久佐賀に接触後、一葉の作品には「性」のにおいが垣間見られ、『たけくらべ』、『にごりえ』など次々に話題作を生み出したのは決して偶然ではないとも考えられる。

一葉が生きた時代は1889（明治22）年に大日本帝国憲法が発布され、文壇で注目を集め始めた1894（明治27）年には日清戦争が開戦していた。そうした中、一葉は激変する社会環境の中で、必死に生きる下層社会の人々を切り取った。夏目漱石や森鷗外など知識階層が触れない世界を書いたことが、知識人たちの関心を惹き、文壇に衝撃を与えることになる。作家の小島政二郎は一葉を「明治が生んだたった一人の天才」と称えた。「当時大家と云われた紅葉、露伴を見よ。彼等は皆文学の生命の何物であるかを悟らなかった。一人一葉のみは、人間性の真実を描くことこそ文学の生命であることを会得したのである。さればこそ『にごりえ』は、『たけくらべ』は、永遠不朽の生命を持っているのだ」と指摘している。

家族や実らぬ恋、格差など現代にも通じるテーマをこの作品は内包している。

『たけくらべ』、1918（大正7）年、博文館発行、日本近代文学館提供（協力：博文館新社）

作家

樋口一葉《ひぐちいちよう》

1872（明治5）年～1896（明治29）年

東京出身。明治時代の歌人、小説家。本名は奈津。1886（明治19）年に歌人の中島歌子に入門。古典、和歌の素養を身につける一方、上流の子女との交流で格差を痛感したことが、後世の一葉文学の土壌になる。同門の先輩田辺（三宅）花圃が『藪の鶯』で稿料を得たのに刺激され、小説家になることを決意。朝日新聞の小説記者であった半井桃水に師事する。92（明治25）年に第1作『闇桜』を発表。『うもれ木』が『文學界』同人の目に止まる。94（明治27）年末から1年あまりの間に『たけくらべ』、『にごりえ』を書く。明治を代表する作家となるが、終生、困窮がつきまとったことでも知られる。兄の死により16歳で戸主となり、父の死後、母、妹を抱える一家の生計を支え続けた。96（明治29）年11月23日死去。24年6カ月の生涯で22編の小説と和歌、随筆、日記を残す。

1895
（明治28年）

余は如何にして基督信徒となりし乎

内村鑑三

明治の青年が直面した西洋思想との葛藤

英語で世界へ発信された書

『余は如何《いか》にして基督信徒《キリストしんと》となりし乎《か》』のなかで描かれたのは、1877（明治10）年から1888（明治21）年までの時代である。まだ、日本では国会も開かれず、憲法もない。

英語で書かれた本書は、はじめ、アメリカでの出版を希望したがうまくいかず、1895（明治28）年に警醒社書店より刊行。同年11月には、アメリカのフレミング・H・レベル社より『Diary of a Japanese Convert』の題名で刊行された。

この時代には、欧米の知識、技術を取り入れるため、翻訳は盛んにおこなわれたが、日本人が英語で情報を発信することは希であった。

壮絶な半生とその影響

本書は、儒教的教育を受けたひとりの日本人が、真の意味でのキリスト教信仰に目覚めていく過程を描いた自伝である。英文著作としては新渡戸稲造の『武士道』と並ぶ傑作とされる。

本書を書いたとき、内村鑑三は一高での不敬事件、泰西学館事件、愛妻の死などで、キリスト教界、官界、教育界から追われるという四面楚歌の状況にあった。本書は息詰まるような自己探求から生まれた精神のドラマである。

本書で内村は、札幌農学校でのキリスト教入門、卒業後の官吏生活と信仰の苦悶、アメリカ留学と知的障害児養護学校での看護

札幌農学校内にあった建物を移設した、現在の札幌時計台。

人生活、アマースト大学での学生生活、２回目の回心をへての真の信仰への目覚め、神学校生活ののち帰国するまでの魂の遍歴について述べている。

内村とキリスト教の関係は、札幌農学校時代、先輩の強襲《ストーム》によってやむなくイエスを信じる者の誓約に署名したところから始まる。内村、新渡戸稲造らのグループは独立精神が強く、個人主義的傾向が濃かった。樽のテーブルを囲む集会から始まり、次に札幌独立教会を建設したが、これはどの教派、宣教師からも独立したものであった。経済的にも独立し、外国のひもつきではない聖書だけにもとづく無教会派キリスト教への芽生えが見受けられる。

その後内村は官吏となり、中央のキリスト教界へ接触する中で罪の問題への苦悶が深まり、離婚のショックもあって渡米を決意する。

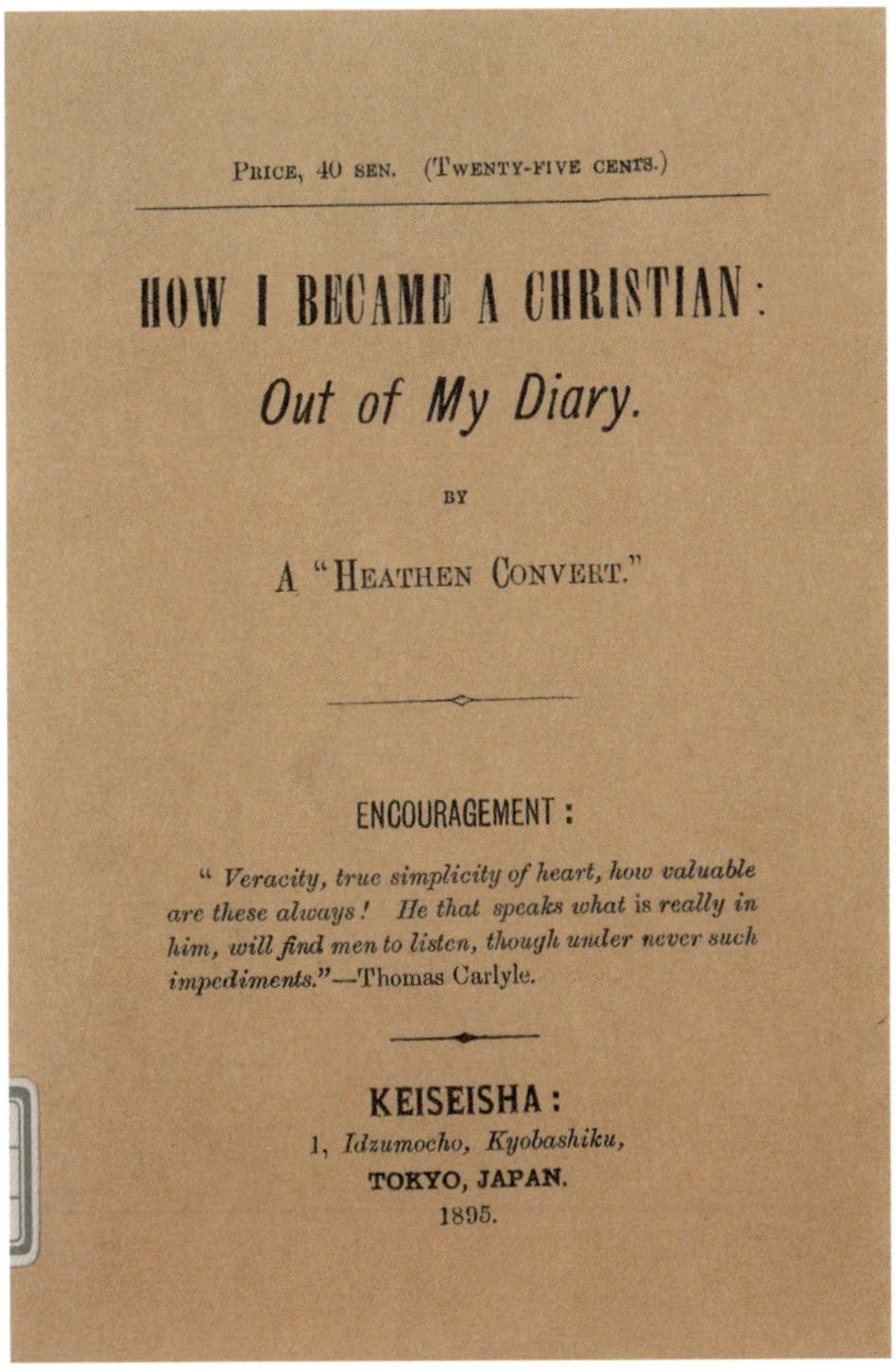

『余は如何にして基督信徒となりし乎』、1895（明治28）年、警醒社書店発行、複刻版、日本近代文学館提供

だが、内村がアメリカで見た現実は、抱いていた理想とは異なっていた。アメリカは度を超えた合理主義、物質主義、拝金主義であるうえに、強い人種差別に満ちていたのである。そのため、内村は「西洋崇拝」から目覚め、アメリカの現実は非キリスト教的であると批判し、日本人として生きることを胸に帰国した。

内村はキリスト教徒の立場から、足尾銅山の鉱毒問題や日露戦争に反対するなど、社会、政治の世界にも関わった。彼が催していた聖書の研究会には、国木田独歩や志賀直哉など多くの文人が集まった。

●思想家

内村鑑三

うちむらかんぞう

1861（万延2）年～1930（昭和5）年

高崎藩士内村宜之とヤソの6男1女の長男として江戸小石川の武士長屋に生まれた。1874（明治7）年、東京外国語学校に入学、77（明治10）年官費生として札幌農学校に移り、翌年、新渡戸稲造らとともにキリスト教に改宗した。81（明治14）年主席で農学校を卒業し、農商務省嘱託として水産魚類の調査に当たったが、ほどなく辞職。妻浅田タケとの離婚もあり、84（明治17）年11月、私費で米国留学に出発。知的障害児養護学校で看護人として勤務し、アマースト大学で学んで88（明治21）年に帰国。北越学館などを経て一高の講師となり、91（明治24）年教育勅語不敬事件で辞職。以後、国内各地を転々として著作と伝道に専念。97（明治30）年、『萬朝報』の記者となり、英文、和文で時事評論に筆をふるい、自ら『東京独立雑誌』『聖書之研究』を発行した。日露戦争では非戦論を唱え、『萬朝報』退社後、信仰の伝道に専念し、1930（昭和5）年、心臓肥大により死去。

1897
（明治30年）

金色夜叉

尾崎紅葉

大人気の新聞連載小説

この物語は、愛欲と金欲の葛藤を描いて明治の人々を熱狂させ、後には映画や芝居にもなった新聞小説の名作である。

幼くして両親を失った間貫一は、鴫沢家に寄宿し高等中学校（現在の大学）へと通う。許嫁である宮は、貫一との結婚を間近にしながら、富豪の息子富山唯継の求婚を受け、その資産に屈して結婚を承諾してしまう。宮の裏切りに怒り、悲しんだ貫一は熱海海岸で宮を足蹴にし、全ての原因は金銭にあると考え、一切の希望を捨てて高利貸しとなる。

熱海での場面が有名すぎるほどに有名な『金色夜叉』は、１８９７（明治30）年1月1日から１９０２（明治35）年5月11日まで読売新聞に断続的に連載された新聞小説である。「前篇」、「中篇」、「後編」、「続篇」、「続続」、「新続」の全6編からなる。

尾崎紅葉30歳の年、１８９７（明治30）年元日から連載を開始したものの、同年2月いっぱいで中断。しかし新聞読者が待ちきれないほどの人気ぶりで、翌年の元日から連載を再開することとなる。2回目の連載ののち、歌舞伎の市村座ですぐに舞台になり、当時から熱海の場面が話題になったという。

近代資本主義社会の愛と打算の争い

１９０２（明治35）年まで中断と再開をくり返すが、胃がんに侵された紅葉は35歳の若さで亡くなる。

『金色夜叉』は未完のままとなり、門弟の小栗風葉が遺稿案から「終編」を書いている。

『金色夜叉』の特徴は、高利貸しを主人公とし通俗な設定を用いながらも、華麗な擬古文体を駆使して書いていることである。会話文は口語体、地の文は文語体という雅俗折衷の文体は当時から賞賛された。

『金色夜叉 前編』、1898（明治31）年、春陽堂発行、復刻版、口絵

実は、この小説には2つの元ネタがある。一方は、紅葉の友人である巌谷《いわや》小波《さざなみ》が恋人須磨を横取りされてしまった話である。巌

谷本人は気にしていなかったが、紅葉は怒って須磨を足蹴にしたという。これが熱海の場面のヒントとなったとされる。もうひとつは、イギリスの作家バーサ・M・クレーの小説『女より弱き者（原題：Weaker Than a Woman）』である。これは当時廉価小説として15〜40銭ほどで販売されており、こうした洋書を英語の勉強を兼ねて読み、小説のヒントを得る作家は少なくなかった。

経済発展の陰で格差が広がる

『金色夜叉』が書かれた日清・日露戦争の前後は、まさに日本経済の転換期であった。民間では鉄道や綿紡績会社が多く設立され、鉱山、製糸、銀行などさまざまな産業が発達。日清戦争をはさんで輸出入額は4倍近く増加し、国民所得は2倍以上となった。急速な産業の発展を支えたのが都市の下層社会と農村から流入してくる労働者であり、格差が顕在化し始めていた。資本主義が次第に発展するなかで、農村にも商品経済が浸透し、生糸などの価格変動や米価の高騰など、高利貸しからの借金なしでは生活できない農民も続出。主人公を高利貸しとした紅葉はまさに慧眼《けいがん》といえる。さらに貧乏書生や洋行帰りの華族、銀行家などを登場させ、当時の時代の空気を伝えている。

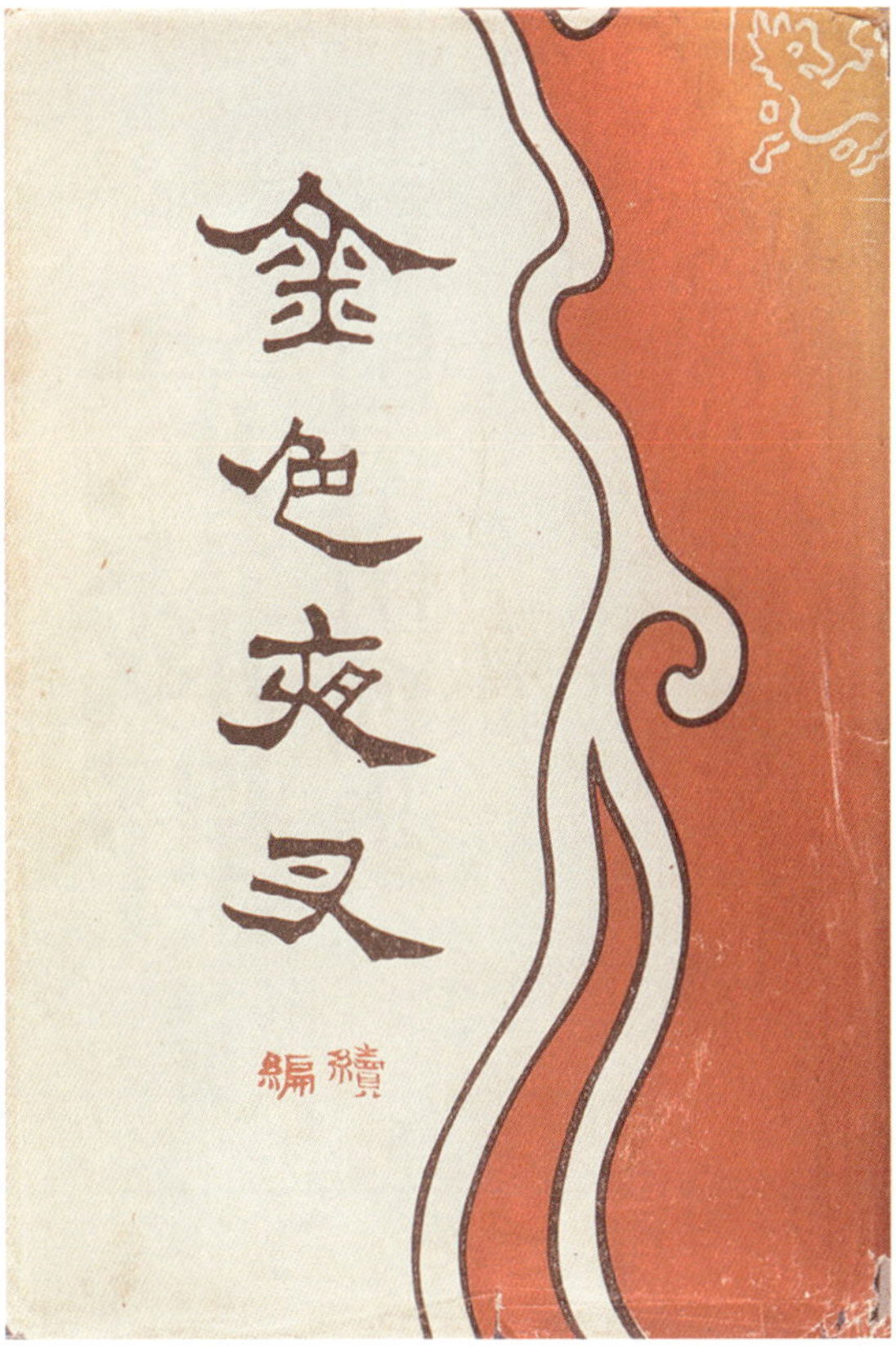

『金色夜叉 後編』、1900（明治33）年、春陽堂発行、後編表紙、日本近代文学館提供

●作家

尾崎紅葉

おざきこうよう

1868（慶応3）年〜1903（明治36）年

江戸芝の門前町で生まれた。本名は徳太郎といい、父は幇間で根付師の尾崎谷斎（惣蔵）である。母の死後、母方の祖父母のもとで育ち、大学予備門を経て東京帝国大学法科に進学するも、すぐに文学科に転じ、のち退学。一高在学中の1885（明治18）年、山田美妙らと〈硯友社〉を結成し、日本初の純文芸雑誌『我楽多文庫』を創刊する。89（明治22）年に『二人比丘尼色懺悔』を発表。地の文は流麗な文語文にしながら、会話は口語体という雅俗折衷の文体と、欧化主義の時流にのった西欧風の修辞は、新しい文学として好評を博した。幸田露伴とともに読売新聞社に入社し、『伽羅枕』『三人妻』などの作品で文壇での地位を確立。その後も『源氏物語』に着想を得た言文一致体の心理小説『多情多恨』などを発表。その後『金色夜叉』で一世を風靡するも、未完のまま胃がんで没する。泉鏡花、徳田秋声、小栗風葉など、紅葉は20歳代で多くの門弟を抱え、明治文壇に大きな影響を与えた。

1898（明治31年）

武蔵野

国木田独歩

「武蔵野」のイメージをつくりあげた随筆の傑作

自然の美を再発見

1898（明治31）年の1月から2月まで『国民之友』に連載された『武蔵野』は、1901（明治34）年刊行の第一小説集のタイトルになるほどの人気作品であり、独歩の代名詞ともいえる作品であった。

それまでも文学の中で自然が描写されることはあったが、新鮮味に欠けていた。現に『武蔵野』の第三章では日本人は従来「落《らく》葉林《ようりん》の美」を解さず「松林のみが日本の文学美術の上に認められて」きたと記されている。その上で語り手の「自分」は松林の変化の乏しさを指摘し、武蔵野の落葉林が春夏秋冬、十数里にわたって一斉に萌え、黄葉、落葉する光景の美しさを発見し、賞揚している。

「自分」は山の多い地域で成長したため、初めは「落葉林の美」に気づけない。しかし、武蔵野での暮らしを通して普段見過ごしてきた野の風景に美しさを見出していくのである。

自分等は汗をふき乍ら、大空を仰いだり、林の奥をのぞいたり、天際の空、林に接するあたりを眺めたりして堤の上を喘ぎ喘ぎ辿っていく。水上を遠く眺めると、一直線に流れてくる水道の末は銀粉を撒たような一種の陰影のうちに消え、間近くなるにつれてぎらぎら輝て矢の如く走てくる。

こうした瑞々しい語り口は現代の文学作品に通じ、それだけにこの作品が日本文学にもたらした影響の大きさがうかがえる。

「生活と自然とが密接して居る」「大都会の生活の名残と田舎の生活の余波」が落ち合って渦を巻いている場所、それが独歩によって発見された武蔵野の姿であった。

当時の読者もまた、その情景描写のひとつひとつに新鮮な驚きと感動を覚え、武蔵野という土地への興味を大きくした。

『武蔵野』は一般にも広く愛読され、自然文学の名作としてその評価が定着した。この作品の出現によって、日本文学における自然描写は従来のものから一新されることになったのである。

日本のロマン主義文学

17世紀後半から18世紀前半にかけてのヨーロッパで花開いたロマン主義は、個人の根本的独自性の重視や自我の欲求による実存的不安などが根底にある。写実主義や自然主義の流行によって18世紀後半には勢いを失ったものの、ヨーロッパ全域に影響がおよんだ。

　日本では、明治中期以降に森鷗外の『舞姫』によってロマン主義文学が始まり、島崎藤村や北村透谷などによって推進された。泉鏡花による『外科室』『夜行巡査』などの観念小説や、広津柳浪による『変目伝』『黒蜥蜴』などの悲惨小説も書かれた。独歩はやがてロマン主義から自然主義的な作風に変化してゆくが、『武蔵野』もロマン主義文学を代表する作品である。

　これら作品の背景には、近代化が進むなかで目覚めた近代的自我がある。自我の覚醒やそれによる内面の充実が描かれる一方、日清戦争後の社会不安や、近代化する国家にあって個人が受ける社会的な制約や不合理などと闘う自我が描かれている。『武蔵野』においても、自然描写による叙景と自我を抒情的に表現しながら、それが対峙する社会に対置されているのである。

　その後文学界の主流は自然主義へと移行し、日本のロマン主義文学は、西欧に比べて短命に終わった。ちなみに、浪漫の字は漱石があてたとされる。

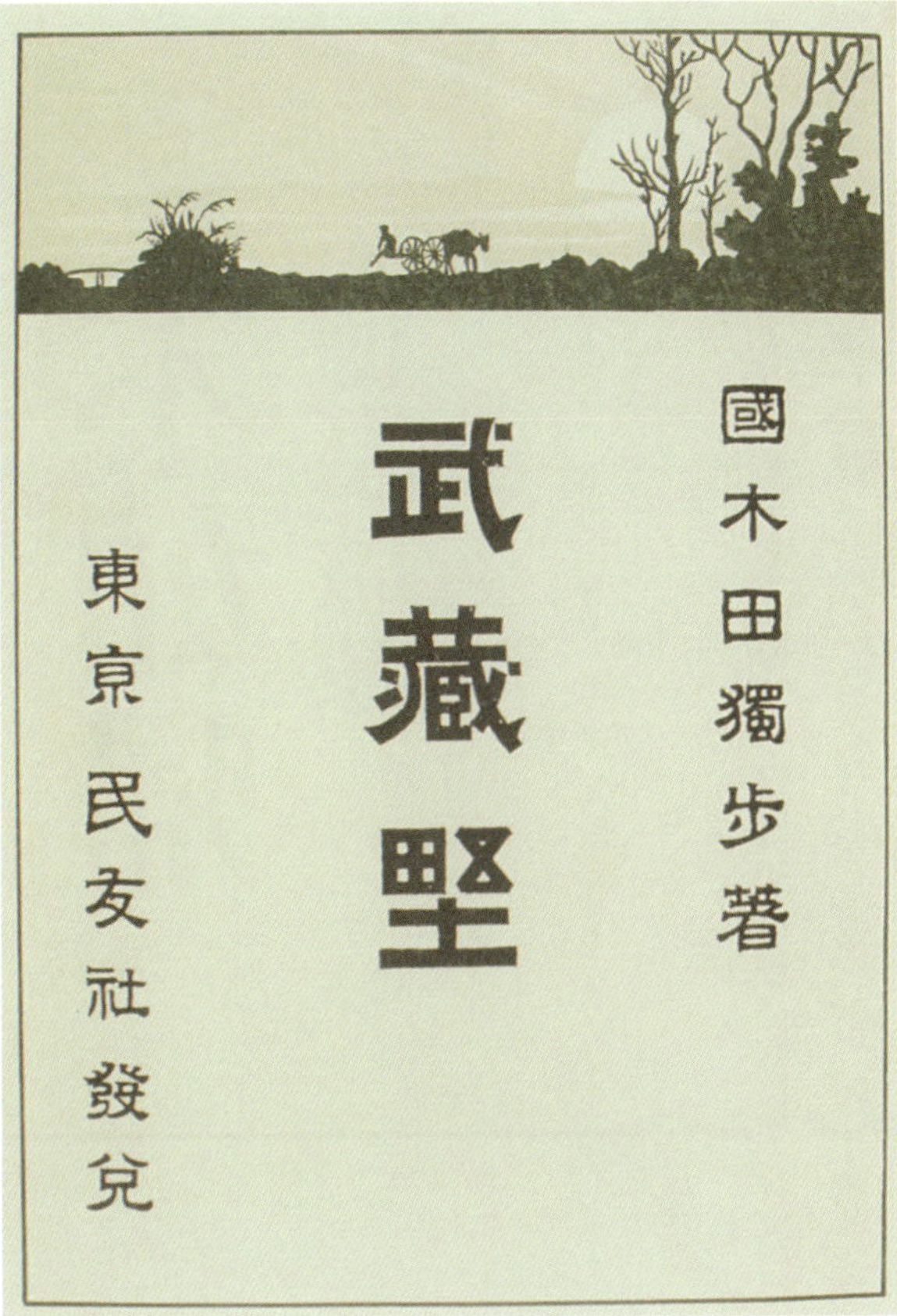

『武蔵野』、1901（明治34）年、民友社発行、日本近代文学館提供

●作家

国木田独歩《くにきだどっぽ》

1871（明治4）年～1908（明治41）年

千葉県銚子に生まれ、広島、山口で育つ。1887（明治20）年に上京し、翌年に東京専門学校（現在の早稲田大学）英語普通科に入学。徳富蘇峰に影響を受け、文学の道を志す。93（明治26）年、徳富蘇峰を通して矢野龍渓から紹介された、大分県の鶴谷学館に英語と数学の教師として赴任するも、翌年に退職。『青年文学』に参加し、『国民新聞』の記者となる。日清戦争では海軍従軍記者として参加し、『愛弟通信』をルポルタージュとして発表。97（明治30）年の『独歩吟』をはじめ、『今の武蔵野』（のちに『武蔵野』に改題）や『初恋』などを発表。1901（明治34）年には初の作品集『武蔵野』を民友社から刊行し、その後も『牛肉と馬鈴薯』、自然主義文学の先駆となった『運命論者』などを発表するが、「紅露時代」と呼ばれた当時の文壇ではあまり評価されなかった。『報知新聞』の新聞記者や雑誌の編集者としても活躍。自ら〈独歩社〉を興し、『近事画報』など5誌を発行したが、07（明治40）年に破産。肺結核となりながら、自然主義運動の中心的存在となる。『竹の木戸』などを発表するが、08（明治41）年に満36歳の若さで死去。

1898
（明治31年）

不如帰

徳冨蘆花

ベストセラーの原点

『不如帰《ほととぎす》』は１８９８（明治31）年11月29日から翌年5月24日まで『国民新聞』に連載され、１９００（明治33）年1月に初版２０００部で刊行された。新派によって舞台化されるなど、その人気はとどまることを知らず、１９２７（昭和２）年には１９０版、発売総部数50万部に到達したといわれる。

当時のマスメディアの発達状況を鑑みても、驚異的な数字を叩き出したベストセラーでありロングセラーでもあった。

１９０４（明治37）年の英語翻訳版の出版を皮切りに、ポーランド語、フランス語、ドイツ語といった外国語にも訳され、日本の家族制度を扱ったことで海外でも好意的な評価が集まった。

書かれた日清戦争前後の日本

『不如帰』はヒロインの浪子が新婚早々に結核にかかったことで、姑によって愛する夫と無理やり離縁させられる話である。

これはフィクションではあるが、徳冨蘆花が筆を執るに至ったモデルがあった。

日清戦争後の社会を描くモデル小説

１８９８（明治31）年の夏、伊豆の柳田旅館で暮らしていた蘆花は、そこで陸軍大将大山巌の副官として日清戦争に従軍して戦死した福家中佐の未亡人安子と出会う。彼女から大山大将の長女信子が結婚して数日で病床に就いたという話を聞く。信子は１８９３（明治26）年に結婚したが、病状が回復せず2年後には離縁させられ、3年後に肺病で亡くなってしまうのである。

この話から着想を得た蘆花は、当時の上流社会を舞台にとり上げ『不如帰』を執筆した。

時代設定は、日清戦争の前から後にかけてである。小説中には、日清戦争の旅順攻略の描写も登場する。さらに、登場人物が新聞の号外を見て「うう朝鮮か…東学党ますます猖獗《しょうけつ》…なに清国が出兵したと…。さあ大分おもしろくなって来たぞ。これで我邦《わがくに》も出兵する――戦争になる」とつぶやくなど、さまざまな描写が随所に散りばめられている。

日清戦争からまだ3年しか経っていない当時の読者にとっては、リアルな物語として楽しまれたに違いない。また、結核という、当時不治の病とされ年齢に関わらず罹患することから恐れられた病がモチーフとなっている点も見逃してはならない。

国民病といわれるほど蔓延し、1912（明治45）年頃には肺結核による死者が7万人にも上ったという統計もあるほど身近な病であった。

このように『不如帰』は当時の日本社会を取り巻く背景を巧みにとり入れ、物語の根幹で継母による継子いじめや、愛し合う者同士の別離を扱ったことで、『国民新聞』の連載当時から人気を博した。

なかでも封建社会の道徳が色濃く残る明治の世に、女として生まれたことを呪うヒロイン浪子の台詞は有名になった。

あゝ、辛《つら》い！　辛い！　最早《もう》――最早《もう》婦人《をんな》なんぞに――生まれはしませんよ。あゝあ！

浪子の嘆きは自己の性に由来する差別のすべてに向けられている。胸を押さえ吐血する姿には、女であることの悲哀と結核という病の悲惨さが象徴されている。

当時の家族制度は家の存続が最も重視され、社会全体も男性優位にできていた。社会に出ることもかなわず、家のなかでは姑にいじめられることで肩身の狭い思いをする嫁も多くいた。こうした女の状況は「三界に身を置くすべもない」とまでいわれたほどである。

『不如帰』、1909（明治42）年、今古堂発行、国立国会図書館ウェブサイトから転載

●作家

徳冨蘆花

とくとみろか

1868（明治元）年～1927（昭和2）年

本名健次郎。横井小楠門下の俊英であった父徳富一敬の次男として肥後国葦北郡水俣村（現在の熊本県水俣市）に生まれる。〈熊本バンド〉の1人として同志社英学校に学びキリスト教の影響を受け、トルストイに傾倒する。兄である思想家でジャーナリストの徳富蘇峰に対する強烈な葛藤を抱き続けた。兄の下での下積みを経て詩人として出発。『不如帰』や随筆『自然と人生』によって、一躍人気作家となる。1903（明治36）年に国家主義的傾向を強める蘇峰への「告別の辞」を発表し、絶縁状態となる。07（明治40）年には東京府下千歳村粕谷（現世田谷区）へ転居し、半農生活を送る。10（明治43）年の大逆事件では、幸徳秋水らの死刑を阻止するため、蘇峰を通じて首相の桂太郎へ嘆願を計画するも、幸徳らは処刑されてしまう。11（大正8）年に『不如帰』のモデルとしたことで大山巌の後妻捨松を意図的に悪人に仕立て上げたことを謝罪した。27（昭和2）年に病に倒れたことで、蘇峰と再会して和解。同年狭心症により58歳で死去。

1899
（明治32年）

日本の下層社会

横山源之助

初めて労働者の立場から書かれた労働の実態

日清戦争後の恐慌期

『日本の下層社会』が刊行された前後は、日清戦争後の好景気が終わって恐慌期に入った時期だった。それにともなって労働運動、小作人運動が急速に盛り上がった。日本の労働運動史上、最初の昂揚期ともいえる。

日清戦争以前は労働者の意識が成熟しておらず、劣悪な労働条件に耐えていた。しかし、日清戦争後は労働者の意識が高まり、劣悪な労働条件を改善するために団結するようになった。

1891（明治24）年には、アメリカから帰国した高野房太郎らが〈職工義友会〉をおこした。さらにこれに片山潜らが加わって、労働組合〈期成会《きせいかい》〉が結成され、各地で労働争議が起きるようになったのである。

本書は、このような社会背景のもとに書かれた。

下層社会の綿密な調査と分析

横山源之助は毎日新聞社（現在の毎日新聞社とは無関係）で記者として働くうちに下層社会の実態調査に傾倒し、ルポルタージュを次々と発表した。『日本の下層社会』は、その調査報告をまとめたものである。

本書は、下層の人々を構造的に捉えて描写しながらも、その対象を歴史的な面から考察し、その実態を冷静に分析している。

まず第一編「東京の貧民状態」では、東京の貧民の実態調査を行っている。ここで横山は細民と貧民を峻

労働問題に目覚めた労働者たちによる当時のメーデーの様子。

別し、3貧民窟を抽出。戸数、人口、特質を論じたあと、最も多い職業や一日の生計費用、内職、飲食、家賃融通機関、家庭、教育に触れている。

　第二編「職人社会」では、東京府下の小工業に従事する職人について観察している。第三編「手工業の現状」は3章構成で、桐生足利の織物工業（第1章）、阪神地方の燐寸《マッチ》工業（第2章）、生糸社会の趨勢（第3章）について触れている。

　いずれも労働事情を中心に論じているうえに、統計資料を十分に利用して論証している点で説得力がある。

　第四編「機械工場の労働者」では、綿糸紡績工場と鉄工場を分析の対象として細かく観察している。たとえば前者については、紡績業の発達、工場組織について概観したあと、紡績職工の年齢、労働時間、休憩時間および休日、賃金、賞与の種類、女工の風俗や状態、職工教育、職工貯金、職工募集、契約労働について調べるといった具合だ。

　第五編「小作人生活事情」では、米穀生産がいかに小作人に依存しているかを統計で検証し、小作人の現状を論じている。

　横山は本書を通じて、日本が飛躍的に資本主義の社会へと移行している中で、利潤を追求したいがために労働者から搾取を続ける資本家とそのシステムを批判した。その点において、単に下層社会の労働者たちの実態を描いたルポルタージュにとどまらない、告発書のような位置づけとして評価される一冊である。

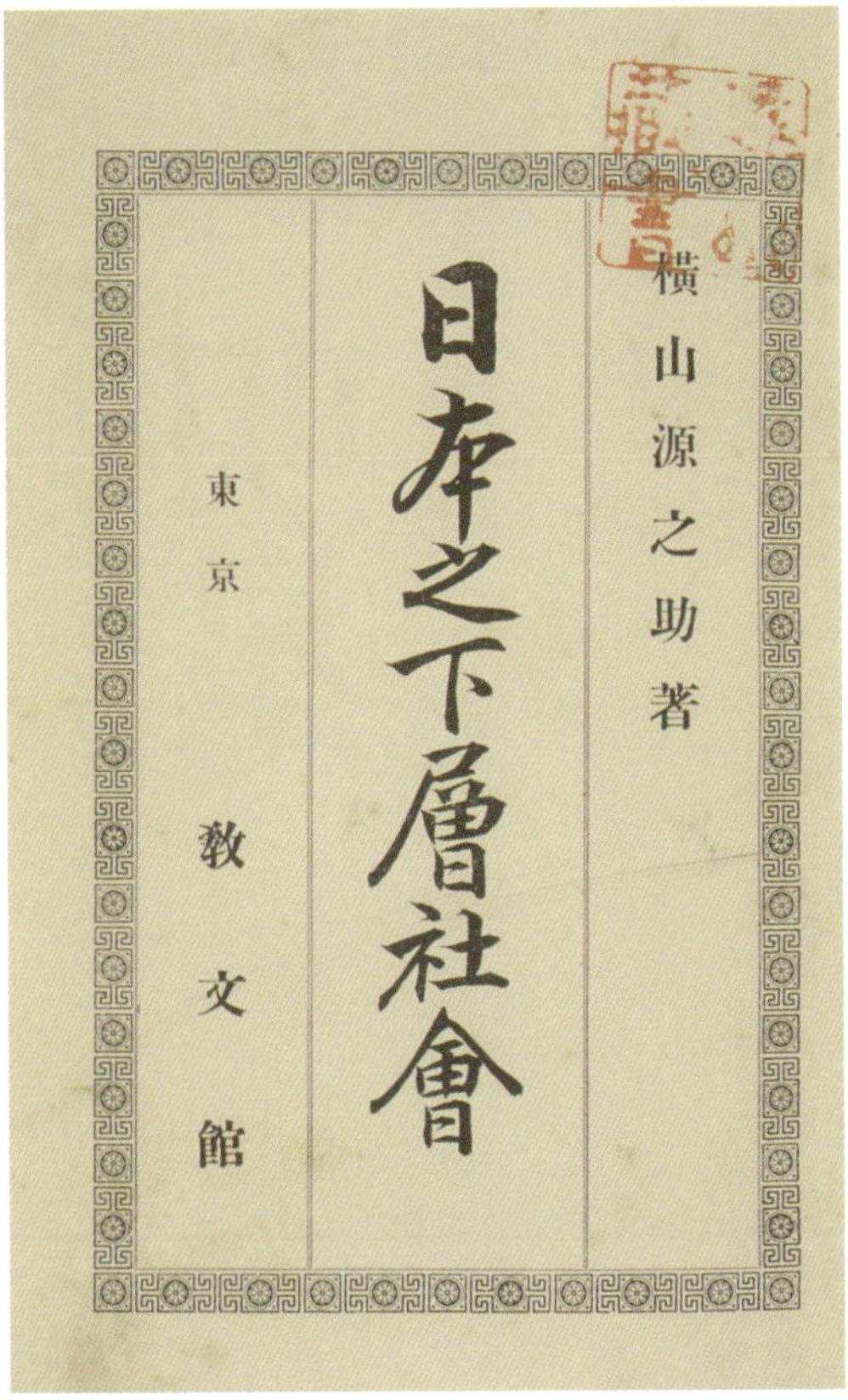

『日本の下層社会』、1899（明治32）年、教文館発行、扉、日本近代文学館提供

●ジャーナリスト
横山源之助《よこやまげんのすけ》
1871（明治4）年〜1915（大正4）年

富山県下新川郡魚津町（現魚津市）に生まれた。弁護士をめざして上京し、弁護士試験を数度にわたって受験するが合格できず、各地を放浪する。この時期に二葉亭四迷や松原岩五郎らの影響を受けて社会問題に関心を寄せるようになった。1894（明治27）年、毎日新聞社に記者として入社してからは下層社会の実態調査に傾倒し、次々にルポルタージュを発表。この頃、下層社会の女性の救済を訴える立場から、晩年の樋口一葉のもとを何度か訪ね、親交を結んだ。96（明治29）年から翌年にかけて、桐生足利、郷里魚津、阪神地方の調査を実施。帰京後、労働組合期成会に関与して、高野房太郎、片山潜を知る。99（明治32）年、『日本の下層社会』、『内地雑居後之日本』を相次いで刊行。同年、過労に倒れて帰郷、毎日新聞社を退社する。1900（明治33）年以後は農商務省の労働事情調査にも従った。大井憲太郎と労働者の海外出稼を計画するが失敗。15（大正4）年東京白山にて44歳で死去。

1900
（明治33年）

明星

浪漫主義にもとづき短歌の革新に貢献

言文一致運動の始まり

明治30年代といえば、まだ国民が共通して使える日本語が迷走していた時期である。言文一致体の最初の小説といわれる『浮雲』が登場したのが1887（明治20）年である。

それから13年後、政治家によって進められてきた国語改良運動と、二葉亭四迷らの文学者による言文一致への試みを教育現場に反映させるため、1900（明治33）年4月2日、文部省は前島密らに国語調査委員を委嘱した。

この委員の調査に基づき、小学校令で仮名の字体や学習すべき漢字を定めた。初等教育での国語教育の標準化は、現代的な口語文を生むきっかけとなった。

浪漫主義詩歌の雑誌

同人結社〈東京新詩社〉は1899（明治32）年に創立された。『明星』はその機関誌として翌年4月に「自我独創の詩」を目指して創刊された雑誌である。

『明星』は雑誌ながらも、創刊号から5号まではタブロイド判で刊行された。文芸美術の総合誌で、与謝野《よさの》鉄幹《てっかん》が主宰となり、小説や随筆、美術に関する評論、翻訳詩や翻訳小説などを、アールヌーヴォーの影響を受けた絵と共に紹介した。

森鷗外と上田敏を精神的支柱としながら与謝野晶子、山川登美

『明星 6号』、1900（明治33）年、東京新詩社発行、日本近代文学館提供

子、窪田空穂、相馬御風、高村砕雨（光太郎）、茅野蕭々《しょうしょう》、蒲原《かんばら》有明《ありあけ》、薄田泣菫《すすきだきゅうきん》、小山内《おさない》薫、石川啄木、北原白秋、吉井勇、木下杢太郎らが集まり、巣立っていった。彼らは当時の詩歌壇を優に制覇するに足る人材であり、明星派の影響力の大きさがわかる。

『明星』の詩風は『みだれ髪』の与謝野晶子によって決定された。晶子は熱烈な恋愛の末、鉄幹と結ばれるが、初期の歌の多くは自らの体験を詠ったものであった。

晶子の歌風にもっとも大きな影響を与えたのは、島崎藤村の『若菜集』である。この詩集は日本近代詩の黎明を告げた記念碑的作品で、北村透谷を中心とする初期浪漫主義文学運動のなかで生まれた。

浪漫主義詩歌を全盛に導いた『明星』の勢力は、明治40年代に入り、自然主義の台頭とともにその使命を終え、急速に衰退していった。

北原白秋、吉井勇、木下杢太郎など、『明星』の後期に生彩を放っていた新人作家と、主宰者の与謝野鉄幹との間に確執が生じたことが致命傷となり、1908（明治41）年に廃刊。ちょうど100号を迎えたときであった。

与謝野鉄幹の生涯

1873（明治6）年京都府岡崎町に与謝野礼厳尚絅の四男として生まれた。父は西本願寺支院、願成寺の僧侶であった。

1889（明治22）年、徳山女学校の教員となるが、女子学生と問題を起こして退職。

1892（明治25）年上京。落合直文の門に入る。1894（明治27）年、短歌論『亡国の音』を発表。

1896（明治29）年出版社明治書院の編集長となる。

同年7月、歌集『東西南北』、翌1897（明治30）年、歌集『天地玄黄』を出版する。質実剛健な作風は「ますらおぶり」と呼ばれた。

与謝野鉄幹。

1899（明治32）年、〈東京新詩社〉を創立。1900（明治33）年、『明星』を創刊した。北原白秋、吉井勇、石川啄木などを見出す。妻と離婚し、翌年、晶子と結婚。『みだれ髪』をプロデュースする。

1908（明治41）年に『明星』が廃刊したあとは、極度の不振に陥る。1915（大正4）年に、第12回総選挙に出馬したが落選。

1919（大正8）年に慶應義塾大学文学部教授に就任、1932（昭和7）年まで在任し、佐藤春夫、堀口大學、三木露風、小島政二郎らを育てた。

1935（昭和10）年、62歳で死去。

1901
（明治34年）

みだれ髪
与謝野晶子

近代短歌を開花させた記念碑的歌集

近代短歌の開花

和歌は貴族の遊戯として700年以上その形式を保ち続けてきた。しかし、江戸時代になると連歌や俳諧が作られるようになり、松尾芭蕉の登場も手伝って和歌は新しい様式を得ることとなる。

明治に入ってからは1882（明治15）年に刊行された『新体詩抄』という詩集によって、短歌改革の風潮が発生した。

この詩集はほとんどが翻訳詩であり、伝統的な日本詩とは異なる書かれ方をしていたため、短歌も詩の一ジャンルとして従来とは別のあり方を模索する必要があると考えられるようになった。

ところが、新しい短歌の形が積極的に求められるようにはなったものの、そこに込められる新しい観念や芸術的要求は誰も見出すことができずにいた。肝心な内容の新しさ、近代的思想の発見が難航したのである。

これは短歌に限らず、浪漫主義が開花する以前の日本文学全体が直面していた問題でもあった。

そうして、『新体詩抄』の発売から約20年後、歌壇に本当の革新をもたらしたのが与謝野晶子の『みだれ髪』である。

人間肯定の思想

『みだれ髪』は1901（明治34）年8月、東京新詩社と伊藤文友館により刊行された。

装丁から挿絵に至るまで斬新かつ浪漫的な雰囲気で統一された本書には、機関誌『明星』に掲載された短歌を中心に399首もの歌が6章に分けて収録されている。

恋愛、青春、友情など、さまざまなテーマが詠い上げられているが、中でも世間の若者は恋愛の歌に熱狂した。

その内容は、与謝野鉄幹をめぐって晶子が山川登美子との恋の争いに勝ち、子供もいた先妻の滝野を退けて鉄幹を獲得したという、著者の実体験をモデルとした赤裸々な恋愛発展詩と読むこともできた。

しかし、それ以上に若者の心を掴んだのは、その情熱的な歌が当時の社会的閉塞感を打ち払うように感じられたからだろう。

やは肌のあつき血汐にふれも見でさびしからずや道を説く君

形式としては、字あまりや破調を大胆に行ったことで、より鮮烈な印象を与えていた。

扇情的とまで思われるこの歌集の内容に若者は大きな支持を寄せ、著者が作品を掲載する機関誌『明星』は人気を博した。『明星』には高村光太郎や石川啄木、北原白秋などの近代短歌の担い手たちが集まるようになり、やがて「明星派」と呼ばれる短歌革新運動の拠り所となっていく。

一方で、評論家や既成歌人は否定的な見方を示し、「一巻ことごとく春画なり」などと評した。

『みだれ髪』発表以前のあらゆる作品に人間卑小観が散見されるのに対して、本書は情熱的で人間感情や本能を詠った、人間肯定に満ちた作品だといえる。従って、過激な歌ばかり載っていると感じられても無理のないことだったろう。当時の社会にまったく新しい近代的思想を与えた本書は、近代短歌の開花期を招来させ、文学史上に偉大な功績を残したのである。本作は当時の女性の生き方という観点から見ても、意義深い作品といえる。

明治政府は国家の基礎として家族制度を確立。家父長の権限が大きい中、女性は従順で貞操固く、親や夫に逆らわず、嫉妬をつつしみ、家にこもって育児に専念するというのが当時の女性の美徳であった。

晶子も和菓子屋である実家の手伝いをしながら、家に縛られた生活を送っていた。しかし、鉄幹との恋模様から彼女は家出同然で故郷を捨てて、単身彼のもとへやってくるのである。

そうしてできた『みだれ髪』は、封建的な家族制度や家に縛られ続ける女性の人生について大きな疑問を投げかけている。

『みだれ髪』、1901(明治34)年、東京新詩社発行、日本近代文学館提供

●歌人

与謝野晶子

よさのあきこ

1878(明治11)年～1942(昭和17)年

本名晶《しょう》。1878(明治11)年、堺で菓子商を営む鳳宗七の三女として生まれる。堺女学校を卒業後、関西青年文学会に参加。1900(明治33)年に与謝野寛(鉄幹)と山川登美子を知り、翌年家を捨てて上京する。同年に処女歌集『みだれ髪』を出版し、鉄幹と結婚。05(明治38)年に反戦詩「君死にたまふこと勿れ」を収めた詩歌集『恋衣』を山川登美子・茅野雅子と合同で出版。その後も短歌、詩、小説、童話など多方面で活躍し、教育・婦人問題についても多くの著述を行った。

1902（明治35年）

病牀六尺

正岡子規

近代日本で書かれた病床随筆の傑作

戦争の時代のなかで

『病牀六尺《びょうしょう》』が書かれた1902（明治35）年は、戦争の時代であった。日清戦争の勃発が1894（明治27）年、日露戦争の勃発が1904（明治37）年と、日本では戦争が続いていた。

また、1902（明治35）年は日英同盟が結ばれた年でもある。

この条約は、南中国に利権を持つイギリスと、朝鮮半島と満州方面に利権を築きつつある日本が、ロシアの南下に対抗するために結んだ条約である。

同盟の内容は、清国、朝鮮で日英のどちらかが戦争状態になったとき、相手が1カ国なら中立を守る、2カ国以上ならば参戦するというものであり、のちに1カ国以上との戦争でも参戦を義務づけると改定され、その後の日本外交の基本路線となった。

自分の肉体と精神を見つめた127日

『病牀六尺』は、正岡子規が新聞『日本』に1902（明治35）年5月5日から、死の2日前である9月17日まで続いた連載である。正岡子規は当時不治の病であった結核に冒されていた。

冒頭は次のように始まる。

病牀六尺、これが我世界である。しかも此六尺の病牀が余には廣過ぎるのである。僅《わずか》に手を延ばして畳に觸れる事はあるが、布團の外へ迄足を延ばして體《からだ》をくつろぐ事も出来ない。

題名の由来は明かだ。病床六尺、わずか畳一畳分の広さが、1896（明治29）年以降の子規の生活の場であった。同年、病気のために歩行の自由を奪われた子規は、以後7年間、起き上がって机に向かうこともできない生活を送る。

棚の上の本をとってもらうにも、家人の手を借りなくてはならない状況の中で、子規は文学活動を展開することになる。

子規はどのような状況の中で筆を執っていたのだろうか。6月20日にはこのような描写がある。

その苦とその痛何とも形容することは出来ない。むしろ其の狂人となつてしまへば楽であらうと思うけれどそれも出来ぬ。もし死ぬることが出来ればそれは何よりも望むところである、しかし死ぬることも出来ねば殺してくれるものもない。

『病牀六尺』は随筆であるから、テーマは毎日自由に選んで書かれている。

「猟銃談」「水産補習学校のこと」「狂言のこと」「上方と東京の文化比較」「信玄と謙信の比較」「梟の鳴き声のこと」など、題材は時空を超えて多岐にわたっている。六尺の空間に閉じこめられている人の作品とは思えない。

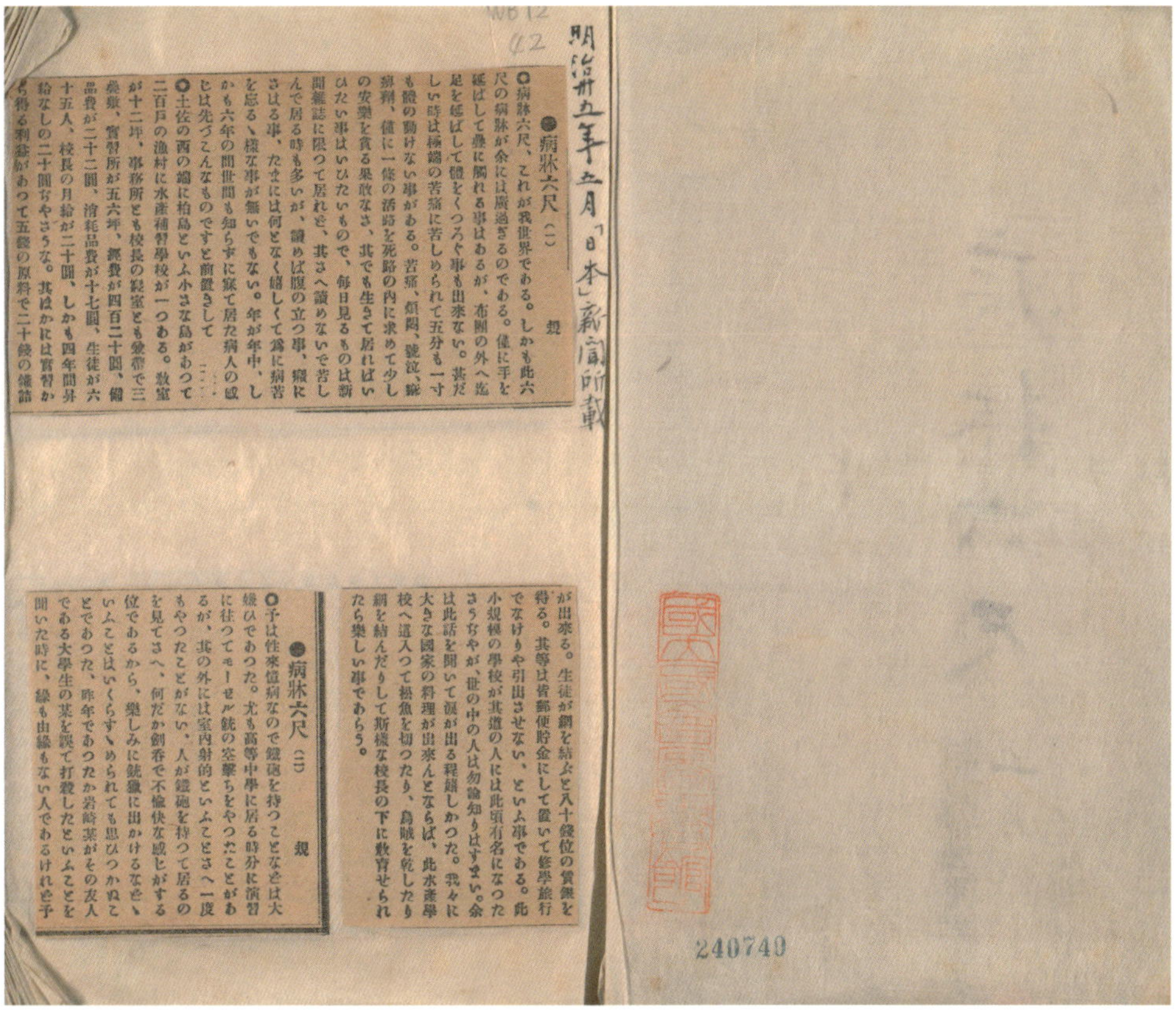

●病牀六尺 （一）　規

○病牀六尺、これが我世界である。しかも此六尺の病牀が余には廣過ぎるのである。僅に手を延ばして畳に觸れる事はあるが、布團の外へ迄足を延ばして體をくつろぐ事も出來ない。甚だしい時は極端の苦痛に苦しめられて五分も一寸も體の動けない事がある。苦痛、煩悶、號泣、麻痺剤、僅に一條の活路を死路の内に求めて少しの安樂を貪る果敢なさ、其でも生きて居ればいひたい事はいひたいもので、毎日見るものは新聞雑誌に限つて居れど、其さへ讀めないで苦しんで居る時も多いが、讀めば腹の立つ事、癪にさはる事、たまには何となく嬉しくて爲に病苦を忘るゝ樣な事が無いでもない。年が年中、しかも六年の間世間も知らずに寐て居た病人の感じは先づこんなものですと前置きして……

○土佐の西の端に柏島といふ小さな島があつて二百戸の漁村に水産補習學校が一つある。教室が十二坪、事務所とも校長の寝室とも兼帯で三疊敷、實習所が五六坪、經費が四百二十圓、備品費が二十二圓、消耗品費が十七圓、生徒が六十五人、校長の月給が二十圓、しかも四年間昇給なしの二十圓ださうな。其ほかには實習から得る利益があつて五錢の原料で二十錢の罐詰が出來る。生徒が網を結ぶと八十錢位の賃銀を得る。其等は皆郵便貯金にして置いて修學旅行でなけりや引出させない、といふ事である。此小規模の學校が其道の人には此頃有名になつたさうなが、世の中の人は勿論知りはすまい。余は此話を聞いて涙が出る程嬉しかつた。我々に大きな國家の料理が出來んとならば、此水産學校へ這入つて松魚を切つたり、烏賊を乾したり網を結んだりして斯樣な校長の下に教育せられたら樂しい事であらう。

●病牀六尺 （二）　規

○予は性來臆病なので鐵砲を持つことなどは大嫌ひであつた。尤も高等中學に居る時分に演習に往つてモーゼル銃の空撃ちをやつたことがあるが、其の外には室内射的といふことさへ一度もやつたことがない。人が鐵砲を持つて居るのを見てさへ、何だか劍呑で不愉快な感じがする位であるから、樂しみに銃獵に出かけるなどゝいふことはいくらすゝめられても思ひつかぬことであつた。昨年であつたか岩崎某がその友人である大學生の某を誤て打殺したといふことを聞いた時に、縁も由縁もない人であるけれど予

『病牀六尺』、出版年不明、出版者不明、『日本』紙上に1902（明治35）年5〜9月連載のものを切抜貼付、国立国会図書館ウェブサイトから転載

文章は全体としては、平易な口語で書かれているが、これもまた自由であり、文語風なものや、日記風なものもある。死に臨んだ自分の肉体と精神、そして眼前に広がる自然を客観視し、写生した人生の記録として後世の文人・歌人に大きな影響を与えた。

●俳人

正岡子規

まさおかしき

1867（慶応3）年〜1902（明治35）年

伊予温泉郡（松山市）の下級士族の家に生まれた。1880（明治13）年、旧制松山中学に入学。83（明治16）年同校を中退して上京、共立学校に入学。翌年、旧藩主家の給費生となり、東大予備門に入学した。90（明治23）年、帝国大学哲学科に進学したが、翌年には国文科に転科し、2年で中退している。92（明治25）年、日本新聞社に入社。3年後、新聞記者として日清戦争に従軍した。帰国の船中で喀血してかねてよりの病状が悪化した。以来、没するまで病床にあって、新聞『日本』および雑誌『ホトトギス』を主な舞台として、多くの文学活動をおこなった。俳句、短歌の革新をおこない、写生文を唱えた。短歌では万葉集の系列、俳句では与謝蕪村を重んじた。1902（明治35）年、死去。享年、34歳。作品に『獺祭書屋俳話《だっさいしょおくはいわ》』（俳論）、『寒山落木』（俳句）、『歌よみに与ふる書』（歌論）、『竹の里歌』（短歌）、『仰臥漫録《ぎょうがまんろく》』（日記）、『墨汁一滴』（随筆）などがある。

1903（明治36年）

東洋の理想
岡倉天心

西洋化の中で日本美術を再評価

明治の日本美術と文化政策

明治時代はじめ、日本では積極的に欧米の文化をとり入れる一方、伝統的な襖絵や錦絵などは美術的価値がないとみなされ、二束三文で売り払われていた。１８７１（明治４）年に政府が慌てて古器旧物保存法を発令したほど、日本の伝統美術にとっては危機的な時代であったといえる。

そんな状況を救ったのが、東洋美術史家のフェノロサと、彼の通訳兼助手をしていた岡倉天心である。日本美術に深い関心を寄せたフェノロサは、天心と全国の古寺を訪ねて宝物や美術品の調査をおこなった。

１８８７（明治20）年には音楽取調掛が改称されて東京音楽学校となり、日本最初の音楽学校として１８９０（明治23）年に開校。１８８７（明治20）年には天心とフェノロサによって東京美術学校が設立されている。当初は伝統美術の振興を目指す天心の理念により、教官のほとんどが日本画家であったが、数年後には西洋画科・図案科が新設される。

その後も明治政府は官展など国主導の文化政策をおこなうが、外来文化の受容には時間がかかり、人々が文化として享受するようになるのは、大正時代に入ってからであった。

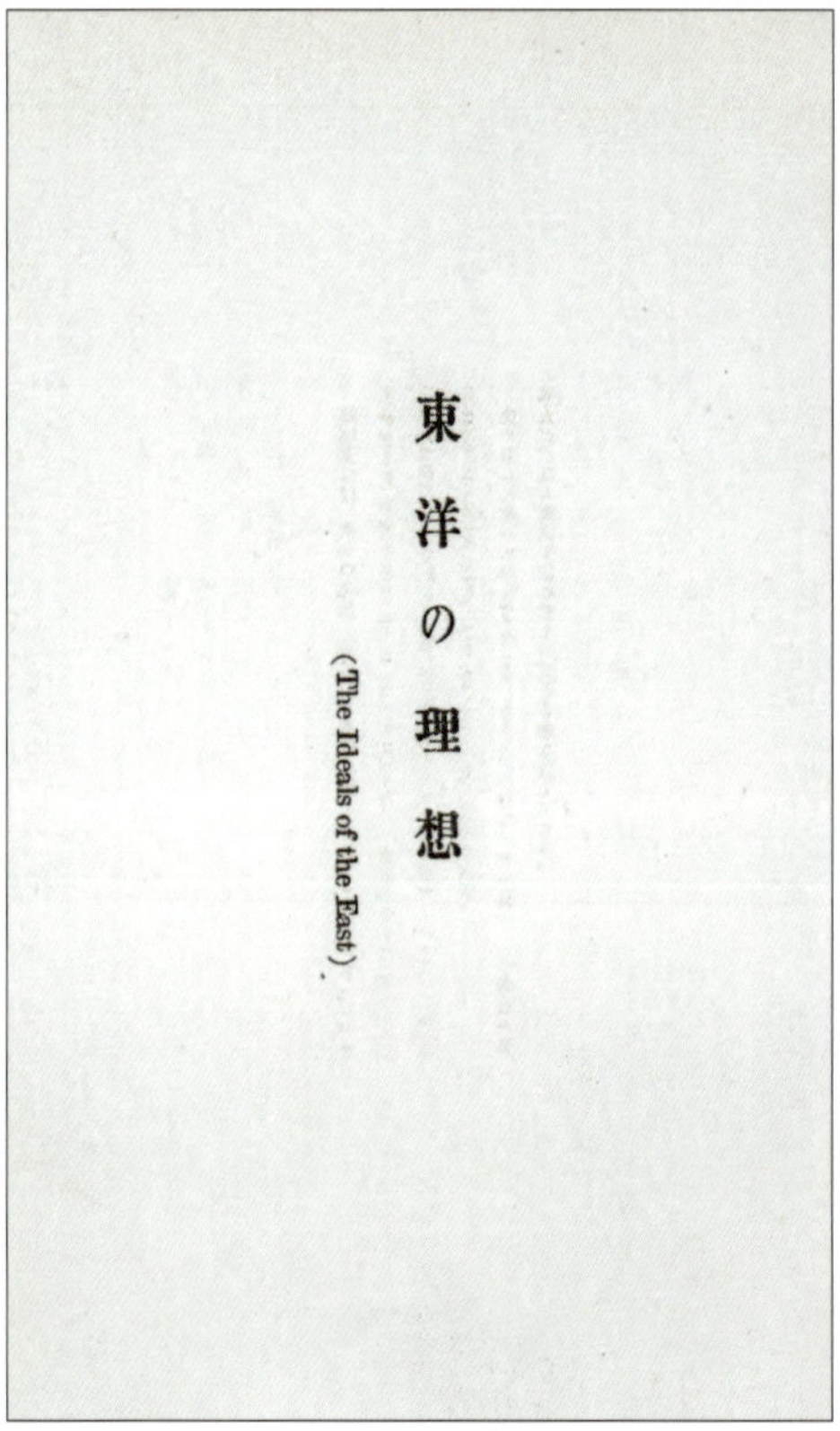
東洋の理想
（The Ideals of the East）

『東洋の理想』(『天心先生欧文著書抄訳』収録)、1922(大正11)年、日本美術院発行、中扉、国立国会図書館ウェブサイトから転載

岡倉天心の美術論

『東洋の理想』は英文で書かれ、１９０３（明治36）年、ロンドンのジョン・マレー書店から刊行された。

本書において天心は、日本美術とは、中国の儒教や老荘思想、道教、そしてインドの仏教の多様性を受け入れて成長した、いわばアジアの思想を凝縮したものであると主張する。

欧米に向けて東洋、なかでも日本の文化を紹介するために書かれた本であるが、その裏には、無批判に西洋文化をとり入れる明治日本に対する警鐘の意図もあった。

政治学者である松本三之介は、天心を「伝統主義者であると同時に進歩主義者であり、国粋主義者であると同時に世界主義者であった」と評している。その思想は、「アジアは一つである」という冒頭の有名な文章に凝縮されている。天心は続けていう。

ヒマラヤ山脈は、二つの強大な文明、すなわち孔子の共同体社会主義をもつ中国文明と、ヴェーダの個人主義をもつインド文明とを、ただ強調するためにのみ分かっている。しかし、この雪をいただく障壁さえも、究極普遍的なるものを求める愛の広いひろがりを、一瞬たりとも断ち切ることはできないのである。

天心は、アジアの国々の歴史の多様性や、アジアの諸民族や諸地域の文化的な個性を除外しようとはせず、むしろ、インド、中国などアジアで発生した思想、宗教などが日本に流れ込み、それらが日本的なものに変化していったものだという意味で「アジアは一つ」という言葉を用いている。

だがその後、天心の壮大なアジア主義はファシズムの宣伝に利用されることになる。

本書は過去から現在までを、飛鳥時代、奈良時代などいくつかの時代に分けて、その時代ごとに文化・美術品のことに言及している。

日本とは何か、日本美術の理想とは何かを考えるうえでも、またその変遷を考えるうえでも『東洋の理想』は欠かせない書である。

●思想家

岡倉天心《おかくらてんしん》

1863（文久2）年～1913（大正2）年

天心は号であり、生前は本名の覚三で通した。横浜に生まれた。福井藩出身の武家で、1871（明治4）年に家族で東京に移転。横浜居留地に宣教師ジェームス・バラが開いた英語塾で英語を学んだ。東京外国語学校を経て東京開成学校に入り、政治学・理財学を学ぶ。英語が得意だったことから同校講師のアーネスト・フェノロサの助手となり、フェノロサの美術品収集を手伝った。86（明治19）年から87（明治20）年にかけて、東京美術学校設立のため、フェノロサと欧米視察旅行。日本美術に触発されたアールヌーヴォー運動の高まりを見て、日本画推進の意を強くする。90（明治23）年から3年間、東京美術学校でおこなった講義『日本美術史』は日本の美術史学における日本美術史叙述の嚆矢とされる。98（明治31）年、東京美術学校に排斥され辞職。同時に連帯辞職した横山大観らを連れ、〈日本美術院〉を下谷区谷中に発足させる。1901（明治34）年から翌年にかけ、インド訪遊。04（明治37）年、ビゲローの紹介でボストン美術館中国・日本美術部に迎えられる。13（大正2）年、50歳で死去。

1905
（明治38年）

吾輩は猫である
夏目漱石

猫の目から明治を綴った漱石最初の小説

日露戦争の時代

漱石が『吾輩《わがはい》は猫である』を執筆、発表した1905（明治38）年の前年、1904（明治37）年2月10日、日本はロシアに対し宣戦布告した。

同年には3回にわたる総攻撃で遼東半島の旅順を攻略し、翌年5月には日本海海戦が戦われ、日本の連合艦隊はロシアのバルチック艦隊を破った。

同年9月、日露講和条約、いわゆるポーツマス条約が締結された。ロシアは日本の朝鮮半島における優越権を認め、樺太の北緯50度以南の領土、ならびに満州におけるロシア利権などを日本に譲渡する代わりに賠償金はなしというものだった。

これにより欧米列強に朝鮮支配を認めさせた日本は、当初の戦争目的を達したが、国民は連戦連勝の軍事的成果に対して賠償金を放棄した講和内容に不満をつのらせた。しかし、日本の実情は戦争継続が軍事的財政的に困難であり、それをロシア側に知られて戦争が長期化することは避けねばならなかった。そのため、政府は実情を正確に国民に伝えることができず、大きなジレンマを抱えていた。

国民の憤懣はピークに達し、講和条約が締結された日に、東京の日比谷公園で外務大臣小村寿太郎を弾劾する国民大会が開かれた。出動した警官隊と群衆が衝突し、政府高官の邸宅や政府系と目された国民新聞社の襲撃、交番や電車の焼き打ちなどの暴動が発生した（日比谷焼打事件）。この背景には、賠償金への不満だけでなく、勝利しながらもロシアの2倍以上の戦死者を出した人的損害と生活苦に対する庶民の不満があった。

職業小説家への道を切り拓いた小説

『吾輩は猫である』は夏目漱石の処女小説であり、漱石が専業小説家への道を歩むきっかけとなった作品だ。

この小説を書いたとき、漱石はイギリス留学を終えて東京帝国大学講師として英文学を講じており、仕事にも家庭にも問題を抱えていた。精神衰弱を和らげるために小説を書いてみてはと高浜虚子に勧められ、執筆したのが『吾輩は猫である』だ。

吾輩は猫である。名前はまだ無い。どこで生れたかとんと見当がつかぬ。

という有名な書き出しで始まる。子規が提唱した文章会という集まりで朗読し、１回目は『ホトトギス』に読み切り作品として発表された。反響を呼び、２回目からは連載となった。断続連載は１９０６（明治39）年８月まで10回にわたって続いた。

原稿料は安かったが、本はよく売れた。１９１４（大正３）年に漱石自身が「上巻は35版刷った。初版２０００部で再版以降はだいたい１０００部。中、下巻はそれより落ちる」と書いている。上巻95銭、中巻下巻90銭という価格と、１割５分という印税から計算すると、十数年で約１３０００円となる。破格というべき収入だが、漱石が洋書を大量に購入するため、生活は苦しかったという。

内容は、中学校の英語教師である珍野《ちんの》苦沙弥《くしゃみ》の家に飼われている猫である吾輩の視点から、珍野一家や、そこに集う彼の友人や門下の書生たちの人間模様を戯作的に描く長編小説である。漱石の身近な現実を批評的な眼差しで見つめ、戯画化したもので、当時の主流であった自然派とは異なる視点で描かれている。笑いの要素が強く、漱石が好んでいた落語の影響がみられる。

ユーモアであふれた作風であるが、当時の人間や文明に対する批評が描かれており、金や権力などに固執する人びとに警鐘を鳴らした作品である。

『吾輩は猫である 上編』、1905（明治38）年、大倉書店・服部書店発行、日本近代文学館提供

●作家

夏目漱石

なつめそうせき

１８６７（慶応３）年～１９１６（大正５）年

江戸の牛込馬場下に名主・夏目小兵衛直克、千枝の末子（五男）として生まれた。生後すぐに四谷の古道具屋に里子に出されるが、夜中まで品物の隣に並んで寝ているのを見た姉が不憫に思い、実家へ連れ戻した。１９６８（明治元）年、塩原昌之助のところへ養子に出された。83（明治16）年、英語を学ぶため、神田駿河台の英学塾成立学舎に入学し、頭角を現した。翌年、大学予備門予科に入学。90（明治23）年、帝国大学英文科に入学。93（明治26）年、帝国大学を卒業し、高等師範学校の英語教師になる。96（明治29）年、熊本市の第五高等学校英語教師に赴任。１９００（明治33）年５月、文部省より英国留学を命じられる。03（明治36）年、第一高等学校と東京帝国大学の講師になる。05（明治38）年から翌年にかけ『吾輩は猫である』を発表。07（明治40）年朝日新聞社に入社、職業作家となる。10（明治43）年、修善寺の大患で８００グラムの大吐血。16（大正５）年、死去。

1906
（明治39年）

破戒
島崎藤村

部落差別を
先駆的に描いた
自然主義文学の代表作

列強への仲間入り

１９０４（明治37）年に始まった日露戦争は１９０５（明治38）年のポーツマス条約で終息し、翌年には戦勝を記念する催しとして「大観兵式」が青山練兵場（現神宮外苑）でおこなわれた。全国の部隊の代表３万人以上を集め、明治天皇が直接労をねぎらう大規模なものだった。

日露戦争は日本の勝利に終わったものの、損害も大きかった。約１０８万人が出兵し、戦死者約11万５０００人（これはロシア側の戦死者の２倍以上）、臨時戦費として19億８４００万円。ロシアからの賠償金は発生せず、日本全国で抗議の声が上がった。

このような大きな犠牲の上に、日本はやっと世界の列強の仲間入りを果たした。

島崎藤村の『破戒《はかい》』が書かれ、発表されたのはこのような時代である。

本作品のなかには、汚い政治家や、硬直した教育現場、四民平等のかけ声を無効化するような新平民の扱いなどが描かれ、当時の社会問題を浮き彫りにしている。

新平民の苦悩と社会状況

長編小説『破戒』は、１９０６（明治39）年に自費出版の単行本として発表された。

夏目漱石が書簡のなかで「明治の小説としては後世に伝ふべき名篇也」と述べるほどの衝撃を与えた。

『破戒』は次のような書き出しで始まる。

蓮華寺《れんげじ》では下宿を兼ねた。瀬川丑松《うしまつ》が急に転宿《やどがへ》を思ひ立つて、借りることにした部屋とい

大観兵式の大行進（新聞記事より）。

ふのは、其蔵裏《くり》つゞきにある二階の角のところ。寺は信州下水内郡《しもみのちごほり》飯山町二十何ヶ寺の一つ、真宗に附属する古刹《こさつ》で、丁度其二階の窓に倚凭《よりかゝ》つて眺めると、銀杏《いてふ》の大木を経《へだ》てゝ飯山の町の一部分も見える。

簡潔でスピーディな描写である。「急な転宿」がこの長編の重苦しい主題につながっており、すぐに本題に入っていく。

この小説は、部落出身であるという理由で非人道的かつ不当な差別が跋扈《ばっこ》している社会に対しての告発と、そんな状況の中でも自我に目覚めていく青年の心境の変化を通して、近代的自我の目覚めと社会との関わりをどう均衡させていくのか、という藤村自身の苦悩を描写している。

主人公は瀬川丑松という小学校教師である。彼は被差別部落に生まれた。生い立ちと身分を隠して生きよと言った父は亡くなった。丑松は同じ境遇にある解放運動家、猪子蓮太郎を慕い、親交も生まれるが、どうしても自分の境遇を告白できない。

やがて学校で丑松が被差別部落の出ではないかという噂が広がり、猪子蓮太郎は非業の死を遂げる。ショックのあまり丑松は自らの生い立ちを告白する。

自然主義文学の先陣を切り、部落差別の問題に正面から切り込んだ本作は、後の1922（大正11）年に部落差別撤廃のために結成された団体、〈全国水平社〉からも支持を得た。

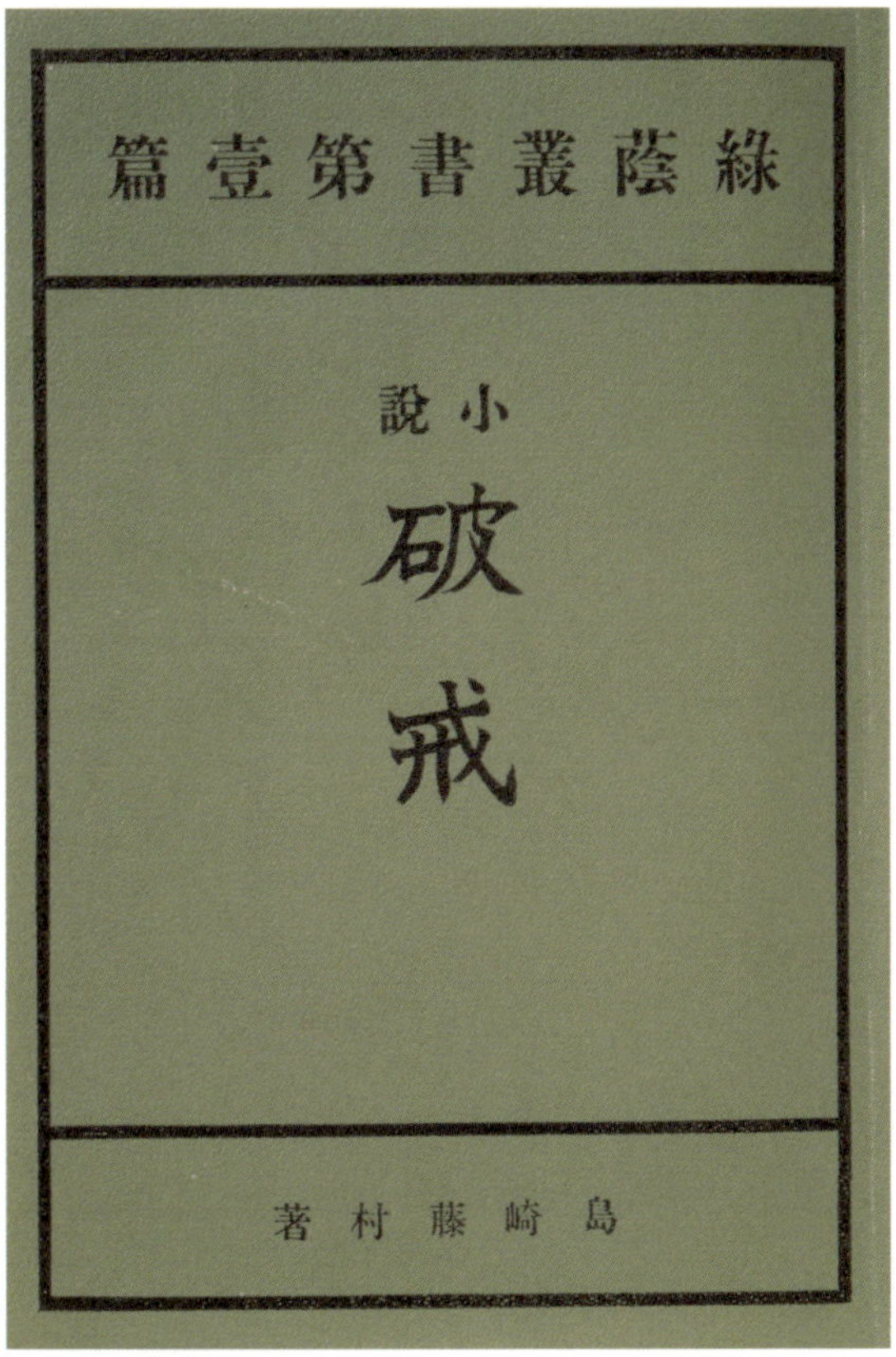

『破戒』（緑蔭叢書 第1篇）、1906（明治39）年、島崎春樹発行、日本近代文学館提供

●作家

島崎藤村

しまざきとうそん

1872（明治5）年〜1943（昭和18）年

筑摩県第八大区五小区馬籠村にもと本陣の当主の四男三女の末子として生まれた。家の没落で、姉の婚嫁先や同郷の者の家に寄食しつつ、明治学院普通部本科を卒業。1893（明治26）年1月から北村透谷らと同人誌『文學界』を創刊、劇誌や随筆などを発表した。失恋や漂泊などを重ね、96（明治29）年東北学院の教師となって1年足らず仙台で暮らす。この時、新体詩集『若菜集』を刊行して文壇に登場。明治浪漫主義の開花の先端として活躍したが、やがてその興味は散文に移っていく。小諸義塾の英語教師として長野県に赴任し、『旧主人』や『千曲川のスケッチ』を書く。やがて人生の従軍記者になるつもりで教師を辞め、2年間長編小説『破戒』に没頭し、上京する。このあと、藤村は自己の来歴を描く私小説作家に転じた。1913（大正2）年、パリの下宿で生活を始める。16（大正5）年、帰国。29（昭和4）年から35（昭和10）年まで、代表作となる『夜明け前』を中央公論に連載した。43（昭和18）年、脳溢血のため死去。

1907
（明治40年）

婦系図

泉鏡花

悲恋と復讐を鮮やかに描いた物語

『婦系図《おんなけいず》』は１９０７（明治40）年に『やまと新聞』で1月1日から4月28日にかけて連載され、１９０８（明治41）年に春陽堂より刊行された。

主人公の早瀬主税《ちから》は新進のドイツ語学者だが、少年時代は「隼の力」とあだ名された掏摸《すり》だった。縁あって大学教授酒井俊蔵にひろわれ書生となり、更生する。主税は柳橋の芸者蔦吉《つたきち》とひそかに夫婦になるが、酒井の知るところとなり、別離を命じられる。

主税は俊蔵の娘の妙子とは兄妹同然だった。妙子と静岡の資産家である河野家の息子との縁談をきっかけに、主税は結婚を家の繁栄の道具としてしか考えない河野一族へ制裁を誓うようになる。

同作は婚姻制度の束縛のなかでの、究極の愛を綴った作品として、刊行の翌年にすぐに舞台化された。当時、大衆に支持された背景には、歌舞伎的な構図が小説に取り込まれている点が挙げられる。義理と人情が底流に流れていたり、ドイツ文学者の主税が実は掏摸という人物設定だったり。河野一族に復讐を果たした主税が毒を飲んで死に、支離滅裂な遺書を残すという物語の最後の盛り上げ方も歌舞伎のストーリー展開そのものだ。

劇化され
新派の名作となった

芸妓の世界を美化し理想化した鏡花作品の一つであるが、恩師に仲を裂かれるところなど、自伝的要素もある。鏡花の師であった尾崎紅葉は１９０３（明治36）年4月の日記にこう記している。

夜鏡花来る。相率て其家に到り、明日家を去るといえる桃太郎に会い、小使十円を遺す。

桃太郎とは東京・神楽坂の芸者。紅葉一門の新年会で鏡花が惚れて、師には内緒に一緒に住み始める。

紅葉は一番弟子の鏡花には名家から妻を迎えさせようと考えていた。結婚を世俗的な利益の道具にもしかねない紅葉が、同居の事実を知ったときの怒りはすさ

『婦系図　后（後）篇』、1908（明治41）、春陽堂発行、口絵、日本近代文学館提供

まじかったという。

桃太郎と知り合った翌年、鏡花は26歳の１９００（明治33）年に『高野聖』を発表する。この作品で若手作家の第一人者という世評を確立する。

師の紅葉にいかに責められようと、桃太郎を見捨てるわけにはいかないと決めた鏡花は紅葉の死後に一緒に住み始め、『婦系図』や『歌行燈』など、芸者が登場する名作を生み出す。

桃太郎は父が早く死に母は商人の囲われ者になった。その商人が破産、桃太郎は5歳の時に芸者屋に売られ、母は行方不明になったという。不幸な境遇ながらも懸命に生きる姿に鏡花は共感し、心を寄せた。

封建主義への批判

『婦系図』は鏡花作品で、かつては最も読まれた長編小説である。演劇化によって主税とお蔦の関係が強調され、花柳界を舞台にした悲恋の自伝的小説と読み解かれることが多い。だが、同作は主税の河野一族に対する攻撃から透けて見えるように封建的な一家一門主義への反抗がテーマとして織り込まれている。

研究者の手塚昌行氏は封建主義への社会的復讐ストーリーが主題であり、「その復讐は、河野家の妻や娘たち等に対する主税の攻撃で成功する。だからこそ鏡花は題名を女たちの系図という意味でつけたのであり、お蔦主税をとりまく花柳情話に力点を置くことは、表題を無視し主題から逸脱することで正しい読み方ではない」と指摘している。

『婦系図』にとって皮肉なのは、舞台化のために付け加えられた場面が観客の感動を誘い、その後独り歩きを始めたことだ。


「切れるの別れるのツて、そんな事は、芸者の時に云ふものよ。（中略）私にや死ねと云って下さい。蔦には枯れろ、とおっしゃいましな」。『婦系図』と聞けば、この台詞の印象が強いが、原作にはない。恩師の酒井俊蔵に命じられ、主税がお蔦に望んでいない別れを告げる場面でのこの台詞は１９１４（大正３）年の明治座での再演の際に鏡花が書き加えたという。

原作が演劇によって作り出された光景に飲み込まれる形になってしまったことで、現代では知名度の割には小説が読まれることがほとんどなくなっている。

●作家
泉鏡花
いずみきょうか
１８７３（明治6）年～１９３９（昭和14）年

明治時代を代表する大衆作家。石川県出身。本名は鏡太郎。１８８２（明治15）年に母が29歳の若さで死去。亡母の影は鏡花の作品に色濃く残る。87（明治20）年北陸英和学校中退。90（明治23）年小説家を志し上京、翌年、作家の尾崎紅葉に師事する。95（明治28）年、『夜行巡査』『外科室』で脚光をあびる。代表作に『高野聖』、『歌行燈』など。神楽坂の芸妓桃太郎（本名伊藤すず）との生活を一部取り入れた『婦系図』は戯曲化され、後世に語り継がれる。１９０３（明治36）年の紅葉の死去後、文学界では自然主義の傾向が強くなるが、鏡花には謡曲、浄瑠璃、読本、合巻などの影響による、神秘的なロマン主義精神に貫かれた独自の作品が多い。幻想文学の先駆者としても位置づけられている。約３００編の作品を残した。芸術院会員。39（昭和14）年、肺腫瘍のため死去、65歳。

1908
（明治41年）

武士道

新渡戸稲造

日本思想の精髄を説いた日本文化論

アメリカとの緊張緩和

『武士道』は1900（明治33）年にアメリカのジョンズ・ホプキンス大学から出版された。日本語版は、1908（明治41）年に桜井彦一郎の翻訳で、丁未出版社から発行された。日本語版が訳出された1908（明治41）年といえば、日米紳士協定が結ばれた年である。

明治政府は移民の送り出しに積極的で、多くの日本人がハワイやアメリカ合衆国本土に移住していたが、これが現地で白眼視されるようになった。この事態に対して日本側も危機感をもち、2月18日に日本からアメリカへの新規移民を規制する紳士協定が結ばれた。これが日米紳士協定である。

その後、高平・ルート協定も結ばれ、日露戦争と米西戦争で日米が得た利権を認め合い、清国の独立保持を確認した。以降、日米の緊張は緩和する。

日本理解への必読書

新渡戸稲造は国際連盟事務次長を務め、妻は米国人である。明治・大正の日本を代表する教育者であり、国際人といえる。

その新渡戸にして困ったのが、「あなたのお国の学校には宗教教育がなくてどうして道徳教育を授けるのですか」という質問であり、妻からも同様の質問を受けた。この質問に回答するために英文で書いたのが『武士道』である。

新渡戸は「私の正邪善悪の観念を形成している各種の要素の分析を始めてから、これらの観念を私の鼻腔に吹き込んだものは武

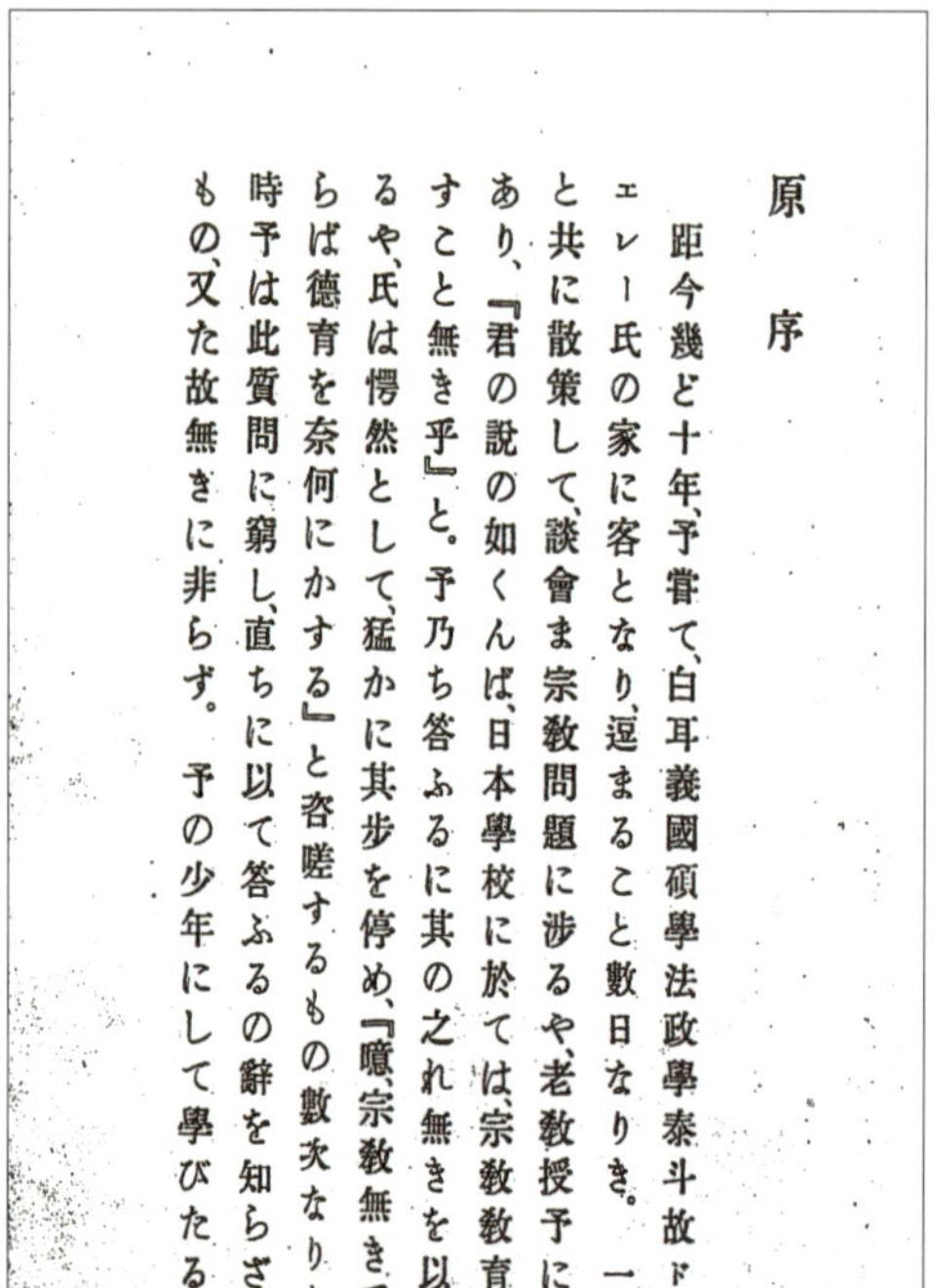
原序

距今幾ど十年、予嘗て、白耳義國碩學法政學泰斗故ド、ラヴエレー氏の家に客となり、逗まること數日なりき。一日氏と共に散策して、談會ま宗教問題に渉るや、老教授予に問ふあり、『君の説の如くんば、日本學校に於ては、宗教教育を施すこと無き乎』と。予乃ち答ふるに其の之れ無きを以てするや、氏は愕然として、猛かに其歩を停め、『噫、宗教無き乎。然らば德育を奈何にかする』と咨嗟するもの數次なりき。當時予は此質問に窮し、直ちに以て答ふるの辭を知らざりしもの、又た故無きに非らず。予の少年にして學びたる道德

—（9）—

『武士道』、1908（明治41）年、丁未出版社発行、原序、国立国会図書館ウェブサイトから転載

士道である」ことを見出した。『武士道』は、日本の精神的土壌からいかにして武士道という道徳体系が成立したのか、を述べたものである。

全17章あり、〈総論〉では「武士道はその表徴たる桜花と同じく、日本の土地に固有の花である」とし、一言でいえば武士の掟であると述べている。続く「武士道の淵源」では、その源泉として、仏教、神道、儒教の3つをあげている。

各論では、「義」、「勇・敢為堅忍《かんいけんにん》の精神」、「仁・惻隠の心」、「礼」、「誠」、「名誉」、「忠義」、「武士の教育および訓練」、「克己」、「自殺および復仇の制度」、「刀・武士の魂」、「婦人の教育及地位」を述べている。東西の古典から縦横の引用がある。

「武士道の感化」では、日本人の国民性の形成についてふれており、「武士道はなお生くるか」ではその限界も述べ、「武士道の将来」では今後の展望を示して終わっている。

全体としては、欧米各国の日本に対する偏見を正し、東西文化の対話を目指した日本人の思想への概説的な入門書となっている。

また、新渡戸稲造はキリスト教信者で、武士道の特殊性をキリスト教の人類愛に止揚すべきことを説いている。本書にはキリスト教を日本に根づかせようとした側面もあるのだ。

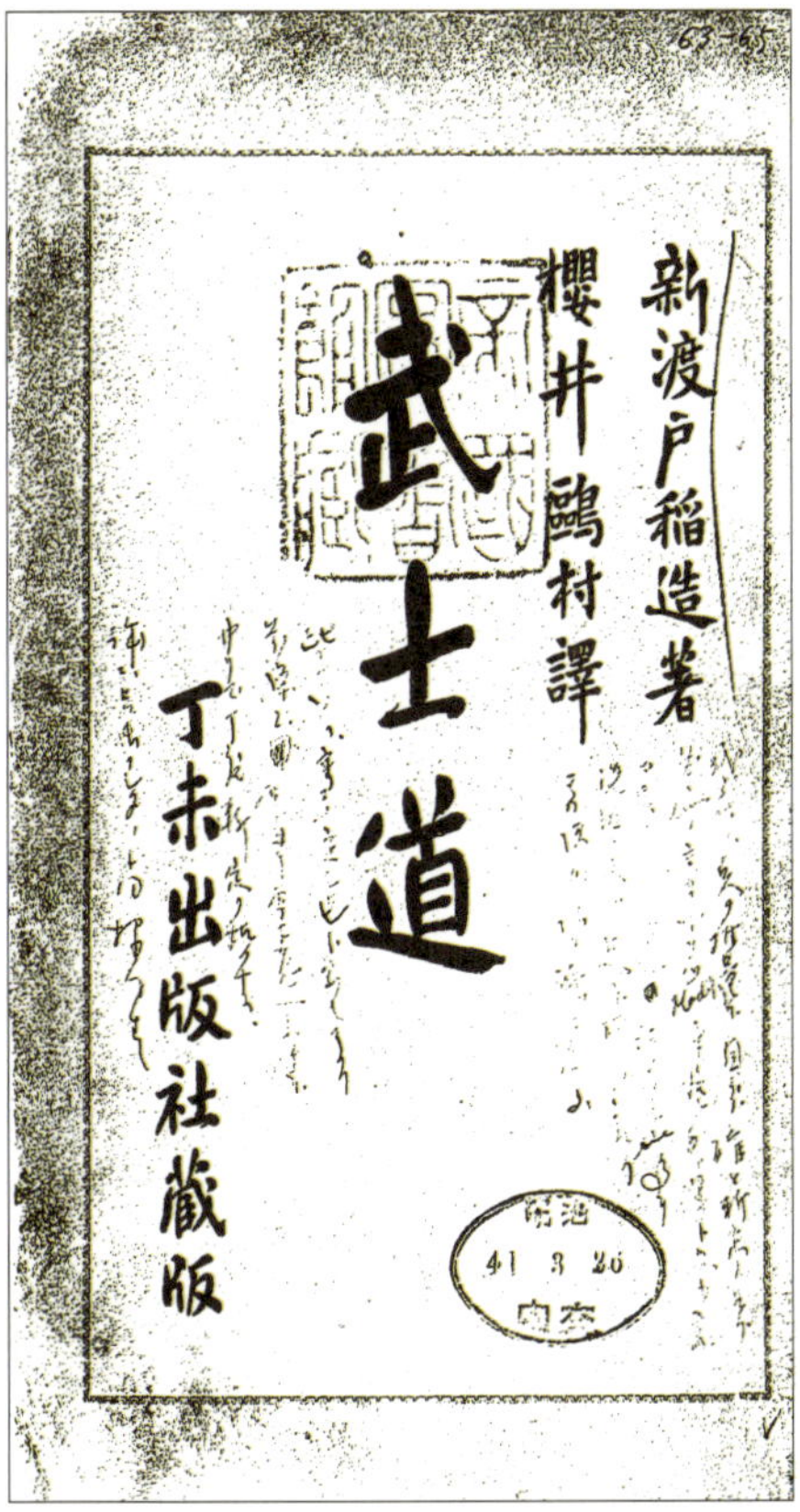

『武士道』、1908（明治41）年、丁未出版社発行、扉、国立国会図書館ウェブサイトから転載

●思想家

新渡戸稲造

にとべいなぞう

1862（文久2）年〜1933（昭和8）年

陸奥国岩手郡（現在の岩手県盛岡市）に、盛岡藩新渡戸十次郎の三男として生まれた。1871（明治4）年、10歳の時に上京。太田時敏の養子となり、一時太田姓を名乗る。共慣義塾から東京英語学校に入り、英語を学ぶ。77（明治10）年、札幌農学校に二期生として入学。クラーク博士の残した「イエスを信ずるものの誓約」に署名する。卒業後、開拓使や農商務省の御用掛を務め、東京大学に入学。84（明治17）年、アメリカへ私費留学し、ホプキンス大学などで学び、87（明治20）年、ドイツに転じて農政学、農業経済学を研究する。91（明治24）年に帰国し、教授として札幌農学校に赴任する。この間、新渡戸の最初の著作『日米通交史』がジョンズ・ホプキンス大学から出版された。体調を崩し、農学校を休職してカリフォルニア州で転地療養した間に『武士道』を英文で書きあげた。その後は東京帝国大学法科大学教授との兼任で、第一高等学校校長となった。1920（大正9）年の国際連盟設立に際して事務次長のひとりに選ばれた。33（昭和8）年、71歳で死去。

1910
（昭和43年）

青年

森鷗外

明治の「煩悶青年」を描いた傑作

抑圧と膨張の時代

１９１０（明治43）年、幸徳秋水らの冤罪事件、いわゆる大逆事件が起きる。主犯とされた宮下太吉は、明治天皇暗殺を企み、爆弾を製造したが、暗殺計画実行前に官憲に身柄を押さえられてしまう。

宮下はこの暗殺計画をごく少数に謀っただけとされるが、桂内閣はこの事件を社会主義者弾圧のための好機ととらえ、６月１日に事件と無関係の幸徳秋水をはじめとする社会主義者や無政府主義者を逮捕し、12名を死刑に処した。

また同年、内政干渉をおこない保護国としていた大韓帝国を併合し、朝鮮半島の支配を決定的なものにした。明治43年は、その後のファシズムの時代に続く日本の道筋を決めた年ともいえる。内政では抑圧と弾圧、外交では膨張の時代が始まったのだ。

このような時代に『青年』は執筆された。

明治の青年を描く教養小説

『青年』は１９１０（明治43）年３月から翌年８月まで『スバ

大逆事件に問われた〈平民社〉の人たち。前列右から堺利彦、2人おいて4人目幸徳秋水、5人目吉川守邦、6人目山口義三、左端が岡千代彦、後列右から半田一郎、竹内余所次郎、大杉栄、西川光二郎、斎藤兼次郎の各氏。

ル』に連載された森鷗外の長編小説である。

一青年の心の悩みと成長を描き、利他的個人主義を主張した作品である。夏目漱石の『三四郎』に刺激を受けて書かれたといわれているが、どちらも青春小説であり、また教養小説でもある。

作家を志して上京した青年、小泉純一は、有名な作家を訪ねたり、医科大学生大村に啓発されたりして日々を過ごす一方、劇場で知り合った謎の目をもつ未亡人・坂井れい子とも交渉を重ねる。しかし、夫人を追ってきた箱根で、夫人が美しい肉の塊にすぎないと感じた時、純一は今こそ何か書けそうな気持ちを感じる。

評論家の高橋義孝は、本書の解説でこう評している。「教養小説とは、白紙に等しい青年が精神的、肉体的、世間的、人間的に一人前の人間へと成長していく過程を描こうとするもである。（中略）この主の小説にあっては、外面的な事件や筋よりも、主人公の内面生活の展開と動きの追尋とがより本質的である。（中略）《青年》の問題はつまり《人生とは何か》《人間はいかに生くべきか》がそれである」。

『青年』、1913（大正2）年、籾山書店発行、扉、
国立国会図書館ウェブサイトから転載

この問いに対する答えが「利他的個人主義」である。主人公の親友、大村はいう。

人と人とがお互にそいつを遣《や》り合えば、無政府主義になる。そんなのを個人主義とすれば、個人主義の悪いのは論を須《ま》たない。利他的個人主義はそうではない。我という城郭を堅く守って、一歩も仮借《かしゃく》しないでいて、人生のあらゆる事物を領略する。


小泉純一はいわば「煩悶青年」である。

1903（明治36）年、一高生藤村操が日光の華厳滝にて自殺。エリート学生が厭世感から死を選んだことは、「立身出世」を美徳としてきた当時の社会に大きな影響を与え、「煩悶青年」という言葉がメディアをにぎわせた。

後を追う若者が続出し、当時一高に在籍中だった岩波茂雄も精神的な打撃を受けた。また、一高で英語のクラスを担当していた夏目漱石が後年神経衰弱になった一因ともされている。

煩悶青年とは、明治末期、国家の発展と自己を同一視して立身出世を目指すこともできず、国家に身命を賭することもできないことに気づいた新しい世代である。

鷗外は一途に立身出世を目指した自らの世代との違いを敏感に察知し、『青年』を書いたのだ。


（著者紹介は53ページ）

1910
（明治43年）

遠野物語

柳田国男

近代の歴史の中で
忘れ去られた日本の生活

怪談ブームと遠野物語

『遠野物語《とおのものがたり》』が書かれた明治末期には、欧米でスピリチュアリズム（心霊術、交霊術）が流行していた。これを受けて日本でも怪談ブームが到来し、文学者たちが「百物語」を催したり、盛んに怪談の執筆をおこなったりしている。

百物語とは、日本の伝統的な怪談会のスタイルのひとつであり、怪談を百話語り終えると、本物の怪が現れるとされる。

『遠野物語』も、この怪談ブームのさなかで書かれた。柳田国男も、話し手の佐々木喜善も大の怪談愛好者であったといわれる。

ひとつひとつの話にはタイトルは付されておらず、ナンバリングされているだけである。

第1話は遠野町の由来から始まり、詳しい町への経路が書かれている。

この地へ行くには花巻《はなまき》の停車場にて汽車を下《お》り、北上川《きたかみがわ》を渡り、その川の支流猿《さる》ヶ石川《いしがわ》の渓《たに》を伝《つた》いて、東の方《かた》へ入ること十三里、遠野の町に至る。

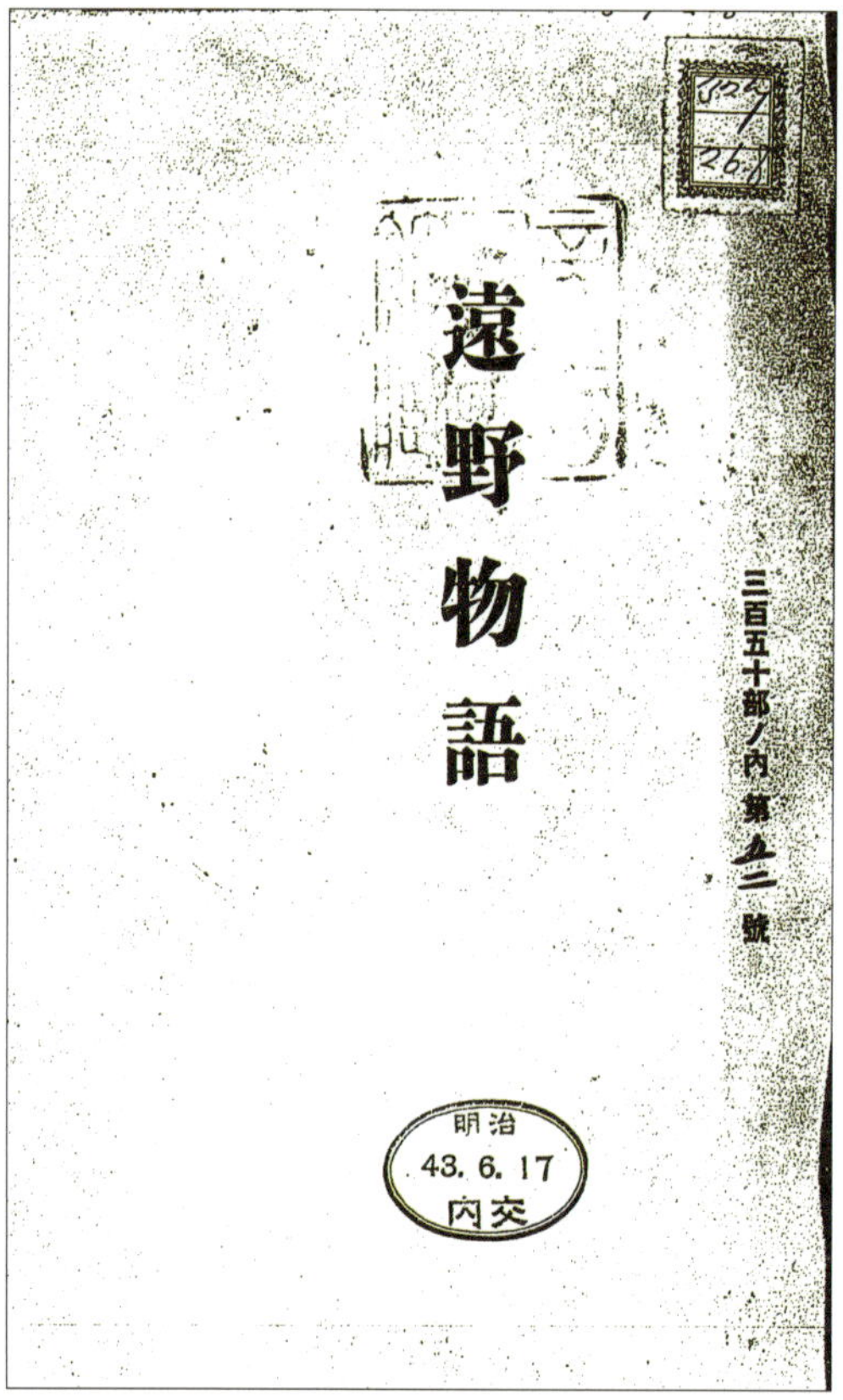

『遠野物語』、1910（明治43）年、柳田国男発行、扉、
国立国会図書館ウェブサイトから転載

日本の民俗学の始まり

『遠野物語』は日本民俗学の生みの親とされる柳田国男が、生涯をかけて集めた民間伝承習俗記録の最初の仕事である。その中に

は、近代化する過程で忘れ去られてしまった農耕日本民族の生活と歴史が詰まっている。

遠野とは、岩手県中部の遠野郷のことである。本書は、その遠野郷に伝わる昔話や習俗などの聞き伝えを集めたものであり、全119編からなる。

もともとは著者の文学仲間である遠野出身の佐々木喜善（鏡石）から聞き集めたもので、序文には次のように記されている。

鏡石君は話上手には非《あら》ざれども誠実なる人なり。自分も亦《また》一字一句をも加減せず感じたるままを書きたり。

いわゆる聞き書きとは少し違い、柳田国男の目と耳を通して、淡々とした品格のある文章となっている。

あやかしの世界へと誘う深い森の小途。

本作には、多岐にわたる昔話や逸話、言い伝えの物語が掲載されている。遠野郷の地理や自然、動植物に関する話や、その地方の行事、風習、生活、人の死に関する話。また人口に膾炙《かいしゃ》されている「ザシキワラシ」や「河童」「雪女」などの妖怪にまつわる物語や、神隠し、母殺しなど、そのジャンルは多岐に渡っている。

『遠野物語』は日本人が長い間大切にしてきた、神に対する感謝と畏怖の念、歴史や教訓が詰まっていると同時に、日本人の自然観、死生観が凝縮されている「日本の縮図」とも呼ぶべき作品である。

●民俗学者

柳田国男

やなぎたくにお

1875（明治8）年～1962（昭和37）年

飾磨県（兵庫県）神東郡田原村辻川に儒者で医者の松岡操、たけの六男として生まれた。幼少の頃、一種の神隠しに遭い、近所の人に助けられる経験を持つ。12歳の時、茨城県で医者となっていた長兄のもとに引き取られる。後、歌人で国文学者の次兄、井上通泰のもとに移る。その頃から、『しがらみ草子』に歌文を発表するなどの文学活動が始まる。1890（明治33）年、東京帝国大学を卒業し、農務省に入り、以後、1919（大正8）年に貴族院書記官長を辞して朝日新聞に入るまで官界生活が続く。早大で農政学を講じたり、新渡戸稲造と〈郷土会〉を結成するなどの活動も多い。13（大正2）年に『郷土研究』を創刊し、今に残る論文が次々と掲載されていく。21（大正10）年、渡欧し、ジュネーブの国際連盟委任統治委員に就任。24（大正13）年、慶應義塾大学文学部講師となり民間伝承を講義。40（昭和15）年、朝日文化賞受賞。47（昭和22）年3月、自宅書斎隣に民俗学研究所を設立。62（昭和37）年8月8日、東京都世田谷区にある自宅にて心臓衰弱のため死去。

1911
（明治44年）

すみだ川

永井荷風

政治的抑圧と西洋化の時代

1910（明治43）年は大逆事件（幸徳事件）が起こり、韓国を併合した年である。

重い時代の空気を察知していたかのように、当時新聞社に勤めていた石川啄木は同年5月下旬から6月上旬にかけて小説『我等の一団と彼』を書いていた。

また、啄木は5月の大逆事件後、8月には『時代閉塞の現状』という短い評論を執筆し、明治末年の日本の強権政治に対しての危機感を綴った。

暗い時代の一筋の光明のように、1911（明治44）年には、平塚らいてうが〈青鞜社《せいとうしゃ》〉を設立し、男尊女卑的な社会で抑圧された女性の解放を目指した文芸誌『青鞜』を創刊している。

この時期、時代に反するように永井荷風は下町情緒を描いた。

美的幻影としての下町情緒

『すみだ川』は永井荷風の中編小説である。1909（明治42）年2月の『新小説』に掲載され、1911（明治44）年3月籾山書店発行の小説戯曲集『すみだ川』の巻頭に収録された。

近代を批判した江戸回帰小説

作風は全体主義的傾向を強める明治の国家体制への鋭い風刺を含みつつ、反時代的な文明批評と懐旧的情緒を渾然一体としたものである。近代化が加速する明治の文明を批判し、江戸の文化に傾倒した荷風は、本作の中で人情あふれる下町の情景や情緒に満ちあふれた美しくても悲しい物語を描いた。その一典型が『すみだ川』である。

本作品の主な登場人物は、東京の向島に住む俳諧師松風庵蘿月《らげつ》と、その娘であるお豊、そしてお豊が女手ひとつで育てている長吉と、長吉より2

当時の東京・京橋の風景。

歳下で16歳のお糸である。お糸のことを想う長吉であったが、その想いを知らぬお糸は芸者になってしまう。そのことに胸を痛めた長吉は、自暴自棄な日々を送っていた。

ある日、長吉はふらりと来た浅草公園で、宮戸座の芝居を立見する。そこで演じられる悲恋物語を見て、長吉はお糸が芸者になる前会った時を思い起こす。

翌日の午後にも宮戸座の芝居を見に行き、そこで小学校時代の友達である「吉さん」と出会う。吉さんは床屋の若衆だったが、役者になっていた。長吉の芸道への憬れは煽られる。

長吉が役者になりたいと言い出し、驚いたお豊は、蘿月のもとへと相談へ行く。お豊の偏屈な思想を苦々しく思う蘿月であったが、押上で長吉と会い、「辛抱して学校だけは卒業しなさい」と言うと、長吉は深く絶望する。

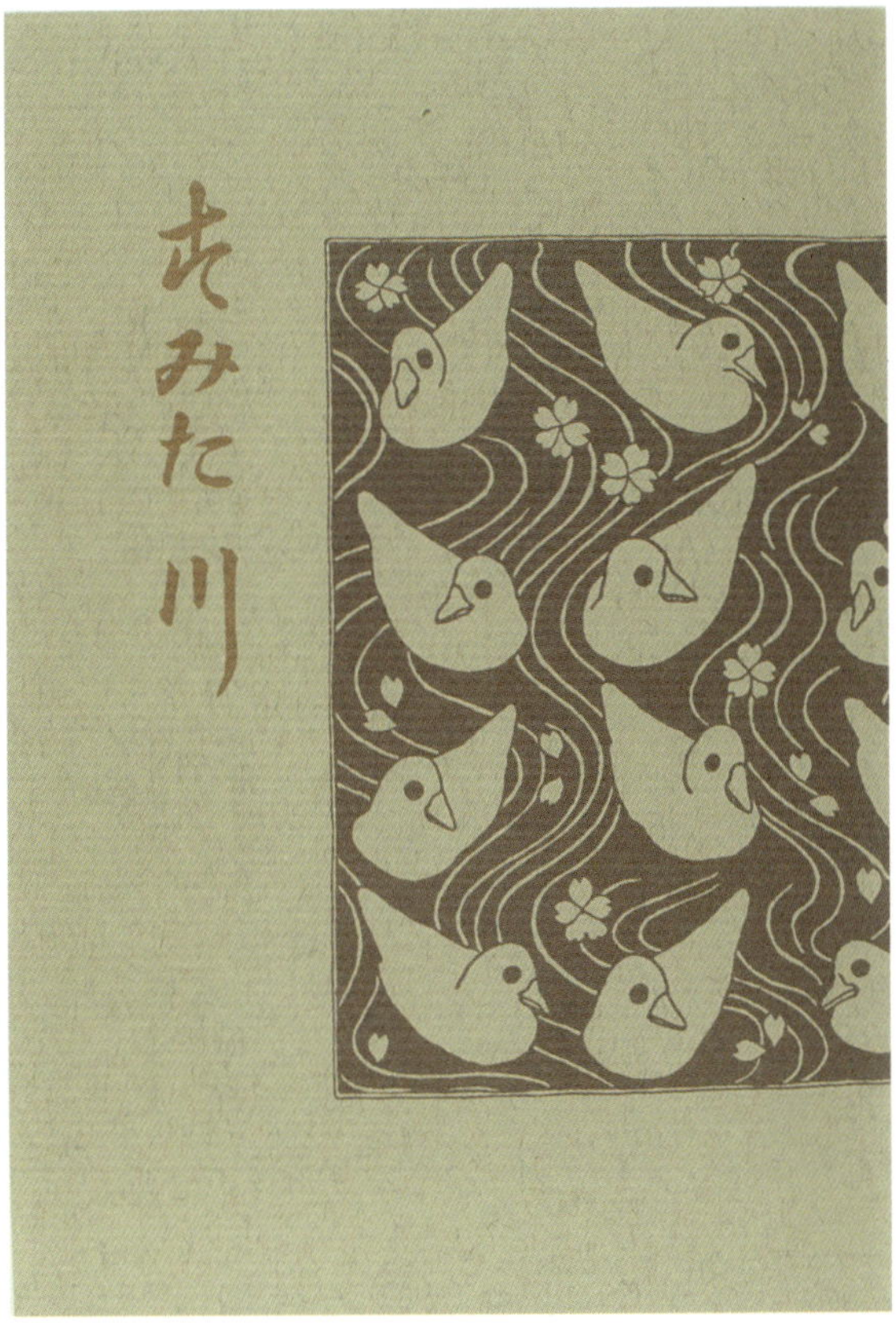

『すみだ川』、1915(大正4)年、籾山書店発行、復刻版、日本近代文学館提供

大水が出た夏の初め、長吉は、泥の中を歩き回り腸チフスにかかる。駆けつけた蘿月は、なにげなく長吉の部屋に行き、今までの長吉の思いが綴られた一通の手紙を発見する。蘿月は手紙を読み、自分が長吉の味方にならねば、長吉を役者にしてお糸と添わせてやらねばならぬと決心する。

アメリカやフランスの留学を経験した後に、荷風が描いた江戸回帰の本作は、単なる懐古主義にとどまることのない、日本の美であふれた作品である。

●作家

永井荷風《ながいかふう》

1879(明治12)年〜1959(昭和34)年

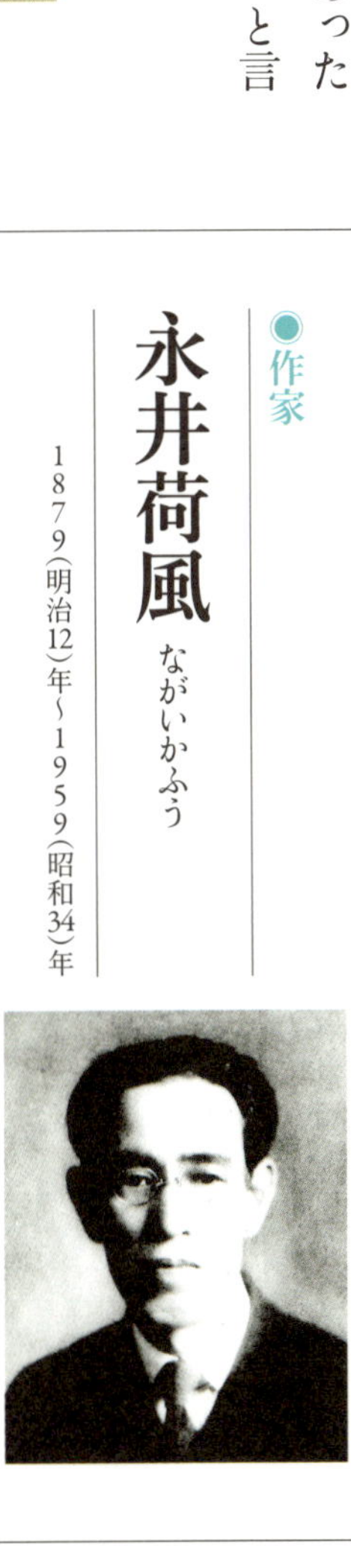

東京小石川に生まれた。1891(明治24)年に神田錦町にあった高等師範学校附属尋常中学校2年に編入学。94(明治27)年に病気になり一時休学するが、その療養中に『水滸伝』や『八犬伝』『東海道中膝栗毛』などの伝奇小説や江戸戯作文学を読みふけった。98(明治31)年、小説を広津柳浪に、翌年人情噺を落語家朝寝坊むらくに師事、また巌谷小波の〈木曜会〉にも参加した。習作を雑誌に発表し、1902(明治35)年から翌年にかけ、『野心』、『地獄の花』、『夢の女』、『女優ナナ』を刊行する。特に『地獄の花』は森鷗外に絶賛され、出世作となる。03(明治36)年9月から08(明治41)年7月までアメリカ、フランスに外遊し、『あめりか物語』『ふらんす物語』を刊行する。本格的に作家活動に入り、10(明治43)年、慶應大学教授となり、『三田文学』を主宰創刊し、反自然主義陣営の中心的存在となる。16(大正5)年、大学教授を辞す。37(昭和12)年、『濹東綺譚』を朝日新聞に連載した。59(昭和34)年、自宅で死去。

1911
（明治44年）

善の研究
西田幾多郎

日本の哲学はここからはじまった

時は明治末期、日本は内外共に激動の時代を迎えていた。1909（明治42）年、第2次桂太郎内閣時代に、安重根によってハルビン駅で伊藤博文が射殺されると、翌年韓国併合条約が締結された。

また国内では同年、大逆事件の検挙が開始され、幸徳秋水らは逮捕、1911（明治44）年に幸徳を中心とした社会主義者、無政府主義者12名が処刑された。

その翌年には明治天皇が崩御して、大正へと時代は移っていく。そのような時代背景において、出版物の取締が強化され、大戦への軍靴の音が聞こえ始める。

『善の研究』の初版が刊行されたのは、1911（明治44）年である。西田幾多郎が41歳で京都帝国大学の助教授に就任した数カ月後に刊行された本書は、西田の30代後半に編み上げられた思考の集大成となる。

本書が日本の歴史において、その存在意義が高く評価される所以は、日本で最初の「独立した」哲学書であるからだ。

西洋哲学から独立した、日本最初の哲学書

日本における哲学の歴史は、安政年間に開設された洋学の研究機関「蕃書調所」からはじまった。その後1874（明治7）年に森有礼らによって刊行された『明六雑誌』などによって、西洋の哲学や思想は広範に翻訳、紹介された。

しかし当時の哲学の多くは、単に西洋哲学の紹介と解説に留まっており、その枠を逸脱して、本当の意味での日本人の独創的な哲学を築いたという意味で、本書は日本の文化・哲学史において一つの金字塔とされている。

本書は、第1編「純粋経験」、第2編「実在」、第3編「善」、第4編「宗教」の4編で構成されている。

長きにわたり禅を体験してきた西田は、禅仏教における「己事究明（＝自分を知る）」という問題を、当時西洋で流行していた「純粋経験（＝主観と客観が分かれる前の、統一的な意識の状態）」を通して哲学的に表現しようと試みた。

本書の「序」にも、「純粋経験を唯一の実在としてすべてを説明してみたいというのは、余が大分前から有っていた考えであった」と記している。

西田哲学が後世に与えた影響

本書の刊行当初の売上は決して芳しいものではなかった。しかし1921（大正10）年頃に岩波書店より再刊されると、その後版を重ねてロングセラーとなった。そして、大正・昭和を通じて哲学・思想関連の必読書とされ、カントの『純粋理性批判』と並んで、旧制高校生のバイブルとなった。

西田幾多郎が京大を中心に活動をしていたので、彼のその後継の思想は「京都学派」と呼ばれた。

西洋化した日本において、いかに西洋の哲学を同化するかという研究を続ける中で「いずれ西洋はゆきずまり、東洋が世界の中心となる」という大東亜思想に近づくことになった。

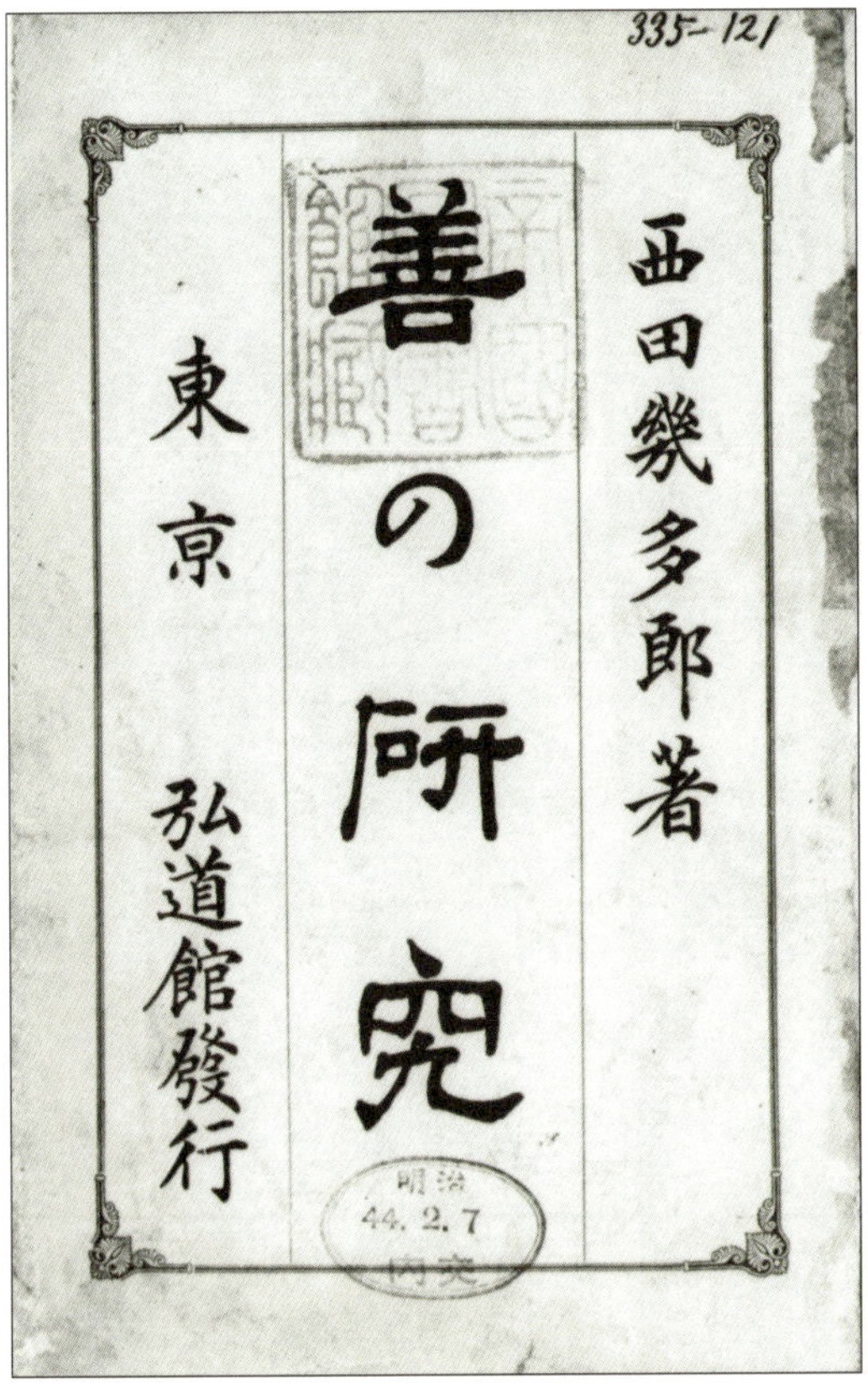

『善の研究』、1911（明治44）年、弘道館発行、扉、国立国会図書館ウェブサイトから転載

戦後京都学派は、戦中の彼らによる発言が、知識人らによる戦争協力として批判された時期もあった。

しかしグローバル化が加速する現代において、神道や仏教、儒教や西洋の思想を受け入れ、独自の発展を遂げてきた独自性あふれた日本文化のアイデンティティを理解するために、本書と西田の思想は再評価されるべきである。

●哲学者

西田幾多郎

にしだきたろう

1870（明治3）年～1945（昭和20）年

石川県宇ノ気町森西田得登《やすのり》、寅三《とさ》の長男として生まれた。哲学への関心が芽生えたのは石川県専門学校に学んだときのことである。ここで古今東西の書籍に加え、外国語から漢籍までを学んだ。若い時は、肉親（姉・弟・娘2人・長男）の死、学歴での差別、父の事業失敗で破産となり、妻との一度目の離縁など、多くの苦難を味わった。東京帝国大学卒業後は故郷に戻り中学の教師となり、思索に耽った。その頃の思索が結晶し、『善の研究』に結実、旧制高等学校の生徒らの代表的な必読書となった。1896（明治29）年から1909（明治42）年まで、第四高校、山口高校、学習院高等科などの講師、教授を歴任し、10（明治43）年には京都帝大哲学科の助教授、13（大正2）年に同大学教授に就任した。京都帝国大学教授時代は18年間教鞭をとり、三木清、西谷啓治など多くの哲学者を育て上げている。45（昭和20）年、鎌倉にて尿毒症で死去。主な著作は、新版『西田幾多郎全集〈全24巻〉』（岩波書店）に収録されている。

1911
（明治44年）

青鞜

フェミニズムの元祖、若い太陽たちの雑誌

「新しい女」の雑誌

1911（明治44）年9月、大逆事件の直後に近代女性史の世界に鮮烈に登場したのが、女性による女性のための初の文芸誌『青《せい》鞜《とう》』だ。中心となった平塚らいてうは「元祖、女性は実に太陽であった。真性の人であった」で始まる創刊の辞を寄せ、女性解放を宣言した。らいてうが『青鞜』を立ち上げた背景には自らが22歳の時に文学青年の森田草平と那須塩原温泉で起こした心中未遂事件の影響が大きい。新聞に騒ぎ立てられ、スキャンダルの渦中に投げ込まれた。女性が抑圧されている社会構造や男尊女卑の実態を肌で知ることで、自我の解放について考えるようになった。

『青鞜』創刊号1000部は即完売。封建的な家族制度のなかで喘いでいた女性読者の共感を呼び、熱烈な手紙や購読申し込みが青鞜社には相次いで舞い込んだ。

1912（明治45）年、『青鞜』4号は荒木郁子の短編『手紙』が姦通を題材にしたため発禁処分になる。同年、青鞜社の社員の尾竹紅吉が叔父に連れられ遊郭を見学した「吉原登楼事件」や、バーで五色のカクテルを飲んだ「五色の酒事件」が明るみになる。

『青鞜』創刊号、1911（明治44）年、青鞜社発行、日本近代文学館提供

『青鞜』の顔である、らいてうへの批判は高まったが、逆風が吹くなかでも、女性が習俗にとらわれずに自身の考えを持つように訴え、「新しい女」を追求する。三歳年下の日本画家の奥村博史と自由恋愛の実践で共同生活を送るようになるが、らいてうを慕う

尾竹の嫉妬もあり、青鞜社全体を巻き込んだ騒動になる。

女性の解放を謳った「新しい女」は流行語になったが、大酒を飲み、吉原に通い、みだらな恋愛をする女たちに対する揶揄的な意味合いが強かった。世間の目に青鞜社内部には逃げ腰になる者も少なくなく、過去に青鞜社に関わったことで教員を辞めさせられた人も出たという。

伊藤野枝の『青鞜』

一時は3000部出ていた売れゆきも落ち、らいてうは社内での求心力も相次ぐ騒動で衰え、経営、編集の両面で困難に直面する。1914（大正3）年9月号を創刊以来、初めて休刊し、10月の記念号を発刊した後、らいてうは11月、12月号を伊藤野枝に委ねて、逃げるように奥村と御宿海岸に行く。

伊藤野枝は第10号から新しく青鞜社に入った。17歳の最年少で編集を手伝い始め、粗削りながらもすぐに中心的な書き手に成長した。

休刊か廃刊か、雑誌を潰すのも惜しいと、らいてうが悩んでいるところへ野枝から手紙が届く。臨時はやりづらい、らいてうがやるのが最善だが、無理ならば任せて欲しい。野枝の偽らざる野心が見え隠れする手紙を受け取り、1915（大正4）年かららいてうは20歳の野枝に『青鞜』を任すことを決断する。

野枝は家族制度や道徳に深くからむ、貞操、売春をめぐる論争を『青鞜』の内外で展開し、女性達に自立を訴え続けた。

習俗打破！　習俗打破！　それより他には私達はすくわれる途はない。呪い封じ込まれたるいたましい婦人の生活よ！　私たちは何時までもじっと耐えてはいられない。


『青鞜』はその後、1915（大正4）年秋から4カ月にわたり、編集責任者が不在になり、書店が代行して発行を続ける異例の事態となった。野枝が九州の実家に帰郷したのが原因だった。1916（大正5）年1月号、2月号は野枝の編集で出たが、その後は休刊も廃刊の告知もなく事実上の廃刊となった。

告知が一切なかったのは、野枝自身は雑誌の継続に意欲的だったが、私生活で彼女のその後の人生を決定づける出来事があったからだろう。夫でダダイストの辻潤のもとを離れ、アナキストの大杉栄のもとに走ったのだ。

果たして女性は自由になれたのか。らいてうや野枝が100年前に抱いた慣習や女性差別の違和感は横たわったままだ。

平塚らいてうの生涯

本名平塚明。1886（明治19）年東京に生まれる。父の平塚定二郎は明治政府の高級官吏であり、のちに一高の講師を務めた。日本女子大学校（現日本女子大学）家政学部を卒業後、両親に無断で津田英学塾に学ぶ。1908（明治41）年に森田草平と心中事件を起こす。

1911（明治44）年に生田長江の援助で『青鞜』を発刊。画家の奥村博史と同棲し、のちに結婚。1920（大正9）年に市川房枝、奥むめおと〈新婦人協会〉を結成し、婦人参政権運動を展開するなど女性解放運動家として活躍し、戦後は主に平和運動に参加した。

1971（昭和46）年、85歳で死亡。

1911（明治44年）

或る女

有島武郎

描かれた「新しい女」

時代の閉塞感や苦悩

『或る女』は1911（明治44）年から1913（大正2）年にかけて『白樺』に連載され、1919（大正8）年3月に前編が、6月に後編が単行本として発刊された。実に10年という長い期間をかけた作品で、有島の作家活動期間ほぼ全域に相当する。

前編は主人公のヒロイン早月葉子が最初の夫と自分の意志で別れ、婚約者がいるアメリカに渡る決意をするところから始まる。だが、葉子は日本から乗り込んだ船内で妻子のいる事務長の倉地という男に魅かれ始める。肉体関係をもつようになり、念願のアメリカに着いても上陸せず、倉地と一緒に日本に戻る。

後編は葉子が倉地と一緒に暮らすなかで、自らを破滅に追い込む過程が描かれている。

当時、この小説が若い読者を中心に人気を得たのは、スキャンダラスな面への好奇心があった。

葉子のモデルといわれたのが、有島の友人の作家、国木田独歩の最初の妻である佐々城信子だ。実際、彼女は結婚からわずか6カ月足らずで国木田のもとを去り、その後、有島の知人である森広と婚約。一足先に渡米した森の後を追って鎌倉丸で渡米の途中に、船の事務局長武井勘三郎と親しい仲になり、シアトルについても上陸せずに同じ船で帰国したため新聞に書きたてられた。

有島は信子を葉子のモデルにしながらも、この小説で特定の女性を描きたかったわけではない。自分が生きている時代の閉塞感や苦悩を葉子の目を通して描き、社会がその人をどう取り扱うべきかを知らない時代に生まれ出た、ひとりの勝気で鋭敏かつ急進的な女性が、社会の偏見の犠牲になり破滅に導かれる悲劇を浮き彫りにした。

同時にこの作品は、男を魅了せずにはおかない永遠の女性とも悪女ともいうべき普遍的な女性の原型を造形したことで、現代でも変わらない魅力を持ち続ける。

文学史上比類のない小説

作品の時代設定は1901（明治34）年の9月初旬から翌年の夏。9月6日に米国大統領マッキンレーの狙撃事件が起き、14日に大統領が死んだあと、この小説の主人公の葉子は米国行きの船に乗ろうとしていた。歴史的出来事と小説の時間とが密な関係を持つ手法はトルストイとフローベールを好んだ有島らしい手法だ。

　作家の加賀乙彦は、日本の近代の長編小説には物語を情緒で流していくたぐいのものが多いが、『或る女』には、作品の構成によって主人公の内面の闇をつぎつぎに描き出していく複雑な手法が取り入れられていると指摘する。

　加賀が挙げるのが、冒頭の新橋の発車のシーン。車中で前夫の木部に出会い、人々の侮蔑を強く意識する女の気持ちが的確に描かれているという。自由で独自な生活を望んでいる葉子の強い態度と、世間から逃げて強い男に支えられようとする弱々しい女心の矛盾が表現されているとしている。

　『或る女』は作者の存命中は「快楽主義者」、「不純」などその真価をほとんど認められなかったという。

　正宗白鳥が1927（昭和2）年7月に発表した『有島武郎』の中で芸術的天分、弛みのない文章、人間を見る目の的確さを称揚し、「日本の作者に類例がないと思ふ。私は読みながら、及び難しとの感じにいく度打たれたか知れない」と絶賛した。以来、近代日本文学史上比類の無い小説としての評価が定まっている。

『或る女 前・後篇』、1919（大正8）年、叢文閣発行、前篇表紙 後篇本文、日本近代文学館提供

●作家
有島武郎
ありしまたけお
1878（明治11）年～1923（大正12）年

東京に生まれる。有島生馬、里見弴の兄。父が横浜税関長となったため幼時から文明開化の気風になじみ、ミッションスクールに通って西洋思想を身につけた。学習院初・中等科に学び、農業革新の夢を抱いて、新渡戸稲造の縁故で札幌農学校（北海道大学の前身）に入学。卒業後、3年間米国に留学。帰国後は母校で英語を教えるかたわら、北欧文学や社会主義の文献などを耽読した。1910（明治43）年、武者小路実篤や志賀直哉らと同人誌『白樺』創刊に参加。16（大正5）年に妻、父を相次いで亡くしたことを転機に、本格的な創作活動に入り、『カインの末裔』『小さき者へ』『生れ出づる悩み』などを発表した。社会主義に共鳴し、北海道の有島農場を小作人へ解放した。最晩年は虚無的となり、人妻の婦人記者波多野秋子と軽井沢で心中。

製紙

明治時代に初の製紙工場設立

紙は、紀元前に中国で発明された。

その後、製紙法がシルクロードを通って西洋に伝えられていった。

日本で、和紙が作られるようになったのは9世紀になってから。薄手の紙が楮《こうぞ》や雁皮《がんぴ》などを材料として流し梳きによって作られた。

西洋で、木材パルプを利用した西洋紙が発明されたのは１８４０（天保11）年である。ドイツ人のケラーが木材を繊維化してパルプを作る方法を発明した。

このパルプを使った製紙法が日本に入ってきたのは明治時代である。日本で最初の洋紙メーカー「有恒社」は１８７２（明治5）年に日本橋蠣殻《かきがら》町で創業した（操業開始は明治7年）。

１８７３（明治６）年には、渋沢栄一によって「抄紙会社」が王子に設立された。操業開始は１８７５（明治8）年で、１８９３（明治26）年に社名を王子製紙に変更した。

この時期に製紙会社が多数設立されているのは、大蔵省紙幣司が創設されて、紙幣、証券、郵便切手などの官製の印刷物の国産化が計られたからである。

官製需要が落ち着いてからは、日清戦争や日露戦争の報道合戦で部数を増やしていた新聞や雑誌によって支えられた。

その後、第一次大戦後の不況により企業再編が行われ、製紙メーカーは、王子製紙、富士製紙、樺太工業の3大企業に統合された。

統合後も業界の成績は改善しないので、１９３３（昭和8）年、3社は合併し、新たな王子製紙が誕生する。

国産洋紙の8割以上を生産する大企業になったが、１９４９（昭和24）年、過度経済力集中排除法によって、また、苫小牧製紙、本州製紙、十條製紙の3社に分割された。

苫小牧製紙はのちに王子製紙と社名を変更した後、本州製紙と合併する。十條製紙は日本製紙となった。

現在の製紙法に変わる次世代の紙「LIMEX（ライメックス）ペーパー」が開発されている。木材や水を使わず、石灰石とポリオレフィンから作る紙である。

台湾製のストーンペーパーをもとに株式会社ＴＢＭが開発し、宮城県白石市の工場で生産している。

第二章

大正時代

——大正デモクラシー

「大正デモクラシー」の中で広がっていった格差

大正時代は個人的自我が芽生え、拡張した時期であった。それまでは個人の価値は国家に収斂していたが日露戦争の勝利で西洋列強の仲間入りが現実的になった。近代化という目標の達成に道筋が見えたことは皮肉にも閉塞感を社会にもたらす。急激な近代化に伴う20世紀初頭の日本人の内面の苦悩を友人や夫婦の関係を通して描いた作品には夏目漱石の『こころ』などが挙げられる。

こうした中での民衆のもがきは、最終的には政治までをも動かすうねりになる。

1913（大正2）年には「大正政変」が起きる。2月10日に数万人の群衆が立ち上がり、過激派は交番や政府寄りの新聞社を襲撃。翌11日に桂内閣は誕生からわずか2カ月あまりで総辞職に追い込まれた。民衆が自らの力を認識したことで、「大正デモクラシー」は大きな渦となっていく。1918（大正7）年には米騒動が全国で起き、寺内正毅内閣が倒れた。

民衆運動、平和思想が世界中で高まる中、国内では軍閥の横暴への怒りが憲政擁護運動を巻き起こし、政友会、国民党の代議士や実業家、学生らが立ち上がった。理論的支柱となったのが1916（大正5）年に『中央公論』誌上で「民本主義」を唱えた吉野作造だ。

吉野は藩閥官僚政治の打倒や軍備縮小を主張、対外的には帝国主義に反対の論陣を張った。当然ながら右翼団体に攻撃され、弁論決闘を申し込まれたが、神田で開かれた立会演説会で会場を数千人が取り囲む中、相手を論破する。観衆は「デモクラシー万歳」と歓喜して、吉野を胴上げしたという。大正デモクラシーが頂点に達したときだろう。

同年には経済学の世界でも従来の概念を覆す論考が大阪朝日新聞に掲載された。著者は京都帝国大学で教鞭を執っていた河上肇。貧困といえば、都市と農村の格差だったが河上は近代化が進む中、豊かな都市にも取り残される層の存在を指摘した。大戦下の好況にわき、先進国の仲間入りを目指す日本に警鐘を鳴らした連載は、翌年に『貧乏物語』として書籍化されるやベストセラーになる。

小説や講談の登場人物にも大正時代の伸びやかな空気が色濃い。書き講談の文庫本「立川文庫」の中で人気を集めた『猿飛佐助』は大衆に熱烈に支持された。徳川家康を「狸おやじ」とののしりながら、集団に属し明るく反体制的な性格に自らを重ね合わせた。

新聞に連載された未完の長編小説『大菩薩峠』では、主人公の机龍之介が徹底したニヒリストとして描かれた。龍之介の人物設定には、連載が始まった3年前の1910（明治43）年に起きた大逆事件の影響が透けて見える。国家権力の前に、個人の権利が簡単に踏みにじられる現実を目撃した庶民が、龍之助の剣に社会通念を破壊する夢を託した。

大正を代表するベストセラーといえば、1919（大正8）年に発表された『地上』が挙げられる。貧しい青年の恋と野心を描き、新潮社から年一冊のペースで第四部まで出版された。著者の島田清次郎の傲慢さに加え、第二部以降は小説としての破綻も少なくなく、文壇での評価は急落したが、売れ行きは落ちなかった。

売り上げはシリーズ合計で100万部とも言われ、「新潮社のビルを建てた」とも伝えられる。大衆は島田が文壇から異端視されても、青年の夢や大志を描く内容と無名の20歳の若者が処女作で一躍文壇の寵児になった現実を重ね合わせて支持した。大正デモクラシーの高まりで、明るい未来を信じた風潮が人気の背景にはあった。

関東大震災後に勢力を拡張したのがプロレタリア文学だ。

第一次大戦後に労働運動が激しさを増し、神戸の川崎造船所での労働者のサボタージュ、足尾、釜石、日立などの鉱山での争議が続いた。普通選挙を要求する集会やデモが頻繁に起きていた。1921（大正10）年に小牧近江らによって秋田で『種蒔く人』が創刊され、社会主義的な知識人や文学者が結集した。労働者階級の解放運動と結び付いた運動が展開されたが、震災時に大杉栄らが惨殺されたのを機に弾圧が始まり、社会主義運動は壊滅的打撃を受ける。『種蒔く人』も廃刊となり、プロレタリア文学は一時沈滞したが、1922（大正11）年の東京版発行を契機に再勃興期を迎える。青野季吉、葉山嘉樹、小林多喜二、徳永直など、続々と新しい作家が現れ、全盛期を迎えたプロレタリア文学は既成の文壇を圧倒する勢いがあった。

ただ、現代からふり返れば一瞬の輝きだった。反動化が強まり、弾圧は激化し、指導的メンバーは次々と検挙された。

大正のわずか15年の間で盛り上がった、大衆が時代を変えられるという確信と次代への期待は、帝国主義路線を走り始めた政府と戦争の波に呑み込まれようとしていた。

1912（大正元年）

暗夜行路

志賀直哉

リアリストが描いた近代文学の最高峰

志賀直哉唯一の長編小説

『暗夜行路』は「小説の神様」と呼ばれた志賀直哉の唯一の長編小説だが、完成までに26年の歳月を要している。着手したのは1912（大正元）年。夏目漱石からの依頼で、1914（大正3）年に『時任《ときとう》謙作』という題で東京朝日新聞に連載予定だったが、挫折。前編が『改造』に発表されたのは1921（大正10）年。後編は1937（昭和12）年に完結した。

祖父と母の過失の結果、生を受けた主人公の時任謙作は、母の死後に突如目の前に現れた祖父にひきとられて成長する。旅先の尾道で自分が祖父との間に生まれた不義の子であることを知らされ、衝撃を受ける。鬱々《うつうつ》とした日々を過ごす謙作は京都の娘の直子に恋し、結婚するが、直子は謙作の留守中に従兄弟と過ちを犯す。許すべきであるのに許せないことへの葛藤。謙作は山陰の旅に出る。過酷な運命に直面しながらも強い意志で幸せをつかみ取ろうとする。

時任と志賀は重なる部分も多い。「何か知れない重い物を背負わされている」と感じる時任は、無為と放蕩の生活を変えるために尾道へ赴く。志賀も父との対立で尾道に出向いた。

作品の評価は分かれている。大岡昇平は「近代文学の最高峰」、河上徹太郎は「現代最上の恋愛小説」と激賞。一方、本多秋五は「骨ばかりの小説」と指摘し、中村光夫は「あきらかに失敗作」と酷評した。太宰治に至っては『如是我聞《にょぜがもん》』で「自分のハッタリを知るがよい。その作品が、殆どハッタリである」とまでいいきる。

実際、『暗夜行路』で妻の過ちを許さず、列車にすがりつく妻を京都駅のプラットフォームに突き倒したのは作品の中でも有名な情景だが、過ちも突き倒したのも事実ではない。浮気をして、身重の妻を蹴倒したのは直哉の方だった。

描写のリアリズムの妙

志賀の作品は、伏線は殆どなく、筋も複雑でない。文章も平易で無駄がなく、小説文体の理想のひとつと見なされ評価が高い。

芥川は志賀を礼讃する中で描写のリアリズムの妙を挙げているが、評論家の小林秀雄は志賀の才能を天性のものとして捉えている。「見ようともしない処を、覚えようともしないでまざまざと覚えていたに過ぎない。」これは驚くべき事であるが、一層重要な事は、氏の眼が見ようとしないで見ているばかりでなく、見ようとすれば、無駄なものを見てしまうという事を心得ているという事だ。（中略）氏にとって対象は、表現されるために氏の意識によって改変されるべきものとして現れるのではない。氏の眺める諸風景が表現そのものなのである」と記している。

これは夏目漱石も指摘しており、芥川が漱石に「志賀さんの文章というのは、どうしたらあのように書けるものなのでしょうか」と相談したところ、漱石は苦笑して「ああいう文章は私にだって書けないよ。志賀君は考えてああいうものを書いてるんじゃない。なにも考えずに書くから、ああいうものになるんだ」と言ったという。

志賀は自我からの脱却を小説の主題に位置づけ、鮮やかで細密な形象の描写を特徴としたが、社会的視点が欠如していた。「戦争嫌い」として知られ、戦争についても関東大震災についてもほとんど言及していない。戦時中は多くの文学者が祝意を示したシンガポール陥落の際にこそ戦争賛美の発言を残しているものの、その後は沈黙を守った。戦後に同じ白樺派の武者小路実篤や高村光太郎が戦争責任を追及されたが、志賀は対象から外れた。

一方、社会の視点が脱落していたからか、志賀は、34歳の時に長年の父との葛藤を描いた『和解』を発表して以降、『暗夜行路』を除くと、極めて寡作になる。歴史小説なども試みたが、大作を残すには至らなかった。

『暗夜行路』、1922（大正11）年、新潮社発行、函、日本近代文学館提供

●作家

志賀直哉《しがなおや》

1883（明治16）年～1971（昭和46）年

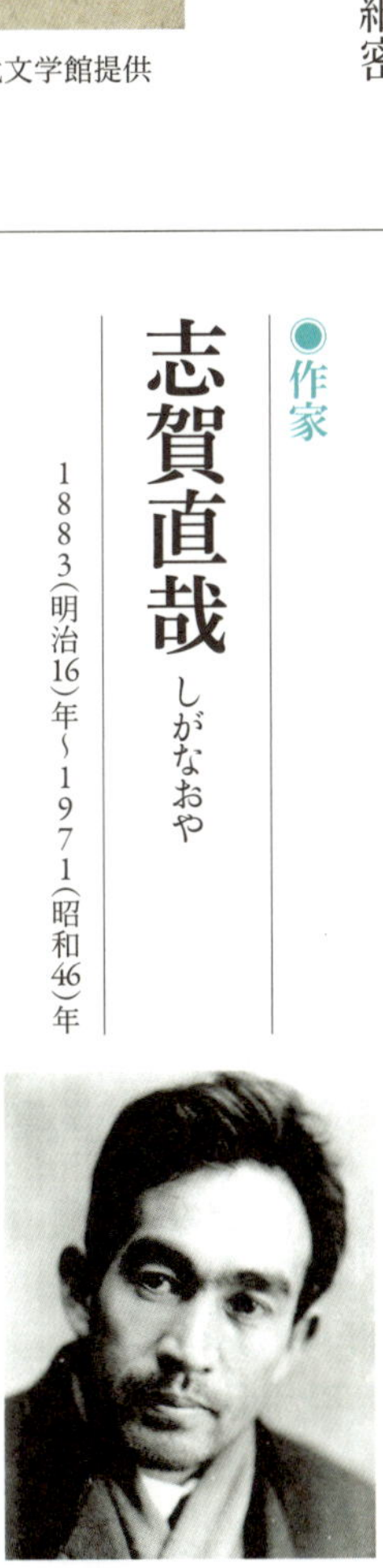
日本近代文学館 志賀直哉コレクション

銀行員の父の赴任地である宮城県に次男として生まれ、東京の山手の麻布で育つ。長男は死亡していたので実質的には長男として育つ。この事実が長男の文学ともいうべき性格をその文学に与えている。学習院中等科・高等科時代に武者小路実篤、木下利玄を知り、生涯の友人となる。1906（明治39）年、東京帝国大学英文学科に入学、国文科に転科するが、10（明治43）年に退学。武者小路らと雑誌『白樺』の創刊に携わる。父親との確執により作家としての主体を確立、強靱かつ純粋な自我意識と明晰な文体によって、独創的なリアリズム文学を樹立した。父と対立しながら、自我肯定にもとづく『大津順吉』、『范の犯罪』などを発表。17（大正6）年、父と和解し、『城の崎にて』、『和解』などを書く。中短編の傑作を多く残し、「小説の神様」と呼ばれる。『暗夜行路』は唯一の長編で、近代日本屈指の長編と評価が高い。

1913（大正2年）

大菩薩峠

中里介山

未完の超長編小説

大衆文学の先駆けと言われる『大菩薩峠』は都新聞（現東京新聞）記者だった中里介山が同紙で1913（大正2）年から1921（大正10）年まで連載した。その後も1944（昭和19）年に病死するまで、他の媒体に書き継いだ。第41巻まで刊行され、しかも未完の「超長編」だ。

物語は幕末が舞台。主人公で剣客の机龍之助が、大菩薩峠で何の罪もない老巡礼を斬り捨てる衝撃的な場面から始まる。

龍之助は御嶽神社の奉納試合で甲源一刀流の師範、宇津木文之丞と立ち合うことになっていた。文之丞の内縁の妻お浜が試合前に手加減を求めにくるが、これを犯してしまう。試合では文之丞を打ち果たして、お浜と共に江戸へ出奔。お浜との間に子どももうけるが、夫婦の関係は良好ではなかった。文之丞の弟の兵馬から果たし状を受け取るが、龍之助はお浜を切り捨て、京に上る。その後、龍之助は佐幕派の新撰組、勤王討幕派の天誅組など異なる政治信条の組織の間を転々としながら人を斬り続ける。敵に追われ、仮の宿とした山小屋で火薬が爆発して失明する。

ここで中里は一旦筆を措くが、興味深いのは剣豪小説のような味わいの物語が、この後、哲学的、思想的な内容に変遷を遂げるところだ。

大衆小説の先駆けとなった大長編小説

若者の状況を託した剣客

昭和に入り、連載紙が都新聞から東京日日、大阪毎日（いずれも現毎日新聞）に変わって以降、龍之助はほとんど剣をふるわなくなる。夢想の中を漂うかのように無為に過ごす。

物語の後半部分を踏まえれば、冒頭の老人殺しのシーンも印象が変わる。利益でも名誉でもなく殺したいから殺す。虚無の視点を同作に見出す論者は多い。

実際、作中で龍之助は徹底したニヒリストとして描かれているが、龍之助の人物設定には連載が始まった3年前の1910（明治43）年に起きた大逆事件の影響が色濃い。

国家権力の前では個人の権利など簡単に踏みつぶされる現実を目の当たりにした庶民が「人を斬るより他に楽しみもない」と嘯《うそぶ》く龍之助の剣に夢を託した。

文学者の中谷博は1934（昭和9）年に『大衆文学本質論』

を発表。龍之助の剣をラスコーリニコフの斧にたとえ、社会の通念としての道徳を破壊する力を象徴していると説いた。

近現代史に詳しい評論家の松本健一は「苦しい、身動きのとれない時代状況だからこそ、それを深く静かに、ただ考え続ける環境が生まれる」と指摘する。「若者の状況を、虚無感に取り憑かれ、失明というハンディを負った主人公の青年剣士、机龍之介に仮託し、まさに妄想の力で日本の文学史に残り読まれる大傑作を作った」と語る。

『大菩薩峠』は職人や商人などから知識層に人気が広がり大ベストセラーになった。谷崎潤一郎や菊池寛、芥川龍之介なども魅了した。ダダイストの辻潤はパリ滞在中、ほとんど外に出ずに宿に籠もり同書を読みふけるほどに夢中になったという。

『大菩薩峠 1·2、9〜10巻』、1918〜1921（大正7〜10）年、玉流堂発行、日本近代文学館提供

●作家

中里介山《なかざとかいざん》

1885（明治18）年〜1944（昭和19）年

神奈川県生まれ。西多摩小学校高等科卒。12歳で上京、何度か帰郷と上京をくり返しながら電話交換手や小学校教員を務め、キリスト教や社会主義思想、トルストイの思想などに近づく。キリスト教的社会主義の思想的洗礼を受け、日露開戦を機に反戦詩人として立つ。日露戦争下の1904（明治37）年に反戦詩『乱調激韵』を発表。06（明治39）年『今人古人』を処女出版した後、都新聞社に入り、新刊批評などを手がけ13年間在社した。13（大正2）年より長編小説『大菩薩峠』を『都新聞』などで連載して、41（昭和16）年まで書き継ぐも未完で終わる。虚無的な剣士の机龍之助像は一般に大衆文学の先駆けと評価され、不朽の名作に位置づけられる。介山自身は「大乗小説」と称し、世界最長を目指して執筆された。第二次世界大戦下の42（昭和17）年、日本文学報国会への入会を拒否。孤高の作家で、晩年は農本主義に傾いた。生涯、妻帯しなかった。44（昭和19）年に腸チフスのため59歳で永眠した。

1914
（大正3年）

道程
高村光太郎

自立して
肯定的な世界観に

父との精神的な決別

僕の前に道はない／僕の後ろに道は出来る／ああ、自然よ／父よ／僕を一人立ちにさせた広大な父よ／僕から目を離さないで守る事をせよ／常に父の気魄《きはく》を僕に充たせよ／この遠い道程のため／この遠い道程のため

この9行からなる『道程』は1914（大正3）年、高村光太郎が31歳のときの作品で、光太郎の転機となった作品としても知られる。

光太郎は彫刻家高村光雲の8人兄弟の長男として生まれた。14歳のとき、東京美術学校（現在の東京芸術大学）の予科に入学。卒業後の1906（明治39）年、海外に留学する。西洋の最先端の芸術に触れ、衝撃を受け、3年後に帰国。

展覧会に作品を出品せず、美術界を批判する評論や詩などを次々に発表。父の後継者として期待されながらも、何も新しいものを生み出せずにもがき、日本の美術界の慣習に反発し続けた。

転機になったのが、1911（明治44）年の3つ年下の長沼智恵子との出会い。智恵子は雑誌『青鞜』創刊号の表紙絵を描いた女流画家だった。

出会いから3年後、『道程』が出版された年の暮れに二人は結婚する。同書からは、光太郎の社会に対する葛藤や苦悩は姿を消し、世界を肯定し、自然のままに受け入れる理想主義的傾向を見出す

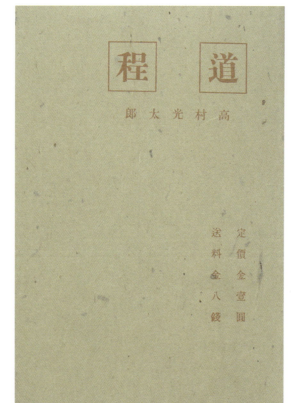

『道程』、1914(大正3)年、抒情詩社発行、複刻版、日本近代文学館提供

ことが出来る。

わずか9行の詩だが、1958（昭和33）年に発行された高村光太郎全集第三巻には、初めて雑誌に掲載されたときの『道程』の原型が収められている。

オリジナルの『道程』は、102行からなる全く異なる詩だった。光太郎は大半を削り、自立を宣言する最後の部分のみを残したことになる。

わずか9行のこの詩に光太郎は、偉大な父との精神的な決別と、新しい人生を自分の力で切り拓く思いを込めたのだ。

智恵子との別れ

智恵子とともに新たな人生を歩み始めた光太郎だが、1931（昭和6）年頃から智恵子は、実家の破産などもあって、精神を病み始める。

1938（昭和13）年10月5日、智恵子は7年にわたる闘病の末、肺結核のため52歳で死去する。

智恵子の他界から3年後に、光太郎は30年に及ぶ二人の愛を綴った詩集『智恵子抄』を刊行した。

智恵子の死後、日本は太平洋戦争に突入する。多くの文学者が戦争に協力したように、人道的詩人であったはずの光太郎も例外では無かった。

大政翼賛会中央会議の委員や文学報国会詩部会長を務め、戦意高揚を目的とした戦争賛美の詩を積極的に作ることになる。終戦後、多くの知識人が自らの行為を省みず、開き直り、活動を続けるが、光太郎は戦争遂行に協力したことを恥じた。

岩手県花巻郊外の山間に身を引き、62歳から69歳まで小屋に住み、7年間の農耕自炊生活に入る。

戦争を賛美し、国民を戦争に駆り立てる詩を山ほど書いたという自責と負い目から「わが詩をよみて人死に就きにけり」という詩も書いている。

●詩人・彫刻家

高村光太郎《たかむらこうたろう》

1883（明治16）年～1956（昭和31）年

本名はみつたろうと読む。東京に生まれる。父は彫刻家高村光雲。東京美術学校在学中に短歌を始め、1900（明治33）年に〈新詩社〉に加わる。美校卒業後、ロダンの「考える人」の写真を見て感銘を受ける。06（明治39）年より欧米へ渡り、09（明治42）年の帰国後〈パンの会〉に参加。翌年『緑色の太陽』を『スバル』に発表し、新時代の美術を鼓舞した。14（大正3）年に長沼智恵子と結婚し、同年『道程』を発表する。『ロダンの言葉』を翻訳するとともに多くの彫刻作品を残す。38（昭和13）年の智恵子の死後は戦争詩を多く発表。戦後は戦争責任を痛感し岩手県の小屋で自炊生活を行う。56（昭和31）年に結核で死去。

1914
（大正3年）

猿飛佐助

爆発的ブームを呼んだ「書き講談」

忍術を使ったヒーロー

大正時代に爆発的なブームを呼んだのが、書き講談の文庫本である「立川《たちかわ》文庫」。立川熊次郎が設立した立川文明堂から出版され、1911（明治44）年から1923（大正12）年の間に196編が発行された。

それまで速記者によっていた講談の読み物を、直接書き下ろした新たな形態は読みやすく躍動感にあふれ、少年を魅了した。

本文は230〜300頁。用紙は当初は上質紙だったが、版を重ねるにつれ粗悪なザラ紙になったという。定価は一部25銭で後に30銭になったが旧編に3銭を加えると新編と交換できる方式の販売方法を採ったことが、文庫の普及に寄与した。

第一編の『一休禅師』に始まり、『水戸黄門』、『大久保彦左衛門』、『真田幸村』、『宮本武蔵』、『柳生十兵衛旅日記』、『西郷隆盛』、『塚原卜伝』と次々に刊行された。中でも人気を呼んだのが1914（大正3）年に発行された第40編の『猿飛佐助《さるとびさすけ》』だ。第55編の『雲隠才蔵《きりがくれさいぞう》』と並び、大正の忍術ブームを巻き起こし、立川文庫を大衆に浸透させることになる。この2人に「由利鎌之助《ゆりかまのすけ》」を加えて真田三勇士と呼ばれ、さらに「三好清海入道《みよしせいかいにゅうどう》」ら7人を合わせて真田十勇士という。

ちなみに、猿飛佐助は今でこそ、真田幸村に使えた真田十勇士のひとりとして活躍した人物として知られるが、江戸時代の小説では端役として登場していたにすぎなかった。

講談家の二代目玉田玉秀斎が、猿飛佐助を立川文庫の主役にしたが、佐助ブームを引き起こしたひとつがキャラクター設定だ。作中で「猿飛佐助は武士である」と語っているように、佐助をただの忍者でなく、忍術を身につけた武士と位置づけた。徳川家康に立ち向かう、忍術を使ったヒーロー像は、豊臣のお膝元であった大阪で働く丁稚《でっち》や小僧などの年少労働者を中心に大ヒットとなった。

時代が後押しした人気

大正デモクラシーの気運も佐助の誕生を後押しした。『猿飛佐助』が世に出た1914（大正3）年の前年には、桂太郎内閣が総辞職する大正政変が起きた。軍閥の横暴への怒りは憲政擁護運動を巻き起こし、政友会、国民党の代議士や実業家、学生らが「閥族打破、憲政擁護」を唱えて立ち上がる。

1913（大正2）年2月10日には数万人の群衆が議会を包囲し、過激派は交番や政府寄りの新聞社を襲撃。翌11日に桂内閣は誕生からわずか2カ月あまりで総辞職に追い込まれた。民衆の力は大きな渦となり、1918（大正7）年の米騒動などにつながっていく。

民衆が自身の力を認識し、自分たちで社会を変えられるとの思いを抱いた時代背景が、佐助の物語設定には大きく関係しているのだろう。

家康を「狸おやじ」とののしる佐助に拍手を送り、集団に属しながら明るく反体制的な性格に自己を重ねた。

評論家の縄田一男が指摘するように、猿飛佐助に人々が心を躍らせたのは、「正に時代が、人が、英雄をつくる、これは良き証左」だったといえよう。

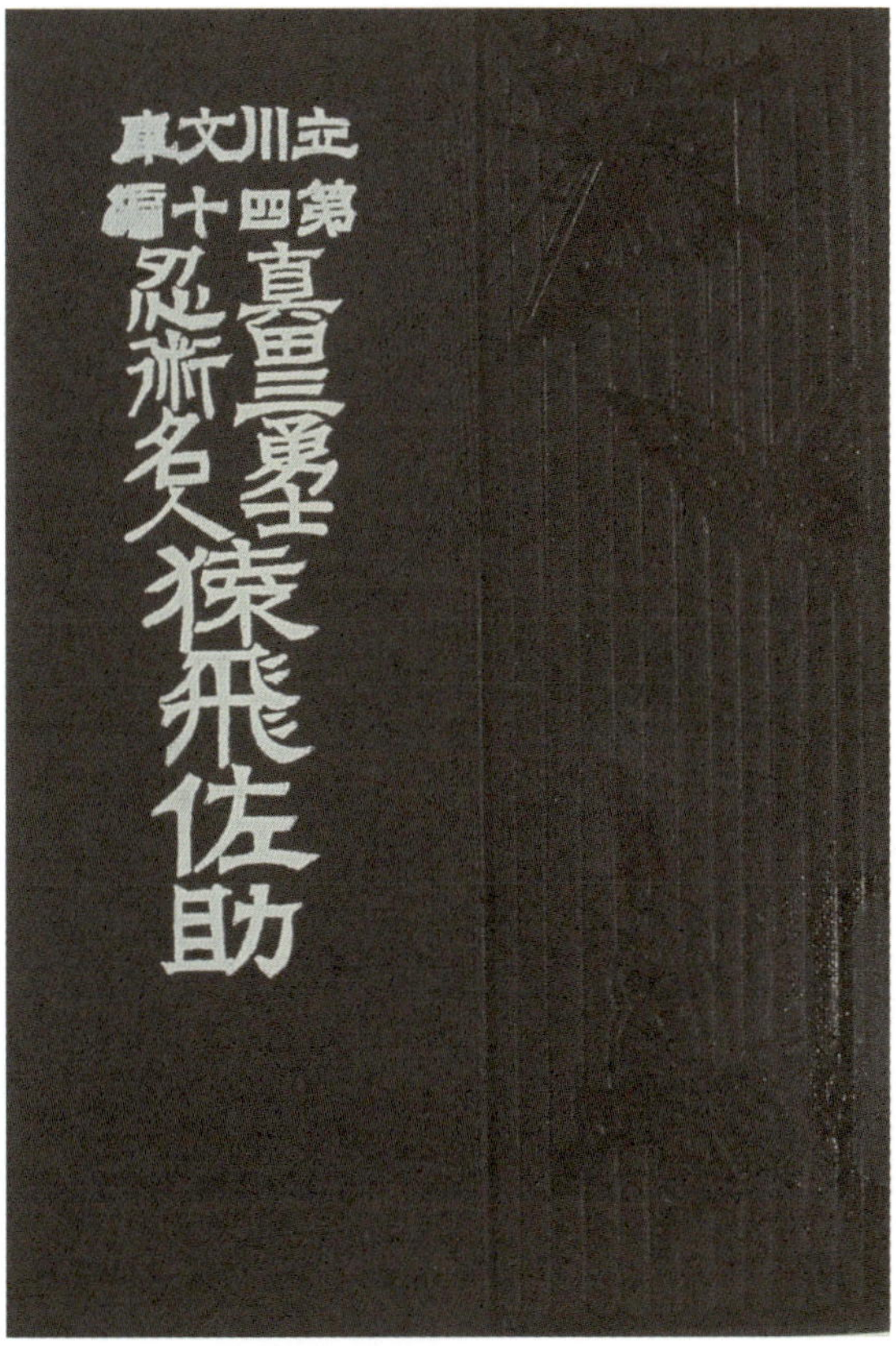

『猿飛佐助』（立川長編講談文庫）、1917（大正6）年、立川文明堂発行、日本近代文学館提供

立川文庫はその後、粗製濫造や代表的な著作者の玉田玉秀斎の死去により、大正末期には人気が凋落。版権を全て講談社に譲渡した。

現代では立川文庫の『猿飛佐助』がそのままの形で読まれる機会はほぼないが、正義のために闘う存在として子どもの本で忍術や忍者が地位を占める契機となった作品としての功績は大きい。

立川文庫

たてかわ文庫、たつかわ文庫ともいう。1911（明治44）年から1923（大正12）年の関東大震災前後まで約10年間にわたり、大阪の立川文明堂（発行人立川熊次郎）から刊行された講談風の少年読物。四六半截判で定価25銭で200点ほどが刊行された。当時の青少年に歓迎され、大衆文学の一源流となった。

初めは京都出身の講釈師玉田玉秀斎の口演を、後妻の山田敬と連れ子の阿鉄ら創作集団が雪花散人、野花散人などの筆名で採録していたが、やがて口演速記だけでなく創作で書き下ろすようになった。

第40編の『猿飛佐助』は全くの架空の人物にもかかわらず、愛すべき個性と忍術によって好評を博し、立川文庫の名をあげるとともに、映画などにおける忍術ブームを巻き起こした。「佐助」の名前は『真田三代記』の異本に出ているとも言われているが、その人物像は他の真田十勇士とともに山田阿鉄らの創作である。

1914（大正3年）

こころ
夏目漱石

近代化明治の倫理的危機を見つめる

日本の国民小説

『こころ』は夏目漱石の後期三部作のひとつで、教科書にも取り上げられている国民小説だ。

１９１４（大正３）年４月20日から同年８月11日まで『心』のタイトルで朝日新聞に連載され、同年９月に岩波書店から刊行された。同書店が出版社として初めて刊行した書籍であり、装丁は漱石自ら手がけた。

「上　先生と私」、「中　両親と私」、「下　先生と遺書」の三部からなる。

大学生の「私」は鎌倉の海岸で「先生」と知り合い、家に通うようになる。私は秘密を持っていそうな「先生」に惹かれていくが、先生は働くことも学ぶこともせず、ひっそりと暮らし、死んだように生き、心を開かない。毎月、雑司ヶ谷に誰かの墓を訪ねるがその理由も教えてくれない。

謎の多い言動が、自殺した先生の「私」への遺書で明らかになるという構成をとっている。

両親の遺産を叔父に搾取され、人間不信に陥った「先生」が親友「Ｋ」を裏切り、一緒に下宿していた下宿屋のお嬢さんを妻にする。だが、「Ｋ」が自殺したため、罪悪感に苦しめられ、退隠《たいいん》の日々を過ごす。明治天皇の死去と乃木大将の殉死に衝撃を受け、「先生」は自死を選ぶ。遺書には「明治の精神に殉ずる」とあった。

明治人の苦悩を描く

同作は、急激な近代化に伴う20世紀初頭の日本が置かれた、西欧文明との違和感や日本人の内面の苦悩を、友人や夫婦の関係を通して描いた。『こころ』の背景には、明治維新以降の土地私有制、日清戦争、戦争遺族家庭での下宿など、激動の歴史の影が見てとれる。

本作は長年、「下　先生と遺書」の章が中心的に取り上げられてきた。評論家の亀井勝一郎が戦後に青春文学として紹介したことがきっかけで、教科書に掲載されるようになったが、それまでは「先生」の明治精神への殉死といった固定観念で読まれてきた。

「名作」と称されてきた、『こころ』だが、奇妙な点も少なくない。「Ｋ」の自殺の原因に、身近にいたはずの先生の妻やその母はなぜ気づかないのか。遺書を「私」に送りつける一方、「妻には何もしらせたくない」と何も告げずに死ぬが、それが「倫理」の人の行為なのか。小説としての細部のリアリティーの欠如を指摘する声も多い。

実際、80年代半ば以降、読み方をめぐる論争が、小森陽一東大助教授や石原千秋成城大助教授の論文から始まった。

小森氏は「倫理」を絶対的存在として位置づけ、「殉死の思想」とした硬直的な従来の解釈を脱し、「私」と先生の奥さんが共に生きることを選んだ性愛の物語と読んだ。絶望の作品でなく、希望と期待の作品として位置づけようと試みた。

『こころ』論は時代の変化とともに、それからも変遷を遂げる。90年代になると、国文学者の小谷野敦は、「先生」に見切りをつけた奥さんが、次の男を捉えようとした日本の母系社会の伝統を見出した。

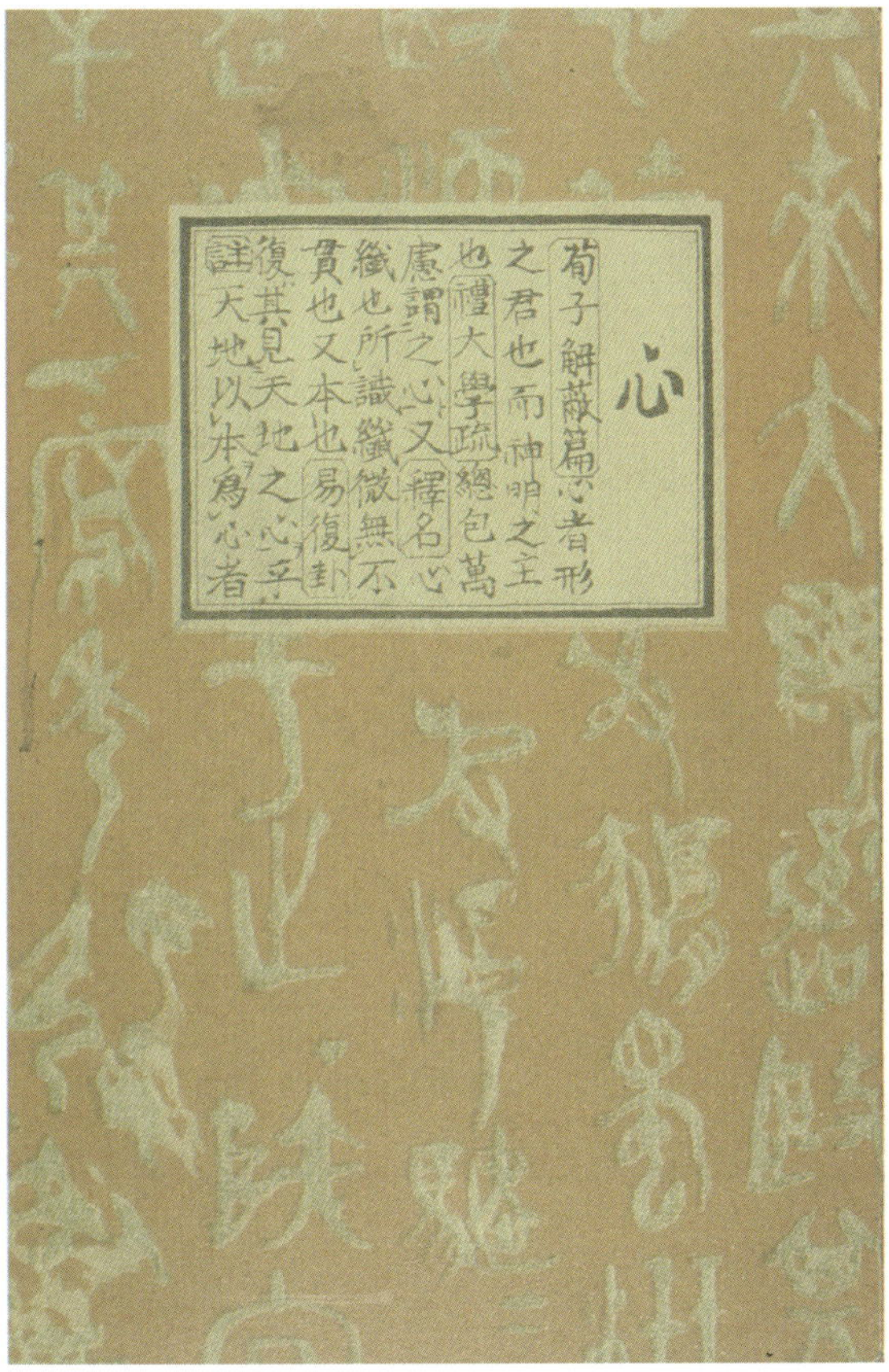

『こころ』、1914（大正3）年、岩波書店発行、日本近代文学館提供

作家の島田雅彦は『こころ』を同性愛関係の物語として捉え、『彼岸先生』として書き直した。「先生」と「K」、「先生」と「私」の関係に同性愛の要素を見出した。

国家のイデオロギーの装置として「先生」の死を美化してきた読み方が変わったことは、既存の人格者で偉大な漱石像が崩れたことも影響している。

現代では、鏡子夫人が漱石の思い出として語る「怖い夫」の印象も定着しつつある。

漱石像の転換点となったのが評論家の江藤淳が1955（昭和30）年に慶應大学在学中に書いた『夏目漱石論』だ。

この論文は当時の二つの漱石像をこわした。ひとつは弟子の小宮豊隆の「則天去私」神話による偉大な人格者としての漱石。もうひとつは小林秀雄らのフランス文学者の芸術第一主義による、「高級講談」あつかいの漱石であった。

漱石文学は、家庭不和、裏切り、自殺など暗いテーマに満ちている。ただ、こうした苦悩を日本と西洋の対立の落とし子と捉えたので無く、おのれの生まれながらの不幸として突きつめたのが漱石だった。

それは、希薄な人間関係に幼少期から身を置いた漱石ならではの視点であり、人間関係が希薄化した現代人にとっても身近な感覚かもしれない。だからこそ、漱石文学は時代をこえて読まれ、さまざまな解釈が生まれているのだろう。

（著者紹介は81ページ）

1916
（大正5年）

憲政の本義を説いて其有終の美を済すの途を論ず

吉野作造

大正デモクラシーを先導

「民本主義」の衝撃

　大正デモクラシーの旗手として名前がまず挙がるのは吉野作造だろう。吉野は『中央公論』の１９１６（大正５）年1月号に『憲政の本義を説いて其《その》有終の美を済《な》すの途《みち》を論ず』を発表した。１００ページ余りの論文は現在、民本主義として知られる内容になっている。

　吉野は１９１４（大正３）年1月号から毎号『中央公論』誌上で論評や時評を量産するが、これは東京帝大の後輩の編集主幹が、多忙を理由に原稿を渋る吉野に口述筆記を提案したことで可能になったという。

　吉野の民本主義が論壇に衝撃を与えたのは、当時の天皇主権の大日本帝国の枠組みでも民主的な政治が成立することを初めて論じた点にある。明治憲法制約下では主権在民の「民主主義」は不可能でも、議会中心での「民本主義」は可能であり、そのためには言論の自由は不可欠だと訴えた。

　吉野の民本主義は近代の立憲国共通の精神的根底を明らかにしたもので大きく2つの柱がある。ひとつは吉野の言葉を借りれば「政権運用の終局の目的は、《一般民衆の為め》といふこと」である。これは現代では当然のこととして認識されているが、政治は国民の利益幸福を目的にするというものだ。

　もうひとつは「政権運用の終局の決定を一般民衆の意向に置くべきこと」、つまり、普通選挙制度の実施だ。吉野は英国に見られたような二大政党制を日本で実現することも唱え、社会民衆党の結成や無産政党の合同にも大きな役割を果たした。

大正デモクラシーの推進

　吉野は内政においては国内では藩閥官僚政治の打倒や軍備縮小を主張し、対外的には帝国主義に反対し、民族自決、韓国併合に反対する論説を掲げた。第一次世界大戦が勃発し、民衆運動、平和思想が世界中で高まるなか、吉野は一躍、時の人になり、『中央公論』も黄金時代を迎える。大正デモクラシーの気運の高まりはとどまるところを知らず、１９１８（大正７）年夏、米騒動が全国で起き、寺内正毅内閣が倒れた。

　その頃、吉野など進歩勢力に対して、右翼団体が反撃。黒竜会系右翼団体〈浪人会〉が吉野に弁論決闘を申し込む。１９１９（大正8）年11月に神田で立会演説会が開かれ、会場を数千人が取り囲んだ。吉野は「国体を破壊するのは浪人会一派ではないか」と論破して、観衆は「デモクラシー万歳」と歓喜して、吉野を胴上げしたという。

1924（大正13）年2月に、朝日新聞の論説顧問に転身する。苦学生やアジアからの留学生に自腹で支援を続けており、そのために給与が高額な朝日に移った。だが、半年余りで舌禍事件を起こし、退社に追い込まれた。

晩年は膨張する軍国主義を憂慮しながら、1933（昭和8）年に亡くなったが、吉野の思想は戦後にも受け継がれた。吉野とともに民本主義を啓蒙した大山郁夫は戦後に枢密院や統帥権の廃止を唱え、これが日本国憲法制定を進める気運を醸成させた。

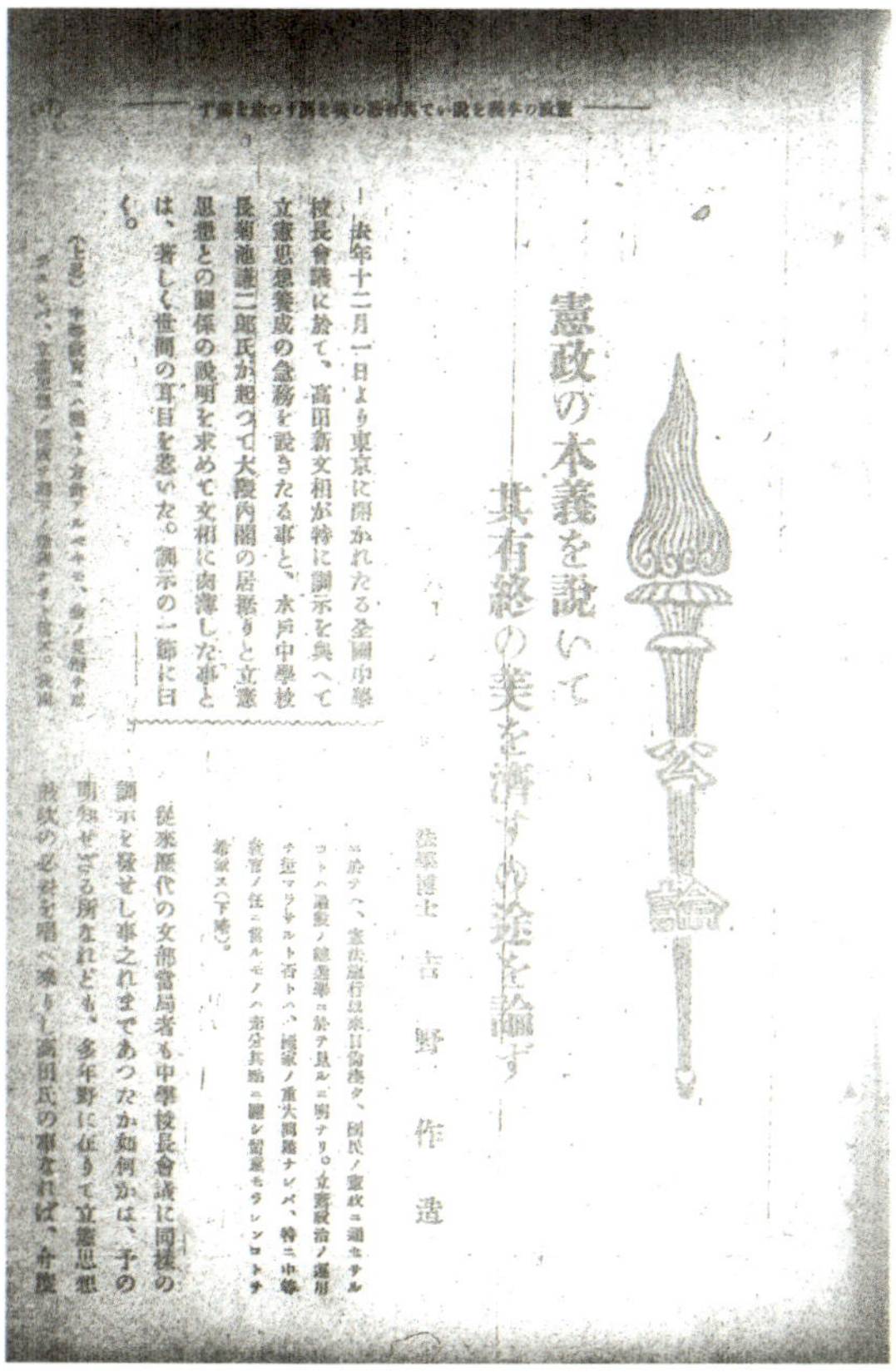
憲政の本義を說いて其有終の美を濟すの途を論ず
法學博士　吉野作造
一昨年十二月一日より東京に開かれたる全國中學校長會議に於て、高田新文相が特に訓示を與へて立憲思想養成の急務を說きたる事と、水戸中學校長菊池謙二郎氏が起つて大隈内閣の居据りと立憲思想との關係の說明を求めて文相に肉薄した事とは、著しく世間の耳目を惹いた。訓示の一節に曰く。
（下略）
從來歷代の文部當局者も中學校長會議に同樣の訓示を發せし事之れまであつたか如何かは、予の明知せざる所なれども、多年野に在りて立憲思想鼓吹の必要を唱へ來りし高田氏の事なれば、今度

『憲政の本義を説いて其有終の美を済すの途を論ず』（『中央公論』収録）、1916（大正5）年1号、反省社発行、日本近代文学館提供

吉野が主宰した〈明治文化研究会〉に属した鈴木安蔵は戦後に「憲法草案要綱」をまとめ、連合国総司令部の憲法草案の土台になった。

吉野の精神は現代にも通じる。格差が政治の課題になっているが、吉野の社会民主主義的側面は弱者をいかに不平等から救うかであり、格差是正にほかならない。100年前に吉野が唱えたことに我々は再び学ぶものは多い。

●政治学者

吉野作造《よしのさくぞう》

1878（明治11）年〜1933（昭和8）年

大正デモクラシーの理論的指導者。宮城県生まれ。首席で県立尋常中学校を卒業後、二高を経て、1900（明治33）年に東京帝国大学法科に入学。06（明治39）年、清国直隷総督袁世凱に長子克定の家庭教師として招かれ、天津の北洋法政専門学堂の教習。09（明治42）年に東大助教授に就任。翌年から3カ年、英独仏米に留学に出発。帰国後、14（大正3）年に教授になり政治史講座を担当する。16（大正5）年1月『中央公論』に代表論文『憲政の本義を説いて其有終の美を済すの途を論ず』を発表。以後、続々と『中央公論』に「民本主義」の政論を発表して、一躍論壇の寵児となる。普通選挙の実施、政党内閣制などを主張し、また軍閥を攻撃。労働運動、朝鮮の学生運動などを支持。朝日新聞社に入社するが筆禍事件で退社。後年、明治文化研究会を設立した。33（昭和8）年1月、肋膜炎を発症し、入院。3月18日、55歳で死去。

1916
（大正5年）

貧乏物語

河上肇

「文明国」の貧困を描く

１９１６（大正５）年9月、前年にヨーロッパから帰国したばかりの京都帝国大教授の河上肇は、大阪朝日新聞で『貧乏物語』の連載を始める。貧困を社会問題として指摘し、経済学者の視点でとりあげた。

連載は断続的に12月まで続き、翌年3月には弘文堂書房から単行本として出版され、わずか3年間で30版を重ねた。

第一次世界大戦のまっただ中で日本は戦時景気で沸いていた。当時、貧困といえば、都市と農村の格差だった。

『貧乏物語』は豊かなはずの都市の中にも取り残された人々がいることを浮き彫りにした学術書として、衝撃をもたらした。欧州に留学し、先進国であったはずの英国の貧困を目の当たりにした河上ならではの視点だった。

書き出しでは「驚くべきは現時の文明国における多数人の貧乏である。（中略）英米独仏その他の諸邦、国は著しく富めるも、民ははなはだしく貧し」と記している。先進国入りに向けて走り出した日本の未来を暗示するかのような記述だが、実際、発刊翌年の１９１７（大正６）年には米価の急上昇に民衆の不満が爆発、全国で米騒動が勃発する。

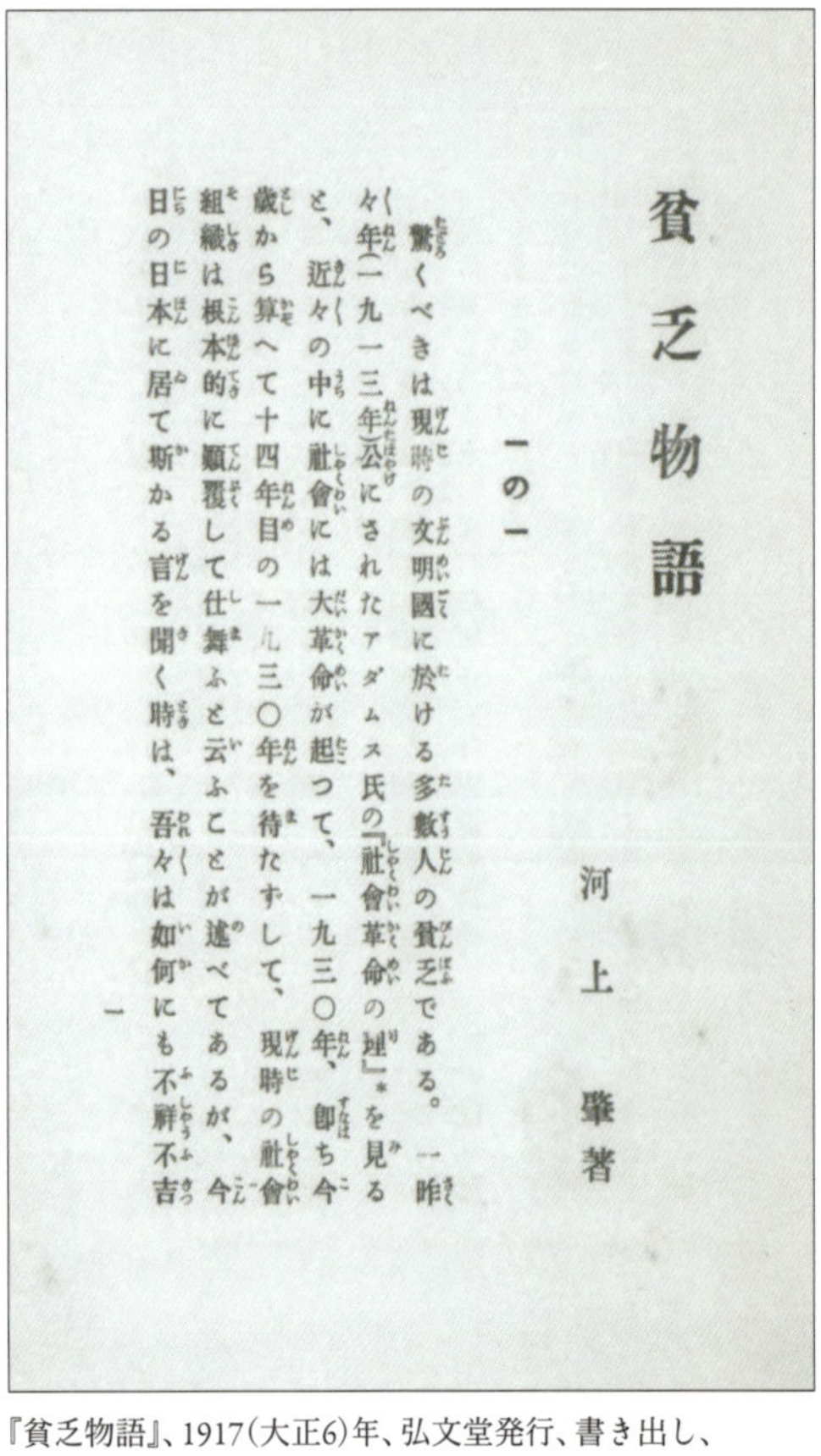

貧乏物語

河上肇著

一の一

驚《おどろ》くべきは現時《げんじ》の文明國《ぶんめいこく》に於《お》ける多數人《たすうじん》の貧乏《びんぼう》である。一昨《いつさく》々年《ねん》（一九一三年）公《おほやけ》にされたアダムス氏の『社會革命《しやくわいかくめい》の理《り》』＊を見《み》ると、近々《きんきん》の中《うち》に社會《しやくわい》には大革命《だいかくめい》が起《おこ》つて、一九三〇年《ねん》、即《すなは》ち今《こ》歳《とし》から算《かぞ》へて十四年目《ねんめ》の一九三〇年《ねん》を待《ま》たずして、現時《げんじ》の社會《しやくわい》組織《そしき》は根本的《こんぽんてき》に顚覆《てんぷく》して仕舞《しま》ふと云《い》ふことが述《の》べてあるが、今《こん》日《にち》の日本《にほん》に居《ゐ》て斯《か》かる言《げん》を聞《き》く時《とき》は、吾々《われわれ》は如何《いか》にも不祥不吉《ふしやうふきつ》

一

『貧乏物語』、1917（大正6）年、弘文堂発行、書き出し、国立国会図書館ウェブサイトから転載

戦時景気に浮かれる日本への問題提起

解決策の見えない日本の貧困

『貧乏物語』は「いかに多数の人が貧乏しているのか」（上編）、「何ゆえに多数の人が貧乏しているか」（中編）、「いかにして貧乏を根治しうべきか」（下編）の三編からなる。

上編で貧乏という大病に冒されつつあることを説き、中編で大病の根本要因がどこにあるかを明らかにした上で、下編でいかに解決するかの問題に答えている。

河上は「富者の奢侈廃止」を貧乏の根本的な根絶策として断定した。つまり、社会の制度組織よりも「人心の改造」が重要で、ぜいたくを慎む心がけを持った人間が多くなれば、「貧困根絶というごとき問題も直ちに解決されてしまう」と言いきった。

理想主義者で、若い頃にキリスト教思想家の内村鑑三に影響を受けた河上らしい主張とも言えるが、河上自身は「実につまらぬ夢のごときことを言うやつじゃと失望されたかたもあろうが」とも書いている。

河上の主張は、日本にも貧乏があることを経済学者として論じた初めての書として評価される一方、提示した貧乏の解決策には他の経済学者から批判の目が向けられた。河上が導き出した「個人の心がけ」という結論があまりにも観念的、倫理的であったからだ。河上も、批判を受け、『貧乏物語』から下編の「いかにして貧乏を根治しうべきか」を排除し、やがて、著書自体を自ら絶版にする。

その後の河上は、貧乏の解決策をマルクス経済学に求め、次第に傾倒。教職を辞し、１９３２（昭和７）年に共産党の地下活動に参加する。治安維持法で逮捕され、獄中で転向後、１９３７（昭和12）年に出獄する。

『貧乏物語』は河上の死後の翌年１９４７（昭和22）年に岩波文庫から装い新たに発売され、２０１６（平成28）年時点で76刷を数える。

河上の『貧乏物語』から１００年。河上が警鐘を鳴らした日本の貧困は社会問題になっている。母子家庭や老人、非正規労働者など論点は増えるばかりだが、解決策は見えない。

●経済学者

河上肇 かわかみはじめ

１８７９（明治12）年～１９４６（昭和21）年

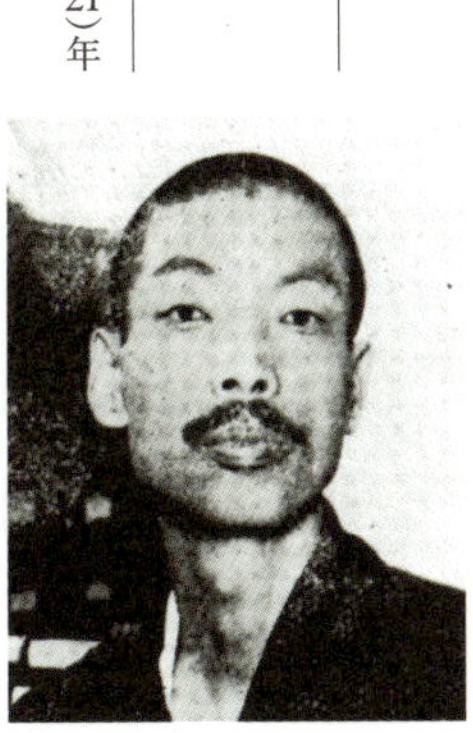

山口県生まれ。マルクス経済学の第一人者で、日本の初期の共産主義運動に影響を与えた。東京帝大卒。東京帝大の講師をへて１９１５（大正４）年に京都帝大教授となる。大阪朝日新聞に『貧乏物語』を連載。『貧乏物語』で河上は一躍脚光を浴び、大内兵衛は「日本の経済学の転機の前奏曲」と評した。河上はこのころから社会問題への関心を急速に深め、19（大正８）年に個人雑誌『社会問題研究』を刊行し、マルクス主義の研究と紹介に努めるようになる。28（昭和３）年に京大教授を辞職。32（昭和７）年共産党に入党、翌年に治安維持法に問われて服役した。懲役５年の判決を受け、非転向の態度を貫いたため、37（昭和12）年の転向まで獄中にあった。戦後に再び脚光を浴びることになるが、46（昭和21）年に亡くなった。死後の翌年に『自叙伝』が刊行され、ベストセラーになった。著作はほかに『資本論入門』、『経済学大綱』など。

1917（大正6年）

出家とその弟子
倉田百三

原始的欲望の肯定と挫折

若者の支持を得てベストセラーに

倉田百三は１９１７（大正６）年６月に岩波書店から『出家とその弟子』を自費出版した。

序幕と六幕十三場から構成される同作は、詩人の高橋元吉らと起こした同人誌『生命の川』に前年の11月号に第四幕第一場まで掲載し、その後を療養先で書き上げた。

一部５００円で初版は８００部に過ぎなかったが、刊行されるやベストセラーになり大正年間に百数十版を重ねたという。

浄土真宗の開祖親鸞の『歎異抄』を戯曲化した作品で、親鸞と弟子の唯円《ゆいえん》などが実名で登場し、親鸞の入滅までが描かれている。

近代文学史上初めて親鸞を素材にした作品であり、数年後に石丸梧平の『人間親鸞』など一連の親鸞ブームの火付け役になった。

日本のみならず、英仏でも翻訳されて出版されたように、作品の下地にキリスト教的感情を見出そうとする向きもあり、宗教文学としても読まれてきた。

フランスの作家のロマン・ロランは序文で「キリストの花と仏陀の華、すなわち百合《ゆり》と蓮《はす》の花である。現代のアジアにあって、宗教芸術作品のうちでも、これ以上純粋なものを私は知らない」と書いている。

キリスト教の枠組みで書いてあることは、キリスト教と仏教の違いが分かちがたいほど、キリストの恩寵と弥陀の本願が混ざっ

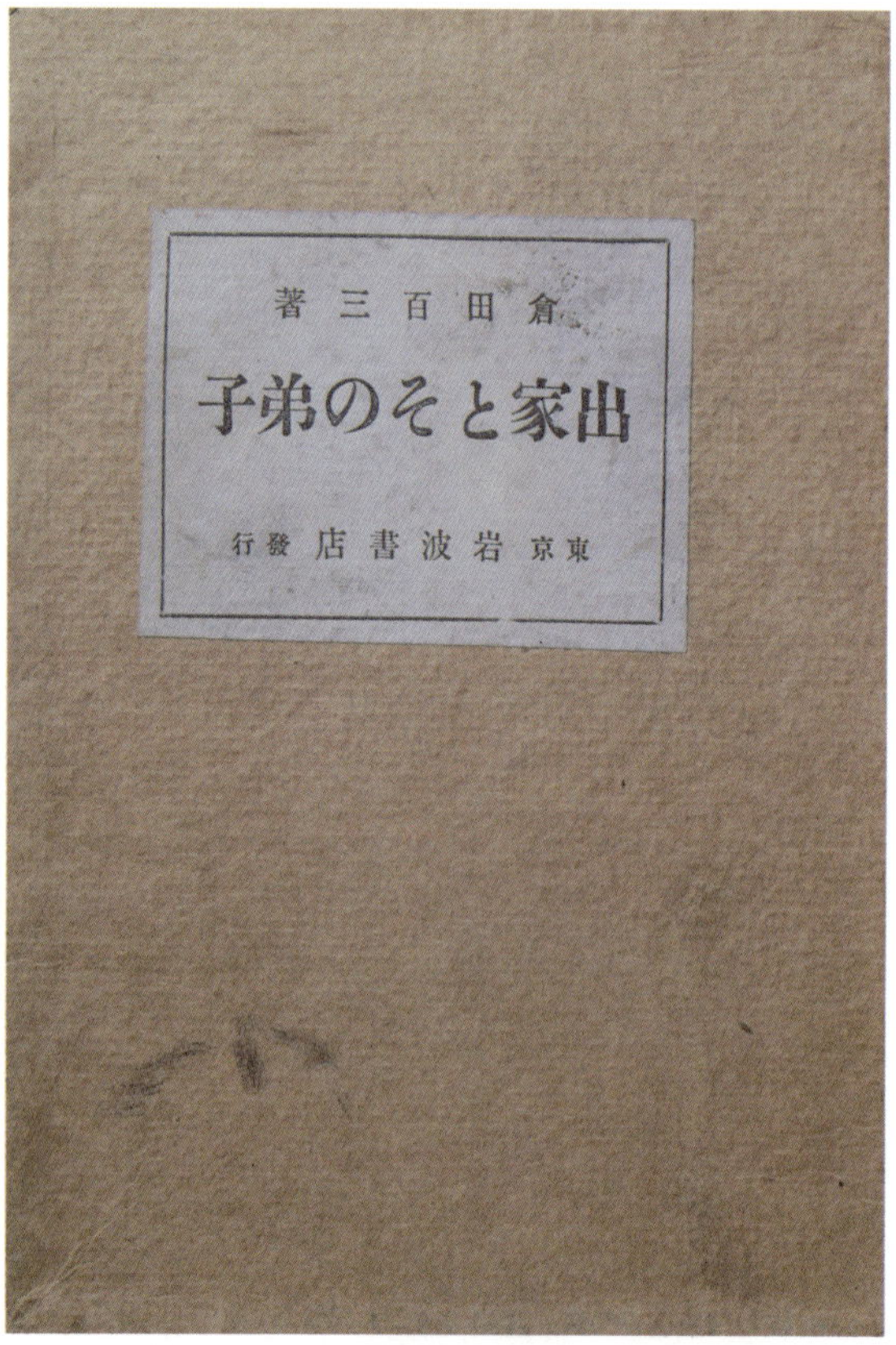

『出家とその弟子』、1917（大正6）年、岩波書店発行、函、日本近代文学館提供

ていることからもわかる。

浄土真宗の枠に収まらない世界観は、倉田の経歴を辿ると理解できる。肺結核によって一高を中退し、療養中に故郷広島でプロテスタント系の宣教団体のアライアンス教会に通った。入信はしていないが、祈り、最後の審判など、本作で説かれる思想は『歎異抄』とは全くの別物だ。

『出家とその弟子』は長く宗教的な解釈が試みられてきたが、当時、世に広く受け入れられたのは、明治末期の大逆事件以降、社会的な閉塞感が募る中で若者の共感を得たからだろう。

亀井勝一郎は文庫版の解説で「文学への愛も、宗教も、共産主義も、デカダンスも、恋愛も、性欲も、ニヒリズムも、およそ青年のひとたびは考えそうな問題の全部が混淆したまま、率直に示されたわけで、こういう青春の文学は他に稀であろう」と青春文学の側面を称賛している。

人間としての親鸞を描く

作品からは、倉田自身が一時入園した宗教団体〈一燈園〉での生活や、また2人の姉の相次ぐ死、実家の没落などの影響がくみ取れる。

実際、『出家とその弟子』での親鸞のモデルは一燈園の創始者の西田天香とも言われている。

「寂しい」と漏らす親鸞など、従来にない親鸞像を打ち出した倉田に対し、仏教学者の高楠順次郎や梅原真隆がその自由な創作姿勢を批判した。

浄土真宗側からも「あまりにも人間化して描いている。キリスト教的にゆがめられた親鸞像だ」との指摘があった。

とはいえ、倉田が宗祖としての親鸞を描かずに、人間としての親鸞を描いたことで、後の吉川英治『親鸞』など宗教文学を生み出すことにつながったことは間違いない。

戦争に突入する前に一瞬のうねりとなった、大正期の個人主義や自由主義の空気を、この作品からは感じ取ることが出来る。

●戯曲家、評論家

倉田百三《くらたひゃくぞう》

1891（明治24）年～1943（昭和18）年

広島県生まれ。1910（明治43）年、旧制第一高等学校に入学。同級に矢内原忠雄や芥川龍之介がいた。首席になるものの、結核で中退。のちカリエスの併発もあって生涯の多くを闘病に過ごした。西田幾多郎の『善の研究』に傾倒、西田天香の一燈園生活も経験する。白樺派との交流が始まり、16（大正5）年から翌年にかけて白樺派の衛星誌『生命の川』に戯曲『出家とその弟子』を連載、17（大正6）年単行本となり大きな反響をよんだ。一躍有名作家となって、大正期宗教文学ブームの先駆をなした。翌年に発足した武者小路実篤の〈新しき村〉にも積極的に関わった。晩年は国家主義に傾き、『祖国への愛と認識』、『日本主義文化宣言』などで大乗的生命主義を説き、ファシズム正当化の理論づけを果たした。書簡集『青春の息の痕』や農本主義青年を主人公とした『浄らかな虹』などの小説もある。

1918
（大正7年）

古寺巡礼

和辻哲郎

古美術鑑賞の必読書

『古寺巡礼』は、１９１８（大正７）年に哲学者・和辻哲郎が29歳の時に奈良の古寺を巡り歩いた旅の印象記である。古寺巡礼の目的を和辻は「美術に対してであって、衆生救済の御仏ではない」と述べている。

奈良の古寺を巡り、古い建築や仏像、絵画を通して、日本人の祖先が東西文化の交流を、いかに受け入れてきたかに思いを巡らした。

飛鳥奈良の建築や美術に向き合い、その印象を情熱をこめて書きとめた。奈良に日本の風土の原点を見出し、建築や仏教美術の造形や様式のなかに、日本人の感性や精神の源流を探《さぐ》ろうと試みた。訪れた古寺や仏像に触れることで、日本人の美意識に和辻は驚嘆し、深い感銘を受ける。

１９１９（大正８）年に本が出版されて今日まで、数多くの人がこの本をバイブルとして奈良を訪れた。観光寺院が発行するパンフレットには『古寺巡礼』から引用された解説も多い。現代でも古美術鑑賞を志す者にとっては必読書になっている。

日本の古美術に
光を当てる

自己発見の書

だが、同書は単なる鑑賞ガイドブックではない。哲学者の熊野純彦は、本書を和辻の心の遍歴記も兼ね備えた「《自己発見》の書」と指摘する。

明治時代後期にはインテリ層の青年に煩悶文化が蔓延。明治国家自体の目標が曖昧になり、教育や職業構造など社会制度が精緻化する中、青年には、かつてのような乱世的立身出世の道が閉ざされ、閉塞感に襲われた。

かつては個人の価値と行動は国家統合という目標に収斂していたが、日露戦争の勝利で近代化の目標を一応達成し、目標を喪失した。明治末期から大正、昭

奈良の風景。

和にかけての激動の時代は、「個人的自我」の萌芽期でもあった。

和辻の業績で注目すべきは「日本精神」を問題の俎上《そじょう》に載せたことだろう。1934（昭和9）年の『日本精神』という論文で、初めて、明治中期の日本民族主義の高揚の意味を問うた。日本人の「国民的自覚」は、なぜ保守主義のイデオロギーになってしまうのかに着眼し、日本人の衝動性を批判した。

著述家の松岡正剛は、和辻が日本人論のひとつの「型」をつくったと指摘する。和辻が本居宣長の「もののあはれ」に触れたことで、九鬼周造は開眼し、「いき」をめぐる仕事にとりかかる気になれたという。

実際、和辻は同時期に『風土』で世界の風土を、モンスーン型・砂漠型・牧場型の三種類に分け、モンスーン型の日本人の受け身で忍従的な性質を浮かび上がらせた。

同書では、風土によってそこに住む人々の性格の違いがうまれるが、風土が性格を決定するわけではなく、人間は風土に影響を受けながらも、それを乗り越えるとしている。モンスーン型の人間も、砂漠型や牧場型の人間の優れた面を取り入れていかなければならないと和辻は指摘した。

この視点は、昨今のナショナリズムとグローバリズムが交錯する世界情勢下では重要な視座だろう。世界が、「内向き」に入りつつある現状を、いかに、開放的に相互交通を維持させていくか。和辻に学ぶことは大きい。

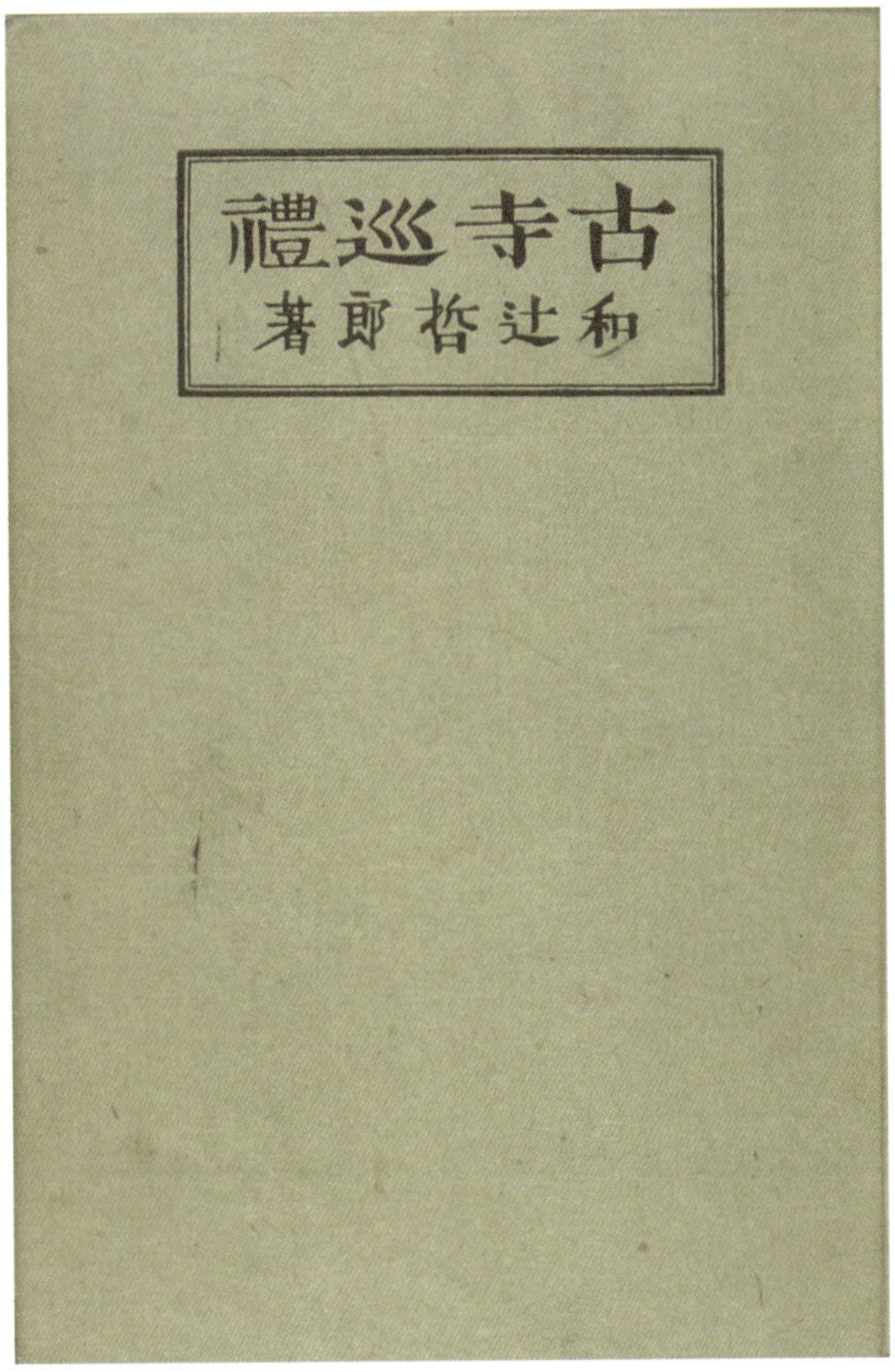

『古寺巡礼』、1919（大正8）年、岩波書店発行、日本近代文学館提供

●哲学者、倫理学者

和辻哲郎

わつじてつろう

1889（明治22）年～1960（昭和35）年

兵庫県生まれ。医師の次男。東京帝大哲学科に在学中に谷崎潤一郎、小山内薫らと第2次〈新思潮〉の同人となる。東洋大、法大の教授を経て、1931（昭和6）年京都帝大教授。34（昭和9）年東京帝大教授。この間、谷川徹三らと『思想』（岩波書店）の編集に参加。初期には『ニイチェ研究』、『ゼエレン・キェルケゴオル』などを発表。日本における実存哲学研究の先駆者となった。日本や中国、インド、西洋の思想史・文化史的研究に優れた業績も残す。ハイデッガー解釈を通して、人と人との関係を重視し、間柄を基礎とする倫理学、すなわち人間の学としての倫理学の体系をも構築した。日本倫理学会初代会長。55（昭和30）年文化勲章。著作に『古寺巡礼』、『風土』、『日本精神史研究』、『倫理学』など。60（昭和35）年、心筋梗塞で71歳で死去。

1919（大正8年）

古事記及び日本書紀の新研究

津田左右吉

時流に抗した古代史研究

リベラルな風潮が生んだ新研究

明治政府の成立から1945（昭和20）年8月15日の終戦までの最大のタブーは、歴代天皇の存在性の否定だっただろう。

「天皇ハ神聖ニシテ犯スヘカラス」が国体イデオロギーであり、天皇の神聖さを犯すものは、政治的主張はもちろん、学問としても許されなかった。

一石を投じたのが、早稲田大学で教鞭を執っていた津田左右吉。東洋史、東洋哲学を教える傍ら、1919（大正8）年に『古事記及び日本書紀の新研究（以下新研究）』を発表。1920（大正9）年に早稲田大学教授となり、1924（大正13）年には『神代史の研究』を著した。

『古事記』や『日本書紀』を科学的に研究、分析して批判を加えた。記紀の神話はフィクションで、津田に言わせれば「机上の製作」であり、史実を反映していないと指摘した。

天皇制イデオロギーが強い時代、津田のこうした主張が生まれる背景には大正デモクラシーのリベラルな風潮があった。

『新研究』が発刊される一年前の1918（大正7）年には米騒動が全国で起きた。大衆が自ら国家の意思から離れ、自律性を持ち始めていた。同年には作家の武者小路実篤が宮崎県に〈新しき村〉を建設。実篤の空想的楽観主義から生じたこの一種のコミューンからは、大正の自由な時代精神をよみとることができる。

軍国主義の台頭の中で

実際、津田の『新研究』が問題になるのは刊行直後でなく、20年後の1939（昭和14）年。国粋主義者や大アジア主義が台頭し、右翼思想家で〈原理日本社〉を主宰する蓑田胸喜らに不敬罪で告発されたからである。

これを受け、政府は1940（昭和15）年2月に津田の『古事記及び日本書紀の新研究』、『神代史の研究』、『日本上代史研究』、『上代日本の社会及思想』の4冊を発売禁止にする。津田は大学教授を辞職させられ、出版元の岩波書店社長の岩波茂雄とともに出版法違反で起訴された。

問題視されたのは、津田が日本の神話が、天皇による支配を正当化するために創られ、初代の神武天皇から14代の仲哀天皇までの天皇は実在しないと主張していた点である。

天皇の存在性に疑いをかけたことで、簑田ら国粋主義者から「大逆思想」とのレッテルを貼られたが、『新研究』では津田は万世一系や皇統の連綿性に疑問を投げかけたわけではない。あくまでも、記紀に客観的事実はよみとれず、歴史ではなく物語と指摘したに過ぎない。

「物語」と指摘しながら、史実の捏造《ねつぞう》を糾弾するような方向に論をすすめてはいなかったのだ。「物語は歴史よりも却《かえ》ってよく国民の思想を語るものである」として、皇室を民族的結合の要《かなめ》においていた。

実際、津田は時流に抗《あらが》い、実証的方法で記紀の批判的研究を発表したが、戦前から戦後まで一貫して皇室擁護論者であった。神話を否定する「津田史観」は戦後に歴史学の主流となった。

1946（昭和21）年に雑誌『世界』に論文『建国の事情と万世一系の思想』を発表。「天皇制は時勢に応じて変化しており、民主主義と天皇制は矛盾しない」と記した。

変節したとの批判もあったが、変わったのは周囲であり、津田の天皇制維持の姿勢は生涯ぶれることはなかった。

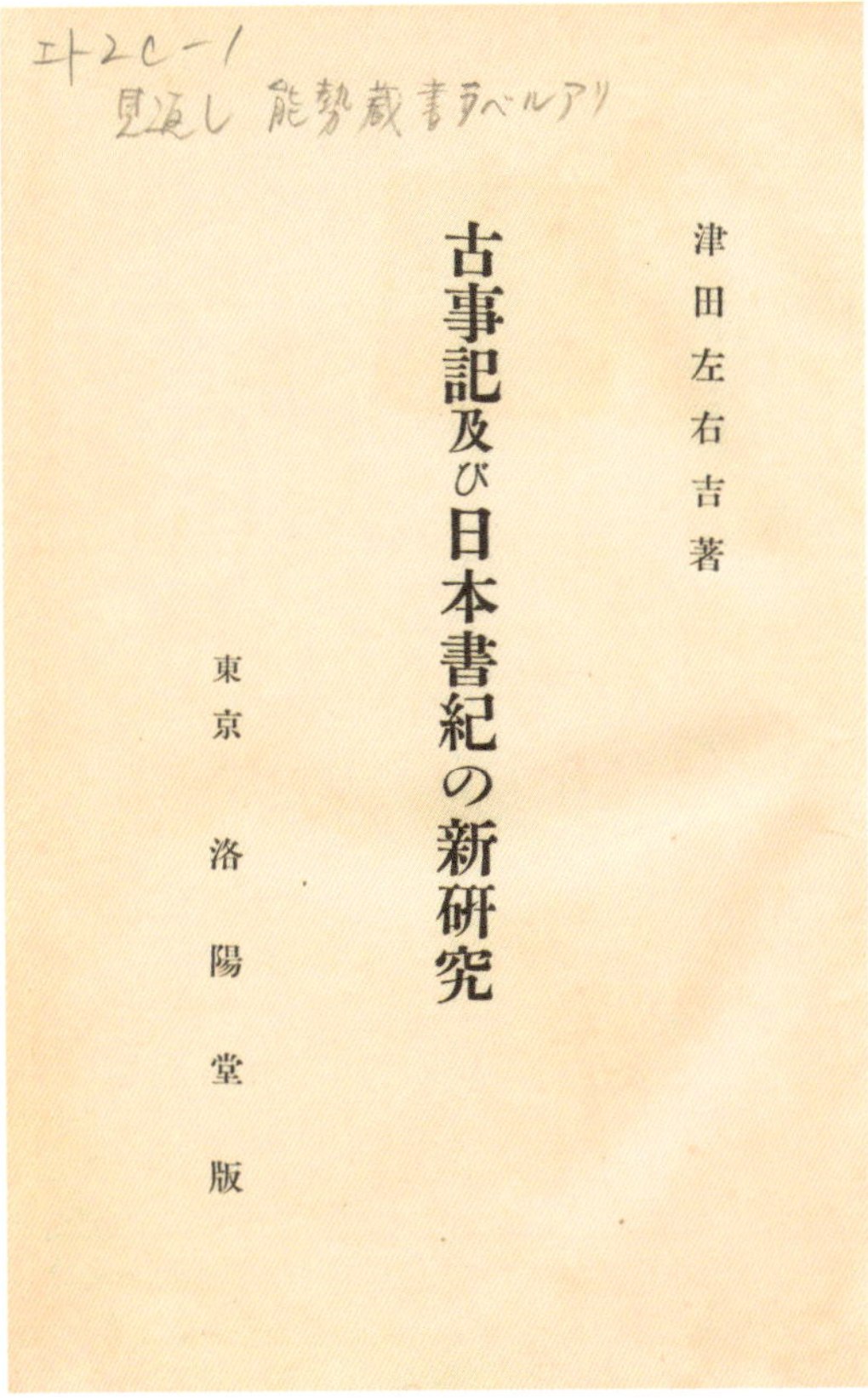

津田左右吉著
古事記及び日本書紀の新研究
東京 洛陽堂版

『古事記及び日本書紀の新研究 5版』、1920（大正9）年、洛陽堂発行、扉、国立国会図書館ウェブサイトから転載

●歴史学者、思想家
津田左右吉 つだそうきち
1873（明治6）年〜1961（昭和36）年

岐阜県生まれ。東京専門学校（現早稲田大学）の講義録で独学し、1890（明治23）年に上京して同校の政治学科に編入。中学教員を務めながら、東京帝大教授の白鳥庫吉の指導を受ける。1908（明治41）年に白鳥の開設した満鮮歴史地理調査室研究員となり、『朝鮮歴史地理』を編纂。18（大正7）年から早稲田大学講師、教授。文献批判に基づき、記紀の神話が客観的史実でないことを論証し、日本古代史分野での科学的研究を開拓した。のちに、この上代研究が右翼思想家から告発され、40（昭和15）年に『神代史の研究』など代表著作4点が発禁。ついで出版法違反で起訴され、早大教授を辞職した。中国の古代史、思想史研究など多方面にわたる巨大な業績がある。49（昭和24）年文化勲章、60（昭和35）年朝日文化賞を受賞。全著作は『津田左右吉全集』全33巻に収められている。

1919（大正8年）

地上
島田清次郎

忘れられた文学青年のカリスマ

時代の寵児となった作家

無名の20歳の青年の処女作が一夜明けると、空前のベストセラーになる。文学好きの少年少女ならば夢想してしまう出来事が１９１９（大正８）年に起きた。のちに「島清」の愛称で知られることになる島田清次郎が一躍、時代の寵児になった。

島田が書き上げた『地上』は貧しい青年の恋と野心を描き、新潮社から出版されるや大ベストセラーになった。

年一冊のペースで第四部まで続き、売り上げはシリーズ合計で50万部とも１００万部ともいわれた。「新潮社のビルを建てた」とも伝えられる。

無名の島田は原稿を持って評論家の生田長江のもとを20回近く訪れた。根負けして目を通した長江が絶賛し、出版社を紹介したことが世に出る契機になった。評論家のみならず、思想家の徳富蘇峰や作家の芥川龍之介などが好意的に評価した。

文壇以上に『地上』は、地方の旧制中学の青年や女性の心をわしづかみにした。青年が苦境の中でも大志を抱き、夢をかちとる姿に自己を重ね合わせたのだ。

島田は天才を自称し、文壇の先輩でも全て「君」付けで呼ぶなどの不遜な態度が目立ち、敵が多かった。自身の傲慢さに加え、二作目以降は大げさな文体や物語の破綻も多く、文壇での評価は急落していったが、売れ行きは落ちなかった。

転落のきっかけになったのがファンレターをよこした海軍少将令嬢を誘拐したとして、起訴された事件だ。結果的に、告訴は取り下げられたが、文壇で島田を擁護していた生田長江や佐藤春夫も距離を置くようになる。

文壇と離れたところで島田を支持していた大衆たちも、小説の主人公が明らかに島田自身をモデルにしていたこともあり、人気が凋落する。出版社からの原稿依頼も途絶える。

欧米旅行などに印税を使い果たして貧苦にあえいでいた島田はその後、吉野作造や菊池寛など少しでも面識のある知人の家に押しかけ、宿泊を要求する日々を送るようになる。

だが、島田の傲岸不遜な言動と肥大した自己愛は変わらずじまいであった。愛想を尽かされ、宿探しに人力車で巣鴨を通行中、検問で血の付いた衣服を不審に思われ、保護された。

精神病と診断され、その後、31歳で肺結核により死去するまでの6年間、保養院での日々を送ることになる。

時代精神との共鳴

『地上』が世に出た1919（大正8）年6月は第一次世界大戦が終結。パリ郊外のベルサイユ宮殿でドイツと連合国の間にベルサイユ条約が調印された。

帝国主義路線を走り始めた日本は植民地の監視体制を強化するため、関東軍を設置した。

一方、国内では労働運動が激しさを増し、神戸の川崎造船所での労働者のサボタージュ、足尾、釜石、日立などの鉱山で争議が続いた。普通選挙を要求する集会やデモが頻繁に起きていた。

『地上』の夢や大志を壮大に語るストーリーには大正ならではの自我拡張精神をくみ取ることができる。

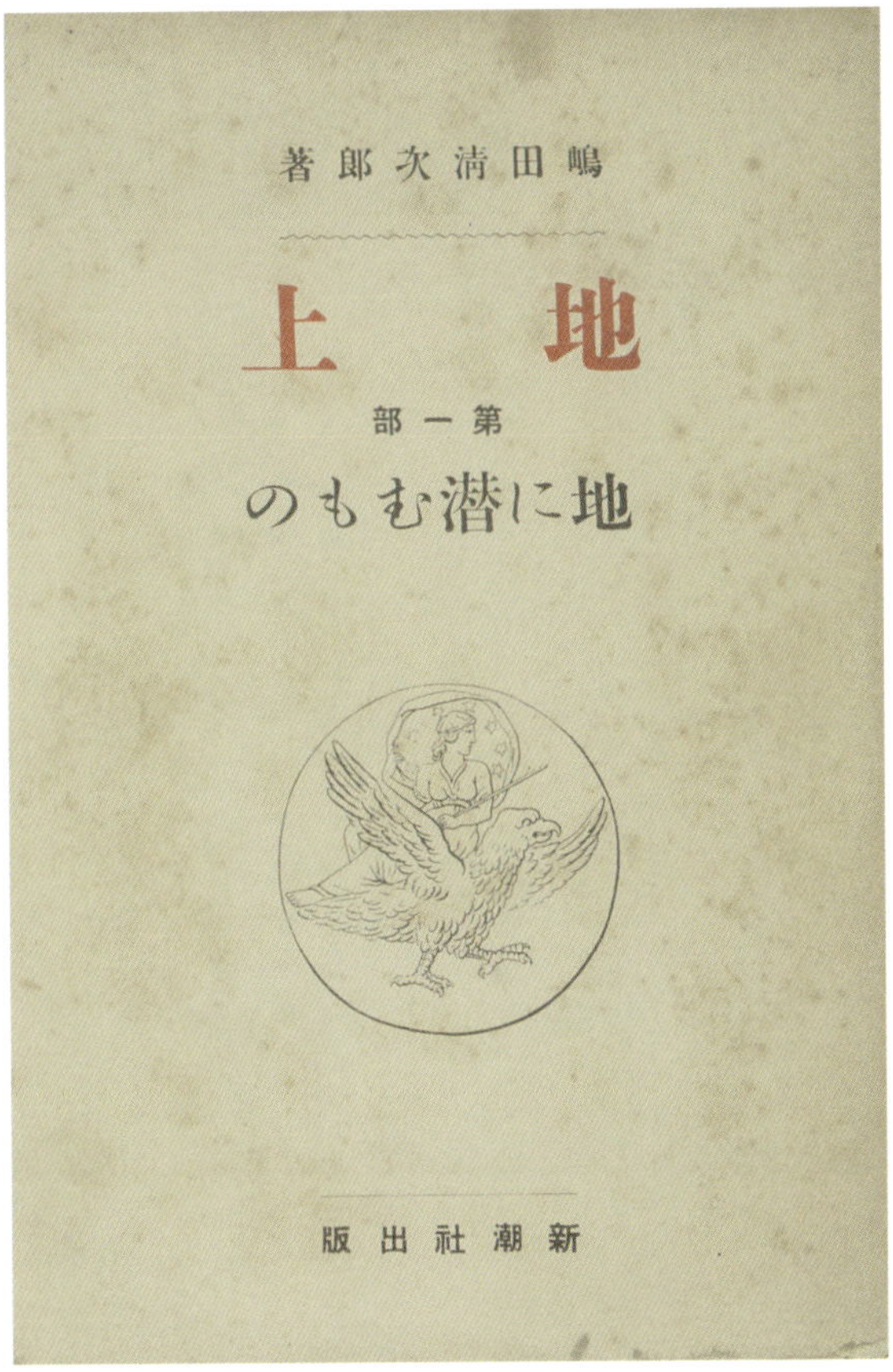

『地上 第1部』、1919（大正8）年、新潮社発行、日本近代文学館提供

島田が文壇から異端視されても、人々に熱烈に支持された背景には、作品が大正デモクラシーの中で大衆を鼓舞する力を秘めていたからであろう。

島田については、作家の杉森久英が彼を描いた『天才と狂人の間』で1962（昭和37）年に直木賞を受賞したが、今、島田の文学はほとんど忘れられている。

◉作家

島田清次郎《しまだ せいじろう》

1899（明治32）年～1930（昭和5）年

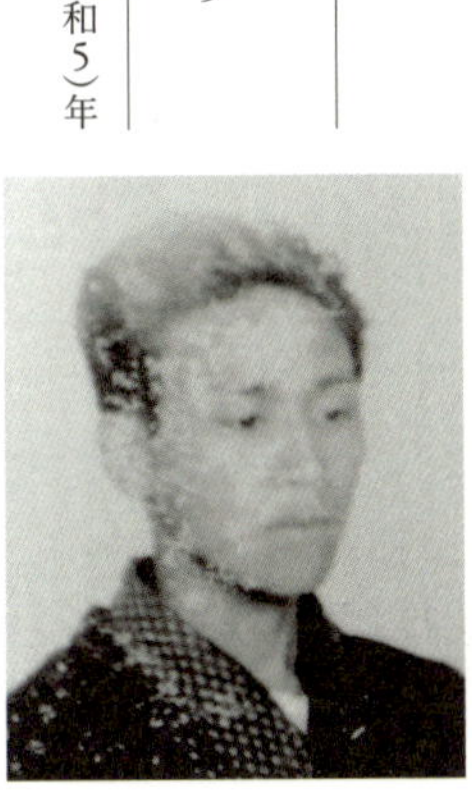

石川県生まれ。回漕業を営んでいた生家の没落により金沢へ移り、県立金沢二中、明治学院普通部を転々とした後、県立金沢商業を中退。1919（大正8）年自伝的小説『地上』第1部を生田長江の推薦で新潮社から出版。徳富蘇峰、堺利彦らに激賞される。ベストセラーとなり、一躍流行作家となった。貧しい青年の野望が世の不正、悪徳を小気味よく弾劾していく物語で若い世代の共感を呼んだが、名声が高まるにつれて、作者自身の実生活での傲慢な言動が、周囲の反感を買い、次第に支持者を失う。その後、第2部、第3部、第4部が出版されたが、その内容は巻を追って低下し、名声も地に落ちた。1922（大正11）年の欧州旅行後には奇矯な言動が目立ち始め、精神科病院で療養中に没した。『地上』のほかに、短編集『大望』や評論集『勝利を前にして』がある。

1923
（大正12年）

文藝春秋

文壇の寵児が創刊した「国民雑誌」

あらゆる階級に向けて

作家の菊池寛は１９２３（大正12）年、関東大震災直後に雑誌『中央公論』に震災の雑感を寄せた。

文芸ということが、生存死亡の境に於いては、骨董書画などと同じように、無用の贅沢品であることを、マザマザと知った。

同年1月、菊池は雑誌『文藝春秋』を創刊したばかり。同誌9月号も製本中に灰と化した。

再刊した11月号で、

娯楽本位の通俗的な文芸が流行するだろう。読者は、深刻な現実を逃れんとして娯楽本位的な文芸に走しるだろう

と菊池は予想した。

文芸を一部の高尚のものでなく自由に広く、難しいことをわかりやすくする。

まさに菊池が文藝春秋で実現した世界である。想定した読者は政治家から女学生までの「あらゆる階級」であった。

創刊号では

私は頼まれて物を云うことに飽いた。自分で、考えていることを、読者や編集者に気兼なしに、自由な心持で云ってみたい

と宣言した。

看板の巻頭随筆は創刊当初、菊池の親友の芥川龍之介が手がけた。

警句集『侏儒の言葉』の連載だった。

戦後は司馬遼太郎や、阿川弘之らが手がけた。

総合雑誌の代表

日本の総合雑誌の歴史をたどると、明治時代に『中央公論』が生まれた。大正から昭和初期にかけて『中央公

関東大震災時の東京駅前の様子。

論』や『改造』がけん引し、戦後は1960年代までは『中央公論』、『世界』が大きな影響力を持った。

いずれも、学者などアカデミズムの人材を多用し、イデオロギー論争を展開、啓蒙的な役割を果たしたものの1980年代末に冷戦が終わり、存在意義を失った。

実際、日本雑誌協会の調べでは、2016（平成28）年7〜9月期の『文藝春秋』の平均発行部数は46万8667部で、『中央公論』のほうは2万7833部にとどまる。

最盛期には100万部を突破し、「国民雑誌」と呼ばれた『文藝春秋』の誌面をつくる姿勢は創刊90年以上経った今も不変である。そこに、苦戦する総合雑誌の中で一人勝ちの理由が見える。

1974（昭和49）年、立花隆の『田中角栄研究』で時の首相の田中角栄を失脚に追い込んだことで、ジャーナリスティック色が強い印象があるが、テーマは政治、経済、歴史、芸能など多岐にわたる。

菊池が「六分の慰楽、四分の学芸」と語ったように、雑誌名の文藝春秋には「文藝」も「春秋」（時事ネタ）も包みこむという意味が込められていた。文藝春秋の編集者が自ら風呂敷雑誌と呼ぶ所以だ。

メディアの多様化や活字離れが進む中でも「自由主義、常識主義、現場主義」を掲げ続け、アカデミックではない一般読者を想定して、理想より

菊池寛。

現実を重視した。

内容も主記事だけでなく、グラビア、座談会、手記、コラムなど面白く読ませる誌面作りをこころがけた。

歴代の編集者にも、昭和初期にエノケン（榎本健一）と並び喜劇の黄金時代を築くロッパ（古川緑波）や、作家の永井龍男など多彩な顔ぶれが並ぶ。

現在、最終頁に掲載される人気コラム「社中記」は平社員から社長までの個性が虚実入り交じりながら紹介されており、創刊時に菊池が掲げた自由で遊び心にあふれた精神をくみとることができる。

（菊池寛略歴は284ページ）

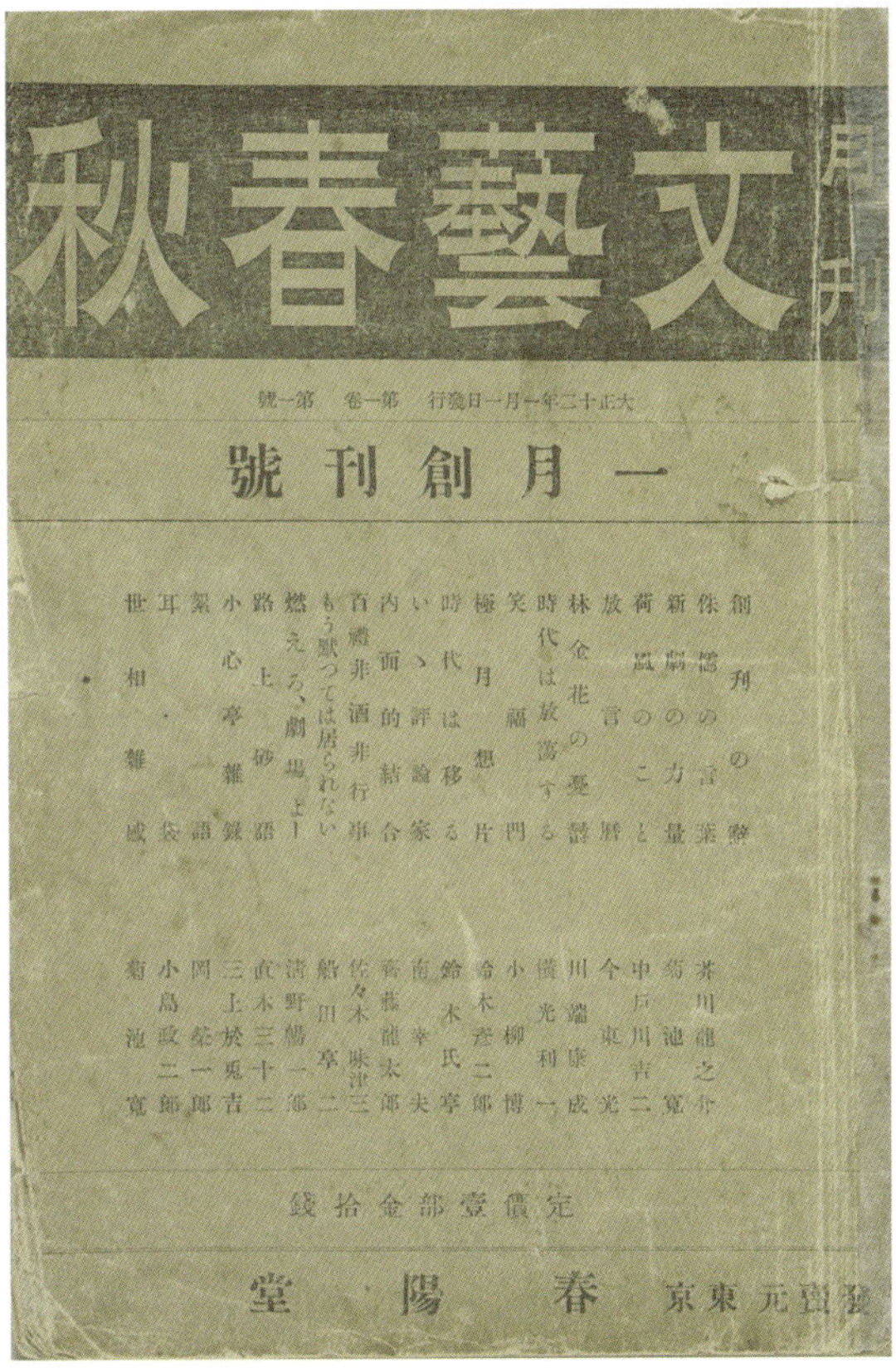

『文藝春秋 創刊号』、1923（大正12）年、文藝春秋発行、日本近代文学館提供

1924（大正13年）

春と修羅
宮沢賢治

早すぎた詩人の悲しみ

生前唯一の詩集

２０１６（平成28）年に生誕１２０周年を迎えた宮沢賢治。『注文の多い料理店』、『風の又三郎』などの童話は大人から子どもまで広く知られる。

１９２４（大正13）年４月、賢治初の刊行物で生前唯一の詩集となった『春と修羅』が関根書店から自費出版として８００部刷られた。

ダダイストの辻潤が『読売新聞』紙上で、詩人の佐藤惣之助氏が雑誌『日本詩人』で評価するが、売れ行きは芳《かんば》しくなく、１００部程度だった。

賢治は翌年の12月に岩波書店の岩波茂雄に手紙を書き、売れ残った『春と修羅』と岩波書店の哲学や心理学の本との交換を申し出たという（岩波からの返事はなかったという）。

『春と修羅』の売れ行きからも想像できるように、賢治は職業文士とは程遠い生活を送った。

人造宝石の製造販売業を計画したり、農学校の教師になったり。最後の職業は東北砕石工場の技師で、石灰肥料の宣伝販売を担当していた。

現在の国民的とも言える人気からは想像しづらいが、原稿で得た金は、生涯で五円だけだった。

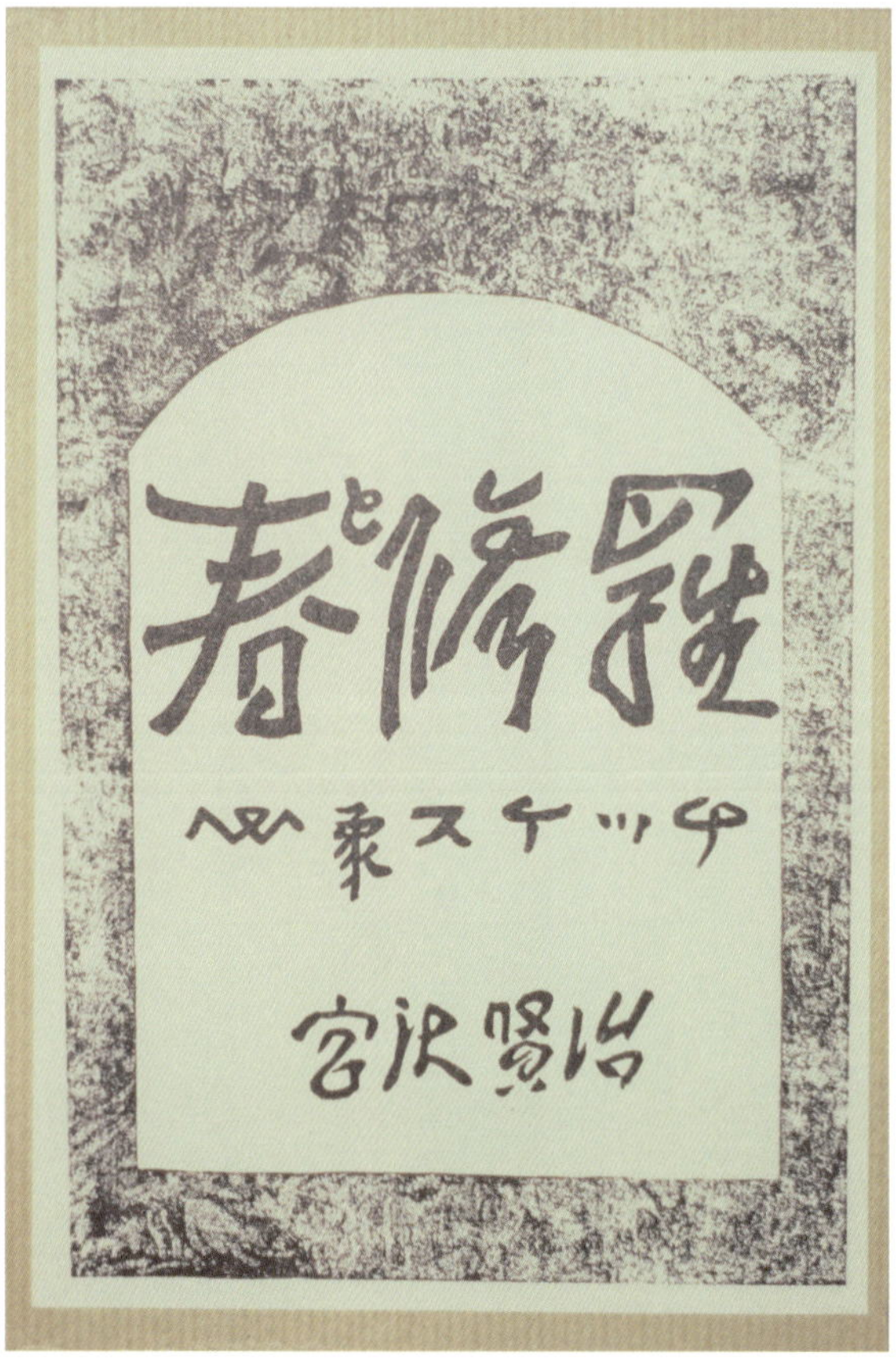

『春と修羅』、1924（大正13）年、関根書店発行、函、日本近代文学館提供

賢治の先鋭性

賢治はなぜ生前に評価されなかったのか。評論家の小森陽一は、『いま、宮沢賢治を読みなおす』（かわさき市民アカデミー講座ブックレット）の中で、『春と修羅』の冒頭「わたくしといふ現象は仮定された有機交流電燈のひとつの青い照明です」を引用して、受け入れられなかった理由として賢治の先鋭性を挙げている。

小森は、どんなに突き詰めて問題を考えていた哲学者でも、１９２０年代前半に「わたくし」を現象だと言う人はいなかったのではと指摘する。

当時は、「わたくし」と言えば、それは「わたくしという存在」のような存在論だったという。一方、賢治は「存在」としての「わたくし」ではなく、電灯のように明滅する「現象」の残像としての「わたくし」を宣言した。

私という存在は確固たるものでなく、現象に過ぎないと主張したのだ。

『春と修羅』の刊行時は日本を取り巻く環境も激変した。第一次世界大戦後のナショナリズム、マルクス主義など新しい思想が流入した時期に当たる。明治期の教養主義の洗礼を受けた賢治が、知的な営みを相対化していくのもこうした時代の空気が大きく関係していただろう。

賢治自身の短い人生の中でも大きな転換を迎える時期だった。妹トシの死を乗り越え、入信していた日蓮主義の信仰団体〈国柱会〉への一時の心酔からも覚め、童話や詩の創作で新たな地平を開こうとしていた。

生前は評価を受けなかった賢治だが、没後の１９３４（昭和９）年に詩人の草野心平が『宮沢賢治追悼』を発表し、花巻の無名詩人の名前が知れ渡るようになる。

同年に文圃堂から最初の『宮沢賢治全集』が刊行された。昭和10年代には『風の又三郎』が映画化され、注目を集める。その後は多くの絵本作家が絵画化し、再創造作品が世に出ることになる。草野のほか高村光太郎などの尽力もあり、今も絶大な人気を誇っている。

●詩人、童話作家

宮沢賢治 みやざわけんじ

１８９６（明治29）年～１９３３（昭和8）年

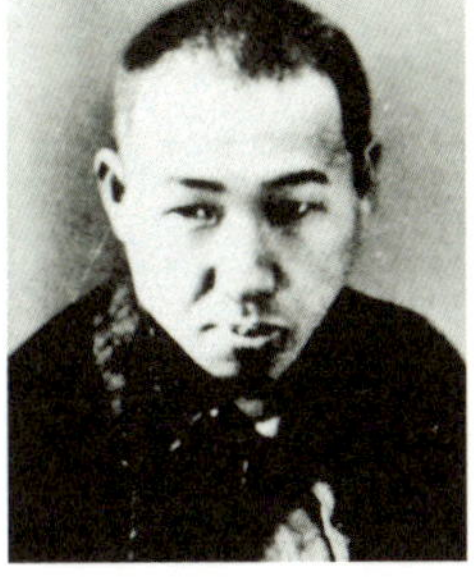

岩手県生まれ。質古着商の長男として生まれ、浄土真宗の濃密な信仰の中で育つ。幼少年時から鉱物採集などに熱中した。盛岡中学2年のころから短歌を制作。１９１４（大正3）年中学卒業。この年、島地大等編『漢和対照妙法蓮華経』を読んで感動し、熱烈な法華信者となる。21（大正10）年、稗貫農学校の教諭となる。以後4年あまり、教壇に立つ。この間、口語詩の創作を開始、地元の新聞や同人誌に詩や童話を発表し始める。24（大正13）年に詩集『春と修羅』、童話集『注文の多い料理店』を自費で出版した。辻潤、佐藤惣之助らに激賞されたが、一般にはほとんど知られなかった。26（昭和元）年、岩手県花巻市郊外で開墾自炊生活に入り、〈羅須地人協会〉を設立して農民指導に献身した。死後、草野心平らの尽力で評価が高まり、国民的作家になる。作品はほかに『銀河鉄道の夜』、『風の又三郎』など。

1925（大正14）

女工哀史

細井和喜蔵

近代化に圧し潰された女子労働者の実態

女工の実態を伝える記録文学

朝四時に起き、朝食前に2時間あまり仕事を致します。（中略）夜は点灯後暫時にて夜業致します。

これは、1903（明治36）年に農商務省商工局がまとめた「職工事情」という調査報告書に掲載された、製紙工場で働く12歳の少女の証言だ。

当時、製紙工場で働くのは10代の女性が大半だった。労働時間は15時間を超え、夜勤も当然。宿舎は大部屋で一人一畳分、畳ではなく筵《むしろ》で寝る場合もあったという。

こうした過酷な労働を是正しようと、1916（大正5）年、女性と15歳未満を対象に、労働時間に制限をかけ深夜労働も禁じる「工場法」が施行された。

長時間労働を改善しようとした最初の法律の施行だったが、1日12時間を超える就業の禁止など内容は緩く、深夜勤務についても交代制を採るならば、その後15年間認められた。

労働者出身で、自らも紡績工場で働いていた経験を持つ細井和喜蔵は1925（大正14）年に『女工哀史』を著した。工場法が制定されたものの、その内容の甘さから過酷な労働が続いた実態を白日の下に晒した。

労働条件は依然として劣悪だった。「凡《およ》そ紡績工場くらい長時間労働を強いる処はない。大体に於《お》いては十二時間労働が原則となって居る」。

休憩時間も9時、12時、15時に15～20分程度設けられてはいたが、一般女工の場合、機械の運転を一時的に止めても「台の掃除とか次の段取りとかで十五分や二十分は忽《たちま》ち潰れて」しまい、「殆《ほとん》ど休憩が無いも同様」となっていた。

食事も極めて質素で、ある工場の一日の献立は、朝「大根汁、沢庵」、昼と夜中「油味噌、沢庵」、夕方「ヒジキ、沢庵」だったという。また、ある工場では、漬け物も煮たものも、ごっちゃくたにしてひとつの皿にもるため、「不味《まず》いといふ以上まずい」状況だった。

現代まで続く労働問題

細井はこうした環境下に置かれた彼女たちの肉体が、いかにむしばまれたかにも目を向ける。寄宿女工1000人の内、年13人が死亡していた。

ただ、これは在籍時の死亡者数で、結核などを発病後に解雇、退職した者は含まれていない。「石原（修）博士の算定によれば、かうした発病帰郷後の死亡者が女工千人につき十人あるといふ」。つまり、女工の死亡率は1000人につき23人の高確率ということになる。

細井は巻末で「女工問題こそは社会、労働、人道上あらゆる解放問題の最も先頭に、中心に置いて考へられねばならぬ凡ての条件を具備して居る」と記しているが、彼が突きつけた課題は現在も横たわったままだ。

現在の「労働基準法」は働く人の1日の労働時間を8時間までと定めるが、現実的には残業を青天井に延ばせる。

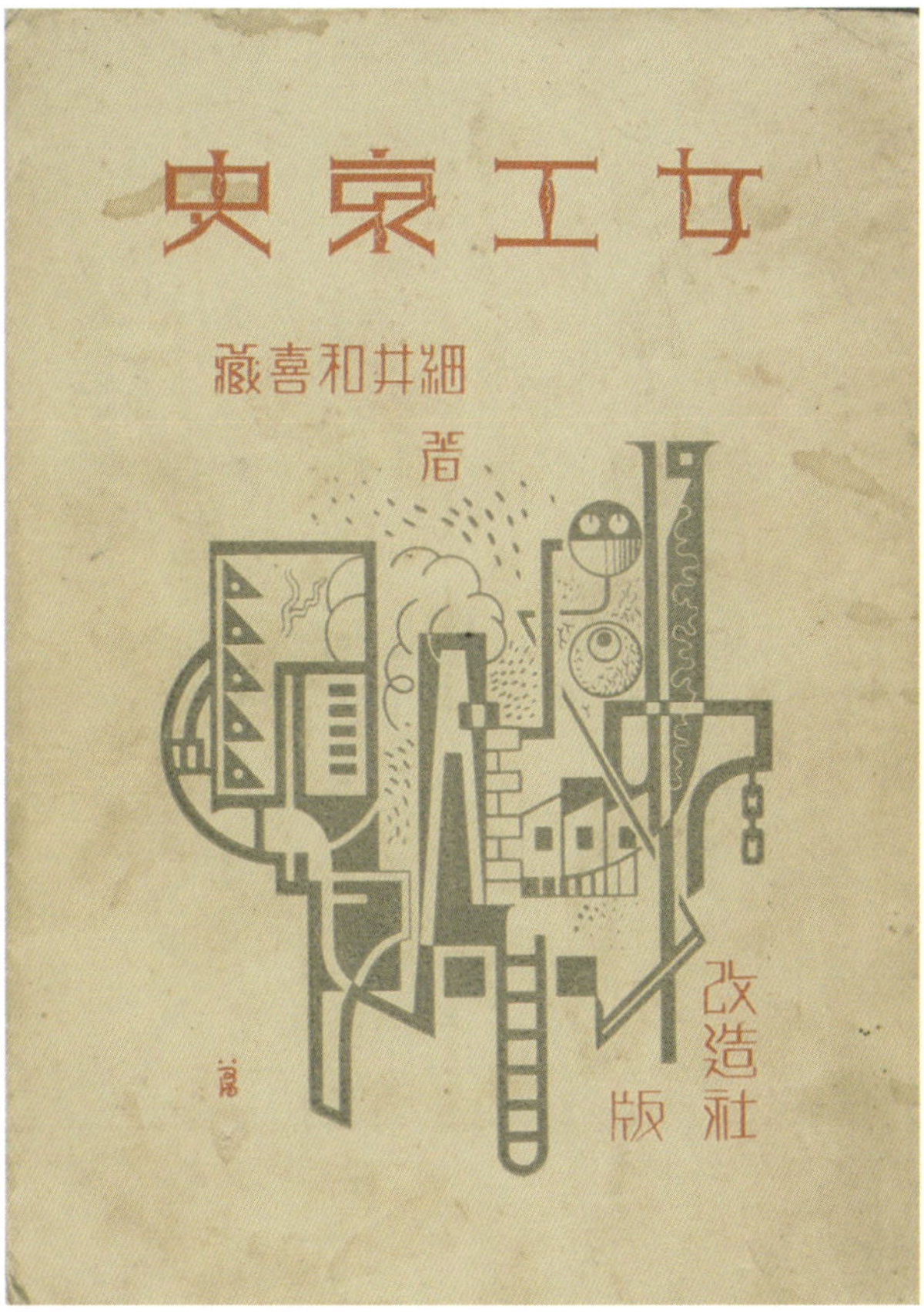

『女工哀史』、1925（大正14）年、改造社発行、日本近代文学館提供

過重労働に伴う鬱病や過労死が社会問題になっている。

大正時代に工場法が形骸化したのは、富国強兵の旗印のもとに、近代化を下支えする企業が労働時間規制に強く反対したためだ。

100年経った今、労働人口の減少、経済の低成長など我々を取り巻く環境は激変し、働き方の改革は急務になっている。

歴史を振り返り、実効策を打たねばならない時を迎えている。

●作家

細井和喜蔵《ほそいわきぞう》

1897（明治30）年〜1925（大正14）年

京都生まれ。父は婿養子で、和喜蔵の出生前に離縁。母は和喜蔵が6歳の時に自殺。祖母に育てられたが、祖母の死後に尋常小学校を5年で中退。油さし工などをして働き、1916（大正5）年大阪へ出る。鐘紡などの紡績工場で働きながら、紡績学校に通い、20（大正9）年に上京。東京モスリン紡績亀戸工場に入り、労働運動に参加する。組合幹部との対立などから退職。同工場で知り合い結婚した堀としをに生計を支えられながら、プロレタリア文学の創作に着手、『種蒔く人』などに発表した。23（大正12）年9月に妻と自身の体験にもとづく記録文学『女工哀史』を執筆中、関東大震災に遭い、兵庫県に逃れる。翌年に上京し、その一部を『改造』に発表。25（大正14）年7月に改造社から出版するが、その直後の8月18日に28歳で死去した。のち自伝的小説『工場』、『奴隷』が刊行された。

1926（大正15年）

海に生くる人々

葉山嘉樹

経験から書かれた日本プロレタリア文学の傑作

名作を生んだ過酷な労働

プロレタリア文学といえば『蟹工船』の小林多喜二が有名だが、小林に影響を与えたのが9歳年上の葉山嘉樹だ。葉山の作品を読んだ小林は日記に読後の衝撃をこう記している。

葉山嘉樹氏の単行本『淫売婦』を借りて読む。自分にとっては少なくとも記念すべき出来事である。（中略）どんな意味に於ても、自分にはグアン！と来た。言葉通りグアンと来た。

『淫売婦』に並ぶ葉山の代表作の『海に生くる人々』は1926（大正15）年10月に改造社から刊行された。

彼が作品を書いたのは出版の約3年前。名古屋の千種刑務所の中だった。第一次共産党事件で検挙され2年間入獄。筆、墨、紙の使用が許可されたため、検閲を受けながら執筆した。

第一次大戦で海運業が莫大な利益を上げていた時代に、下級船員や港湾労働者の過酷な労働実態を躍動的な文体で描くことで資本主義の非情さを浮き彫りにした。

生命のあらゆる危難の前に裸体となって、地下数千尺で掘られた石炭は、数万の炭坑労働者を踏み台にして地上に上がって来た。そして、今、海上では同じく生命の赤裸々な危険に、その全身を船体と共に暴露しつつある、船員の労働によって運送されるのであった。

室蘭と横浜を往復する石炭運搬船の万寿丸が横浜に向かう途中に暴風雪に襲われる。17歳の水夫見習いが大怪我を負うが、船長は怪我の手当を認めない。船上で危険な作業にあえぎ、抑圧された水夫達は船長の冷酷さに憤り、労働者の権利に目覚め、待遇改善に立ち上がる。

作品の下地になったのが葉山自身の経験だ。早大を中退後に海上労働の群れに身を投じ、作品の舞台になる室蘭～横浜航路の石炭船「万字丸」に1916（大正

全国で貨物船が活況を呈していた（大阪築港桟橋）。

５）年に乗船した。便所掃除など担当の下級船員だったという。葉山は当時を「船長が恐ろしく権柄《けんぺい》づくな奴だったので、労働は苦痛を極めた」と自作年譜で振り返っている。

多喜二への強い影響

同書はプロレタリア文学の記念碑的名作と位置づけられ、小林多喜二も「葉山の『海に生くる人々』一巻は僕にとって剣を擬した『コーラン』だった」と記している。

二人はお互いに意識し合い、プロレタリア文学の双璧と目されたが、生前に会うことは一度もなかった。広義ではプロレタリア文学活動と一括りにされるが、活動は幾度も内部分裂を繰り返しており、穏健な「文芸戦線派」の葉山と非合法活動もいとわない「戦旗派」の小林では政治的立場は大きく異なった。

１９３１（昭和６）年の満州事変以降、戦時体制の進行で政府のプロレタリア文学者への弾圧も強まる。１９３３（昭和８）年に小林は特高警察の拷問で虐殺された。

葉山も特高に目をつけられ、自由な作品が発表できず、生活が困難になっていく。30年代に転向し、１９３４（昭和９）年に木曽地方に移住、翼賛的な文章を書くようになる。21世紀に入り、格差社会や無縁社会などの問題が噴出する中、葉山は小林とともに再び脚光を浴びる。２０１６（平成28）年には『淫売婦』が映画化された。

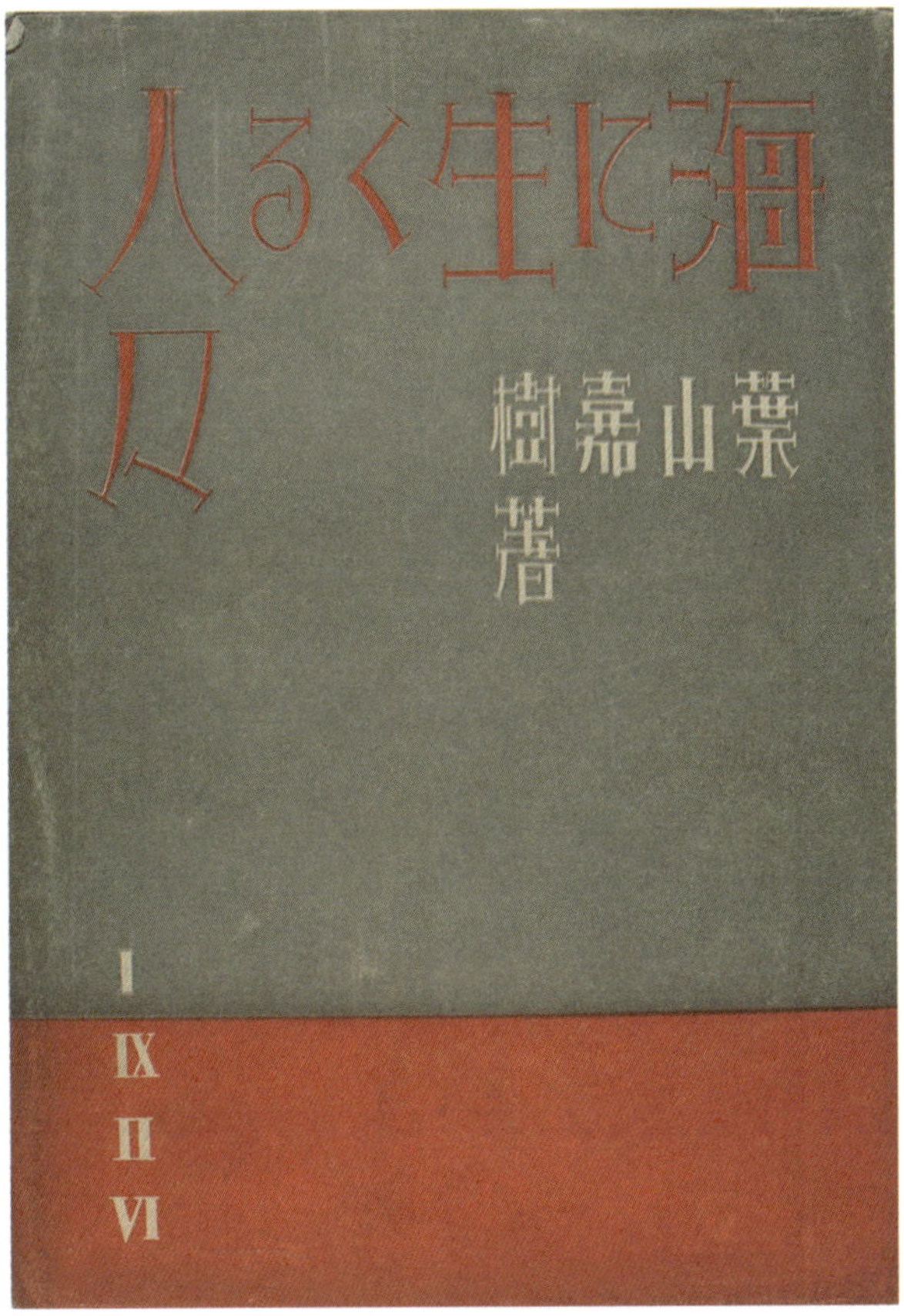

『海に生くる人々』、1926（大正15）年、改造社発行、日本近代文学館提供

●作家

葉山嘉樹

はやまよしき

１８９４（明治27）年～１９４５（昭和20）年

福岡県生まれ。早大中退後、海上労働者になり１９１６（大正５）年、室蘭～横浜航路の石炭船に乗船。下級船員や港湾労働者の過酷な労働実態を知った体験がプロレタリア文学の記念碑的な名作『海に生くる人々』を生む。名古屋でストの企てから治安警察法違反で入獄後、岐阜の山村のダム工事現場などで働いた。廃屋同然のダム工事の飯場で傑作『セメント樽の中の手紙』を書くなど、反権力への情熱に燃えた。入獄中に妻は家出、二児は死亡（餓死したといわれる）し、悲嘆の中で筆をとった。雑誌『文芸戦線』同人や労働運動の指導者としても活動した。戦時体制の進行とともに東京では自由な発表ができなくなり生活苦で34（昭和９）年、木曽地方に移住。45（昭和20）年６月、旧満州開拓団員として中国大陸に渡るも日本の敗戦で帰国。同10月、引き揚げ列車の中で脳溢血で病没した。

活版印刷

活字を組み合わせて ページを作る

活版印刷は「活字」を使って印刷するものである。

活字印刷の歴史は古く、11世紀に中国で行なわれていたと言われている。13世紀に日本にも伝わったと言われるが、その技術が導入され、盛んになるのは江戸時代後期になってからである。

その活字とはどんなものかというと、普通のハンコのようなものと考えるとわかりやすい。

縦に長い立方体の台の上側に、反転した1つの文字が付いている。長方形の台の底辺の大きさによって、上の文字の大きさが決まる。

これが1本の活字で、1文字を表す。

この活字がどのように作られるかというと、まず、活字の母型（金型）が必要になる。母型とは、硬い金属に文字を彫り込んだもの。その母型に溶けた鉛の合金（地金）を流し込むと、反転した文字の付いた活字ができる。

この母型は、平仮名、カタカナ、数字、すべての漢字、英文、句読点、記号など、膨大な数が必要になる。

さらに、文字の大きさごとに、それらをすべて揃えなければならない。

活字鋳造機に1字の母型をセットして、溶けた地金を注入すると、同じ文字の活字が自動的に作られる。それを繰り返して、すべての文字を揃える。

ここからが、印刷工程になる。

印刷所では、「文選工」が原稿を見ながら1字ずつ活字を箱に集める。

集められた活字を使って「植字工」がページを作っていく。活字を並べて行を作る。このとき、句読点や数字・記号が加えられる。

1行が終わると次の行との間に、インテルを使って行間を作る。それを繰り返して、1ページができあがる。

これを「組版」ともいう。これを繰り返して1冊の本が組み上がる。

できあがった組版を印刷機に取り付けて印刷をする。

そのとき、何ページもの組版を並べて取り付け（面付け）、大きい紙で裏表とも刷り、その紙を折り畳んで本の大きさにする。これを「1折り」という。ふつう32ページか64ページになる。

増刷などに備えて、何ページもの活字でできた組版を保存しておくのは大変なので、複写の方法が考えられた。

印刷機に組み付けた状態の組版に、厚い紙を被せて圧迫すると、面付けされた組版の女型ができる。紙は熱で硬化する。

これを「紙型《しけい》」と言い、増刷のときにはこれに溶けた地金を流して、新たな刷《さつ》版《ばん》を作る。

出版社はこの紙型を保存しておけば、いつでも増刷に対応できる。

第三章

昭和前期（戦前）

――昭和モダニズムと戦争

国民も知識人も一斉に戦争へと突き進んでいった

1920年代後半、欧州では第一次世界大戦後の一時的な平和が行き詰まり、ファシズムの足音が聞こえ始めていた。日本は1927（昭和2）年に田中義一内閣が東方会議を開催、アジアへの侵略の道を歩み始めた。国内では第一次世界大戦の戦後不況と関東大震災が重なり、経済不安が広がった。「経済の血液」とも呼ばれる金融業界が、多額の不良債権に耐えきれず機能不全に陥る。3月に大蔵大臣の失言を引き金に、東京や横浜の中小銀行で取り付け騒ぎが発生。戦前を代表する財閥である鈴木商店の資金供給が途絶え、4月に倒産するなど金融恐慌につながった。

混乱もさめやらぬ7月、芥川龍之介が自殺する。死後に発見された短編『或阿呆の一生』は自身の悩める内面が投影されている。芥川に厭世家の印象が強いのは、自殺した年の世相も影響しているだろう。

その後、景気は緩やかに回復するが、軍需が経済をけん引した結果であり、生活にも軍国主義が影を落とすようになる。1930年代に入ると、日本は国際連盟から脱退。1936（昭和11）年には本格的な戦争に突入する転換点となった二・二六事件が起きる。

農村では貧困が深刻化し貧富の差が拡大する中、国民の大きな共感を生んだのが吉川英治の新聞連載小説『宮本武蔵』だ。主人公が苦難を乗り越えながら、目的を達成する姿に多くの国民は自己を重ね合わせた。戦地に赴く兵は武蔵を読むことで鼓舞され、圧倒的支持を得た。

軍靴の足音が大きくなる中でも、昭和初期は、西洋と日本の伝統が見事に調和し、平和な日常が庶民には訪れていた。

谷崎潤一郎は『細雪』で、大阪の船場《せんば》の四姉妹の華やかな暮らしぶりを描いた。映画のロードショーやホテルのレストランでのお見合い、知人の家での音楽会、歌舞伎見物にお花見、蛍狩りなど、忍び寄る戦争の影をふり払い、取り戻すことが出来ないかもしれない光景を懸命に綴った。

1937（昭和12）年7月には中国の北京近郊で盧溝橋事件が勃発し、日中戦争が始まる。戦争開始後の9月に近衛文麿第一次内閣が「国民精神総動員法」を掲げて戦時体制の地ならしが始まると、多くの文学者が戦争を支持するようになる。

小林秀雄、西谷啓治、亀井勝一郎、諸井三郎、河上徹太郎ら当時を代表する知識人13人は1942（昭和

17）年7月に座談会『近代の超克』を開催して発表した。近代化の進展で、喪失した民族の伝統を取り戻すにはどうするべきかを問うた。総力を挙げて戦争を遂行することが彼らの一致した見解だった。

会議が開かれた時には、すでに1941（昭和16）年12月の真珠湾攻撃から半年が経過。日本海軍の当初の勢いを国民は盲目的に信じていたが、6月から7月にかけてミッドウェー海戦で大敗を喫し、戦局は転換点を迎えていた。

人道的詩人であったはずの高村光太郎でさえ例外ではない。大政翼賛会中央会議の委員や日本文学報国会詩部会長を務め、戦意高揚を目的とした戦争賛美の詩を積極的に作った。

戦争は作家の評価も変えた。戦前に川端康成と並び「小説の神様」と呼ばれた横光利一は、戦後は「戦争犯罪人」と指弾されたまま世を去った。文壇の戦争翼賛の旗振り役だった菊池寛に近かったことや、大政翼賛会主催の行事に参加したことが原因とされる。

火野葦平は日中戦争から太平洋戦争末期まで断続的に従軍し、「戦争作家」としての確固たる地位を築いた。『麦と兵隊』、『土と兵隊』、『花と兵隊』の兵隊3部作で合計約300万部を売り上げた。国民に戦場の息づかいを伝えたことで、国民的作家の名声を得たが、戦後は一変、「戦犯作家」と呼ばれ、戦争協力者として公職追放を受ける。

確かに当時は、戦争に突入する時代を題材に小説を書いた作家は多いが、横光や火野は賛美するというよりは、時代の功罪をそのまま受けいれ、同時代の人々の認識を浮き彫りにしたともいえる。

多くの知識人が、戦後にこれまでの自らの行為を省みずに開き直り活動を再開する一方、横光は沈黙を貫き、戦後すぐに死去した。「戦争作家」と言われながら、戦地から戦争の悲惨さも訴えた火野は1960（昭和35）年に自殺。高村光太郎は戦争遂行に協力したことを恥じ、山に籠もり農耕自炊生活に入った。

現代から戦争文学や論考を批判しても、その時代に生きた人の心には届かない。最近では大東亜共栄圏の形成を評価した作家や、京都学派などの知識人を再評価する動きもある。西洋中心的な価値観の中で、現代に通じる文化多元主義を先取りしていたとの見方だ。

とはいえ、当時、作家や知識人が明確に戦争を肯定していたという事実はぬぐい去れない。空気が世論を支配し、「おかしいことをおかしいと言えない時代」に彼らがどう生きたか。それは皮肉にも、不透明感漂う現代を生きる我々に大きな示唆をもたらしてくれる。

1927（昭和2年）

或阿呆の一生

芥川龍之介

人気作家の知られざる苦悩

芥川龍之介は、近代自我を芸術を通して実現する、芸術主義を基調に作品を展開した、大正時代を代表する作家だ。『羅生門』、『藪の中』、『地獄変』などの王朝物、『蜘蛛の糸』、『杜子春《とししゅん》』の2編の童話、晩年の『河童』、警句集『侏儒《しゅじゅ》の言葉』など幅広い。

『或阿呆の一生』は1927（昭和2）年の芥川の死後に発見された短編だ。暗い現実認識を下地に、自身の悩める内面を投影している。

序文には作家で旧知の仲の久米正雄にあてた文章がある。原稿の発表の可否や発表時期をすべて久米正雄に託しているところから、執筆時に芥川は自分の死を視野に入れていたことがうかがえる。51の断章からなるこの作品が、芥川の遺書と位置づけられる所以である。また、「死」というタイトルの断章が二つあることも、芥川が死を強く意識していたことを物語る。

同作の中に登場する「彼」は、芥川自身であると考えられている。「彼」が芥川自身であるならば、死ぬ前から「一生」という言葉を使い、その人生の最後を暗示しているのが象徴的だ。

—（或阿呆の一生）—　(2)

或阿呆の一生

芥川龍之介

僕はこの原稿を發表する可否は勿論、發表する時や機關も君に一任したいと思つてゐる。

君はこの原稿の中に出て來る大抵の人物を知つてゐるだらう。しかし僕は發表するとしても、インデキスをつけずに貰ひたいと思つてゐる。

僕は今最も不幸な幸福の中に暮らしてゐる。しかし不思議にも後悔してゐない。唯僕の如き惡夫、惡子、惡親を持つたものたちを如何にも氣の毒に感じてゐる。ではさやうなら。僕はこの原稿の中では少くとも意識的には自己辯護をしなかつたつもりだ。

最後に僕のこの原稿を特に君に托するのは君の恐らくは誰よりも僕を知つてゐると思ふからだ。（都會人と云ふ僕の皮を剝ぎさへすれば）どうかこの原稿の中に僕の阿呆さ加減を笑つてくれ給へ。

昭和二年六月二十日　芥川龍之介

久米正雄君

右の遺志に依り、私は此處に此の原稿を發表する。時期も場所も、最も自然な狀態だと信じて。――が、此點に就て、幾らかの粗漏があるとすれば、弊誌に對して詫びる外はない。

云ふ迄もなく、是は故人の「自傳的エスキス」である。（原稿にはさう割註がしてあつて、抹消されてある。消してある文句を、茲に發表するのも如何かとは思はれるが、幾らかでもさう云ふ割註をしたい意志があつたやうに思ふので、茲に敢て補註して置く。）が、更に云ふ

『或阿呆の一生』（『改造』収録）、1927（昭和2）年10月号、改造社発行、日本近代文学館提供

芥川最晩年の遺書的作品

芥川は死を見据え、遺稿とする考えから、従来の作品よりも自らの内面を赤裸々に記している。ぼんやりとした不安を抱え、精神的に不安定であった芥川が自分の心のうちを描くことで、自分の生き様を他者に伝えようと足掻《あが》いた痕跡が散見される。

同作が芥川の遺書にあたるということは、芥川の自殺によって、

作品は完成したということになる。芥川の自殺という結末があることによって、作品内だけに留まらない深みをもたらしている。

芥川は、生前は常に小説の形を模索し続けた。

初期は夏目漱石から近代個人主義を、森鷗外からは翻訳などを通じて文体や表現上の影響を受けた。

『今昔物語』などの古典を歴史小説の形をとりながら、西欧の人間観を取り込み、現代によみがえらせた短編は、近代短編小説の可能性を示した。『地獄変』、『枯野抄』など現実が孕む矛盾に対して芸術主義での止揚を試みた。

1921（大正10）年以降は精神的に不安定になり、創作上の行き詰まりから、それまで頑《かたく》なに拒否していた私小説的作品にも手を伸ばしたが、閉塞感を打破することはできなかった。

見直しを迫られる芥川像

芥川の葛藤を知る上で象徴的なのは。最晩年の1927（昭和2）年の谷崎潤一郎との「小説の筋」が持つ価値を巡る論争であろう。

小説の価値を筋の面白さや組み立てにあると主張した谷崎に対して、芥川は作家の私的精神の深浅のみが価値を定めると指摘し、話の面白さは小説の芸術的価値に何ら関係がないと主張した。

雑誌『新潮』合評会で小説の芸術的価値をめぐって谷崎の作品を酷評。その後は『改造』誌上での両者の連載で論を交わしたが、芥川の言説は谷崎からも周囲からも理解されなかった。

芥川には芸術至上主義の理知的な印象が強く、厭世家といった印象も半世紀以上にわたって流布されてきた。芥川の印象には自殺した年に社会不安が広がっていた世相も影響しているだろう。

当時の片岡直温蔵相が「東京渡辺銀行が破綻した」と実際には破綻していなかったにもかかわらず失言したことで、東京や横浜の中小銀行で取り付け騒ぎが発生。台湾銀行が休業し、鈴木商店が倒産するなど、金融恐慌につながった。

芥川の作品は欧米諸国や中国、韓国でも翻訳されている。不安の時代と戦った求道者として、芥川の多面性は現代でも色あせない魅力がある。

●作家

芥川龍之介《あくたがわりゅうのすけ》

1892（明治25）年～1927（昭和2）年

牛乳販売店「耕牧舎」の支配人・新原敏三とフクの長男として、東京に生まれる。フクが精神の病を患ったためフクの実兄・芥川道章の養子となったが、優秀な龍之介を取り戻そうとする実父と、養父の暗闘の直中にあって、過敏かつ屈折した複雑な精神が形成された。1913（大正2）年、東京帝国大学文科大学英文学科へ入学（大正5年卒業）。15（大正4）年10月に『羅生門』を『帝国文学』に発表、翌年には第4次『新思潮』の創刊号に『鼻』を発表して夏目漱石に絶賛され、文壇デビューを果たした。以来、短編小説を次々に発表して作家としての地歩を築いていった。一方で恋人と別れさせられ、19（大正8）年3月に友人の妹の娘・文と結婚。しかし1年後には別の女性との恋に破れ、21（大正10）年に訪れた中国ではいっそう心身を消耗した。さらに27（昭和2）年1月、次姉の夫が鉄道自殺したため、芥川は義兄の遺した借金や家族の面倒まで見なければならなくなった。追い立てられるように小説を書きながらも苦悩はますます深まり、同年7月24日、多量の睡眠薬を飲んで不帰の人となった。

1928（昭和3年）

上海

横光利一

新感覚派文学を代表する先駆的都会小説

経済小説のパイオニア

横光利一は現在では馴染みが薄い作家だが、戦前は川端康成と並び称され、「文学の神様」とまで呼ばれた。

横光は1928（昭和3）年4月に初めて上海《しゃんはい》を訪れた。約一カ月の滞在で、帰国後に『風呂と銀行』（『改造』昭和3年11月）を発表した。その後短編連作として『改造』に数編の小説を発表する。それらをまとめて、1932（昭和7）年7月に小説『上海』が改造社から刊行された。

当時、中国大陸では、1925（大正14）年に上海で警察がデモ隊に発砲した五・三〇事件以降、各地で民族運動が激化しはじめていた。

作中では大戦前夜の国際都市・上海での抗日民族運動を背景に植民地に生きる日本人や中国共産党の革命家などを描いた。

帰国直後に作品を発表していることからもわかるように、日本とは違う上海の強烈な魅力を横光は身体を通して感じた。当時の上海は、欧米列強や日本の思惑がひしめき合い、租界地、革命といったいろいろな様相が一つの空間の中に交錯してあらわれる場所であった。作中では「不思議な場所」、「世界で一番新しい形態の街」、「理解困難な場所」と表現している。

横光は経済小説のパイオニアと指摘されることがあるが『上海』でも金融都市としての一面に注目している。各国の「金と銀」への関心や「棉花の売買方法」に、利権争いに連動するかのような人間たちの動きを感じとっている。為替市場や金塊市場の状景も出てくることから、横光の関心の深さがうかがえる。

横光は1935（昭和10）年に株式市場、株式相場という資本主義の根源に触れる領域を対象とした『家族会議』を書いている。

新しい文体の模索も

横光は、対象をリアルに表現するのではなく、対象に触発された感覚や心理を知的に再構築し、動的で新鮮な感覚的表現を造り出す文章で、新感覚派と呼ばれる文体を生み出した。

また、実験的な作品を次々に発表し、当時創設された芥川賞の選考委員も務めた。

横光が後に「戦争犯罪人」のレッテルを貼られる原因になったのは1941（昭和16）年8月に神奈川県で開かれた大政翼賛会

主催の「第1回みそぎ」に参加したこととされる。小説家の菊池寛と近かったことも影響した。菊池は文壇での戦争協力の旗振り役で、自身も後に公職追放されている。

横光は戦後の戦争責任の追及に関しては反論しなかった。家族に対しては「みんなして僕の足を引っ張りよるよ。僕を倒せば名前が上がるからな」とこぼしたという。

横光は戦争を賛美したというよりは戦争に突入する時代を題材に書き、時代の功罪をそのまま受けいれた。同時代に生きる人々のリアルな認識を示した。

横光は1935（昭和10）年に発表した『純粋小説論』というエッセイの冒頭で「純文学にして通俗小説、このこと以外に、文芸復興は絶対に有り得ない」と宣言している。

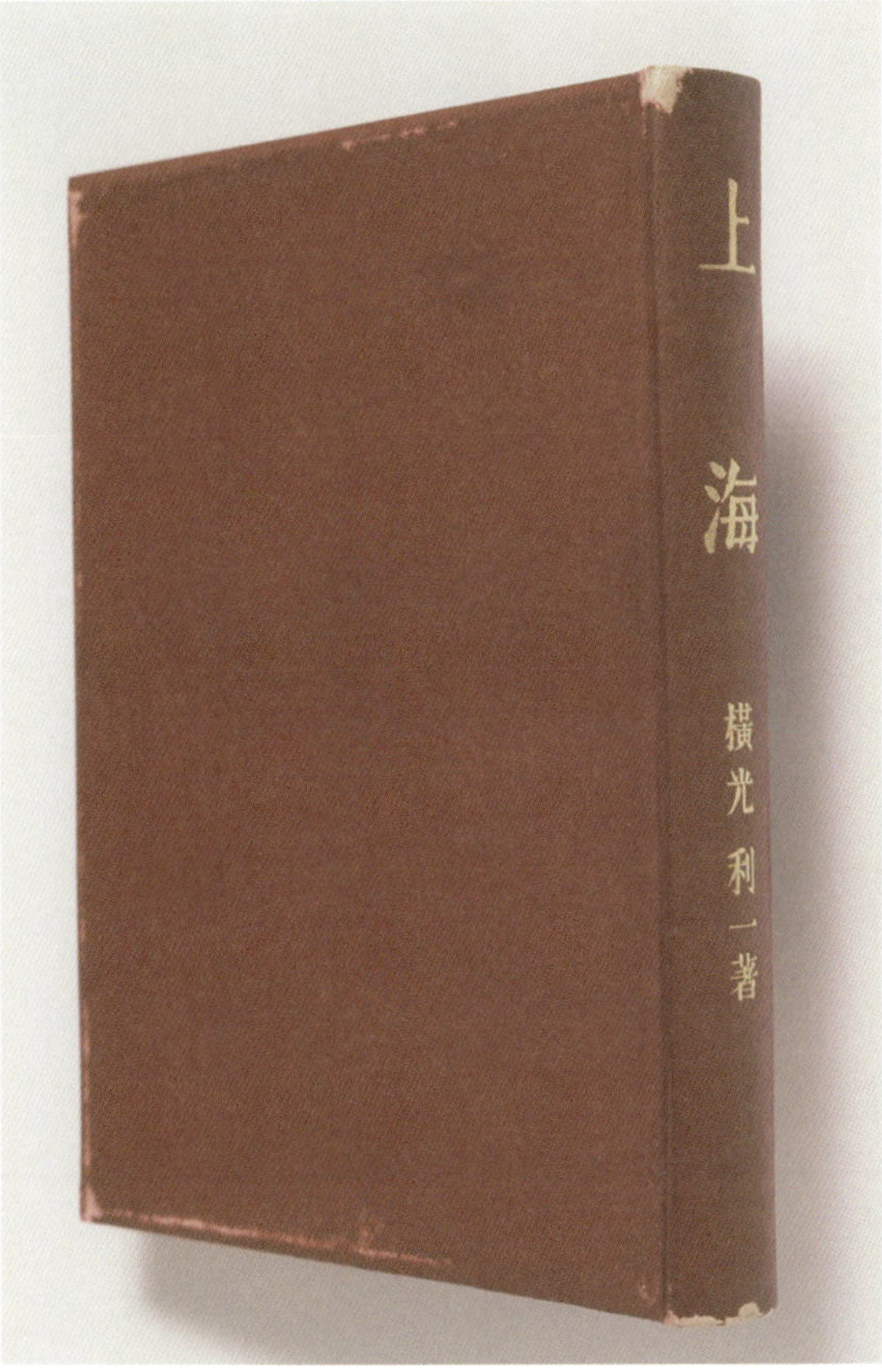

『上海』、1935（昭和10）年、書物展望社発行、日本近代文学館提供

この「純文学にして通俗小説なる小説」を目指したことが結果的に通俗性に陥り、後世に忘れ去られる一因になったのかもしれないが、常に時代と向き合っていたから打ち出せた方向性でもあっただろう。

社会の不透明感が増している現代は横光が生きた時代と似ている。常に新たな文体を模索し、横光が投げかけた西洋と東洋の相克はいまなお、我々の眼前に解決されずに横たわっている。

●小説家、評論家

横光利一《よこみつりいち》

1898（明治31）年～1947（昭和22）年

福島県生まれ。早大中退。菊池寛に知己を得て『文藝春秋』創刊に際し同人となり、『日輪』『蠅』で認められる。新進作家として知られ、のちに川端康成らと『文芸時代』を創刊する。昭和初期には新感覚派のリーダーとして斬新な文体で『機械』、『上海』などを発表。伝統的私小説とプロレタリア文学に対抗し、1928～29（昭和3～4）年にはプロレタリア派の蔵原惟人らとの間で文学の形式と内容に関して形式主義文学論争が交わされた。35（昭和10）年には純文学と通俗小説の融合をとなえた『純粋小説論』を著した。芥川賞の創設時から選考委員も務めた。戦前は川端と並び「文学の神様」と呼ばれたが、戦後は文壇における戦争の旗振り役であった菊池と近かったこともあり、「戦争犯罪人」と指弾された。47（昭和22）年、胃潰瘍に急性腹膜炎を併発して49歳で死去。経済小説のパイオニアとしても高く評価されている。

1929
（昭和4年）

蟹工船
小林多喜二

北洋の蟹漁に従事する労働者の苦境を描く

プロレタリア文学の代表作

『蟹工船《かにこうせん》』は1929（昭和4）年に発表された。カムチャッカ沖でカニを捕り、船内で缶詰に加工する蟹工船「博光丸」では季節労働者が人を人とも思わない過酷な労働を強いられていた。

現代でいうワーキングプアと呼ばれる集団が、団結して蜂起するまでの過程を描いた群像小説だ。左翼的な作家が絶賛したのはもちろん、読売新聞紙上では多くの作家が同年度上半期の最高傑作に推している。

『蟹工船』はプロレタリア文学の旗手である葉山嘉樹の『海に生くる人々』を援用しているが、それとの最大の違いは『蟹工船』ではタイトルから明らかなように主体を船内に設定し、特定の主人公がいない点にある。

顔のない労働者の集団を蟹工船という閉ざされた空間に置くことで、圧迫感とストライキに立ち上がったときの解放感の落差を浮き彫りにしている。

多喜二は『蟹工船』を発表後に上京、〈日本プロレタリア作家同盟〉で中心的に活動するかたわら、作品も発表した。

1931（昭和6）年10月に非合法の共産党に入党し、半年後には地下活動に入った。1933（昭和8）年2月に潜入していたスパイに密告され、街頭での連絡中に逮捕。築地署で拷問によっ

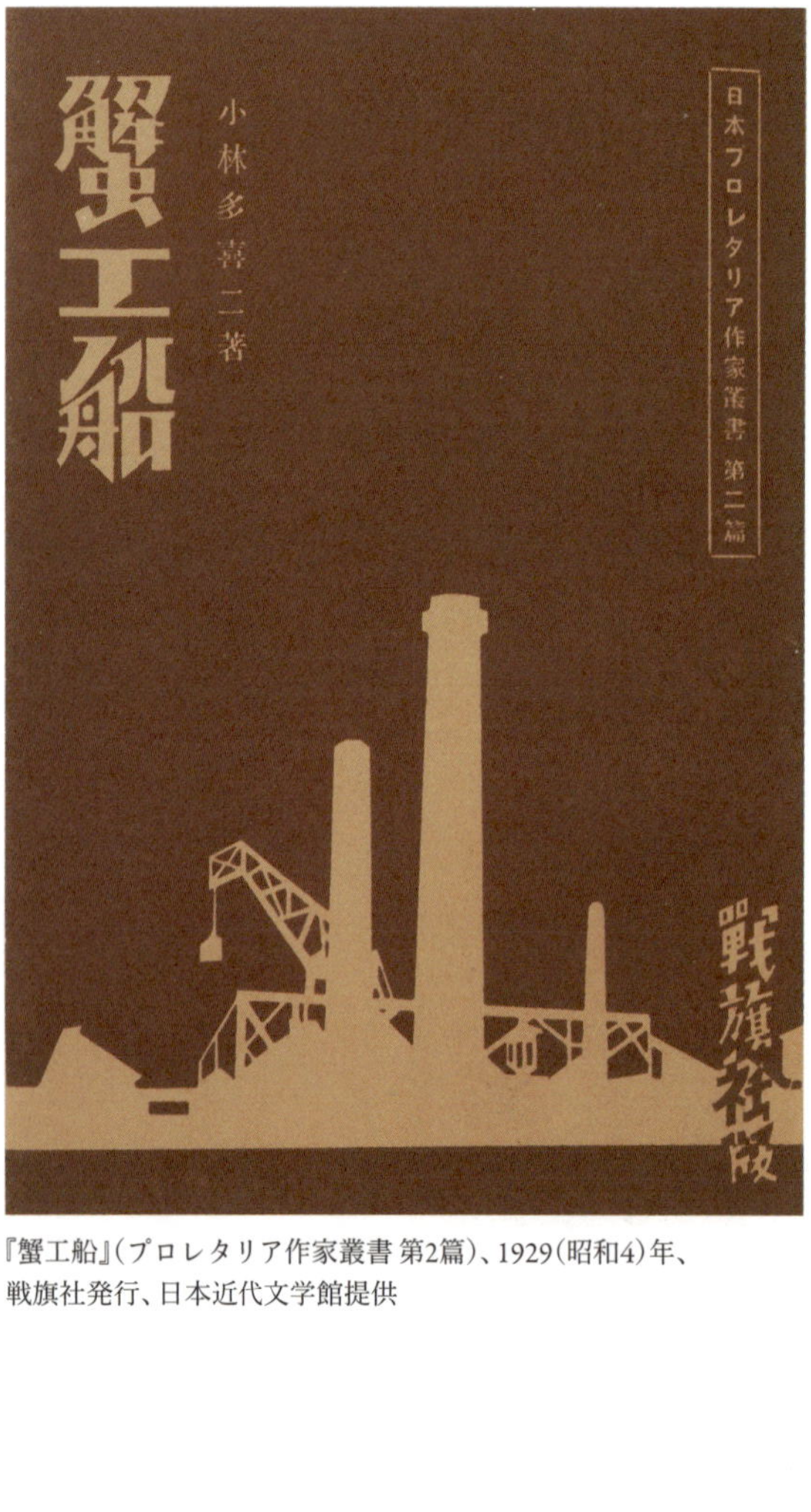

『蟹工船』（プロレタリア作家叢書 第2篇）、1929（昭和4）年、戦旗社発行、日本近代文学館提供

て虐殺された。

警察が発表した死因は心臓麻痺だったが、3時間の拷問で殺されたことから、持久戦で転向させる気など特高にはなく、明確な殺意があったと思われる。

彼の亡骸を見た者の記録によると「赤黒く膨れ上がった股の上には左右とも、釘を打ち込んだらしい穴の跡が15、6もあって、そこだけは皮膚が破れて、下から肉がじかに顔を出している」と凄惨さをうかがわせる。特高の多喜二への憎しみはすさまじく、彼の葬式に参列した者を式場で逮捕する徹底ぶりだったという。

80年後の再ブーム

『蟹工船』はプロレタリア文学の代表作に位置づけられ、戦後も年間4000部から5000部は売れ続けたが、2008（平成20）年に突如として再びブームになる。

年明けに毎日新聞で作家の高橋源一郎と雨宮処凛が対談、二人は貧富の差の拡大に伴う、ワーキングプアの増加で現代の若者が置かれている状況が『蟹工船』の世界に通じていると指摘した。

実際、2007（平成19）年時点の非正規雇用労働者は過去最高の35・5％で1984（昭和59）年の15％から大きく増えていた。対談を読んだ書店員が販売促進をかけるとブームとなり、他の大型書店も追随。6月下旬までに新潮文庫版の増刷部数は35万7000部で、例年の70倍のペースだったという。

古典が何かのきっかけで再び読まれることは珍しいことではないが、あくまでもその時代の時代背景を踏まえた古典として読まれることが大半だ。しかし『蟹工船』の場合、80年近く前の作品だが、同時代的作品として受容されているのが特徴だ。

吉本隆明は、ブームの背景を2008（平成20）年7月号の『文藝春秋』で「《戦後》が終わって《第二の敗戦期》が訪れた現代社会における現実のしんどさと前途への不安」と指摘した。

『蟹工船』のブームは貧困が現実に迫る言葉を、現代においても時代を超えて持ち続けていると言うことだろう。

一方、戦後の高度経済成長で豊かさを享受した日本は、貧困が文学でも批評でも主題として扱われてこなかった。貧困問題が自己責任として片付けられがちなのもその証左だろう。

●作家

小林多喜二《こばやしたきじ》

1903（明治36）年〜1933（昭和8）年

秋田県生まれ。4歳で家族と一緒に、伯父のいる北海道の小樽に移住。小樽高商（現小樽商科大学）を卒業後、北海道拓殖銀行に入る。志賀直哉、ドストエフスキーに傾倒して創作を始めるが、のち労働運動、社会主義思想に接近。1928（昭和3）年3月三・一五事件直後全日本無産者芸術連盟が成立したが、その機関誌『戦旗』に、『一九二八年三月十五日』を発表。特高警察の拷問と、それに耐える党員労働者の人間像を描き、認められる。翌年『蟹工船』、『不在地主』を発表。プロレタリア文学の執筆がもとで銀行を解雇される。30（昭和5）年に上京、作家活動を続ける。翌年共産党に入党。非合法活動中の33（昭和9）年2月20日逮捕。築地署で拷問を受け、29歳で虐殺された。代表作『蟹工船』は近年、ワーキングプアと呼ばれる現代の労働者との類似性が若者らを中心に再び共感を集め、読者層が広がっている。著作はほかに『防雪林』、『党生活者』など。

1930
（昭和5年）

「いき」の構造

九鬼周造

日本の美意識「いき（粋）」を分析した哲学者の名著

日本的美学

1930（昭和5）年に雑誌『思想』で九鬼周造は「いき」について論じた。8年間の欧州留学中に書かれ、帰国直後に発表された。江戸時代の遊郭で生まれた美意識の「いき」を現象学という西洋の手法で把握した論文で、「いき」を考察対象にしたというだけで当時は驚きを持って迎えられたという。

「いき」とは、日本人独特の感覚と言われるが、何かと問われると答えに窮するだろう。九鬼は「いき」には3つの側面があると語る。まず、色恋にかかわる面で、「粋と云はれて浮いた同士」というように、色っぽさがつきまとう。だが、媚態だけでは無粋であり、第二に「いき」には「意気」、「意気地」に通じるものがある。第三に「いき」は「諦め」を伴わなければならない。運命に逆らわず、物事に執着しないことで初めて「いき」が成立する。

九鬼は3つの観点から「いき」を「運命によって《諦め》を得た《媚態》が《意気地》の自由に生きること」と定義づける。

江戸の身分制度の中で我慢を強いられても、意地を見せるが、意地汚いことはしない。きちんとし過ぎず、下品や野暮ではない。渋すぎず、派手すぎず。九鬼は「野暮」、「派手」、「上品」などとの距離関係から「いき」の輪郭を明確にする。

九鬼は欧州滞在中に日本の美と文化に惹かれる自分に気づき、帰国後に作品にした。

評論家の多田道太郎は岩波書店版の解説で「《いき》というのは、日本を知るために、また世界を知るために大事な美意識だと思う」と指摘する。

色恋に生きる凄み

また、九鬼自身、「いき」に憧れがあったとされる。それは九鬼の生い立ちと深く関わる。

父親の隆一は男爵で文部官僚。フランスに妻のはつ

今に残る祇園の風情。

を伴って赴任したが妊娠が分かり、日本で出産するため友人の岡倉天心を伴わせて帰国させる。

　長い船旅で二人の距離は縮まり、九鬼を生んだ後に不倫の恋に落ちる。九鬼は時々訪ねてくる天心を実の父親ではと考えていた時期もあったという。

　結ばれぬ定めと知りながら恋を生きた母の姿勢が九鬼に「いき」を考察させる契機になったと考えるのは難しくない。

　母のはつは元々、京都の芸妓で隆一が身請けした。九鬼も欧州から帰国した41歳の時に、嫂《あによめ》（亡くなった次兄の妻）と結婚するが破綻。花柳界に入り浸り、二度目に結婚した相手は祇園の芸妓だった。

　九鬼が欧州にいた1920年代後半は、欧州では第一次世界大戦後の一時的な平和が行き詰まり、ファシズムの足音が聞こえ始めていた。日本では1927（昭和2）年に田中義一内閣が東方会議を開催、アジア侵略への道を歩み始めた。

　西洋への留学を通じて、「いき」の自覚を深め、近代化以降で生活の場で急速に失われていった「いき」を九鬼が考察したのは必然だったのだろう。本書は、日本文化の「いき」を自分自身の生き方の理想として捉え、殉じた希有な思想書だ。

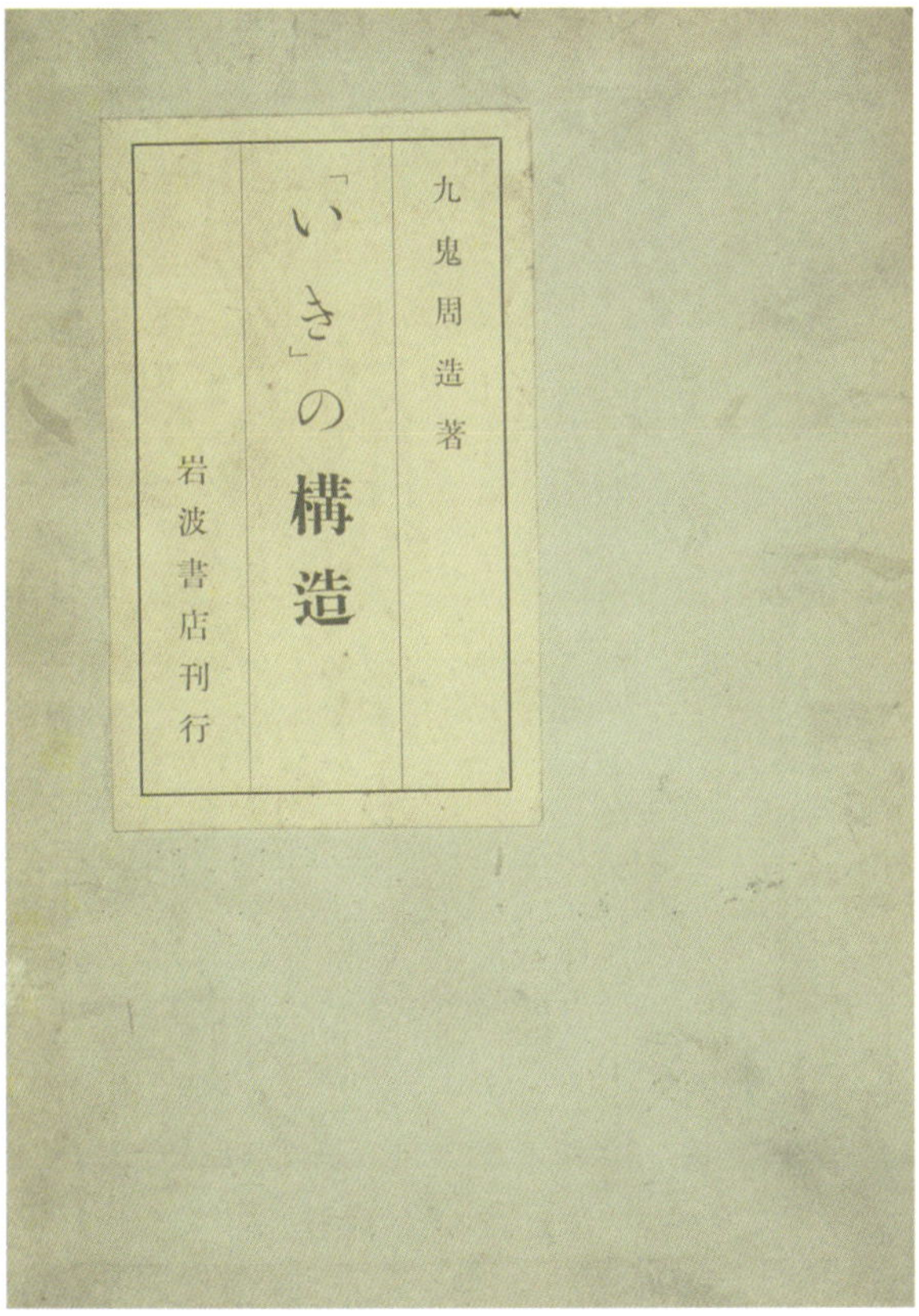

『「いき」の構造』、1930（昭和5）年、岩波書店発行、函、日本近代文学館提供

●哲学者

九鬼周造

くきしゅうぞう

1888（明治21）年～1941（昭和16）年

東京生まれ。男爵九鬼隆一の四男。第一高等学校を経て1909（明治42）年東京帝国大学哲学科に入学、大学院を経て21（大正10）年ヨーロッパへ留学する。以後29（昭和4）年まで、リッケルト、フッサール、ハイデッガーに学ぶ。第一次世界大戦後の激動する西欧で、新しい哲学の胎動に立ち会う。帰国後、京都帝国大学に招かれる。哲学科講師、32（昭和7）年に博士論文『偶然性』を提出し京都帝国大学文学博士の学位を取得、翌年助教授、35（昭和10）年教授。死に至るまでその職にあって、西洋近世哲学史やフランス哲学を講じた。実存哲学の立場から時間論・偶然論を論じたほか、解釈学的・現象学的に日本文化の諸相を分析究明した。代表作『「いき」の構造』は日本の江戸時代の遊廓における美意識である「いき」を、西洋の哲学の手法で捉えようと試みた論文で、日本の哲学に新境地を開いた。『偶然性の問題』、『文芸論』、『西洋近世哲学史稿』などの著作がある。41（昭和16）年、53歳で腹膜炎で死去。

1935
（昭和10年）

宮本武蔵

吉川英治

人間武蔵の内面に焦点

吉川英治は１９３５（昭和10）年に朝日新聞で『宮本武蔵』の連載を始めた。１９３９（昭14）年まで４年間続き、連載中に３度も映画化された。新聞連載史上かつてない人気を得たが、連載前には朝日新聞社内では反対の声が多かった。

『宮本武蔵 二天の巻』、1939（昭和14）年、大日本雄弁会講談社発行、日本近代文学館提供

当時の人心に呼応した、新聞小説史上最大の人気作

宮本武蔵が主人公の物語は、吉川以前に、書き下ろしの講談をまとめ、一世を風靡した「立川文庫」に収められているが、講談の常套句を用いて、兵法家の動きを描写したに過ぎなかった。

妖怪退治など荒唐無稽な内容が含まれていた上、講談の浪花節を紙面に載せたところで、人気が出るわけがないと朝日新聞幹部が考えたのももっともだろう。

吉川武蔵の人気の理由のひとつが巧みな心理描写だ。井上ひさしが指摘しているように「世界を一個の壮大な学校にみたてること」を吉川は取り入れた。

武蔵が周囲との関係を通じて、たくましく育つ、成長過程や心の細かな動きを読者は楽しめる。現代では教養小説の王道ともいえる手法によって、武蔵を生き生きとした兵法者として浮かび上がらせることに成功した。

直木三十五との論争を経て

時代も後押しした。連載が始まった１９３５（昭和10）年は太平洋戦争前夜である。

　中国に進出する一方で、国際連盟から脱退。武蔵の第一回が始まった8月には、天皇親政を掲げる皇道派青年将校に共感する相沢三郎陸軍中佐が、対立派閥の統制派の永田鉄山軍務局長を陸軍省で白昼惨殺した「相沢事件」が起きた。翌年には日本が本格的な戦争に突入する転換点となった二・二六事件が発生する。

　農村では貧困が深刻化し貧富の差が拡大する中、武蔵の忍耐強さは国民の大きな共感を生んだ。主人公が艱難辛苦して目的を達成する姿に、自己を重ね合わせた。前線に赴く兵士は武蔵を読むことで鼓舞され、国民的支持を得た。

　吉川武蔵を語る上で、忘れてならないのが、クライマックスの「巌流島の決闘」の描写だ。

　「小次郎、敗れたり」。約束の時刻に遅れて現れた武蔵は、佐々木小次郎が鞘を海に投げ放った姿を見て、刀を戻す場所を失った小次郎は勝つ意思がないとそう皮肉った。焦《じ》れていた小次郎は平静さを失い、武蔵が小次郎を打ち据えた。

　小説や映画で知られる光景だが、吉川作品が佐々木小次郎を広く知らしめたといえよう。

　佐々木小次郎の実像は謎が多く、歴史作家顔負けの検証主義者だった吉川ですら、小次郎を資料から浮かび上がらせることは簡単ではなかった。悩んだ吉川は宮本武蔵論で激論を交わした仲の良い小説家仲間の直木三十五をモデルにしたという。

　吉川が宮本武蔵を書くきっかけは1932（昭和7）年、文壇で起こった武蔵強弱論争だった。

　直木三十五が武蔵は名高い剣豪との立ち会いも少なく、足跡もはっきりしていないと指摘し、「武蔵は剣の名人ではない」と主張。これに菊池寛が反論したことで話題になった。吉川は武蔵を擁護する立場で、巌流島の武蔵と小次郎の光景は直木に対する吉川の武蔵論の回答でもあった。

　国民文学と称えられた吉川武蔵だが、戦後は厳しい目も向けられた。復讐や死の思想など占領軍に削除されそうな箇所を変えて戦後版を刊行。戦前に国策小説とも見なされていた『宮本武蔵』のベストセラーとしての復活に、吉川の体制順応を批判する声も起こった。

●作家

吉川英治

よしかわえいじ

1892（明治25）年～1962（昭和37）年

神奈川県生まれ。小学校卒業後、家運が傾き、窮乏のなかで船具工など種々の職業を転々とした。職を転々としながら文学を修業。1914（大正3）年に『江の島物語』が『講談倶楽部』の懸賞小説に入選。22（大正11）年に東京毎夕新聞記者となり、翌年、同紙に『親鸞記』を無署名で連載。『キング』創刊号から初めて吉川英治の名で『剣難女難』（大正14～昭和元）を発表して認められ、『鳴門秘帖』で流行作家となる。35（昭和10）年から東京、大阪の朝日新聞で連載が始まった『宮本武蔵』で大衆文学の第一人者になる。戦後は『新・平家物語』、『私本太平記』で国民文学の可能性を追求し、60（昭和35）年に文化勲章。『私本太平記』の連載終了間際に肺がんが発覚。62（昭和37）年、肺がんのため死去、70歳。生前、吉川英治賞が設けられ、没後に形をかえて吉川英治文化賞・同文学賞が制定された。

1935（昭和10年）

雪国

川端康成

トンネル開通が生んだ作品

国境の長いトンネルを抜けると雪国であった。夜の底が白くなった。信号所に汽車が止まった。

川端康成の長編小説『雪国』の有名な書き出しである。

舞踊についてなどの文章を書き、親の遺産で暮らしている島村は、東京に妻子がある身だが、温泉町まで女に会いにいくところである。前年の夏にその温泉地で出会った女は、この年訪れてみると芸者になっていた。女の名は駒子という。独習で三味線を弾き、17歳のころから続いている旦那がいる。冬の温泉町でしばらく駒子と毎晩をともに過ごし、次に島村がこの地を訪れたのは翌々年のことだった。

物語は島村と駒子の関係を核にしながら、温泉町出身の葉子、駒子の許婚といううわさだがどうやら葉子の恋人であるらしい行男、といった人物が二人に絡み合いながら進行していく。

川端は作中で地名には触れていないが、主人公の島村が抜けた長いトンネルとは上越国境の清水トンネルのことである。1931（昭和6）年の清水トンネルの開通で、上野から新潟へいたる時間は約4時間も短縮され、7時間で行くことができるようになった。

1935（昭和10）年からいろいろな雑誌で発表された断章は、13年をかけて書き継がれ、それらをまとめたものが『雪国』である。『雪国』というタイトルは、単行本が創元社より刊行された1948（昭和23）年に付けられた。かの冒頭文もこのときに、いまのよく知られている書き出しに落ち着いたのである。作品に描かれる日本の美が海外でも高く評価され、のちに受賞するノーベル文学賞の審査対象となった。

日本の美を追求した傑作

世界が認めた日本の美意識

1968（昭和43）年、長編作品『雪国』『千羽鶴』『古都』と、短編作品が対象作品として審査された結果、川端は日本人で最初のノーベル文学賞受賞者となる。日本人の本質的な精神性をすぐれた感受性で表現し、世界の人びとに深い感銘を与えたというのがその受賞理由である。川端はインタビューに対して、受賞の半分は、翻訳家のエドワード・G・サイデンステッカーのものだと答え、賞金の半分をサイデンステッカーに渡している。

サイデンステッカーは、川端がストックホルムのスウェーデン・

アカデミーで行ったノーベル賞受賞記念講演『美しい日本の私——その序説』の同時通訳も担当した。

『美しい日本の私』で川端は、日本の古典文学や芸術を紹介しながら、西欧とは異なる日本人の精神性や美意識、死生観などを世界に紹介した。たとえば、次のようなことばである。

一輪の花は百輪の花よりも花やかさを思はせるのです。開き切った花を活けてはならぬと、利休も教えてゐますが、今日の日本の茶でも、茶室の床にはただ一輪の花、しかもつぼみを活けることが多いのであります。冬ですと、冬の季節の花、たとえば「白玉」とか「侘助」とか名づけられた椿、椿の種類のうちでも花の小さい椿、その白をえらび、ただ一つのつぼみを生けます。色のない白は最も清らかであるとともに、最も多くの色を持ってゐます。

雪国の白、夜の底の白、椿のつぼみの白。こうした潔白さ、「無」のなかに、西欧風の「虚無」とは違って豊かさを見出す日本人の心があると、川端はその作品やスピーチを通じて世界に伝えたのである。

『雪国』、1937（昭和12）年、創元社発行、函、日本近代文学館提供

●作家

川端康成

かわばたやすなり

1899（明治32）年〜1972（昭和47）年

大阪市で開業医の長男として生まれるが、3歳になる前に父母ともに病気で死別。育てられた祖父母とも死別し、15歳で孤児となる。小学校時代は成績優秀で、ジャンルを問わず書籍を濫読するようになる。中学生で作家を志し、文芸雑誌を読みはじめる。中学校の寄宿舎の2級下には大宅壮一がいた。第一高等学校時代は、菊池寛、芥川龍之介、志賀直哉、ロシア文学を好んで読む。1918（大正7）年、初めて伊豆へ旅行し、『伊豆の踊子』のモデルと出会う。20（大正9）年、東京帝国大学文学部英文科に入学後、同人誌『新思潮』の発刊を企画したことがきっかけで菊池寛らと交流がはじまる。生涯の友となる横光利一とは24（大正13）年、同人誌『文藝時代』を創刊。新感覚派作家として作品を発表していく。特に、小品群は『掌の小説』としてまとめられている。68（昭和43）年、ノーベル文学賞受賞。日本ペンクラブ会長、国際ペンクラブ副会長として世界の文学交流に貢献し、日本近代文学館の設立にも尽力。72（昭和47）年4月16日、逗子の仕事部屋で自死。代表作に『伊豆の踊子』『雪国』『古都』『山の音』『眠れる美女』など多数。

1937
（昭和12年）

鮫
金子光晴

戦時下日本を痛烈に批判した「抵抗詩集」

軍国主義を批判

1932（昭和7）年4月、詩人、金子光晴は足かけ5年にわたる海外放浪の旅から帰国した。養父の遺産は日本を離れる前にすでに使い果たしていた。欧州や東南アジアを無一文に近い状態で彷徨《さまよ》った。パリでは「しないのは男娼だけだった」と行商などあらゆるアルバイトで食いつないでいた。異国の中の最底辺を生きたことで、金子は「エトランゼ」すなわち異邦人の眼を培った。

帰国後の金子は東南アジア体験を題材にした作品を次々に発表。1937（昭和12）年8月には代表作となる詩集『鮫《さめ》』を発刊した。

反帝国主義をモチーフにしており、後に「抵抗詩集」と呼ばれるようになるが、時代背景を考えれば、本来は絶対に発刊が許されない作品であった。

発刊の約一カ月前の7月7日に盧溝橋《ろこうきょう》事件が起き、日中戦争が勃発。8月15日には日本政府が中国国民党への「断固膺懲《ようちょう》」を声明し、全面戦争に突入していた。日本軍は進撃を続け、1938（昭和13）年10月末までに中国国民党による政府は重慶南部に後退。1941（昭和16）年までに日本は中国沿岸部のすべての都市と、隣接する広大な地方部、さらに仏領インドシナの北部および南部を手中に収めることになる。

金子は後年、『詩人』の中で、

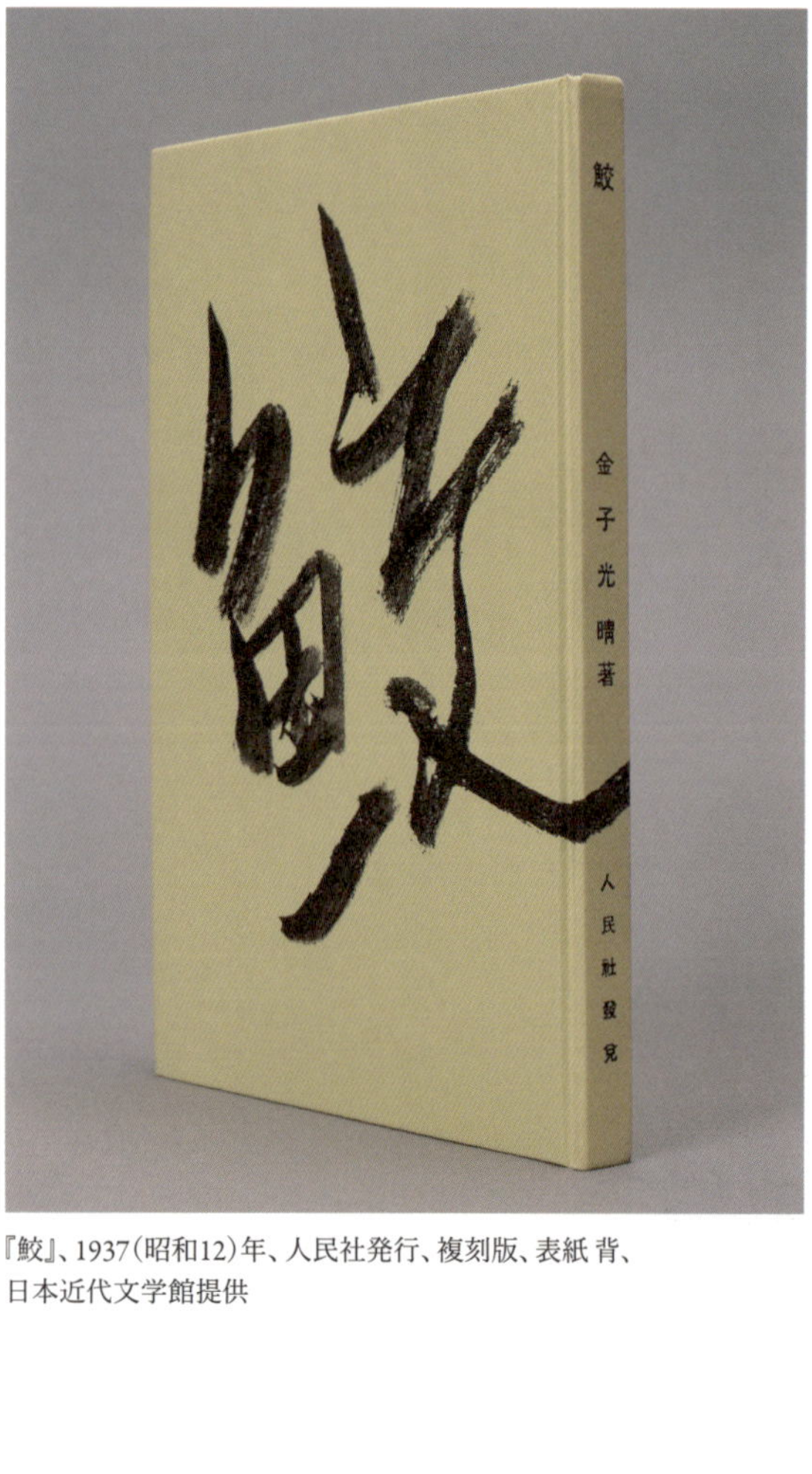

『鮫』、1937（昭和12）年、人民社発行、複刻版、表紙 背、日本近代文学館提供

詩集『鮫』は禁制の書だったが、厚く偽装をこらしているので、ちょっとみては、検閲官にもわからなかった。（中略）強力な軍の干渉のもとの政府下で、どれだけ生きのびられるかが、我ながらみものであった。そして、この結果は、当時の僕としては、いかなる力をもってしても、考え直したり、枉《ま》げたりする余地のあるものではなかった。

と振り返っている。

実際、表題にもなった「鮫」では軍艦や階級社会など人間性を奪う強権を鮫にたとえ、批判した。海外で隠れるような日々を送った異邦人の視座で、日本だけでなく、欧州列国の帝国主義の非人間性に怒りを発した。

唯一の抵抗詩人

詩集には7編の長詩が収められているが、いずれも、目に見えない権力を生物やモノに擬して嫌悪感を示す。民衆を「おっとせい」に見立て、天皇制ピラミッドを「燈台」に重ねながら、思考が停止した体制順応者に憤《いきどお》ったり、天皇制を批判したりした。

金子が文学史に名を残し、昭和10年代ほぼ唯一の抵抗詩人として評価される契機となった『鮫』だが、当時の評価は芳しくなかった。金子が終戦までに刊行した単行本は『鮫』のほか、雑誌掲載文をまとめた『マレー蘭印紀行』の二冊。後者は南方ブームの波に乗り、5刷まで出た。一方、『鮫』は出版した2000部のほとんどが、紐をとかれぬまま自宅と武田麟太郎宅に山積みにされていたという。

金子は戦中も戦後も一貫して、自己批判を忘れず、日本を「エトランゼ」の視点で俯瞰した。1965（昭和40）年に発刊された『絶望の精神史』ではこう書いている。

日本人の美点は、絶望しないところにあると思われてきた。だが、僕は、むしろ絶望してほしいのだ。

深慮の果ての絶望を避け、思考停止状態に陥り、空気に流され、忘却する。高度経済成長で世の中が浮かれようと、戦中から続く日本社会の病理を金子は死の間際まで指摘し続けた。

●詩人

金子光晴

かねこみつはる

1895（明治28）年〜1975（昭和50）年

愛知県生まれ。酒商の家に生まれるが、父が事業に失敗し、1897（明治30）年に養子に出される。1906（明治39）年、養父の転勤に伴い、東京に転居。浮世絵師の小林清親に日本画を学ぶ。後の放浪旅行中には、絵で糊口をしのいだこともある。早大予科、東京美術学校、慶大予科に入学したが、いずれも中退。15（大正4）年、肺尖カタルで病臥し、詩作を始めた。翌年、義父の死で、当時の金額で遺産20万円を義母と折半したが、短期間に散財。19（大正8）年初の詩集『赤土の家』を出版後、遺産の残った金で同年から2年間、ヨーロッパへ留学。ベルギーのブリュッセル郊外に滞在して、西欧文化への目を開かれた。帰国後『こがね虫』を刊行。37（昭和12）年、日本の現実を風刺した『鮫』を発表。戦後、反戦詩集『落下傘』、『蛾』などを刊行。54（昭和29）年『人間の悲劇』で読売文学賞。75（昭和50）年、急性心不全で死去、79歳。

1937
（昭和12年）

生活の探求

島木健作

ベストセラーになった、
生き方を問う小説

8カ月で50刷を記録

戦争の足音が聞こえてきた1937（昭和12）年10月に刊行された『生活の探求』は忘れ去られたベストセラーの一冊だろう。8カ月で50版を重ね、続編の『続生活の探求』も1938（昭和13）年6月に発売されると、わずか半月で36版という驚異的な売れ行きとなった。

杉野駿介という農村出身の学生が、東京での学生生活に懐疑的になり、故郷の香川県で農業をする決意を固める物語だ。観念的な世界から抜け出て、農村の生活に新鮮な魅力を覚え、帰農していく姿を描いた。杉野は、どのような生き方が自分に向いているか真剣に向き合う。中退した先輩の志村に「ともかく学校だけは出といた方がいいよ（中略）今のやうな時代でも卒業証書は、たとえ爪の垢ほどでも、ものを云ふからな」と説得されても、自分の気持ちに忠実に農民としての生活を選ぶ。

昭和10年代のいわゆる「農村の発見」であり、『生活の探求』の中の言葉を借りれば、インテリゲンチャとしての生活を棄て、以前の出身階級に帰る物語とも捉えられる。瞬く間に若者の必読書となり、大学を中退する者も相次いだという。

挙国一致体制下の個人

本書が世に出た1937（昭和12）年は好況に沸いていた。2月には東京株式市場は創業以来の取引高を記録した。だが、好景気をけん引したのは軍需で、生活にも軍国主義が影を落とすようになる。

前年に二・二六事件が起き、刊行の3カ月前の7月には中国の北京近郊で盧溝橋《ろこうきょう》事件が勃発して、日中戦争が始まる。戦争開始後の8月には近衛文麿第一次内閣が「国民精神総動員運動」を掲げ、国家のために自己を犠牲にする運動に乗りだし、戦時体制

二・二六事件の国会前の光景。

の地ならしが始まる。このように社会が大きく変質する中、人々が自己と向き合うことを求めたのは必然だったのかもしれない。

　評論家の森本哲郎は「どのような思いでこの本を手にしたとしても、自分たちが送っている毎日の生活の意味を深く考え直してみたい、というそうした真剣な問いが人びとのあいだにあったことだけは事実である」と指摘する。

　『続生活の探求』が出た翌年には、『生活の発見』が出版された。タイトルこそ似ているが『生活の探求』とは全く関係がない中国人思想家の林語堂《りんごどう》が、生活を哲学的に論じた内容だが、こちらも1年あまりで十数版を重ねた。

　森本は『生活の探求』、『生活の発見』がベストセラーになった背景を読み解いている。「要領よく人生を切り抜ける術を処世術というなら、この両書は、それとはおよそ正反対な不器用で実用にならぬ教養の書ともいうべき性格のものだった。だから読者が求めたのは（中略）生きることの根源的な意味への問いかけであり、その解答だったといえる」。

　戦後、『生活の探求』、そして島木健作は、なぜ忘れ去られてしまったのか。経済成長で物質的な豊かさを享受する中で、人々は深く考えずに生きることに慣れてしまったのかもしれない。経済成長の限界が訪れようとする中、島木が抱いた問題意識は、今、再び重みを持ち始めている。

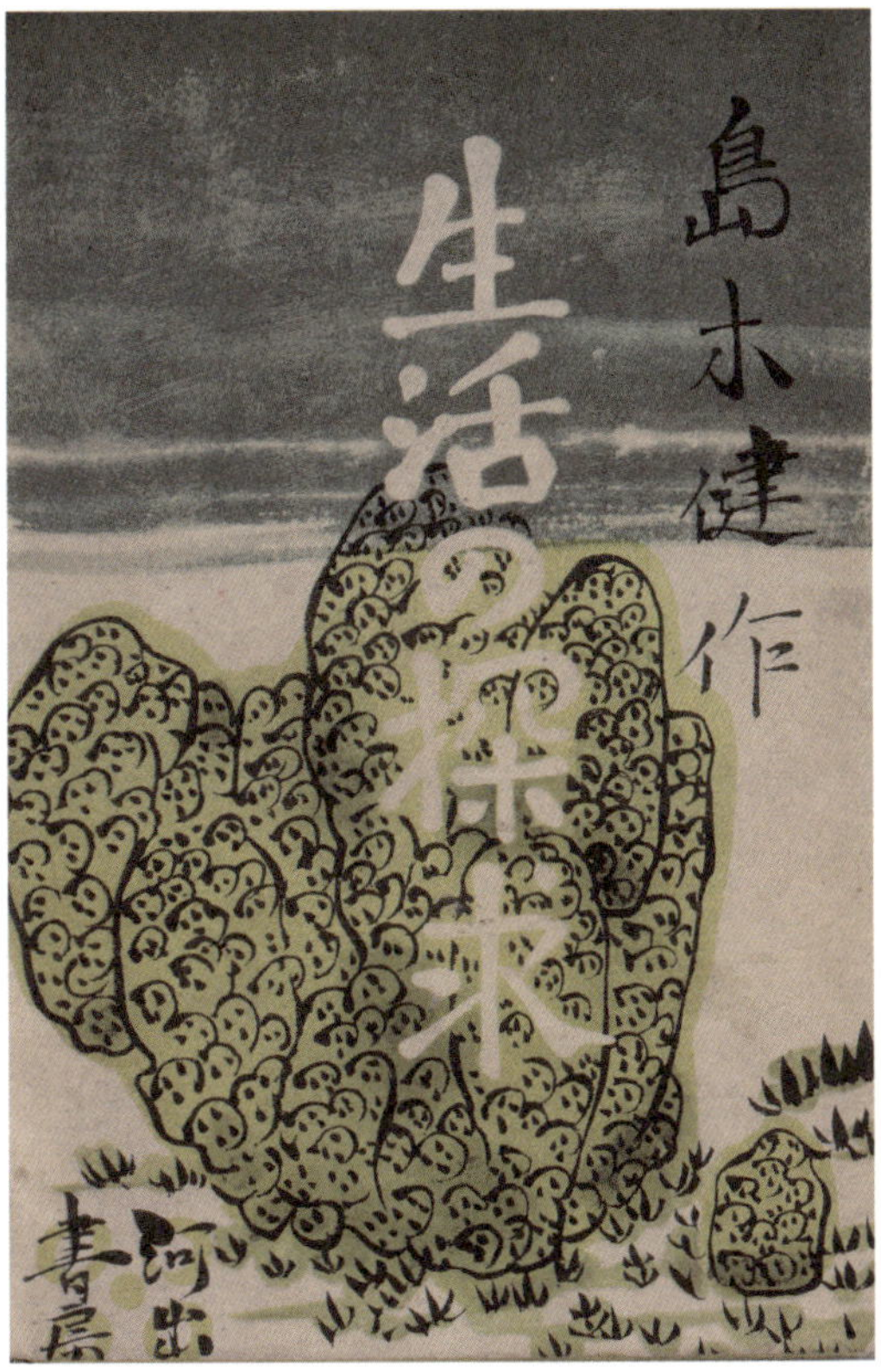

『生活の探求』（書き下ろし長篇小説叢書2）、1937（昭和12）年、河出書房発行、後版のカバー（初版はカバーなし）、日本近代文学館提供

●作家

島木健作

しまきけんさく

1903（明治36）年～1945（昭和20）年

2歳で父が病死し、貧しい中、母に育てられる。旧拓銀の給仕をしながら夜学に通い、創作活動を開始。北大の事務員を経て、苦学の末に東北大に入学、中退後に香川県で農民運動に加わる。左翼農民運動や非合法時代の日本共産党に参加し、1928（昭和3）年、24歳の時に当時の内閣が日本共産党員らを全国一斉検挙した三・一五事件で検挙され、転向した。『再建』などの作品で転向文学を代表する作家の一人。東京での学生生活を捨て、故郷で農業をする決意を固めた青年を描いた『生活の探求』は当時の若者のバイブルとなり、ベストセラーに。農民の暮らしを伝える貴重な資料でもある。戦前は丹羽文雄と並ぶ人気作家だった。日本の敗戦が濃くなり、病状も悪化した44（昭和19）年には短編『赤蛙』に死を予見したような文章を残す。島木は翌年、鎌倉で亡くなる。終戦の2日後だった。

1938（昭和13年）

麦と兵隊

火野葦平

兵隊に寄り添い、心に迫る

日中戦争の開戦以降、軍部が作家をプロパガンダの道具として利用し始めた。菊池寛、林芙美子らが戦地に赴いたが、契機となったのが兵隊として戦地にいた火野葦平の芥川賞受賞だ。

火野は出征直前に発表した『糞尿譚』で1937（昭和12）年の第6回芥川賞の受賞を陣中で知る。受賞後、報道部に転属となり、軍部との連携を深める中で発表されたのが、従軍記『麦と兵隊』だ。現代で言えば受賞後第一作にあたる同作は140万部を超える大ベストセラーになる。

伍長である火野の日記体の見聞手記で、銃林弾雨の戦場体験も描いているが、魅力の根底にあるのは下級兵士の人間性や敵の兵隊にも焦点をあてた筆致だろう。戦場を知らない、戦争の恐怖に怯《おび》える銃後の国民に戦場の息づかいを伝えたことで、火野は「戦争作家」としての確固たる地位を築いた。太平洋戦争末期まで断続的に従軍し、『土と兵隊』、『花と兵隊』の兵隊3部作で合計約300万部を売り上げた。

軍報道部員の経験を綴った戦争文学の傑作

軍の検閲が強かった時代とはいえ、火野の作品には戦場での兵士の残虐性が希薄との指摘は多かった。結果的に、戦後は国民的作家の名声が一変、「戦犯作家」と呼ばれ戦争協力者として公職追放を受ける。

だが、火野は陥落直後の南京で家族宛に書いた手紙で「戦争はつくづく悲惨だと思ひました」と戦争の悲惨さを綴っている。かつて家業を継いで沖仲仕《おきなかし》として働き、港湾での労働争議に関わり転向した経験のある火野が、戦争の不合理に気づかなかったとは考えづらい。作中でも中国農民に親しみを感じ、「町の支那人」に故国の友人知人の顔を重ねる。敵の兵隊に銃を向けることも「困ったような厭な気持

広い大陸で次の戦場へと行軍する兵士たち。

を私は常に味わって来た」と書きつける。

米国人のノーベル賞作家のパール・バックは1939年に『麦と兵隊』について、「兵隊の単純さの中に美しさを表現しているし、その崇高さをたたえている。しかし、プロパガンダもなく、大げさな賛美もなく自己満足もない」と戦意高揚の意図を否定し、文学作品として評価している。バックの視点は火野の文学観を再考する上で新たな視座をもたらしてくれる。

問われる戦争への姿勢

火野は『麦と兵隊』の前書きに「戦争について語るべき真実の言葉を見出すということは、私の一生の仕事とすべき価値のあることだ」と記した。言葉通り、戦後も52歳で死去するまで戦争について書き続けた。死因は心臓発作と公表されていたが、13回忌の時に自殺だったことが明らかにされた。「或る漠然とした不安のために。すみません。おゆるしください、さようなら」とノートに書かれていたという。

作家の戦時中の行動や言動を現代の尺度で測ることに意味はない。だが、戦時中の自らの行動を省みず、戦後も作品を書き続けた作家も存在した。一方、火野は戦時中から、検閲の制限を抱えながら、書き切れない葛藤を抱え、ぎりぎりの間で表現者として生き続けた。

『麦と兵隊』、1938（昭和13）年、改造社発行、日本近代文学館提供

◉作家

火野葦平 ひのあしへい

1907（明治40）年～1960（昭和35）年

福岡県生まれ。早大英文科中退。労働運動に従事、検挙されて転向。小倉中学時代から活発に文学活動を行っていたが転向後に、地元の同人誌に参加して文学に復帰。1937（昭和12）年、没落した豪農がくみ取り業に転じた悲哀をユーモラスに描いた小説『糞尿譚』で芥川賞を受賞。日中戦争の従軍記『麦と兵隊』は『土と兵隊』、『花と兵隊』とともに兵隊3部作と呼ばれ、合わせて約300万部のベストセラーになり、一躍、国民的作家となる。この3冊が国民の戦意高揚につながったとして戦後に戦犯作家の烙印を押される。公職追放の処分を受けるが、自伝的長編で両親をモデルにした『花と龍』や『革命前後』などを発表。52歳で「死にます。芥川龍之介とはちがうかも知れないが、或る漠然とした不安のために」との遺書を残し、この世を去った。13回忌の時、睡眠薬による自殺だったと明かされた。

1938
（昭和13年）

風立ちぬ

堀辰雄

サナトリウムを舞台にした純愛小説

西欧文学の流行

『風立ちぬ』は堀辰雄の自伝的小説だ。八ヶ岳のサナトリウムが舞台で、主人公の「私」から「お前」と呼ばれているフィアンセの節子は、すでに死の淵にいる。

節子は実生活で堀のフィアンセだった矢野綾子がモデルになっている。1934（昭和9）年に二人は婚約したが、翌年には綾子の肺結核の症状が進む。堀もまた同じ病気で臥せりがちになり、綾子を連れ、八ヶ岳山麓の富士見高原療養所に入る。堀は回復するが、綾子はその年の暮れに死を迎える。自己の体験をもとに、1936（昭和11）年に堀は『風立ちぬ』の執筆を始める。

本作は西洋の匂いが色濃い作品だ。軽井沢や富士見高原の描写も日本の農村の土着性や民族性に基づいているのが特徴だ。引用にも西洋の影響が散見される。冒頭にポール・ヴァレリーの「風立ちぬ、いざ生きめやも」が提示され、後半部では、「幸福の思い出ほど幸福を妨げるものはない」とアンドレ・ジイドを引く。

当時は、新世代の作家たちが文壇文学の革新のために、同時代の欧米の文学を取り込もうとしていた。1920年代から30年代の欧米文学に対する熱狂的とも言える関心の高まりは、『詩と詩論』、『詩・現実』、『新文学研究』などの欧米文学の紹介に重きを置いた雑誌が相次いで創刊されたことからも明らかだ。

作家の高見順は第二次大戦後に「終戦後、目まぐるしいほど海外文学の紹介のなされた時期があったが、しかしこの時期とくらべると、物の数ではないのである」と記している。

遠く八ヶ岳連峰を望む。

漠然とした不安のある現代に再び脚光を浴びて

堀は『詩と詩論』などの寄稿者でもあり、ギョーム・アポリネール、ジャン・コクトー、レイモン・ラディゲ、マルセル・プルースト、アンドレ・ジイド、フランソワ・モーリアックやライナー・マリア・リルケなど、同時代の西欧作家や詩人の作品の翻訳や紹介に精力的に取り組んだ。

堀は外国作家から得た刺激を自身の創作活動に活かしたが、堀の作品には「西洋かぶれ」、「軟弱」との指摘もつきまとう。だが、堀が『風立ちぬ』を書いた時代は、日本が軍国主義、ファシズムに急速に傾斜していた点を見逃してはいけない。個よりも国体が重視される中、国家のために死ぬことが美徳とされ、死は自我の価値を試す場であった。

「いかに死ぬか」が問われる時代に、堀は「いかに生きるか」を問うたのである。

死を否定し、「皆がもう行き止まりだと思っているところから始っているようなこの生の愉しさ」と死から生の一刻を綴ろうとする。国家に個人が従属する中、個人の尊厳を描いた本作が世に出た意義は現代から振り返れば大きい。

『風立ちぬ』は21世紀に入り、思わぬ形で注目を集める。アニメ界の巨匠の宮崎駿監督が映画『風立ちぬ』を製作。小説『風立ちぬ』と零戦を設計したことで知られる堀越二郎の物語を融合した内容として2013（平成25）年7月20日に公開され、20日と21日の2日間で約74万人を動員した。災害や不況、戦争という困難で先が見えない時代に一途に生きた人々を描いた作品は、先行き不透明感が増す現代の日本人に響くものがあったのだろう。

『風立ちぬ』、1938（昭和13）年、野田書房発行、複刻版、表紙 函、日本近代文学館提供

●作家

堀辰雄《ほりたつお》

1904（明治37）年～1953（昭和28）年

東京生まれ。府立三中、一高を経て、東大国文科を卒業。1923（大正12）年、室生犀星を通じて芥川龍之介を知り強い影響を受ける。26（昭和元）年に中野重治らと同人誌『驢馬』を創刊。コクトー、アポリネールらの翻訳を軸に、芸術それ自体の革新を志向する。芥川の自殺の衝撃を卒業論文『芥川龍之介論』で記す。30（昭和5）年、芥川の死やみずからの恋愛体験を素材に『聖家族』で文壇デビュー。軽井沢の療養所で婚約者を失った経験をもとに書かれた『風立ちぬ』では、純粋な愛と生命の美を描いた。第二次世界大戦末期に信州信濃追分に疎開、その地で病と闘いながら、戦後に『四季』復刊や文芸誌『高原』を創刊。ほか代表作に『美しい村』、『かげろふの日記』、『菜穂子』など。闘病生活を続けながら、小説の形式と方法との模索を続けた。戦争末期からは結核の症状が悪化し、53（昭和28）年、死去、48歳。

1942
（昭和17年）

近代の超克

西欧的近代を超えることができるのか

13人の怒れる男たち

1942（昭和17）年、雑誌『文學界』の9月号、10月号に掲載されたのが座談会『近代の超克』だ。

知的協力会議主催で実際に開かれたのは7月23日、24日。参加者は小林秀雄、西谷啓治、亀井勝一郎、諸井三郎、林房雄、鈴木成高、三好達治、菊池正士、津村秀夫、下村寅太郎、中村光夫、吉満義彦、河上徹太郎の13人で、京都学派の哲学者、日本浪漫派の文学者、『文學界』同人の3グループに大きく分けられた。

司会の河上が「これだけの人数の一流の人たち」と語っているように、日本浪漫派の保田與重郎を除き当時の論客が集まった。

座談会では西洋的近代についてや、それが日本に何をもたらしたか、日本がその矛盾を克服する可能性があるか、について論じられた。

明治以降の日本の路線は、西洋文明を取り入れることで、西洋に対抗し、最終的には乗り越えることだった。開国はあくまでも攘夷《じょうい》の手段としての位置づけに過ぎない。評論家の松本健一は「日清・日露の戦勝と大東亜戦争緒戦の勝利によってそれが実現できるという幻想が生まれたこの時期に、『近代の超克』が出現したのは当然だった」と指摘する。

果たして、プロパガンダだったのか

「近代の超克」は真珠湾攻撃と大東亜共栄圏のイデオロギーに対して、いかなる態度をとるかという政治的な会議だった。「大東亜戦争」は、新興国としての日本が西欧近代化の価値観に挑戦する戦いであり、その歴史的意義を確認することが参加者の課題だった。

急速な近代化、工業化に伴い、喪失した民

南方戦線における日本軍の戦い。

族の伝統や精神を取り戻すためには総力を挙げて戦争を遂行することを知識人達は旗印に掲げた。

『文學界』の記事では彼らが真珠湾以降の戦勝ムードで日中戦争突入以降の暗雲が晴れたかのように、気持ちを高ぶらせていることがうかがえる。河上徹太郎が「混沌暗澹《こんとんあんたん》たる平和は、戦争の純一さに比べて、何と濁った、不快なものであるか！」と書き、それに対して、亀井勝一郎は「奴隷の平和よりも王者の戦争を！」と応えた。

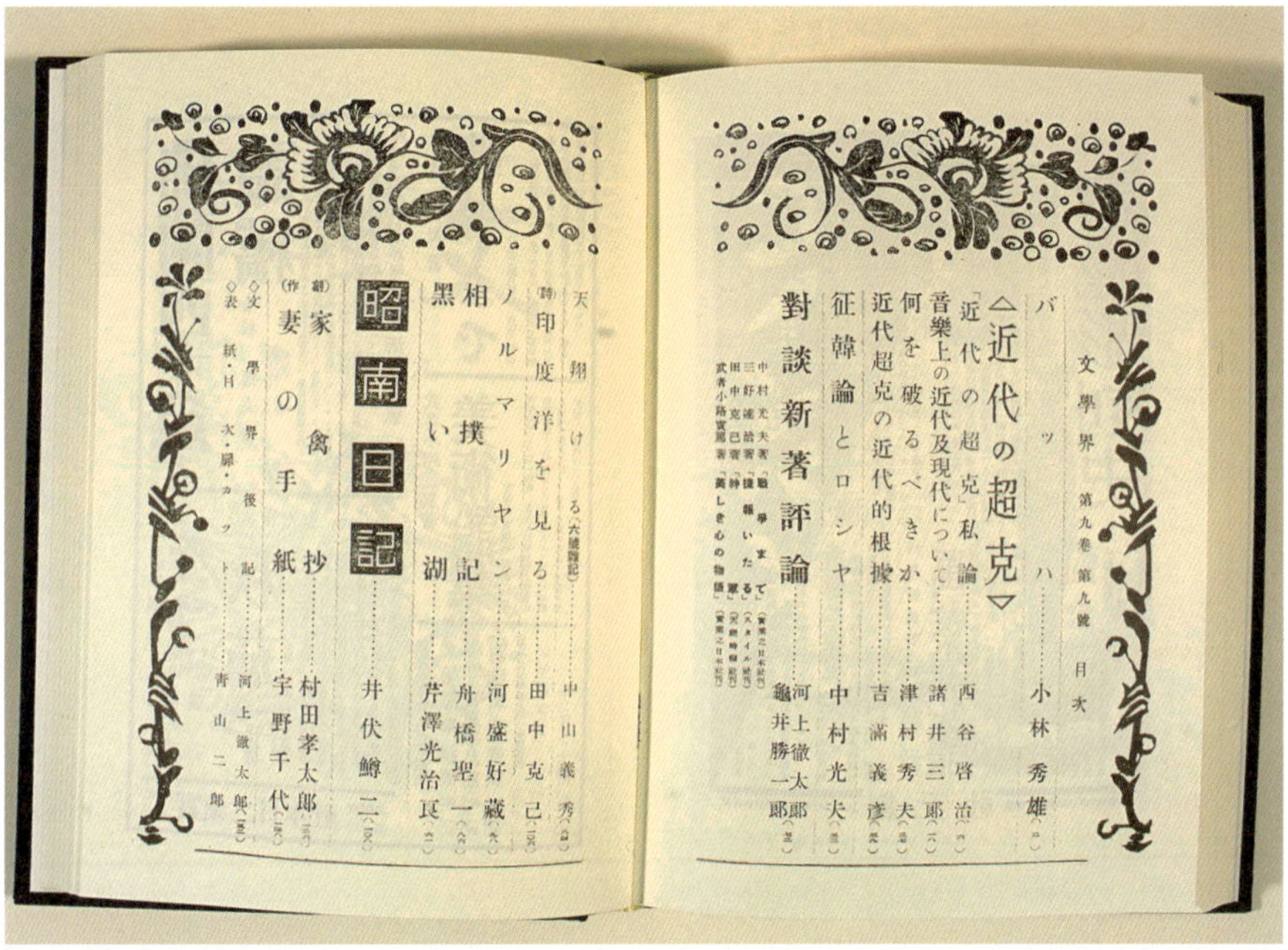

『近代の超克』(『文學界』収録)、1942(昭和17)年9月号、不二出版発行、日本近代文学館提供

当時、評判を呼んだ会議は第二弾、第三弾の座談会が『文學界』で開催された。中国文学者の竹内好は「教養学としては彼らは完璧である」と後に論評しているが、知識人である会議の参加者も戦況は見極められなかった。敗戦で結果的に日本は「近代の超克」に挫折する。日本浪漫派の文学者や京都学派の哲学者たちは戦後に全否定に近い扱いを受ける。

戦争肯定のプロパガンダとしての座談会との見方が支配的になっていたが、2000年前後から近代化を徹底的に批判した保田與重郎や京都学派を再評価する動きも出てきている。

だが、忘れてはならないのは彼らが戦争を明確に肯定したことだ。経済が行き詰まるとナショナリズムが顔を覗かせるのは歴史が物語る。「近代の超克」で一流の知識人が果たした戦争合理化の側面を我々は忘れてはならないだろう。

知的協力会議の開催

1942（昭和17）年の『文學界』9、10月号の2回にわたり、「知的協力会議」により、『近代の超克』のタイトルで特集が組まれた。

小林秀雄、河上徹太郎、中村光夫、林房雄といった『文學界』編集同人に、京都学派や日本浪漫派が加わり、計13人で開催された。亀井勝一郎が提唱し、河上や小林と内容を練り、5月に人選。参加を打診したところ、全員の賛成を得て、7月23、24日の両日に酷暑の中を8時間にわたって挙行された。

創元社から出版されている単行本『近代の超克』には彼らの11本の論文を第一部とし、第二部が2日に及ぶ座談会となっている。

1943
（昭和18年）

細雪

谷崎潤一郎

戦争と近代化で失われていく美しい生活

戦争で失われた時を保存

大阪の船場《せんば》の四姉妹の華やかな暮らしぶりを綴った『細雪《ささめゆき》』は谷崎潤一郎にとっての最大長編作品である。美人であるが結婚に縁遠い三女の雪子の5回に及ぶ見合いを軸に、1937（昭和12）年から1941（昭和16）年までの阪神間の富裕階層の生活や年中行事が、絵巻物風に展開する。映画のロードショウやホテルのレストランでのお見合い、知人の家での音楽会、歌舞伎見物にお花見、蛍狩りなど、西洋と日本の伝統が見事に調和し、平和で豊かな美しい日常が細やかに描かれている。それは、当時の谷崎一家、谷崎と妻の松子、松子の姉妹、そして松子の娘である恵美子の日常そのものであった。

時代背景は二・二六事件から日中戦争を経て太平洋戦争に突入する激動の中であるが、作品の世界は、忍び寄るその影を懸命にふり払おうとする谷崎の姿勢が透けて見える。

『中央公論』1943（昭和18）年1月号で連載が始まり、3月号に2回目が掲載されたが、6月号で「決戦段階たる現下の諸要請よりみて（略）自粛的立場から今後の掲載を中止」するとの社告が出された。

メディアが大政翼賛一色に染まっても、戦争で失われる関西ブルジョアの暮らしを保存するため、谷崎は時局に逆らい、一日に原稿用紙二枚のペースを守り、かつ推敲《すいこう》を徹底して創作を続けた。疎開先の熱海や岡山で原稿を書き継ぎ、足掛け七年で『細雪』は完成。終戦後の1946〜1948（昭和21〜昭和23）年に上中下巻が中央公論社から出版され、大ベストセラーとなる。

戦争末期から敗戦直後の多難な時期に書かれたこの小説の執筆動機に、懐旧の念が根強くあったことは自明だろう。

日本文化を「再発見」

『細雪』の第1回が掲載された時に、すでに日本はミッドウェー海戦で大敗を喫し、反撃が不可能な状態になっていた。もう負けるしかないのだが、いかに終戦に向かえば良いのか出口が見えない。そういう暗鬱な時代に、谷崎は自分が愛してきたものはどれももう二度と戻らないと直感し、創作にその思いをぶつけた。

実際、本作は政治的主張を含まないものの、前述のように軍部から発禁処分を受けた。私家版の友人や知人への頒布さえ禁じられた。滅びを哀惜し、未来に対する絶望がどの頁のどの行間からも滲出してくる本作は軍部としては許しがたい作品にしか映らなかったのだ。

谷崎は一般に日本回帰を遂げた文学者だといわれている。西洋文化、文学を好み、映画などにも興味を寄せていたが、関東大震災と関西移住に伴う作風の変化によって、西洋から日本へと興味を移す。古代から連綿と続く日本文化を「再発見」した文学者に位置づけられる。

大正、昭和初期の「モダンガール」の時代風潮を見事にとらえた『痴人の愛』や、戦争推進の復古主義の気分を逆手にとった華麗な『源氏物語』もその文脈で理解できるだろう。

海外でも評価が高く、1960（昭和35）年、1964（昭和39）年の2度、ノーベル文学賞の最終候補になっている。

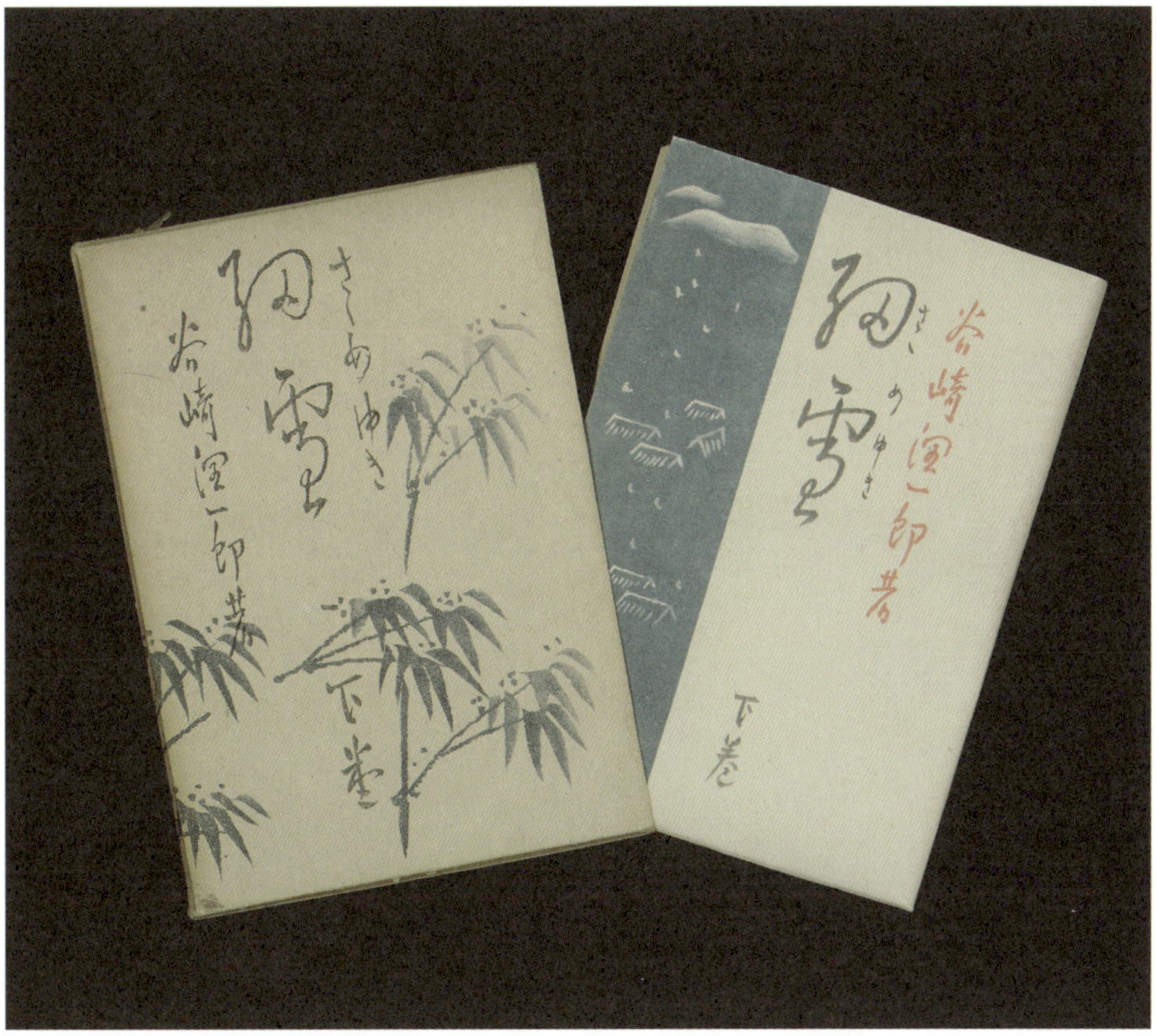

『細雪 下巻』、1948（昭和23）年、中央公論社発行、表紙（右）函（左）、日本近代文学館提供

●作家

谷崎潤一郎《たにざき じゅんいちろう》

1886（明治19）年～1965（昭和40）年

東京生まれ。作家の谷崎精二は弟。府立一中、一高から東京帝大国文科へと進むが、中退。第2次『新思潮』発表の『刺青』が永井荷風に激賞され、耽美派作家として文壇に登場。マゾヒズムや独特な美意識などの文学世界は、初期作品にすでに顕著に見られる。1923（大正12）年の関東大震災を機に関西に移る。30（昭和5）年には千代子夫人と離婚し、その夫人を友人で作家の佐藤春夫に譲る「細君譲渡事件」が世間を賑わす。同事件は『蓼喰ふ虫』の下地になっている。作家生活を通じて、作風は『痴人の愛』に代表されるモダニズムから『吉野葛』、『春琴抄』などの古典趣味に変貌した。戦時中は『源氏物語』の現代語訳に取り組み、また発禁となった『細雪』を執筆した。晩年の作品に『鍵』、『瘋癲老人日記』など。海外での評価も高い。49（昭和24）年文化勲章。65（昭和40）年、腎不全に心不全を併発して79歳で死去。

出版業界をとりまく技術発展③——

オフセット印刷

活版印刷より効率がよいオフセット印刷へ

オフセット印刷は1905（明治38）年、米のアイラ・ラブルの発明になる。活版印刷機を操作していた工員が紙を機械にはさまずにまわしてしまったため、版のインキが圧胴のゴム布に印刷されてしまった。次に入れた紙の裏側にそのゴム布の文字が、はっきりと印刷されたのである。

直接印刷した表面の印刷よりも裏面の印刷のほうが、細部までよく刷れているので、ラブルはゴム布を通して紙に印刷する間接印刷法を開発した。

紙に直接印刷しないので、オフセット印刷という。

印刷版と紙の間にゴム布（ゴムブランケット）が介在している。

印刷版に凹凸はない。アルミ版の上に感光剤を用いて、非画線部と画線部を作る。ここに水を付けると、非画線部には水が残り、画線部は水分をはじく。その上にインクを付けると、水は油を弾くので、画線部だけにインクが残る。

この版にゴムブランケットが接し、転写されたブランケットのインクが紙に印刷される。

オフセット印刷では、ふつう巻取紙を使うオフセット輪転機が使われる。

表面の粗い紙や金属板にも印刷できることと、大判の紙にもカラー印刷ができることなどの理由から、広く利用されるようになった。

とくに第二次世界大戦後、カラー印刷の需要が増えて、オフセット印刷が大いに利用されるようになり、色刷りといえばオフセットというほどになった。

1956（昭和31）年以降、海外の優秀な印刷機、製版機が日本に輸入された。なかでもドイツ製のオフセット印刷機は日本の印刷業界に広く採用された。

1960（昭和35）年ごろから、印刷版を作るための原版には、写真植字や電算植字が多用され、その後はDTP（デスクトップ・パブリッシング）が使われるようになった。

現在では、パンフレット、カタログ、文庫本や書籍などもオフセット印刷が主流となっている。かつて活版が主流であった新聞も1980年代以降オフセット化されている。

第四章

昭和後期（戦後）

――復興と高度経済成長

意図的に作られるベストセラー

戦後最初のベストセラーは、敗戦直後の1945（昭和20）年9月に出た『日米会話手帳』だ。刊行後、わずか2カ月半で360万部の大ヒットとなった。戦時下は横文字は厳禁で、閉ざされていた情報に接したいという国民の欲望が大きなうねりになった。

文学の世界でも戦時中は手に入らなかったサルトル『嘔吐』やドストエフスキー『罪と罰』など海外文学が普及した。日本文学では三島由紀夫『金閣寺』や太宰治『斜陽』が支持を得る。

終戦翌年に発表された坂口安吾の『堕落論』は、日本人を縛ってきた道徳観を否定した。旧来の規範や常識、道徳から解放されることを「堕落」という語を用いて説いた。安吾は「無頼派」として知られるが、敗戦で既存の価値観が崩れ、社会が混沌《こんとん》とする状況を作品でも生き方でも示した。

性の解放の空気も生まれる。ヴァン・デ・ヴェルデの『完全なる結婚』や『チャタレイ夫人の恋人』が話題となる。こうした中、1956（昭和31）年に当時23歳の一橋大学の学生だった石原慎太郎による『太陽の季節』は新時代の到来を感じさせた。芥川賞を受賞した同作は若者たちが自動車やヨットを乗り回し、異性と奔放な関係を結ぶ姿を描き、当時の日本人に大きな衝撃を与えた。芥川賞が社会現象を初めて引き起こした作品と位置づけられており、「太陽族」なる言葉も派生し、同年5月には映画化される。慶應義塾大学を中退して映画界に入った弟の裕次郎が端役で出演、都会的で自然体で少年のような輝きを持つ新世代のスターとして、戦後を代表する俳優になる。

1958（昭和33）年に、『文學界』に発表した『飼育』で芥川賞を受賞したのが大江健三郎である。石原慎太郎と同じく23歳での受賞で石原、開高健らとともに、第三の新人（安岡章太郎、吉行淳之介など）を飛び越えて、第一次戦後派文学の後継者として注目を集める。大江の前衛的な小説は世界各国で翻訳され、海外での評価も高まり1994（平成6）年にノーベル文学賞を受賞する。

昭和20年代の末期には、消費景気、投資景気に続いて「29年不況」があった。国際収支が赤字になり、金融の引き締めがおこなわれ、企業の資金繰りは急速に悪化した。

出版業界も例外ではなかった。戦後に創刊された雑誌が10誌近くも廃刊になった。不況下の出版業界でうけたのが「新書」である。サイズを普通の本のB6判より小型にし、中身も装丁も簡略にしたことで、手軽に作れて多売できる。

1960年代に出版界をけん引し、書店を席巻したのが光文社のカッパ・ブックスだ。60年代に百科事典がベストセラーになるなど、知的生活を豊かにしたいという意識が庶民にも目覚め、カッパ・ブックスは「パンのように売れる」と形容された。岩田一男の『英語に強くなる本』が100万部を超えるベストセラーになり、60年代後半にカッパ・ブックスは全盛期を迎える。郡司利男『国語笑字典』、多湖輝『頭の体操』などが並び、また佐賀潜『刑法入門』などの新書も話題を呼んだ。塩月弥栄子の『冠婚葬祭入門』は社会人になり、冠婚葬祭などに通じていないと困ると実感し始めた終戦直後に生まれた世代を取り込んだ。

70年代は社会情勢の影響が色濃い本が売れた。1972（昭和47）年に田中角栄の『日本列島改造論』、オイルショックが起きた翌年には小松左京の『日本沈没』がヒット作になる。人々の心の揺れが本にもあらわれている。

出版業界の販売戦略にも新たな動きが出てきた時代だ。文庫市場は岩波、新潮、角川の寡占状態だったが、昭和40年代後半は、講談社文庫、中公文庫、文春文庫などが創刊され、出版社間での競争が激しさを増す。そんな中、出版業界の販促を一変させたのが角川書店の戦略だ。

1975（昭和50）年に角川書店社長となった角川春樹は、映画と文庫本との「メディアミックス戦略」を推進し、ベストセラーを誕生させる。

1972（昭和47）年に角川文庫に収録された推理小説『犬神家の一族』は、角川春樹事務所によって1976（昭和51）年10月に映画化された。

角川書店発行の文芸誌『野性時代』に、映画公開に合わせて「出版界空前の大ベストセラー」、「話題沸騰の角川映画いよいよクランク・アップ」といった宣伝文を掲載。文庫と映画の相乗効果を生み出そうとする戦略は奏功し、同作は積極的な宣伝により180万部のベストセラーになる。

1900年代末頃から、ベストセラーの構造も変わっていく。高等教育が普及し、マスメディアの発達、知識人の地位低下という状況を背景に生み出された「知的中流階級」をターゲットにし始める。

中島梓は『ベストセラーの構造』の中で、「いちばん恐るべきであるのは、こうしてミリオンセラーの構造をになPいながら、当の中流階級たちは、自分たちがマスコミによって《次に何を買うか》を指示されている、とは毛ほども疑っていないことだ」と指摘している。

1946
（昭和21年）

堕落論
坂口安吾

不敬罪の消滅と食糧メーデー

１９４６（昭和21）年5月19日、皇居前広場には25万人もの群衆があふれていた。食糧不足を訴えて上奏文《じょうそうぶん》を宮内省や首相官邸、警視庁に提出することを決議した「食糧メーデー（米よこせメーデー、飯米獲得人民大会）」に集まった人びとである。戦後1年を経てなお、国民は飢えていた。出兵による労働力不足や、前年の台風被害で農産物が不足し、敗戦の混乱で流通経路も破壊されていた。国の食糧配給は滞り、国民は高騰する食糧品や物資を闇市で手に入れて食いつないだ。戦災孤児は12万人以上にのぼり、身寄りがなく街をさまよう「浮浪児」は社会問題となっていた。進駐軍を相手にする娼婦の数は15万人ともいわれた。

食糧メーデーのデモ行進では「朕《ちん》はタラフク食ってるぞ。ナンジ人民飢えて死ね」と天皇を揶揄するプラカードを掲げた男が不敬罪に問われた。男は「ポツダム宣言の受諾によって天皇の神聖消滅を受けて不敬罪は消滅した」と主張し、名誉棄損罪に問われるだけで済んだ。ＧＨＱの意向が影響したとはいえ、天皇の存在価値の転換を象徴する事件である。

個人主義による、天皇制下の秩序解体を説く

〝世相の上皮〟に惑わされない自由を主張

食糧メーデーの約ひと月前、雑誌『新潮』（第43巻第4号）にセンセーショナルなエッセイが掲載された。堕ちることで自分の本

『堕落論』、1947（昭和22）年、銀座出版社発行、日本近代文学館提供

質を見究めよと説いた坂口安吾の『堕落論』だ。太平洋戦争中、盤石と思われた既存の権威や価値観、そしてモラルが、敗戦によって崩壊する様を日本人は目の当たりにした。その混乱や喪失感から解放され、自分を取り戻し、自由になるための逆説的な指標として、安吾の言う「堕落」は受け止められた。

> 半年のうちに世相は変った。醜《しこ》の御楯《みたて》といでたつ我は。大君のへにこそ死なめかへりみはせじ。若者達は花と散ったが、同じ彼等が生き残って闇屋となる。ももとせの命ねがはじいつの日か御楯とゆかん君とちぎりて。けなげな心情で男を送った女達も半年の月日のうちに夫君の位牌にぬかずくことも事務的になるばかりであろうし、やがて新たな面影を胸に宿すのも遠い日のことではない。人間が変ったのではない。人間は元来そういうものであり、変ったのは世相の上皮だけのことだ。

この冒頭によって、まず安吾は欲望を人間本来の資質として肯定した。そして、絶対的な価値ではなかったと思い知らされた「世相の上皮」というものに反発する。戦中のそれは天皇制である。しかしながら、『堕落論』を天皇制批判の左翼的な主張として位置付けるのは早計だろう。安吾は時代ごとに上皮をつくりだすことで居場所を見出そうとする姿勢を批判こそすれ、時代ごとに生み出される一過的な体制やイデオロギーを取り上げて糾弾しているわけではない。実際、社会的に服属すべき対象を担ぎ出さずにはいられない人間の本能について「それは天皇家に限るものではない。代り得るものならば、孔子家でも釈迦家でもレーニン家でも構わなかった。ただ代り得なかっただけである」と書いている。

『堕落論』と、同年末に『続堕落論』が発表された1946（昭和21）年には、雑誌『近代文学』で活躍した平野謙、荒正人に中野重治が反発し「政治と文学」論争も起きた。論争の中心には社会を支える主体は市民なのか、ブルジョア的な個人なのかという議論があった。平野は絶対的で超越的な存在によって主体が仕立てられることを批判する立場を取った。その点においては、伝統や国民性、その他の何らかの価値観によって社会に主体を見出そうとすることを悪しとする安吾の考えに近かったと言える。

●作家

坂口安吾

さかぐちあんご

1906（明治39）年〜1955（昭和30）年

父は衆議院議員を務める地元の名士であり、漢詩人でもあった。1919（大正8）年、県立新潟中学校に入学。成績優秀だったが、近眼の進行で勉強をしなくなり成績が下がる。悪友と歌留多遊びなどに興じるが、谷崎潤一郎やボードレール、石川啄木を読む。成績の低下で留年し、教師への態度も反抗的だったことから、放校される可能性を危惧して22（大正11）年、東京の私立豊山中学校に編入する。この頃、新潟中学に残したとされる「余は偉大なる落伍者となっていつの日か歴史の中によみがへるであらう」という落書きが知られる。25（大正14）年、東洋大学大学部印度哲学倫理学科に入学。アテネ・フランセに通い、ヴォルテールなどを愛読。30（昭和5）年、同人誌『言葉』を創刊し、翌年『青い馬』に発表した短編『風博士』が牧野信一に激賞される。戦後、『堕落論』『白痴』などが高く評価され、太宰治や織田作之助とともに、無頼派の代表的な作家として知られている。他の代表作に『桜の森の満開の下』『二流の人』『不連続殺人事件』など。55（昭和30）年、脳出血で急逝。

1947
（昭和22年）

夏の花
原民喜

広島に原子爆弾が投下される

１９４５（昭和20）年８月６日午前８時15分、米軍のＢ29爆撃機エノラ・ゲイから投下されたウラニウム爆弾「リトルボーイ」が広島市の上空で閃光を放ち炸裂した。このとき、発生した火球の中心温度は摂氏１００万度。爆心地周辺の地表温度は３０００～４０００度に達し、強烈な熱線と放射線を四方へ放射すると同時に、超高圧の爆風を引き起こした。人類史上で初めて、核兵器が使用された瞬間である。

市民や、軍人、外国人を含み、約35万人もの人口を誇った広島市の大半は一瞬にして火の海と化した。爆心地から2キロメートル圏内では50パーセントもの人が即死、あるいは即日死した。その後も犠牲者は増え続け、現在もなお正確には把握できていないが、広島の原爆被害による死者数は13～14万人にものぼる。

広島市幟《のぼり》町（現・中区幟町）出身で、『三田文学』を中心に活躍していた原民喜は、１９４５（昭和20）年1月、39歳のときに郷里の生家に疎開して長兄の家業を手伝っていた。そして8月6日、被爆。生家は爆心地からわずか1・2キロの場所だったが、

原爆体験を写実的に描いた原爆文学の傑作

厠《かわや》にいたために運よく難を逃れ、八幡《やはた》村（現、広島県佐伯市）へと避難する。民喜は避難先の八幡で、あの8時15分から八幡村へ逃れるまでの2日間に見た凄惨な光景を短編として書き上げる。そこには、自分自身の投影である主人公の「私」が、家から逃れ

『夏の花』（ざくろ文庫5）、1949（昭和24）年、能楽書林発行、日本近代文学館提供

出た様子を次のように記している。
かねて、二つに一つは助からないかもしれないと思つてゐたのだが、今、ふと己れが生きてゐることと、その意味が、はつと私を弾いた。
このことを書きのこさねばならない、と、私は心に呟《つぶや》いた。けれども、その時はまだ、私はこの空襲の真相を殆ど知つてはゐなかつたのである。

ＧＨＱ検閲の裏で反戦文学ブームが起こる

被爆直後の体験を綴った日記『原爆被爆時のノート』をもとに、執筆されたこの短編は当初「原子爆弾」という題で、戦後に創刊された文芸誌『近代文学』の創刊号に掲載される予定だった。しかし、ＧＨＱの検閲を考慮し、１９４７（昭和22）年６月に『夏の花』という題に改められて『三田文学』に初掲載されることとなった。文芸評論家で民喜の義兄の佐々木基一が『小説集　夏の花』に寄せた解説によると、当時『近代文学』は総合雑誌並の厳しい検閲対象となっていた。そこで、純文芸誌の色が強い『三田文学』のほうが検閲をパスしやすいだろうという判断があったという。この際、民喜の了解を得て、被爆者についての描写などが多数削除されている。

『夏の花』の発表以降、同じく広島県出身で市内で被爆した大田洋子は『屍の街』を書き、原爆作家としての評価を確立。治安維持法違反容疑で大阪陸軍刑務所に入所した体験を書いた野間宏の『真空地帯』や、フィリピン戦線での人間の狂気を書いた大岡昇平の『野火』といった戦争文学を多数輩出する流れへとつながっていく。

『夏の花』が『三田文学』に掲載された直後の１９４７（昭和22）年８月６日は、広島で初めての平和式典が開催された。被爆市民の平和への意志を発信したこの祭典に、マッカーサーは「原爆投下は人類を絶滅し得るという警告をもたらした。この教訓を忘れてはならない」といった趣旨のメッセージを寄せている。

◉詩人

原民喜 はらたみき

１９０５（明治38）年〜１９５１（昭和26）年

広島市幟町（現・中区幟町）で、陸海軍・官庁御用達の縫製業を営む両親のもとに生まれる。中学時代より詩作をはじめ、18歳で同人誌『少年詩人』に参加。ゴーゴリ、チェーホフ、ドストエフスキー、室生犀星などに親しむ。１９２４（大正13）年で、慶應義塾大学文学部予科に入学。短編小説の創作をはじめ、「糸川旅夫」のペンネームでダダ風の詩を発表する。その後、同人誌『春鶯囀』を創刊し、創作を続けながら、マルクス主義に傾倒。慶應大学文学部英文学科入学後は、左翼運動にも参加する。32（昭和７）年、失恋により自殺未遂。33（昭和８）年、文芸評論家・佐々木基一の妹・永井貞恵と結婚。２年後、作品集『焔』を自費出版する。その後は『三田文学』を中心に作品を発表。44（昭和19）年に妻、貞恵を亡くし、翌年、失意のまま疎開した広島で原爆被爆。その経験を小説『夏の花』に綴る。以後、被爆地をテーマに作品を発表し、東京に戻ってからも『三田文学』の編集に携わりながら創作を続ける。51（昭和26）、中央線の吉祥寺、西荻窪間で鉄道自殺を遂げる。代表作『夏の花』は水上瀧太郎賞を受賞。

1947
（昭和22年）

斜陽

太宰治

没落していく上流階級を描く

いえる作品だ。

1945（昭和20）年、父を失ったヒロインのかず子とその母は東京の家を売り、伊東で暮らすことになる。「最後の貴族」である母は、体調がすぐれない。やがて、戦地から麻薬中毒になって戻ってきた弟の直治は自暴自棄な生活に身を滅ぼしていき、母の死の直後、貴族である苦悩と自らの弱さを遺書に書き残して自殺を遂げる。滅びた貴族である母と直治に反して、かず子だけは不倫で宿した子を産み、シングルマザーとして戦後社会を生き抜く決意を固める。かず子は言う。

古い道徳とどこまでも争い、太陽のように生きるつもりです。

太宰は「日本版『櫻の園』」のアイデアをすでに、1946（昭和21）年11月の時点で『新潮』関係者に語っている。翌年2月、ヒロインのモデルであり後に太宰の子（作家太田治子）を産む太田静子に日記を借り、その日記をモチーフにして『斜陽』の執筆を開始する。『斜陽』は7月から4回にわたって『新潮』に掲載され、11月に完結。同年12月に単行本として刊行されている。

太宰が『斜陽』の構想を語った1946（昭和21）年11月は、戦後日本の原点となる「日本国憲法」が公布された月である（11

時代の寵児の心中事件

1948（昭和23）年6月19日早朝、東京都北多摩郡三鷹町（現・三鷹市）の玉川上水で遺体は見つかった。無頼派の作家太宰治、38歳。その数日前から行方不明となり、夫人宛ての遺書も残されていたことから捜索が続けられていた。時代を代表する流行作家による、愛人山崎富栄との入水心中という顚末だ。2人の遺体は腰の部分が赤いひもで結ばれていた。衝撃的な情死事件を新聞は大きく報じた。当時、太宰が朝日新聞に連載をはじめていた小説『グッド・バイ』は13回で絶筆となった。

愛人富栄が太宰にささげた日記を掲載した『週刊朝日』は発売4時間で売り切れた。そして、前年に新潮社から刊行されて版を重ねていた太宰の『斜陽』は、スキャンダラスな情死によってさらなる話題を呼び、ついにはこの年のベストセラー第1位となる。

滅びゆく貴族を描いた、日本版チェーホフ『櫻の園』

「斜陽族」という流行語を生んだ『斜陽』は、敗戦後、激変する社会で没落していく貴族の一家を書いた「日本版『櫻の園』」とも

月3日)。

マッカーサーと、GHQ民政局長主導の「天皇制の存続」「戦争と軍備の放棄」「封建制の廃止」の3原則を必須要件とした内容で、その第14条2項には「華族その他の貴族の制度は、これを認めない」とある。『斜陽』は優れた人間ドラマに加えて、ヒットに値する時代感覚をとらえた作品でもあったのだ。

日本国憲法の公布により、大日本帝国憲法下においては帝国議会の上院として機能していた貴族院は廃止されることとなった。

非公選の貴族院は皇族、華族、勅選議員で構成されていたが、その代わりに、衆議院に対する抑制機関の役割を担う目的で参議院が生まれた。帝国議会は衆議院の解散と貴族院の停会によって3月末で終了。4月は日本国憲法施行後、初の国会の開会に向けて、第1回参議院議員選挙のほか、国政、地方ともに選挙ずくめとなった。

5月3日には、新憲法施行の記念式典が開催され、当時の首相吉田茂は「誠に優れた憲法」と祝辞を発表している。

以降、吉田茂内閣の総辞職、3党連立内閣による日本初の社会党政権の誕生を経て、日本は民主化への歩みを本格的に進めていくこととなる。

『斜陽』、1947(昭和22)年、新潮社発行、複刻版、日本近代文学館提供

◉作家

太宰治

だざいおさむ

1909(明治42)年～1948(昭和23)年

青森県金木村(現・五所川原市金木町)に生まれる。本名は津島修治。生家は県下有数の大地主で、父は貴族院議員、衆議院議員などを務めた地元の名士。中学時代は成績優秀で、芥川龍之介、菊池寛、志賀直哉、室生犀星、井伏鱒二などを耽読。同人活動で創作をはじめ、作家を志す。1930(昭和5)年、東京帝国大学仏文科に入学。井伏鱒二に弟子入りし、この頃、芸者初代の上京と仮祝言、前後して女給田部シメ子と入水自殺事件を起こし、一人生き残る。また、左翼活動に関係するが、脱落。35(昭和10)年、『逆行』が、第1回芥川賞の次席に。翌年、第一創作集『晩年』を刊行。私生活ではパビナール中毒に悩む。37(昭和12)年、初代の不貞をきっかけに、初代とのカルモチン自殺未遂。別離を経て39(昭和14)年、井伏鱒二の世話で石原美知子と結婚。『女生徒』『富嶽百景』『走れメロス』などの佳作を書く。41(昭和16)年、太田静子に出会い、日記を書くように勧める。戦後、太田をモデルにした『斜陽』などで流行作家となり、『人間失格』『桜桃』を執筆。48(昭和23)年の38歳のとき、山崎富栄と共に玉川上水で入水自殺を果たした。坂口安吾、織田作之助、石川淳らとともに新戯作派、無頼派と称される。

1947
（昭和22年）

新寶島

手塚治虫

戦後ストーリー漫画の原点

昆虫を愛した医学生

１９４７（昭和22）年刊行の初版の美本であれば、現在、古書取引市場で約５００万円の値がつくといわれる長編マンガ作品が

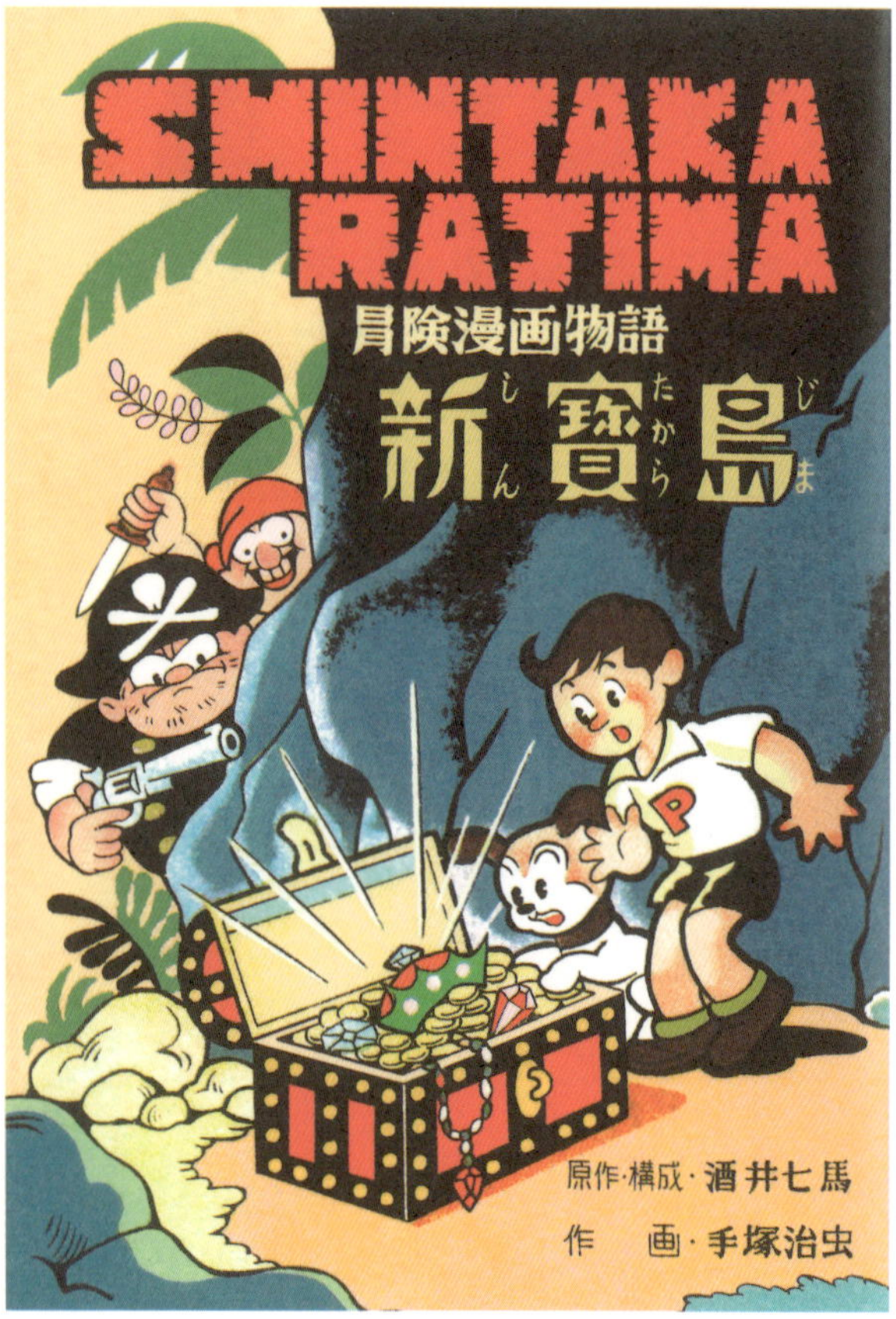

『完全復刻版 新寶島』、2009（平成21）年、小学館クリエイティブ発行

ある。マンガ家の酒井七馬と、当時新人だった手塚治虫による描き下ろし単行本『新寶島』だ。

『新寶島』は、藤子不二雄Ⓐによる自伝的作品『まんが道』のなかで書かれているように、自身がモデルである満賀道雄と、藤子・F・不二雄をモデルにした才野茂という二人の運命を決定づけたマンガ本として重要な役割を担う。

このように『新寶島』は、日本のマンガ界にとって、聖典ともいえる作品だったが、２００９（平成21）年に完全復刻版が刊行されるまで、当時のオリジナルは入手困難な状況にあった。

カリスマ的人気を誇る手塚の作品の多くは再版を重ね、手軽に手にすることができる状態だったが、なぜ初期の重要な作品である『新寶島』は長い間、幻の作品になっていたのか？　さまざまな理由が言われてはいるが、完璧主義の手塚らしい、作品に対する思いがあったことは確かなようだ。

マンガにも理解がある文化的な両親のもとに生まれ、家にあった田河水泡の『のらくろ』シリーズなどに親しんだ手塚は、小学校時代には、すでにマンガ家としての頭角を現した。昆虫採集や天文学にものめり込み、本名の「治」に「虫」をつけた「治虫」

をペンネームとして使うようになった。しかし、小学校時代からの１９３９（昭和14）年に第二次世界大戦がはじまり、手塚が中学に進学した１９４０（昭和15）年には、日本も軍事強化のムードが強まっていく。太平洋戦争がはじまり、大阪大空襲の際には九死に一生を得る体験をしながらも、手塚はマンガを描き続ける。それどころか、軍需工場へ通うことをやめて、マンガにのめり込む。そして、終戦間際、大阪帝国大学医学専門部に入学する。

医学生として学生生活を送りながら、手塚は『マアちゃんの日記帳』という四コマ作品の連載で『少国民新聞』（現在の『毎日小学生新聞』）紙上でマンガ家デビューを果たす。四コマでの表現には限界があったが、ほどなくして長編マンガで世に出ていくチャンスが巡ってくる。戦後初の豪華本の企画として、酒井七馬が持ちかけた合作の製作である。酒井の原案で、手塚が自由に描くことになった２００ページの作品『新寶島』である。『新寶島』は40万部を売り上げ、以降、手塚は忙しくなっていく。

「ストーリー漫画」の確立

その後、さまざまな作品を手がけた手塚は「ストーリー漫画」の概念「内容に哲学的な深さをもたせ、人物の配置や構成に文学的な広がりを加える、かならずしも笑いは必要ではなく悲劇性、カタストロフィーも拒否しない」を確立し、日本のマンガに革命を起こす。「ストーリー漫画」の片鱗が見える『新寶島』が歴史を変えた作品でありながら、オリジナル版が再版されなかったことについて、手塚は、１９８６（昭和61）年に描き直して刊行した『新宝島』のあとがきで、次のように語っている。

ぼくは、ワラ半紙に二百五十ページの下がきをして見せました。それはプロローグで犬を拾うところから、ラストの夢オチまで、ちゃんと起承転結のある物語でした。しかし、酒井さんは、出版社との約束が百九十ページがギリギリ限界だということで、六十ページ分をけずられました。

表現が大幅に変えられた不満に加え、当時の描き版（当時は原画をもとに職人が描いて、印刷用の版を起こしていた）が雑だったことに対する不満も「これが復刻されることは作家として堪えられない」と綴っている。

●漫画家

手塚治虫《てづかおさむ》

１９２８（昭和３）年～１９８９（平成元）年

大阪府豊中町（現・豊中市）に生まれ、兵庫県宝塚市に育つ。本名は手塚治。祖父の太郎は関西大学設立者の一人。住友金属に勤める会社員の父はカメラを愛し、家にはマンガ本が多くあった。少年時代はマンガと同時に昆虫に熱中し、後年、〈オオムラサキを守る会〉の理事や〈日本昆虫倶楽部〉の初代会長を務めた。１９５１（昭和26）年、大阪大学付属医学専門部を卒業し翌年には医師国家試験に合格。在学中の46（昭和21）に『マアちゃんの日記帳』でデビュー。翌年、『新寶島』がベストセラーになる。１９５０年代には雑誌で『ジャングル大帝』『アトム大使』（『鉄腕アトム』の前身）、『リボンの騎士』、『火の鳥』などの連載を開始。アニメーション制作にも精力的で、61（昭和36）年、自身の手塚プロダクションに専門の部署を設立（後の「虫プロダクション」）。翌年、日本初の30分枠でのテレビアニメ『鉄腕アトム』の制作を開始、同アニメは大ヒットする。70年代には読み切りの『ブラック・ジャック』がヒットする。89（平成元）年、『ネオ・ファウスト』など3作連載中に、胃がんのため死去。

1948（昭和23年）

暮しの手帖

戦後の貧しさの中、女性に寄り添う

雑誌の収益は、読者がその雑誌を買うことで得られる販売代金のほかに、誌面に掲載する広告料金によって得られる額が大きな割合を占めるということは周知だろう。

広告主が主体となって掲載広告を制作する「純広告」以外にも、媒体側が広告料を原資として広告主に利をもたらすコンテンツを制作・掲載する「記事広告（ＰＲ記事）」がある。見開き掲載の出稿料が数百万円にもなる広告もあり、広告は雑誌文化を支えてきた貴重な存在である。その反面、媒体側は広告主を意識した誌面づくりに傾きがちになり、情報・文化の発信源という雑誌本来の意義が損なわれる懸念もある。

そうした負の可能性を問題視し、媒体としての中立性を守るために、企業広告を一切載せないという方針を貫いてきた雑誌が存在する。１９４８（昭和23）年の創刊で、現在は隔月で発行を続けている総合生活雑誌『暮しの手帖』である。主な読者対象を主婦とし、実用的ながらも、おしゃれ心を忘れない独特の世界観で、ファッション、料理、医療・健康、ライフスタイルなどさまざまな分野を網羅し、全盛期は１００万部、２０１５（平成27）年時点でも約19万部を発行する。２０１６（平成28）年にはＮＨＫが、『暮しの手帖』の創刊者大橋鎮子《しずこ》と初代編集長花森安治をモデルにした連続テレビ小説『とと姉ちゃん』を放映し、その美学が再注目された。

どん底の時代に美しい暮しを提案

戦中から戦後にかけて日本読書新聞で編集部員をしていた大橋鎮子は、女性を幸せにする雑誌をつくりたいという志を持っていた。一方、花森安治は戦時中、大政翼賛会の外郭団体に所属して、国策広告に携わっていた。有名な戦時標語の一つである「欲しがりません勝つまでは」は、大政翼賛会と新聞社が「国民決意の標語」を募集した際の入選作だが、この選出に優秀なコピーライターでもあった花森も絡んでいたといわれる。

しかしながら、広告人として、民間人を巻き込む戦争の悲惨さを体感した花森は、戦後、日本読書新聞でカットの仕事をしていたときに、大橋の誘いに共感して、大橋を社長とする衣装研究所を設立（昭和21年）、女性のための服飾雑誌『スタイルブック』を創刊する。戦後の貧しさのなかでも、おしゃれに美しくいたいと願う女性へ、実用的で美しいファッションを提案した。

その後、１９４８（昭和23）年には、ファッションだけではなく、健康を支える「食」と、家庭を守る「住」の要素を加えて、『美しい暮しの手帖』を創刊。戦争体験を踏まえ、個々人が自分の生活を大切にすることを通じて、戦争のない平和な社会になって欲しいと願う花森と、戦争中、満足に教育を受けることができなかった女性たちの、見たい、知りたいという欲求を満たしたいと願う大橋の思いが、花森の手になる美しい装画とタイトルのもとに結実した。

市場も変えた「商品テスト」

創刊からしばらくは思うように売れず、社員7人が行商で書店に営業したが、1号ずつ手づくりの気持ちでこだわりぬいてつくる編集方針は揺るがず、その甲斐あって徐々に読者の信頼を獲得していく。第18号目で10万部を超え、１９５４（昭和29）年には後に発行部数を１００万部にまで引き上げるきっかけとなった目玉企画が誕生する。12月1日発行の第26号に登場した、他誌には絶対に真似ができない企画――それが「商品テスト」である。

経済成長とともに消費が拡大した時代、さまざまな商品が世にあふれ、生活者は選択眼を持つ必要に迫られた。そこで、『暮しの手帖』は、生活者の立場にこだわり商品を実際に試す「商品テスト」を企画したのである。靴下から石油ストーブまで、あらゆる商品をテーマに耐久性や安全性をテストする。企業広告を掲載しない『暮しの手帖』の真骨頂ともいえるこの企画に読者は強い関心を寄せた。商品を製造するメーカーはこの「商品テスト」を意識せざるを得ず、結果としてクオリティの高い製品開発へとつながっていくだろうという、花森と大橋の願いもあった。

１９７８（昭和53）年、花森は66歳で急逝した。花森は最後まで、自身で取材し、写真を撮り、原稿を書き、レイアウトを組み、カットを描き、校正をし、ずっと編集長であることにこだわり続けた。

これは　あなたの手帖です／いろいろのことが　ここには書きつけてある／この中の　どれか　一つ二つは／すぐ今日　あなたの暮しに役立ち／せめて　どれか　もう一つ二つは／すぐには役に立たないように見えても／やがて　こころの底ふかく沈んで／いつか　あなたの暮し方を変えてしまう／そんなふうな／これは　あなたの暮しの手帖です。

創刊時に花森が掲げた「暮しの手帖マニフェスト」は死の瞬間まで変わることはなく、そして、花森の死後も脈々と受け継がれている。

『暮しの手帖 創刊号』、1948（昭和23）年、衣裳研究所発行、日本近代文学館提供

1949
（昭和24年）

きけ わだつみのこえ 日本戦没学生記念会

生を奪われた 学徒兵の慟哭

戦没学生の遺稿集が反響を呼ぶ

1947（昭和22）年、東大学生自治会戦没学生手記編集委員会の編集で『はるかなる山河に』が刊行された。東大出身の戦没学生39名分の遺稿を収録し、東大総長南原繁と、辰野隆教授の序文を付したこの本は、多くの人に深い感銘を与え、7万部に達するベストセラーとなった。

製作中の段階から、全国から東大以外の戦没学生の遺稿が出版部に届けられた。そんな経緯もあり、翌年には出版部のなかに「日本戦没学生手記編集委員会」が設立された。

同委員会は新聞やラジオを通じて全国に呼びかけ、集まった309名の遺稿の中から75名分を選んで、1949（昭和24）年10月『きけわだつみのこえ』として出版した。

遺稿は日中戦争期、アジア・太平洋戦争期、敗戦の順序でまとめられている。

今では戦没学生を指すようになった「わだつみ」の語を冠する書名は、一般から募り、京都の藤谷多喜雄による案が採用された。本の中扉には藤谷の歌が収録されている。

なげけるか　いかれるか　はたもだせるか　きけ　はてしなきわだつみのこえ

刊行翌年には後の東映社長岡田茂が実質的な初プロデュース作品として、本書をもとに『日本戦歿学生の手記 きけ、わだつみの声』（関川秀雄監督、東横映画）を映画化する。

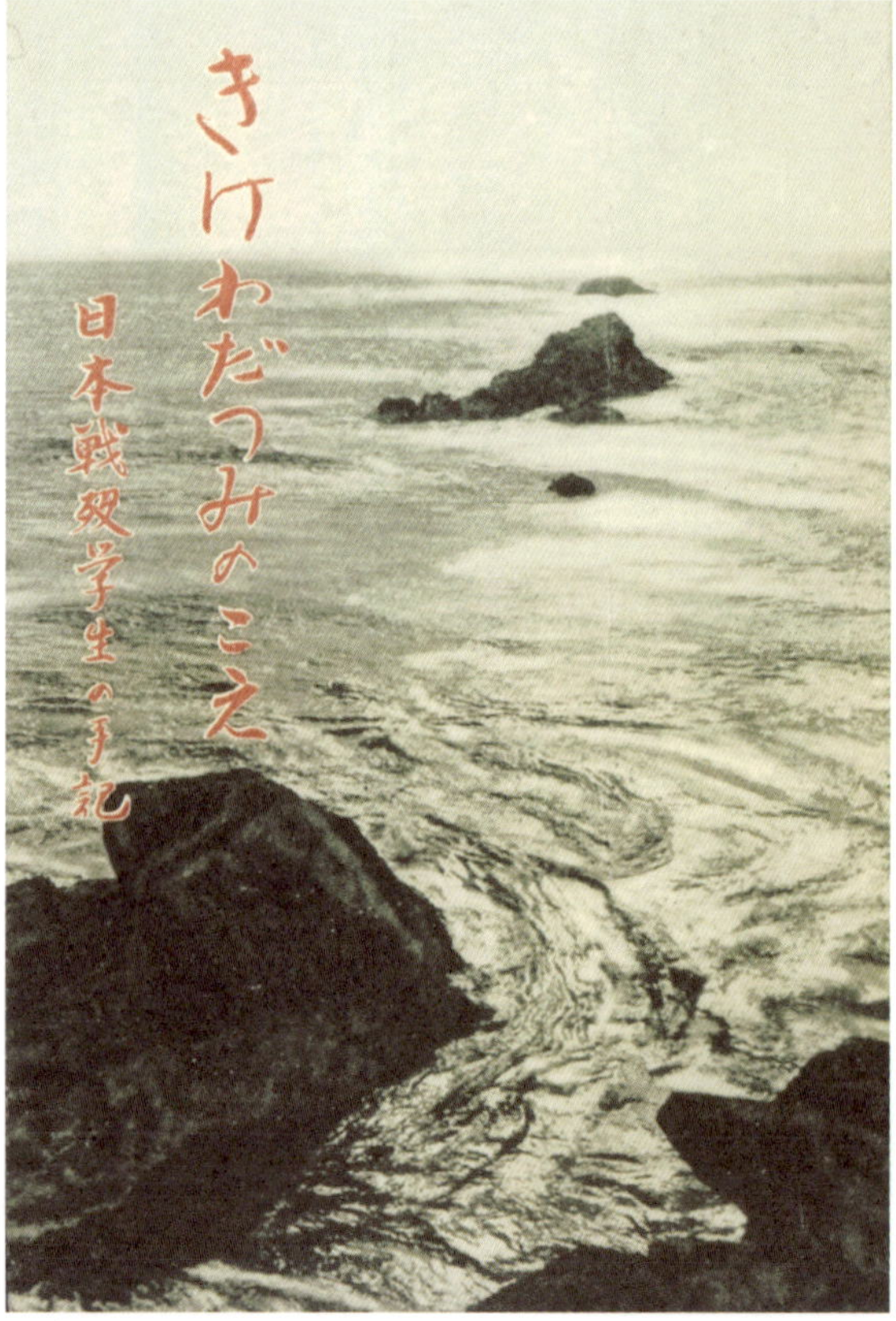

『きけわだつみのこえ』、1949（昭和24）年、東大協同組合出版部発行、日本近代文学館提供

これが日本初の反戦映画ともいわれて大ヒットし、１９５１（昭和26）年に創立される東映の礎を築いた。本書『きけわだつみのこえ』も宣伝しなかった本としては異例の20万部のベストセラーとなる。

この頃、隣国ではすでに朝鮮戦争がはじまっており、国民は再び戦争の気配を身近に感じていたという社会背景も手伝った。「わだつみの悲劇を繰り返すな」のフレーズは学生の反戦平和運動の中心的なスローガンとして受けとめられたのである。

1943（昭和18）年に東京・神宮外苑で行われた学徒出陣壮行会。

朝鮮戦争がもたらした好景気

１９５０（昭和25）年6月25日に開戦した朝鮮戦争は米ソの代理戦争の性格を持つ。第二次世界大戦終結直前に、ソ連は対日参戦を表明して朝鮮半島北部に侵攻。米国はソ連に対し朝鮮半島を分割占領する案を提示し、両国は合意した。１９４８（昭和23）年、北緯38度線を境にして、南に李承晩を大統領とする大韓民国、北に金日成を首相とする朝鮮民主主義人民共和国が相次いで建国された。以降、朝鮮半島の主権を巡り、国境付近ではたびたび衝突が発生していたが、ついに北朝鮮軍が38度線を越えて侵攻したことによって戦争が勃発する。

ソウルを陥落させた北朝鮮軍に対し、米軍主体の国連軍、韓国軍が奪還を図り、さらには中国人民解放軍の義勇兵からなる義勇軍も参戦し、こう着状態が続いた。

朝鮮戦争に際し、日本は米陸軍の補給基地として大きな役割を果たした。全国各地にある米軍キャンプは進駐軍の兵士を朝鮮半島に派遣する拠点となり、兵器、食糧など補給品の中継基地としても利用された。海上運輸には日本の船舶も利用されたほか、車両の整備は日本の民間企業が担った。

米軍を中心とする国連軍から大量の物資発注を受けた日本の経済は、戦後初の好景気（朝鮮特需）に沸いた。特需による契約額は開戦から1年で日本円にして１００億円を超え、日本の産業は戦後の停滞を脱する。

失業者は減り、国民の生活は向上し、続く高度経済成長への基礎となった。同時に日本は、以後米国を中心とする自由主義陣営に組み込まれていくこととなる。

1950（昭和25年）

徳川家康

山岡荘八

長期政権を誇った佐藤栄作内閣

朝鮮戦争開戦が間近に迫っていた1950（昭和25）年春、北海道新聞で山岡荘八『徳川家康』の連載がはじまった。その後、中部日本新聞（後の中日新聞）と西日本新聞も同小説の掲載をスタート。購読エリアは広がり、1953（昭和28）年になってようやく、3巻までが講談社から出版された。この時点ではまだ、主人公徳川家康は登場しておらず、華々しいヒットというわけではなかったが、連載は続き、書籍の続巻が出るごとに読者を増やしていく。1967（昭和42）年に、17年続いた連載が完結する時点では連載回数4725回、最終的に書籍は全26巻にもおよぶ大作となった。超長編小説の『徳川家康』は、ジュール・ロマン『善意の人々』と並ぶ世界最長の小説としてギネスブックに登録されている。同時に、超ロングセラー小説としていまも読み継がれている。

1964（昭和39）年、池田勇人の病気退陣に伴って内閣総理大臣に就任し、1972（昭和47）年の退陣まで7年8カ月にわたる長期政権を確立した佐藤栄作は「この本には政治、軍略、経済から宗教まですべての問題が網羅されている」と『徳川家康』を評価して憚《はばか》らなかった。佐藤だけではない。幕府を開き、260年も続く天下泰平を成した家康のトップとしての在りようは「経営者のバイブル」としてビジネス世代の心もつかんだ。

戦後の平和を家康の「泰平」に重ね合わせた

山岡の師長谷川伸が「人間として上中下それぞれに属するサラリーマンその他に酷似したものが登場する」と評したとおり、上司・部下や家族をかかえながら、会社の繁栄、ひいては日本経済の繁栄を担った「モーレツ社員」（特に昭和43年頃から使われた言葉）は企業の戦士であり、社会の武士として、『徳川家康』の登場人物に自らを投影したのである。とはいえ山岡は執筆の動機を「私は徳川家康という一人の人間を掘り下げてゆくことよりも、いったい彼と彼を取り巻く周囲の流れの中の、何が、応仁の乱以来の戦乱に終止符をうたしめたかを大衆とともに考え、ともに探ってみたかった」と語っている。

従軍作家としての戦後の願い

山岡が戦乱の終止符に思いを馳せたのには、従軍作家としての自身の戦争体験が影響したかもしれない。軍に同行して戦意高揚のためにペンを握った作家には菊池寛、井伏鱒二、林芙美子、吉川英治、石川達三など、戦後にも活躍した作家も少なくない。山岡は1942（昭和17）年より戦線で活躍し、『海底戦記』その他で野間文芸奨励賞を受賞しているが、戦後は公職追放となる。

　1962（昭和37）年8月、山岡は朝日新聞に『最後の従軍』という体験談を寄稿している。そこには1945（昭和20）年に海軍報道班員として鹿屋基地に配属された際に知り合ったある特攻隊員のことを書いている。山岡は、明るさを見せる隊員の心境を知りたいと考えていた。5月、出撃を直前に控えた隊員に山岡はこの戦を勝ち抜けると思うかと問うた。その問いに対して、隊員は「学鷲《がくわし》は一応インテリです。そう簡単に勝てるなどとは思っていません。しかし負けたとしても、そのあとはどうなるのです……おわかりでしょう。われわれの生命は講和の条件にも、その後の日本人の運命にもつながっていますよ」と応じたのである。

　先の大戦に終始符が打たれて、江戸の泰平のごとき安定と高度経済成長の繁栄を謳歌する時代、読者の支持を得て長く花開き続けた『徳川家康』のなかに山岡は書いている。

　人間はの、最も多くの人間を喜ばせたものが最も大きく栄えるものじゃ。

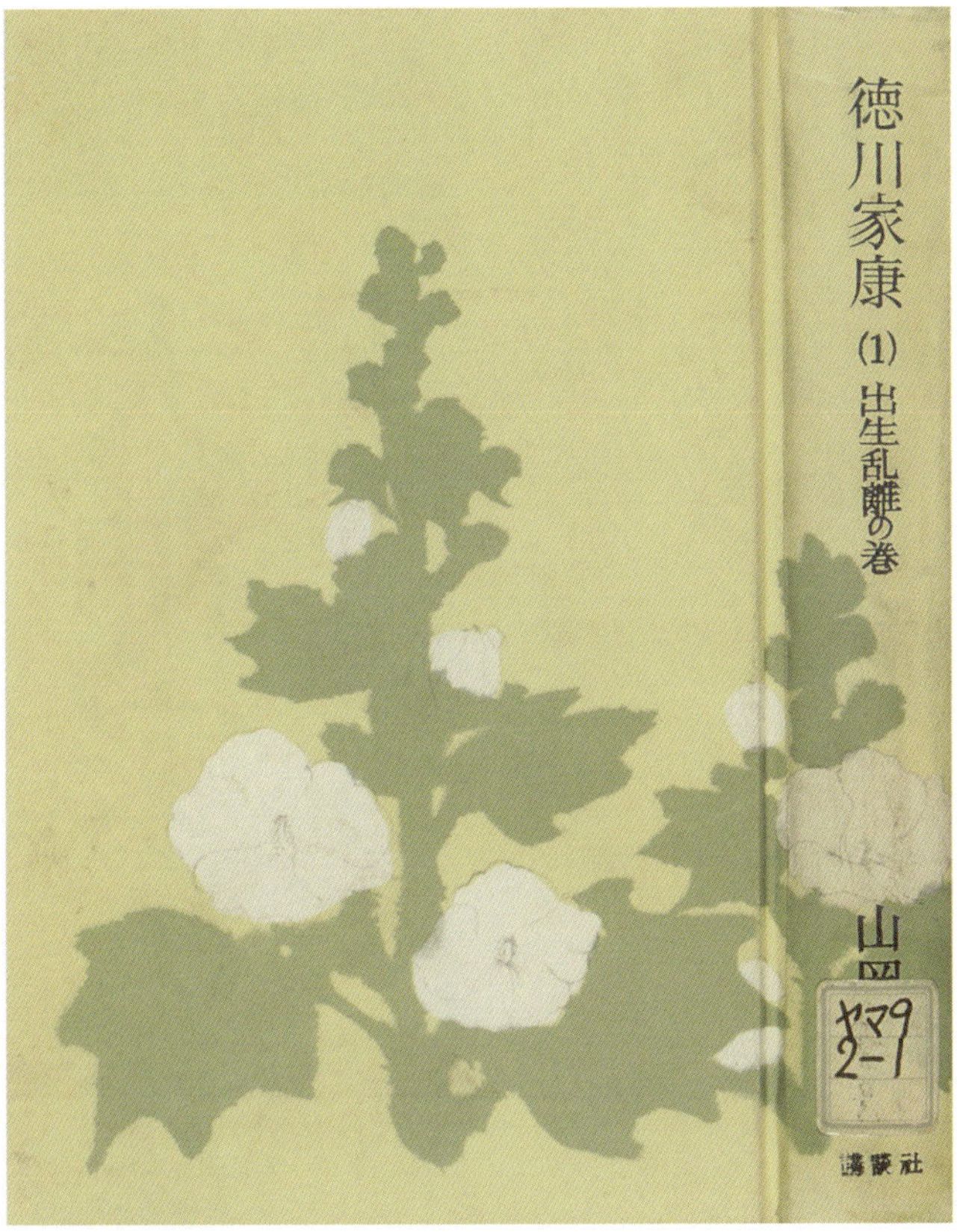

『徳川家康（1）』、1963（昭和38）年、講談社発行、表紙 背、日本近代文学館提供

●作家

山岡荘八

やまおかそうはち

1907（明治40）年～1978（昭和53）年

新潟県北魚沼郡（現・魚沼市）に生まれる。1920（大正9）年、高等小学校を中退し上京。14歳で股旅物のジャンルを確立した作家で劇作家の長谷川伸に師事。印刷所で文選工（活版印刷の工程で、活字を拾う職人）として働きながら逓信省で学ぶ。32（昭和7）年、万里閣に入社し雑誌編集に携わる。38（昭和13）年、『約束』で『サンデー毎日』大衆文芸に入選。翌年に著書『からゆき軍歌』を刊行。戦時中は従軍作家として戦線に出向き、『海底戦記』などの作品で野間文芸奨励賞を受賞する。戦後は公職追放となるが、50（昭和25）年より北海道新聞で『徳川家康』の連載がスタート。単行本が戦後最大のベストセラーに。66（昭和41）年には文壇長者番付1位となる。68（昭和43）年、同作で吉川英治文学賞を受賞。73（昭和48）年、紫綬褒章受章。代表作に『坂本竜馬』『山田長政』『吉田松陰』『伊達正宗』など。政治的には保守の立場で、74（昭和49）年に谷口雅春、岡田光玉、朝比奈宗源らとともに〈日本を守る会〉（現・日本会議）を結成。自衛隊友の会会長も務めた。

1951（昭和26年）

犬神家の一族

横溝正史

忘れられた傑作に光を当てる

１９７６（昭和51）年10月、監督市川崑、主演石坂浩二、原作横溝正史による映画作品『犬神家の一族』が公開された。この作品は、以後１９８０年代中頃までブームが続く「角川映画」の最初の作品であり、15億６０００万円の配給収入を記録し、大ヒットした。

ヒットを仕掛けたのは角川春樹。角川書店の2代目という出版人で、映画業界の人間ではなかった。いまでこそ、活字、映像、音楽という3メディアを総合的にプロデュースして収益を上げる戦略は珍しくなくなったが、それを最初に成し遂げて、既存の出版社の常識を覆したのが、角川春樹率いる角川書店だった。

１９７６（昭和51）年は、米国ではアップル社が設立され、国内ではロッキード事件で田中角栄が逮捕された年である。洋画では『カッコーの巣の上で』や『タクシードライバー』といった、アメリカン・ニューシネマ（反体制の若者を描く）がヒットし、邦画では『男はつらいよ』シリーズや『トラック野郎』シリーズが人気を博していた。そこに一見、流行のパターンから外れた『犬神家の一族』という作品で斬り込んだ角川には、文化の創出者としての直感に加えて、緻密なＰＲによる準備期間があった。

明治生まれの横溝正史は、江戸川乱歩の勧めで上京し、雑誌の編集長を務めながら、執筆や翻訳活動を行った後に、専業作家となった。戦中は肺結核の悪化も相まって執筆も停滞したが、戦後、推理小説が発表できるようになると次々と作品を発表。１９４８（昭和23）年、探偵金田一耕助が初登場した『本陣殺人事件』により、第1回探偵作家クラブ賞（後の日本推理作家協会賞）の長編賞を受賞して、国内のミステリー作家の第一人者となる。

ぼさぼさの蓬髪、人懐っこい笑顔、貧相な体躯が特徴で、よれよれの袴や帽子スタイルで知られる名探偵金田一耕助は77の作品に登場し、東京や横溝の疎開先だった岡山を舞台に事件に挑む。土着の因習や、血縁の因縁を事件の鍵とした作品が多く、独特の世界観を築いている。

しかしながら、１９６０年代になって、松本清張などの社会派ミステリーが人気になると、横溝の猟奇的、耽美的な怪奇ムードに彩られた探偵小説は時代から取り残されていく。

そこに、角川が目を付けた。

角川映画とのメディアミックスで大ヒット

メディアミックスで時代を築いた角川の戦略

1967（昭和42）年に公開された『卒業』のヒットから、角川は、活字、映像、音楽が三位一体となったときに生み出される現象について考えるようになっていた。『卒業』は映画がヒットしたために、本が売れ、テーマ曲を歌うサイモン&ガーファンクルが売れに売れたからである。加えて、米国の小説では怪奇ロマンが隆盛を極め、ミステリー・ブームの兆しが表れていた。

横溝の作品はゴチック・ロマンの世界観を持ち、ストーリー性に富み、ミステリーの要素が強い。時代遅れと思われた土着の因習や、登場人物の特徴的なビジュアルも、映像にしたときには鮮烈なイメージをつくる。角川は1975（昭和50）年、横溝に掛け合い、書店に横溝作品の文庫本25点を揃える「横溝正史フェア」を企画する。それが当たり、横溝作品は750万部を売り上げる。翌年は新聞、テレビ、ラジオなど、あらゆるメディアを駆使して、「犬神家」というワードを喧伝し、水面から垂直に下半身が突き出した死体のビジュアルでマスに『犬神家の一族』のイメージを植え付けた。結果、忘れ去られていた横溝正史作品は新たな価値を持って、息を吹き返したのだ。

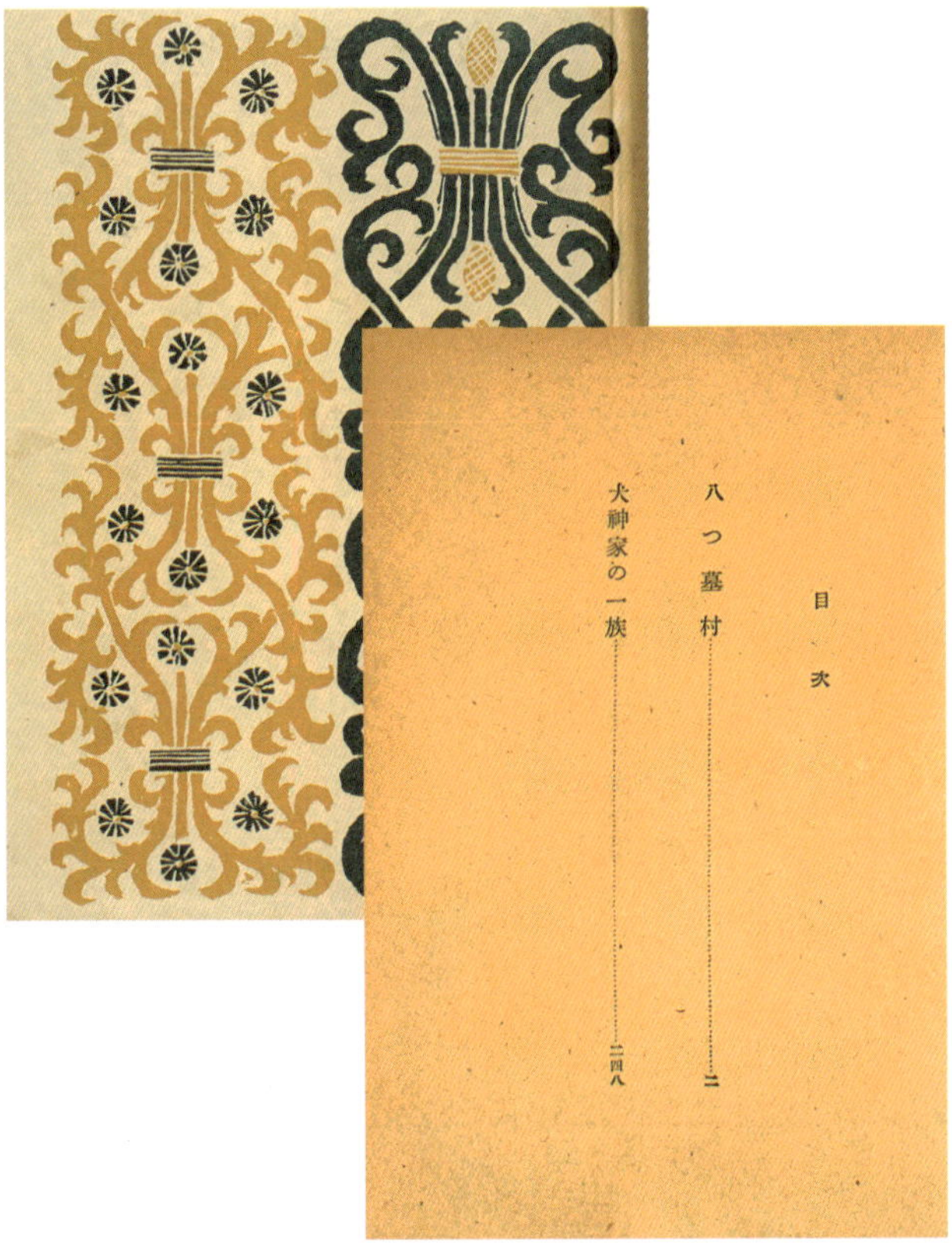

『八つ墓村 犬神家の一族』（傑作長篇小説全集 5）、1951（昭和26）年、大日本雄辯會講談社発行、日本近代文学館提供

●作家

横溝正史

よこみぞせいし

1902（明治35）年～1981（昭和56）年

兵庫県神戸市生まれ。1920（大正9）年、神戸二中を卒業して第一銀行神戸支店に勤務。翌年、『新青年』の公募に探偵小説『恐ろしき四月馬鹿』で入選。24（大正13）年、大阪薬学専門学校（現・大阪大学薬学部）を卒業し、家業の薬局で働くが、26（昭和元）年、江戸川乱歩の勧めで上京し、博文館に入社。『新青年』の編集長に就任後、数誌の編集長を歴任しながら、創作活動を行う。32（昭和7）年、『新青年』の廃刊とともに作家専業に。肺結核でしばらく療養した後、35（昭和10）年、検閲による一部カットなどを余儀なくされるが『鬼火』を発表し、耽美的な作風を確立する。戦後は推理小説を自由に発表できるようになり、本格推理小説に意欲的に取り組む。『本陣殺人事件』で第1回探偵作家クラブ賞を受賞。同作に登場する名探偵金田一耕助が人気となり、『獄門島』『八つ墓村』『犬神家の一族』『悪魔が来りて笛を吹く』『悪魔の手毬唄』などを発表する。社会派ミステリー人気のあおりで、一時廃業同然となるが、70年代以降、再評価され、一大ブームとなる。勲三等瑞宝章受賞。81（昭和56）年、結腸がんのため死去。

1952（昭和27年）

野火

大岡昇平

人間の極致を描いた戦争文学

サンフランシスコ講和条約の発効

１９５３（昭和28）年1月、第二次世界大戦中に南太平洋の島々で戦死した日本人の遺骨収集がはじまった。激戦地の島々は「玉砕の島」と呼ばれ、追いつめられた日本兵たちは、決死の突撃や自決を命じられて命を落とした。

遺骨収集がはじまる前年の１９５２（昭和27）年はサンフランシスコ講和条約が発効した年だ。これにより、日本は6年8カ月ぶりに主権を回復する。占領政策を実行するために設けられた極東委員会は解散。ＧＨＱに接収された施設は返還され、郵便物などの検閲も廃止された。首相吉田茂が日米安保条約に署名し、日米行政協定も発効した。占領軍の基地は在日米軍基地となった。

沖縄や小笠原諸島は米国統治下に置かれた。ＧＨＱと協議を重ねた日本政府は硫黄島と沖縄で遺骨の調査を開始する。そして、翌年にサイパン島、ペリリュー島、グアム島、テニアン島など8島に遺骨調査団を派遣するはこびとなった。各島では密林に分け入って遺骨を収集し、「戦没日本人之碑」を建てた。

激戦地フィリピンでの戦いをテーマに作品を残した大岡昇平は、

１９４４（昭和19）年に教育召集で東部第2部隊に入営し、フィリピンへ送られる。暗号手としてミンドロ島警備にあたるが、山中で捕まり、翌年に米軍の捕虜としてレイテ島タクロバンの俘虜《ふりょ》病院に収容される。２５０人の俘虜が収容されていたこの病院で大岡は終戦を迎える。

同年帰国した大岡は、高校時代の家庭教師だった小林秀雄の強い勧めで『俘虜記』を執筆。大岡曰く「俘虜収容所の事実を藉《か》りて、占領下の社会を諷刺」した『俘虜記』は１９４８（昭和23）年に発表され、翌年、第1回横光利一文学賞を受賞する。

これにより、明治の自然主義文学や実存主義の影響が認められる「第2次戦後派文学」（他に安部公房、堀田善衛、三島由紀夫など）の代表的な作家として文壇での地位を固め、以降はジャンルを問わず多様な作品を発表し、翻訳でも評価を得るようになる。

「玉砕の島々」での日本兵の悲劇

１９５１（昭和26）年『展望』に発表され、翌年に創元社から刊行された『野火《のび》』もまた、フィリピンでの戦争体験を基にした作品だ。第3回読売文学賞・小説賞を受賞している。

あらすじは次のようなものだ。

１９４４（昭和19）年11月、レイテ島に上陸した主人公の歩兵田村は喀血し、部隊を追い出される。野戦病院にたどり着くが治癒を告げられて隊に戻される。しかし、部隊には肺病病《や》みを置いておく余裕などなく、小さな芋6本を手渡され、再び追い出される。レイテの山野を彷徨う田村は飢え、ついには人肉食への欲求にまで駆り立てられてゆく自らの生への執着に愕然とし、心身ともに極限へと追い込まれる。

大岡が書いたレイテ島決戦は、連合軍がレイテ島に上陸した年の10月に開始。その前のレイテ沖海戦における、大本営海軍部による誇大戦果を信じた陸軍部の判断ミスが、おびただしい数の犠牲者を出す結果を招いた。

『野火』、1952（昭和27）年、創元社発行、日本近代文学館提供

完全に補給を断たれた状態で、レイテ島に10万人、ルソン島に25万人の日本軍兵士が取り残された。フィリピンの戦いでの日本軍の戦死者数は、日本がアジア・太平洋戦争で戦った線戦においてもっとも多い。その過半は餓死と推定される。

極度の飢餓は軍の統制を崩壊させ、兵士たちは食糧を求めて密林を彷徨い、畑を見つけては争い、一部に人肉食にいたるなど、人間の尊厳をも失うような状況を生みだした。

●作家

大岡昇平

おおおかしょうへい

１９０９（明治42）年〜１９８８（昭和63）年

東京市牛込区（現・東京都新宿区）に生まれる。１９１９（大正8）年、児童雑誌『赤い鳥』に童謡を投稿し入選。成城高等学校時代にアテネ・フランセの夜学でフランス語を学びはじめる。28（昭和3）年、小林秀雄に知己を得、フランス語の個人授業を受ける。小林から詩人の中原中也を紹介される。翌年、京都帝国大学文学部に入学し、文芸評論家の河上徹太郎や中原中也と同人誌『白痴群』を創刊。卒業後は国民新聞社、帝国酸素の翻訳係、川崎重工を経て、戦時下の44（昭和19）年、教育召集で東部第2部隊へ入営し、フィリピンへ。翌年、米軍の俘虜となり、レイテ島収容所に送られる。同年12月、帰国。49（昭和24）年、『俘虜記』で第1回横光利一賞を受賞。52（昭和27）年、『野火』で読売文学賞。ジャンルや作風は多岐にわたり、代表作に『ボヴァリー夫人』に着想を得た姦通小説『武蔵野夫人』、河上徹太郎や小林秀雄の愛人で自らの愛人でもあった坂本睦子をモデルに書いた『花影』など。『恋愛論』『赤と黒』など、スタンダールの翻訳でも知られ、マンガや音楽評論でも活躍。71（昭和46）年、芸術院会員に選ばれたが辞退。１９８８年、脳梗塞で死去。

1954
（昭和29年）

カッパ・ブックス

数々のベストセラーを生んだ大衆向け教養新書

「創作出版」を生み出した名編集者

「編集者とか編集企画者が自分でアイディアをつくって、そのテーマをじゅうぶんに生かしてくれそうな執筆者をさがしだして、書きおろしてもらうんです。編集企画者というものは、元来、新聞社とか雑誌社だけのもので、出版社にはなかった」

編集者による企画ありきで、著者にはその企画で書き下ろしてもらい、本が完成する――。そうした、いまの出版ではごく当たり前に行われている、本づくりのプロセスを確立したのが、カッパ・ブックスの創始者で、光文社の2代目社長の神吉《かんき》晴夫である。冒頭の神吉のことばどおり、それまでの本づくりは、編集者が作家のもとを訪ね、できあがっている原稿を「先生からいただき」、それをそのまま出版するというスタイルが主流だった。しかし、企画先行型の出版では、依頼した執筆者に編集者が何度も質問を投げ、リライトさせることも稀ではない。神吉は、自らが確立した出版方針を「創作出版」と呼び、その方針で数々のベストセラーを世に送り出して、「第1次新書ブーム」を牽引した。

１９４５（昭和20）年の終戦とともに、戦争協力者への責任追及が激しくなり、講談社は戦争協力会社としてその標的となった。出版事業が続けられなくなるという最悪の事態を回避するために、講談社の経営陣が設立した別会社が光文社だ。

その後、責任追及のトーンダウンにともない講談社は窮状を逃れたが、光文社は現在もキングレコード、日刊現代などとともに、音羽グループ（講談社傘下）に属している。

光文社が出版業界で第一線に躍進するきっかけをつくったのは、講談社から光文社に移り、常務取締役出版局長を務めていた神吉晴夫と、初代編集長の加藤一夫である。二人は、カッパ・ブックス誕生前夜、すでに波多野勤子の『少年期』、伊藤整の『火の鳥』、ローゼンバーグ夫妻の『愛は死を越えて』などのベストセラーを出している。

特に『火の鳥』は、当時、D・H・ロレンス『チャタレイ夫人の恋人』の翻訳を手がけ、猥褻《わいせつ》文書頒布の罪で起訴されていた伊藤整への注目度が高まっていたこともあり（チャタレイ裁判）、そうした話題性も売り上げに拍車をかけた。時の人、伊藤整は、中央公論社から花森安治の装幀による『女性に関する十二章』を新書判型で出し、これも25万部を売り上げた。神吉は伊藤整を起用して『文学入門』というB6判の叢書を企画するが、ここで伊藤が新書判で出さないかと提案する。神吉は新書判の叢書で勝負に出ることを決意する。

大衆派路線の新書でベストセラー連発

新書判叢書の元祖は岩波書店の岩波新書である。

1938（昭和13）年の創刊で、「新書」という語は岩波書店2代目の岩波茂雄がつくったものである。一般啓蒙書を廉価でつくるというコンセプトだが、読者層は知識人であった。

すでに定評がある岩波新書に対抗する叢書として、神吉は岩波新書とはまったく違うコンセプトを打ち出すことにした。読者層は知識人ではなく、一般大衆。ペダンチックな内容ではなく、わかりやすさに重点を置き、「創作出版」の編集路線で、編集者がプロデューサーとして著者と組みながら本をつくることにした。

軽やかさを重視したキャラクターとして、カッパを起用する。カッパ・ブックスの誕生である。神吉自身が書いた、カッパ・ブックスの「誕生のことば」は次のようなものである。

カッパは、いかなる権威にもヘコたれない。非道の圧迫にも屈しない。なんのへのカッパと、自由自在に行動する。その何ものにもとらわれぬ明朗さ、その屈託のない闊達さ。裸一貫のカッパは、いっさいの虚飾をとりさって、真実を求めてやまない。たえず人びとの心に出没して、共に楽しみ、共に悲しみ、共に怒る。しかも、つねに生活の夢をえがいて、飽くことを知らない。カッパこそは、私たちの心の友である。

カッパ・ブックスは1954（昭和29）年に伊藤の『文学入門』をヒットさせ、1961（昭和36）年には、岩田一男の『英語に強くなる本　教室では学べない秘法の公開』が100万部以上を売り上げる。その後、多湖輝の『頭の体操』シリーズ、塩月弥栄子の『冠婚葬祭入門』など、次々とベストセラーを生み出した。

また、カッパ・ブックスの姉妹編として誕生した、新書判のカッパ・ノベルズは、松本清張を看板作家として世に送り出し、小松左京の『日本沈没』、赤川次郎の『三毛猫ホームズ』シリーズなどの大ヒットを生み出してきた。

しかし、1980年代には「文庫ブーム」が起き、1970年代の労働争議で、すでに多くのカッパ・ブックス所属の編集者を他社に流出させていたカッパ・ブックスは勢いを失っていく。2001（平成13）年、新たに創刊した光文社新書と入れ替わるかたちで、カッパ・ブックスはその役割を終えた。

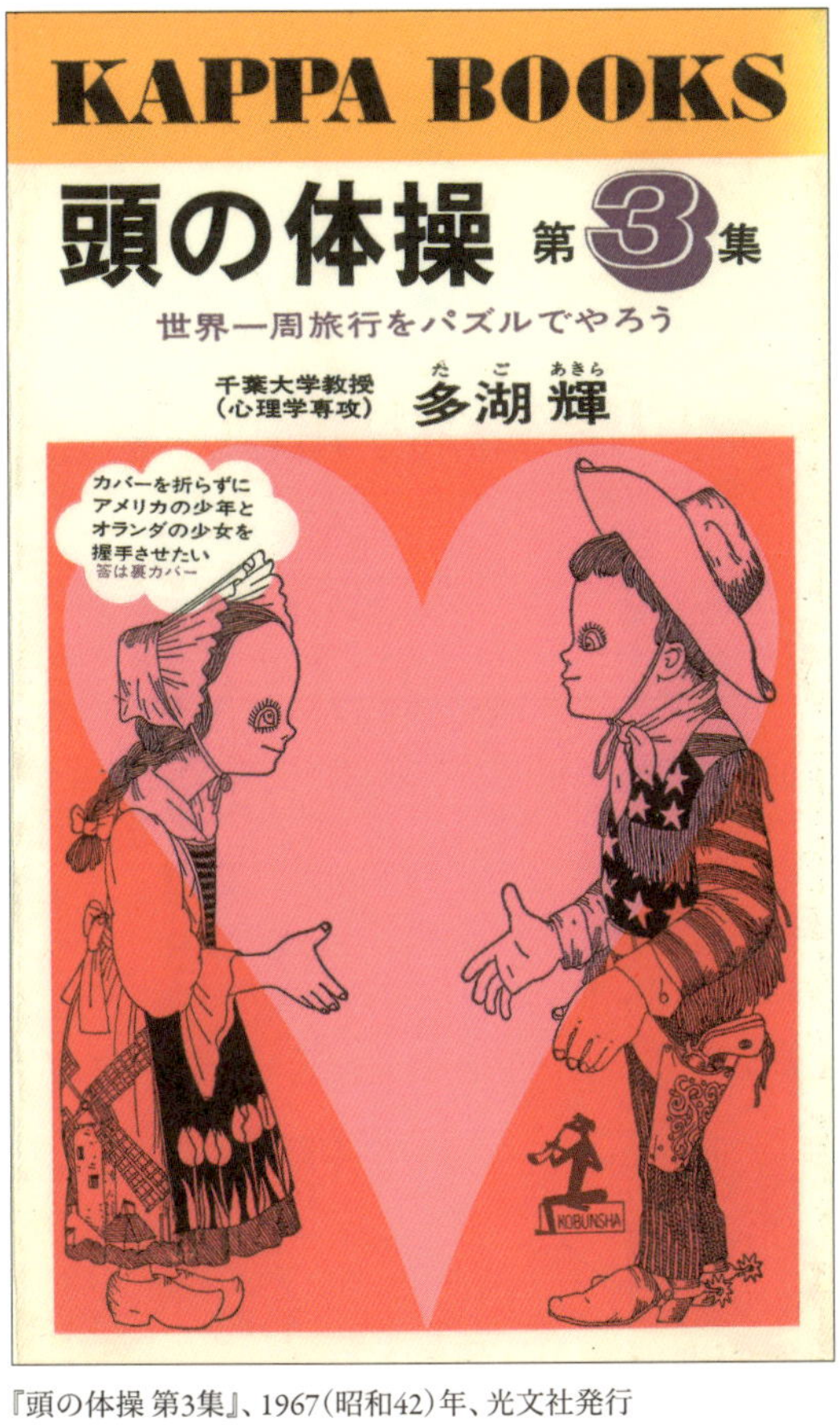

『頭の体操 第3集』、1967（昭和42）年、光文社発行

1956
（昭和31年）

太陽の季節
石原慎太郎

神武景気の中で描かれた戦後派青年

「昭和の大スター」石原裕次郎を生んだ兄

１９５６（昭和31）年、一橋大学の法学部の学生だった当時23歳の石原慎太郎が『太陽の季節』で第34回芥川賞を受賞したことは、文壇にとってはあらゆる意味で事件だった。

『太陽の季節』が芥川賞をメジャーな賞にしたという意味での事件、出版を商業的なビジネスにしたという意味での事件、メディアにおける映像の力が増したことを証明したという意味での事件、そして作品によりもたらされた数々の社会現象があったという意味での事件である。

下積みのほとんどない新人が最年少でいきなりの受賞。しかもその本人はスポーツマンでもあり、既存の作家イメージを覆す健康的なルックスで女性を魅了した。この年は、出版業界の大きな転換点だったのだ。『太陽の季節』は、１９５５（昭和30）年、最初に文芸雑誌『文學界』に掲載され、同年、第1回文學界新人賞を受賞した。そして、この段階ですでに各業界の目利きは作品の商品化を目指して動き始めていた。

まずは出版業界だ。芥川賞は『文藝春秋』を創刊した菊池寛が創設し、受賞作は同誌に掲載される。しかし、『太陽の季節』は芥川賞を受賞し『文藝春秋』に掲載された後、文藝春秋からではなく、新潮社から単行本として出版された。新潮社の編集者が、芥川賞受賞より前に、出版の取り決めをしていたからである。単行

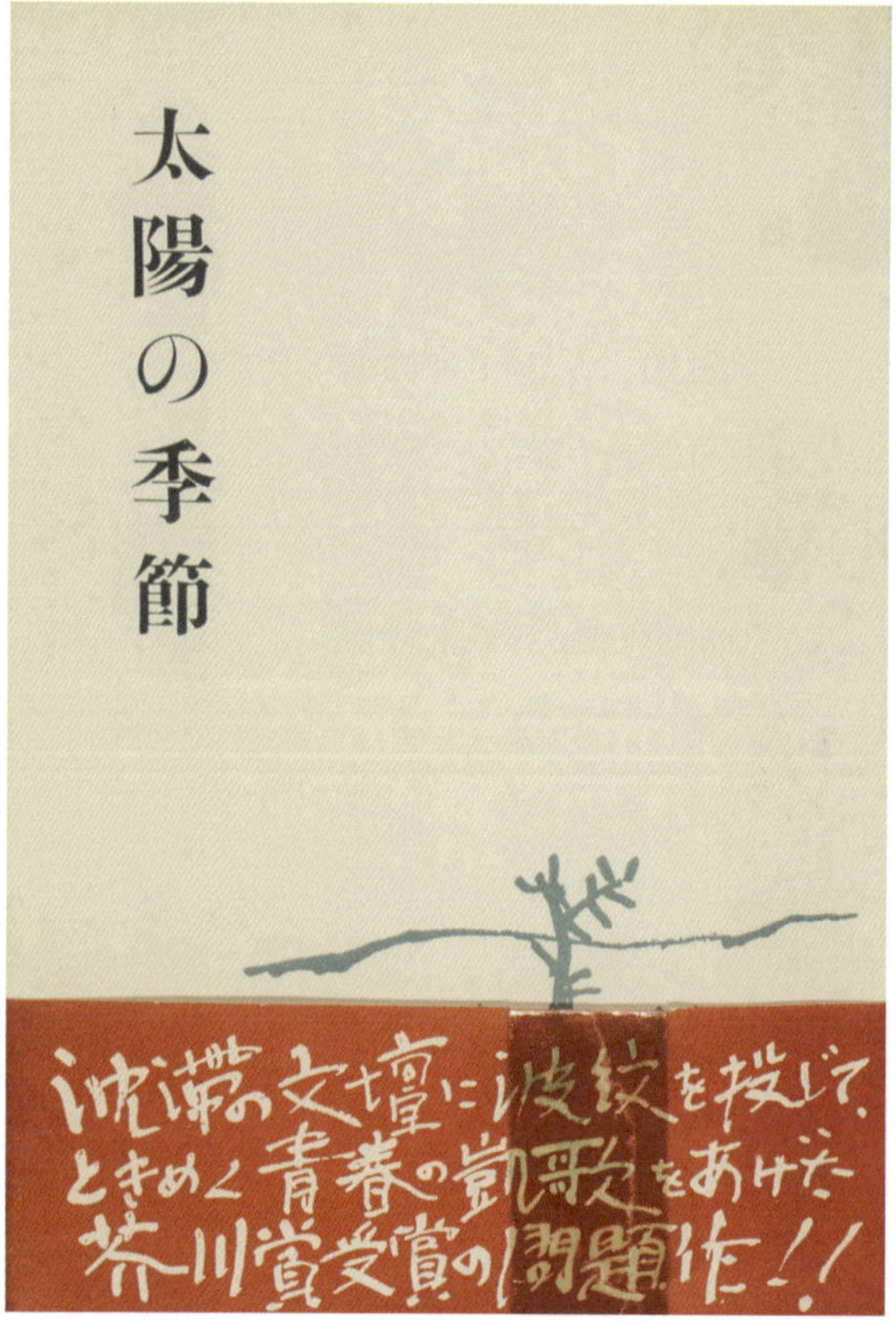

『太陽の季節』、1956（昭和31）年、新潮社発行、日本近代文学館提供

本は受賞から1カ月ほどで刊行され、1年間で26万7000部を売り上げた。1冊260円だったので、印税1割として700万円ちかくの収入が著者には入ったことになる。

映画業界も動きは早かった。1956（昭和31）年当時、映画館は全国に約6000館もできており、国民は平均して月に一度は映画館に足を運んでいた。1953（昭和28）年にテレビ放送がはじまったものの、テレビはまだ一般家庭に普及しておらず、この時期、映画は最大のメディアであり娯楽だった。

『太陽の季節』は日活が20万円で買い、単行本刊行から2カ月後には映画が公開された。

55年体制の幕明けと「太陽族」

『太陽の季節』は石原慎太郎が弟裕次郎をモデルに、若者の青春を乾いた文体で書いた作品だ。当時の政治の状況としては、1955（昭和30）年に保守が自由民主党、革新が日本社会党に統合された「55年体制」になり、この体制は1993（平成5）年の細川護熙内閣まで続くことになる。

こうしたある種の安定の社会を背景に、裕福な家庭に育った若者が、若さゆえの反抗心をやり場なくくすぶらせているムードを作品は描き出している。サングラス、アロハシャツ、マンボズボン、慎太郎刈りといった作中の若者のスタイルが流行し、こうした格好をする若者は「太陽族」と呼ばれて、時に青少年への悪影響が指摘される社会問題になった。既成のモラルに対抗する姿勢に一部は眉をひそめ、一部は熱狂した。次の一節はあまりにも有名である。

> 部屋の英子がこちらを向いた気配に、彼は勃起した陰茎を外から障子に突き立てた。障子は乾いた音をたてて破れ、それを見た英子は読んでいた本を力一杯障子にぶつけたのだ。

芥川賞選考会で「反倫理的なのは必ずしも排撃はしないが、こういう風俗小説一般を文芸として最も低級なものと見ている」と反対した佐藤春夫をはじめ、社会でも作品やその映画の賛否を巡りさまざまな議論が巻き起こったことで、結果として芥川賞はポピュラーな賞として認知されるようになり、出版はメディアミックスも視野にした商業化が進むこととなった。

●作家・政治家

石原慎太郎《いしはらしんたろう》

1932（昭和7）年〜

兵庫県神戸市に生まれる。神奈川県立湘南高等学校時代はサッカー部員としてレギュラーで活躍すると同時に、ジャン・コクトーやアーネスト・ヘミングウェイを愛読した。一橋大学法学部に入学後、大学の同人誌『一橋文藝』の復刊に尽力し、処女作『灰色の教室』を掲載。在学中に『太陽の季節』で文學界新人賞と芥川賞を受賞し文壇にデビューする。その後も『処刑の部屋』や『聖餐』などの小説作品で、現代を舞台にしながら若い世代の人間の過激な暴走を通して社会風俗を書く。また、弟の石原裕次郎について書いた『弟』が120万部、『「NO」と言える日本』が125万部、田中角栄を書いた『天才』が92万部と、小説作品以外の作品にも多数のベストセラーがある。芥川賞選考委員として、又吉栄喜、町田康、中村文則などの作家を強く推し、文壇の新しい才能発掘にも尽力。また、68（昭和43）年に自由民主党公認で参議院議員に出馬して300万票を集め初当選してからは、政治家として活躍。99〜2012（平成11〜24）年には東京都知事を務めた。

1956
（昭和31年）

金閣寺

三島由紀夫

戦後派文学の金字塔

「アプレゲール犯罪」をモチーフに

終戦の1945（昭和20）年から1955（昭和30）年頃にかけて流行した言葉に「アプレ」がある。フランス語で「戦後」を意味する「アプレゲール（après-guerre）」を略した言葉である。

「アプレゲール」とは、もとは第一次世界大戦後に、フランスの若者のあいだで盛んになった、戦前の文化に反抗する新芸術運動のことを指した。だが、日本では戦後の混乱のなかで、既存の価値観やモラルが崩壊した時期、戦前の規範にとらわれずに反体制的・反社会的な行動をする若者が増えて社会問題化し、そうした若者のことを「アプレ」と呼ぶようになったのである。

若者たちは徒党を組んで愚連隊（繁華街で違法行為をする不良青少年集団）を形成したほか、事件も起こした。日本大学の運転手をしていた青年が同大学職員の給料を奪ったあげく、逮捕された際に悪びれず「オー・ミステイク」と発言したことで世間が眉をひそめた「日大ギャング事件」（昭和25年）など、若者による秩序なき動機による犯罪は「アプレゲール犯罪」と呼ばれた。そのひとつに、「金閣寺放火事件」がある。

1950（昭和25）年、京都の金閣寺が放火され、国宝の舎利殿が全焼し、足利義満の木像など、文化財6点が焼失した。犯人は金閣寺の見習い僧で、大学生だった21歳の林養賢。林はその犯行動機を「世間を騒がせるため」「社会への復讐」などと語った。犯行にいたる不可解で複雑な感情が、この事件が「アプレゲール犯罪」と位置づけられた所以である。この林について「林養賢は書かざる芸術家、犯罪の天才」と創作ノートにメモ書きを残し、ある種の共感を寄せたのが、三島由紀夫だ。

三島は「金閣寺放火事件」をモデルに、1956（昭和31）年、文芸誌『新潮』誌上で、長編小説『金閣寺』の連載を開始する。

幼時から父は、私によく、金閣のことを語った。私の生まれたのは、舞鶴から東北の、日本海へ突き出たうらさびしい岬である。父の故郷はそこではなく、舞鶴東郊の志楽である。懇望されて、僧籍に入り、辺鄙な岬の寺の住職になり、その地で妻をもらって、私という子を設けた。

という書き出しではじまる『金閣寺』は林と同じく吃音があり、金閣寺で修行を積む学僧の「私（溝口）」のモノローグとして綴られる。金閣寺の美に強迫観念的に取り憑かれ、放火に至るまでの顚末を理知的で硬質、かつ明快でありながらも、豊穣な文章で綴り、単行本は15万部のベストセラーとなった。

自己改造を文学で実践

才気走った若手作家でありながらも努力の人であった三島は、この頃、ボディ・ビルによる肉体改造に没頭していた。虚弱だった少年時代、そして、戦死を覚悟しながらも気管支炎を発症したせいで命拾いをした太平洋戦争時の青年期を経て、自らの肉体と、その虚弱から来る気弱さにコンプレックスを抱いていた三島は、1970（昭和45）年に市ヶ谷駐屯地で壮絶な自死を遂げるまで、ストイックに肉体を鍛え続けることをやめなかった。

同時に、この頃は自らの文体にも肉体同様の負荷を課した。文芸誌『文學界』に『自己改造の試み　重い文体と鷗外への傾倒』というエッセイを寄せ、自らの文体に対して感性的なものから知的なものへ、女性的なものから男性的なもの、個性的であるよりも普遍的なものを目指したと書いている。

結果、三島は『金閣寺』でそれまで三島文学に対して懐疑的だった文芸評論家や、三島をブルジョワ的として批判していた左翼の文学者たちをも唸らせ、文壇での地位を確かなものにした。

『金閣寺』、1956（昭和31）年、新潮社発行、日本近代文学館提供

◉作家

三島由紀夫
みしまゆきお

1925（大正14）年～1970（昭和45）年

東京市四谷区（現・新宿区四谷）に生まれる。本名は平岡公威。父は東京帝国大学法学部を経て、農商務省に勤務、祖父も内務省で内務官僚という家系で、文学を愛する秀才として育つ。1947（昭和22）年、東大法学部を卒業後、大蔵省に入省するが9カ月で退職。以後、執筆活動に入る。49（昭和24）年、初の長編で私小説『仮面の告白』を刊行し、作家としての地位を確立。残酷な美青年を巡る同性愛を書いた『禁色』、古代ギリシアの『ダフニスとクロエ』の恋物語を日本の漁村に還元し昇華した『潮騒』、人妻の姦通を書いた『美徳のよろめき』、後期の三島文学の集大成として『豊饒の海』など、さまざまなタイプの作品を書く。戯曲に『近代能楽集』、『サド侯爵夫人』等。壮麗で唯美的、古典劇のように構築された作風が特徴。ノーベル文学賞候補にもなり、海外で広く認知されている。晩年は政治的な傾向を強め、民兵組織〈楯の会〉を結成。70（昭和45）年11月25日、『豊饒の海』第四巻『天人五衰』の最終回原稿を書き上げた後、楯の会隊員4名とともに、自衛隊市ヶ谷駐屯地で東部方面総監を監禁。バルコニーで自衛隊の決起を呼びかけた後に、割腹自殺を遂げた。

1957
（昭和32年）

点と線

松本清張

社会派推理小説を代表する作品

時代の交通事情が生んだトリック

安田はホームに立って南側の隣のホームを見ていた。これは十四番線と十五番線で、遠距離列車の発着ホームだった。現に今も、十五番線には列車が待っていた。つまり、間の十三番線も十四番線も、邪魔な列車がはいっていないので、このホームから十五番線の列車が見とおせたのであった。

「あれは、九州の博多行の特急だよ。《あさかぜ》号だ」安田は、女二人にそう教えた。列車の前には、乗客や見送り人が動いていた。あわただしい旅情のようなものが、すでに向い側のホームにはただよっていた。このとき、安田は、「おや」と言った。「あれは、お時さんじゃないか?」

機械工具商の安田辰郎は鎌倉の家族のもとへ帰るため、東京駅13番線で電車の到着を待っていた。接待で利用する赤坂の料亭の仲居たちが安田を見送りに来ていた。13・14番線には電車が来ておらず、おかげで15番線の様子が見渡せた。15番線には「特急あさかぜ」が停車していた。「あさかぜ」は1956（昭和31）年、東京～博多駅間を結ぶ寝台特急として登場したブルートレインの先駆けである。その「あさかぜ」に、仲居たちと同じ料亭で働いているお時が、男とともに乗車するところを安田たちは目撃する。数日後、香椎の海岸の岩の上で、お時と男の死体が発見される。

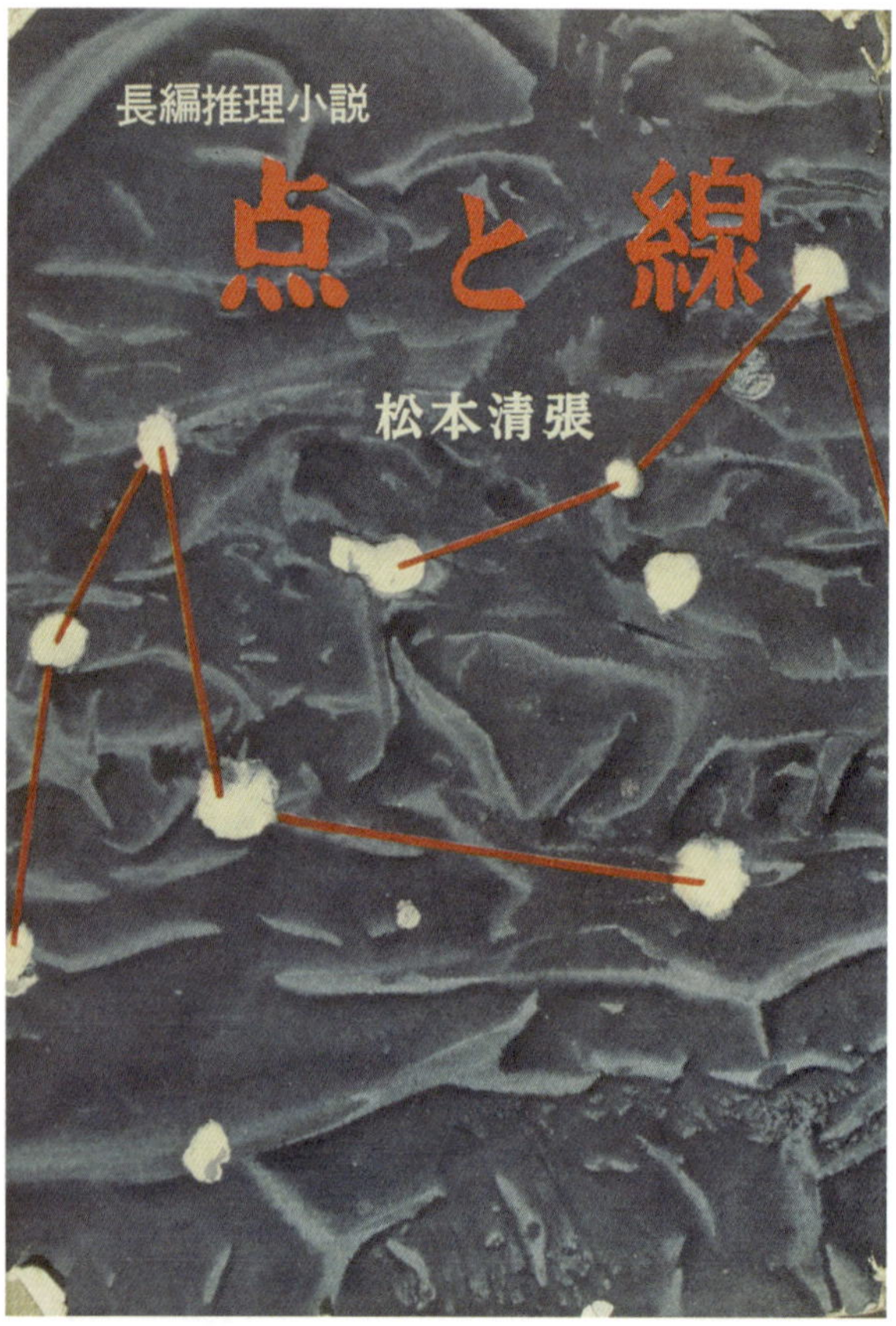

『点と線』、1958（昭和33）年、光文社発行、日本近代文学館提供

身近なモチーフで書く「社会派ミステリー」

松本清張の『点と線』は、雑誌『旅』誌上で、1957（昭和32）年2月号から連載がはじまり、1年かけて完結した。

清張は1952（昭和27）年に『或る「小倉日記」伝』が坂口安吾に評価されて、すでに芥川賞を受賞していたが、1956（昭和31）年になるまで朝日新聞社に勤務しながら校閲の仕事を続けていた。『張込み』などのミステリーを書くようになったのは専業作家になる前年の1955（昭和30）年からである。

『点と線』の連載に並行して、清張は『週刊読売』に、手形詐欺事件をモチーフにした『眼の壁』を連載していたが、読者からの反響は『眼の壁』のほうが明らかに大きかった。代表作ともいえる『点と線』が大きく評価され、一大「松本清張ブーム」が巻き起こったのには、光文社の常務出版局長（当時）だった神吉晴夫の貢献がある。光文社の新書レーベル「カッパ・ブックス」を成功させた神吉は、小説路線の強化を目指し、「カッパ・ノベルズ」という新たなレーベルを生んだ。そこで、第一弾作品として清張の『ゼロの焦点』を刊行したほか、『点と線』『眼の壁』を加えてヒットを飛ばす。最終的に『点と線』は20万部ちかく、『眼の壁』は15万部も売れた。

『点と線』を読み終えた神吉は次のように感想を述べている。

> 主人公は、私たちと同じ時代の今日に生きている、ごくありふれた普通の人間である。私たちの身近にある、あなたや私の日常生活に、とつぜん、隙間風のようにしのび込んでくる犯罪、人間の心理のかくれた深層にひそむ意識から起こる犯罪……私だって人を殺すかもしれない。

東京駅で13番ホームから15番ホームを見渡せる「空白の4分」が事件の鍵を握る『点と線』は、新幹線が登場する前、国内の遠距離移動に列車が使われていた時代を描き出した傑作だといえる。清張は以降も、社会全体の発展からはみ出し、疎外された者たちの情念を作品のなかで描き続けた。リアリティーのあるモチーフで書く、社会派推理小説の礎を築いた清張の小説は、いまだ根強いファンを生み出し続けている。

●作家

松本清張

まつもとせいちょう

1909（明治42）年～1992（平成4）年

公式には福岡県企救郡（現・北九州市小倉北区）生まれ（広島市という説もある）。出生から作家デビューまでの経歴については本人があまり語らなかったが、生家が貧しく、小学校卒業後は給仕、印刷工など種々の職を経験。青春時代は芥川龍之介や菊池寛を愛読。図書館に通うようになり、森鷗外、夏目漱石、泉鏡花、江戸川乱歩などに親しむ。1939（昭和14）年、朝日新聞西部本社で職を得る。51（昭和26）年、41歳で懸賞小説に応募し入選した『西郷札』が直木賞候補となり、53（昭和28）年、坂口安吾から激賞され『或る「小倉日記」伝』で芥川賞受賞。この頃、朝日新聞東京本社に転勤となるが、56（昭和31）年に退職し作家活動に専念する。55（昭和30）年、初の推理小説『張込み』を書き、58（昭和33）年の『点と線』がベストセラーに。推理小説界に「社会派」ブームを生み出す。ただし、本人は「社会派」の呼称を好まなかった。代表作に『ゼロの焦点』『砂の器』など。92（平成4）年、肝臓がんで死去。死後、日本文学振興会が松本清張賞を制定している。

1958（昭和33年）

飼育
大江健三郎

ノーベル文学賞作家のデビュー

後のノーベル文学賞作家大江健三郎が文芸誌『文學界』に発表した短編小説『飼育』で芥川賞を受賞したのは1958（昭和33）年のこと。「もはや《戦後》ではない」が1956（昭和31）年の流行語となり、すでに高度経済成長の渦中にあった頃である。石原慎太郎が受賞した年齢も23歳、同じく最年少での受賞だった。大江はその後、石原、開高健とともに「第3の新人」と呼ばれ、次世代を担う重要な若手作家として注目されていく。

大江の『飼育』の舞台は太平洋戦争末期の日本、四国の山村が舞台である。

主人公である「僕」の村に、敵の飛行機が墜落する。黒人の兵士は捕えられ、「地下倉」につながれる。兵士に食事を運ぶ役割を担った「僕」はやがて「《人間的》なきずなで結びついた」と実感するほど、兵士と親しくなり、彼と一緒に外を出歩いたりするようにもなる。しかし、兵士を町に引き渡すことになったとき、異変を察した兵士は「僕」を人質に倉に立てこもる。

僕は痛みに呻いて黒人兵の腕の中でもがきながら、すべてを残酷に理解したのだった。僕は捕虜だった。そしておとりだった。黒人兵は《敵》に変身し、僕の味方は揚蓋の向うで騒いでいた。

「僕」の父が鉈を振り下ろし兵士を殺害したとき、楯にされた「僕」の左掌と指も損傷する。そのとき「僕はもう子供ではない、という考えが啓示のように」去来する。

戦後日本の閉塞感と恐怖

『飼育』では「個」の世界にいた子どもである「僕」が、黒人の兵士との関わりを通じて、「村」そしてその向こうにある「町」という「集団」あるいは「社会」を意識していく成長の姿が描かれている。と、同時に、「もはや《戦後》ではなくなった」この時期に、過去の大戦をモチーフにし、再び戦争を意識させた点については無視できないだろう。『飼育』には次のような一節がある。

戦争、血まみれの大規模な長い闘い、それが続いているはずだった。遠い国で、羊の群や刈りこまれた芝生を押し流す洪水のように、それは決して僕らの村には届いてこない筈の戦争。ところが、それが僕の指と掌をぐしゃぐしゃに叩きつぶしに来る。父が鉈をふるって戦争の血に身体を酔わせながら。そして急に村は戦争におおいつくされ、その雑沓の中で、僕は息もつけない。

戦後民主主義と憲法9条

大江は「戦後民主主義者」を自認し、後に文化勲章を「民主主義に勝る権威と価値観を認めない」として辞退している。憲法9条の戦争放棄の立場を堅持し、2004(平成16)年には前年の自衛隊イラク派遣を受けて、加藤周一や鶴見俊輔らと〈九条の会〉を結成している。そして自衛隊の存在そのものについても懐疑的な立場を取っている。

自衛隊は1954(昭和29)年に発足し、陸上・海上・航空の3自衛隊に約15万2000人が所属した。役割はあくまで「直接侵略および間接侵略に対しわが国を防衛すること」と規定された。

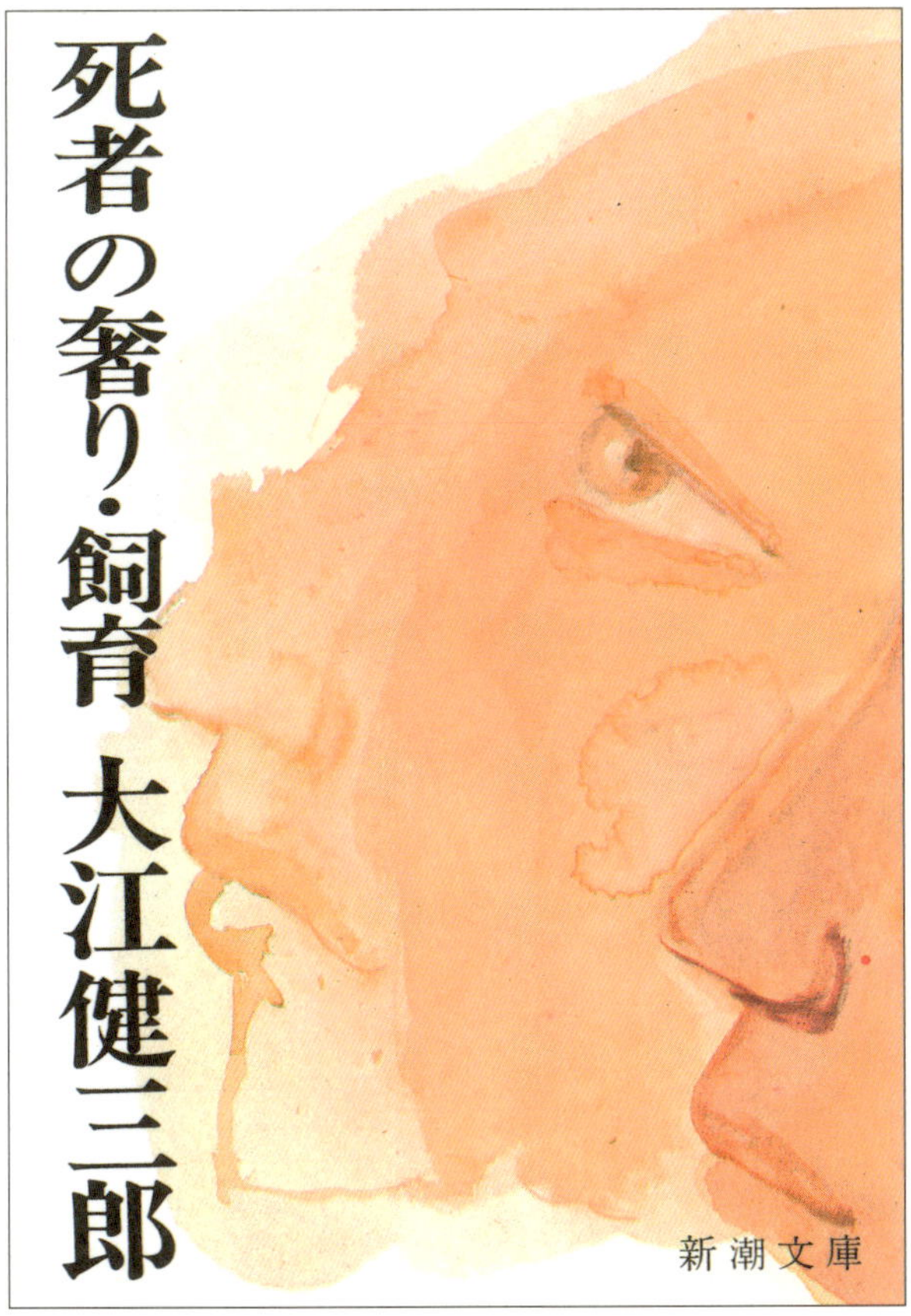

『死者の奢り・飼育』(新潮文庫)、1959(昭和34)年、新潮社発行

当時の内閣総理大臣吉田茂は「戦力なき軍隊」であると主張し、9条違憲にはあたらないと強調した。1958(昭和33)年には警察官の権限を強化する警察官職務執行法の一部改正案が臨時国会に提出された。日米安保条約改定を巡る会談の直前の提出で、安保改定運動を抑え込む目的があったといわれる。大江はここに始まる安保闘争もモチーフに取り込み、1967(昭和42)年に『万延元年のフットボール』という長編小説を書き上げる。

●作家

大江《おおえ》健三郎《けんざぶろう》

1935(昭和10)年〜

愛媛県に生まれる。小学校5年生で終戦を迎える。高校時代は文芸部に所属し、石川淳、小林秀雄などを愛読。同級生に伊丹十三がおり、親交を結ぶ。1954(昭和29)年、東京大学に入学し、パスカル、カミュ、サルトル、安部公房に影響を受ける。仏文科に進んだ後は、渡辺一夫に師事しながら、学生演劇の脚本などを執筆。57(昭和32)年、在学中に書いた『奇妙な仕事』が平野謙に激賞されたことを契機に、『文學界』に『死者の奢り』を発表し、芥川賞候補となる。翌年、『飼育』で芥川賞を受賞。同年、石原慎太郎、江藤淳、谷川俊太郎、寺山修司らと〈若い日本の会〉を結成し60年安保に反対する。63(昭和38)年、知的障害を持って長男が生まれたことで『個人的な体験』を書き、新潮社文学賞を受賞。94(平成6)年、ノーベル文学賞受賞。基調講演は川端康成のノーベル文学賞基調講演をもじった『あいまいな日本の私』。主な作品に『芽むしり仔撃ち』『万延元年のフットボール』『洪水はわが魂に及び』『新しい人よ眼ざめよ』『懐かしい年への手紙』『人生の親戚』『燃えあがる緑の木』『取り替え子(チェンジリング)』『美しいアナベル・リイ』『水死』『晩年様式集(イン・レイト・スタイル)』等。

1959
（昭和34年）

少年マガジン

マンガ週刊誌の草分け

三大週刊少年マンガ誌

1990年代以降は『金田一少年の事件簿』『BOYS BE…』『GTO』『ラブひな』、そして2000年代に入ってからは『魔法先生ネギま!』『さよなら絶望先生』などのヒット作を生み出してきた少年マンガ誌が、講談社『週刊少年マガジン』だ。

集英社『週刊少年ジャンプ』、小学館『週刊少年サンデー』とともに、「三大週刊少年マンガ誌」といわれて凌《しの》ぎを削り合い、2016（平成28）年時点の発行部数は約102万部。同年の他誌発行部数は『少年ジャンプ』が約217万部、『少年サンデー』が約39万部である。『少年ジャンプ』（平成7年3〜4号）が653万部を発行してギネスブックに記録された1994（平成6）年12月をひとつの頂点にして、少年マンガ誌全体の発行部数は近年大きく減少している。

今でこそ派手さを失っている少年マンガ誌だが、かつてのもっとも華やかな時代を築いたのが、『週刊少年マガジン』3代目編集長の内田勝だ。

1965（昭和40）年に内田が編集長に就任した『少年マガジン』が創刊されたのは1959（昭和34）年。NHK教育テレビとフジテレビジョンの放送がはじまり、皇太子成婚とそのテレビ中継が拍車をかけて、国内に100万台のテレビが普及したこの年は、メディアの大転換期だったといえる。マスの情報源が、活字から映像へと変化するきっかけとなったからだ。

もともと文芸志向の強かった内田は、少女マンガ雑誌『なかよし』の初代編集長も務めた『少年マガジン』初代編集長牧野武朗のもとで、入社当時から鍛えられる。牧野はマンガ作品の原作と絵を分業化し、編集者がプロデューサー役を担う方針を打ち出して、後に内田が花開かせる劇画全盛期の礎を築いた人物だ。手塚治虫の『鉄腕アトム』を超えるロボットマンガを掲載するという命を受けた内田は、牧野の方針に倣《なら》い、原作・原案にSF作家の平井和正、作画に桑田次郎（現・桑田二郎）を起用して『エイトマン』として結実させた。

入社わずか6年で内田が3代目編集長に就任した当時、『マガジン』は苦境に立っていた。『オバケのQ太郎』『伊賀の影丸』『おそ松くん』などの人気マンガを掲載する『少年サンデー』には10万部の差をつけられていた。加えて、ようやく連載にこぎ着けた手塚治虫の作品が『少年サンデー』へ掲載を変更してしまうという「W3事件」が起きた。さらには人気のちばてつや作品『ハリスの旋風』の長期休載、『エイトマン』の桑田が拳銃不法所持で逮捕されるという事態が重なっていた。そんな状況で内田が取った戦略が「劇画路線」だった。

「一枚の絵は、一万字にまさる」

ライバル誌のマンガを読むことをやめた内田は社内にある『少年クラブ』を読みこみ、読者にとって身近な存在である、家族や教師、友人との関係性をテーマに作品をつくろうとした。そうした人間ドラマに焦点を当てたときに目をつけたのが、劇画家たちだった。

戦後すぐに登場し、1950年代末〜1960年代に最盛期を迎えた出版産業の一形態に貸本屋がある。かつては中小の取次店や特価本店から流れた一般流通の古本や古雑誌を扱っていたが、やがて独自の小規模出版社を立ち上げ、マンガ作品を制作して店頭に並べるようになる。白土三平、さいとうたかお、水木しげる、つげ義春といった劇画家が安い原稿料で貸本用のマンガを描いていた。内田は、こうした劇画家たちへの訪問をはじめる。同時に、SF作家の大伴昌司に相談し、とうとう『少年マガジン』の巻頭グラビアで劇画特集に打って出る。そのときのコピーが「一枚の絵は、一万字にまさる」だった。

内田はその後、梶原一騎原作の『巨人の星』や『あしたのジョー』の連載を開始しヒットさせる。またメディアミックスにも尽力し、『墓場の鬼太郎』を『ゲゲゲの鬼太郎』としてアニメ化したのをはじめ、『仮面ライダー』『タイガーマスク』などの掲載作品をヒーローものとしてヒットさせていく。『あしたのジョー』では、作品中で死亡した人物の葬儀を行うなどの手法でも話題を呼んだ。

『少年マガジン』を人気雑誌に導いた「一枚の絵は、一万字にまさる」のコピーに続く大伴の文章には次のように記されている。

「劇画」は文字と映像との中間にある、新しい情報媒体だ。（略）／一枚の絵が伝える情報量は、ときには数万個の文字と同じことがある。（略）／映像文化の洗礼をうけた世代（おもに昭和二けた生まれの人々）が増えるにしたがって、文字だけを媒体とした文化は、急速におとろえていくだろう。活字文化の時代は終わろうとしている。

まさに慧眼ともいえる内田の考えは90年代後半までの少年マンガ誌全盛期を導いていくこととなった。

『少年マガジン 創刊号』、1959（昭和34）年、講談社発行、大宅壮一文庫提供

1960
（昭和35年）

忘れられた日本人
宮本常一

顧みられなかった日本人の生活を歴史の舞台へ

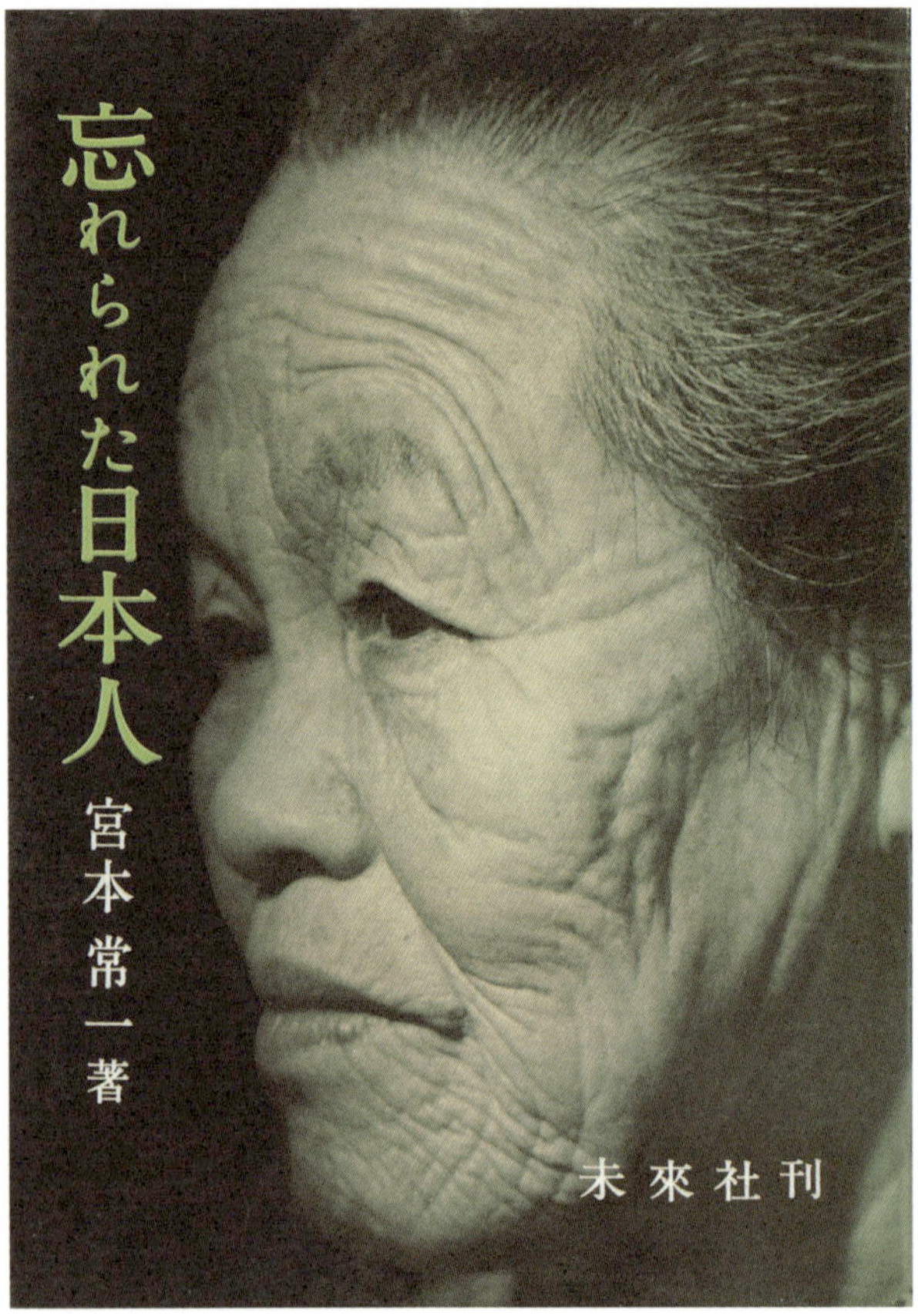

『忘れられた日本人』、1960（昭和35）年、未來社発行、未來社提供

社会から取り残された民族や風習に光を当てる

私はスフのジャンパーを着、コールテンのズボンをはき、ゲートルをまき、ズックの靴をはき、黒い中折帽をかぶり、よごれたリュックサックを背負い、コウモリ傘を、リュックサックの負い革につりさげていた。

宮本常一は１９６０（昭和35）年に刊行された『忘れられた日本人』に収録されている13編のうちの1編「文字を持つ伝承者（二）」で、自分自身の姿を先のように記述している。日本の民俗学の祖である柳田国男があえて切り捨てたとされる民俗や風習、たとえば漂白民、非稲作民、被差別民などの解明、研究も大いに進めた民俗学者の在野での姿である。

南方熊楠《みなかたくまぐす》や、柳田、その高弟の折口信夫《しのぶ》がインテリらしい出自で民俗学者として活躍していくのに対し、山口県周防大島の善根宿でもあった農家に生まれた宮本は苦労人であった。

宮本が、後に雑誌『太陽』の編集長となる谷川健一とともに編集した『日本残酷物語』には、貧しい庶民の歴史がまとめられている。婿や嫁として他家に入るあても、奉公先も決まらず、戸籍に名前さえ残らず、ただ家の一労働力として囲われ、発言権さえもなく一生を終えていく者たちの話。家計を支えるために義務教育を受けることさえままならず死んでいった農村地帯の子どもの話。物乞いの生涯。そうした話に交ざり、瀬戸内海のある島で生まれた少年の物語も収録されている。

　家が貧しく中学へ進学できない少年は、大阪の逓信講習所に入学する。成績が悪ければ退学させられるというプレッシャーのなかで卒業し、大阪市内の二等局に配属される。日給は安く、激務の労働環境で、同級生のほとんどは、病死したり、逮捕されたり、さまざまな事情で数年後職場から消えていた。彼は働きながら師範学校の受験に合格し、ようやく未来が開けたかに見えたが、重い病気に罹《かか》る。これは他ならぬ宮本自身の話である。

現在の社会学にも通じる姿勢

『日本残酷物語』の刊行時期は、高度経済成長期に重なる。しかし、その明るさと熱気の裏で、さまざまな社会問題も顕在化しつつあった。たとえば、エネルギーが石炭から石油に転換したために炭鉱の閉山が相次ぎ、職を失う者がいた。１９６０（昭和35）年には三井三池炭鉱において、三井鉱山の経営合理化に対し三池労組が長期にわたるストを貫徹し敗北に終わった。また、１９６３（昭和38）年には関西電力の黒部ダムが竣工。電力不足に対応するために7年がかりで行われたダム建設には１０００万人の作業員が投じられ、完成までに１７１名の犠牲者を出している。そして、多くの労働者が解雇された先の三池炭鉱では１９６３（昭和38）年に大爆発事故が発生し、４５８名の犠牲者を出した。

　このような世間の注目を浴びた事件の外でも、経済成長の恩恵から取り残された人々がいた事実は無視できない。『日本残酷物語』は、好調の日本の目を向けられなかった暗部とシンクロし、出版や映画の世界でブームとなり、ベストセラーとなった。

　『忘れられた日本人』においても『日本残酷物語』においても、宮本はいつも日本社会のスタンダード——すなわち当時にあっては豊かさを享受する都市の市民——から取り残された人たちへの視点を持ち続けた。宮本の研究の在り方は柳田をオーソリティーとする民俗学においては傍流であったかもしれないが、現在のフィールドワークに根差した社会学にもつながる姿勢が貫かれた。

●民俗学者

宮本常一

みやもとつねいち
１９０７（明治40）年～１９８１（昭和56）年

山口県生まれ。幼少のころから知識欲が旺盛で、家業の農業を手伝う傍ら読書に勤しんだ。１９２７（昭和2）年、一年現役兵として入隊した際、友人によって柳田国男を知り民俗学に強い興味を抱く。29（昭和4）年、大阪府立天王寺師範学校を卒業し、大阪泉南郡田尻尋常小学校に赴任。35（昭和10）年、第六回大阪民俗談話会において、郷土玩具や民具を研究する「アチック・ミューゼアム」を主宰する渋澤敬三と出会った。12月に結婚。昭和15年、渋澤の勧めにより教師を辞めて上京、本格的に各地の民俗調査に取りかかる。その活動は戦後になってますます盛んとなり、56（昭和31）年に名古屋大学の文化人類学・民俗学班に特別協力者として参加。59（昭和34）年、メイン執筆者として注力した『日本残酷物語』が61（昭和36）年に刊行。60（昭和35）年には『忘れられた日本人』を著して話題を呼び、翌年『日本の離島』で日本エッセイスト・クラブ賞を受賞。66（昭和41）年には「日本観光文化研究所」の初代所長に就任。77（昭和52）年、武蔵野美術大学を定年退職。80（昭和55）年、故郷の周防大島に「周防大島郷土大学」を設立した。翌年、胃がんのため死去。

1960（昭和35年）

天と地と
海音寺潮五郎

大河ドラマによって一躍ベストセラーに

大河ドラマの放映で大ヒット

1965〜1970（昭和40〜45）年まで続いたいざなぎ景気は「昭和元禄」とも呼ばれ、大量消費社会の幕開けだった。かつての「三種の神器」に代わり、自家用車、クーラー、カラーテレビが「3C」と呼ばれ、高額な耐久消費財が普及した時代である。

そんな只中の1969（昭和44）年、NHKで1年間かけて放送された第7作目の大河ドラマが『天と地と』だ。石坂浩二が主役の上杉謙信、高橋幸治がライバルの武田信玄を演じた大河ドラマ初のカラー作品で、平均視聴率25・0％、最高視聴率32・4％の大ヒットを記録した。

その人気ぶりは、日本テレビ系列で同時間帯に放映された『コント55号の裏番組をぶっとばせ!』からもうかがえる。同番組はタイトルどおり裏番組の『天と地と』に視聴率で勝つことを意識していた。

『天と地と』は海音寺潮五郎の歴史小説である。1960（昭和35）年から1962（昭和37）年にかけて『週刊朝日』誌上に連載された後、朝日新聞社から上下巻の単行本として出版されている。当時の発行部数は、上下巻合わせて2万3000部ほどだったが、大河ドラマの放映により状況が一変する。上・中・下の廉価版にされて、それぞれが50万部前後、同時発売の文庫版も上巻53万部、下巻48万部を売り上げる空前のベストセラーとなったのである。

このようなテレビがつくるベストセラー現象を『週刊読書人』編集主幹も務めた編集者の植田康夫は後に「テレセラー」と名づけている。著者や作品がテレビを通して視聴者に認知されることで、その売り上げを伸ばした出版物には、山口百恵『蒼い時』（344万部）、永六輔『大往生』（200万部以上）などの自伝、芥川賞受賞作『火花』（240万部）、著者が来日した『選択の自由』『不確実性の時代』『これからの「正義」の話をしよう』などがある。今でこそ「テレビに取り上げられると売れる」というのは当たり前の現象だが、『天と地と』はそのはしりだった。しかしこうした現象を当の海音寺は懸念する。文学がテレビの力を借りなければ読まれない状況を憂えたのである。

折しも『天と地と』ブーム渦中の1969（昭和44）年4月1日、海音寺は『毎日新聞』紙上で「今後、一切、新聞・雑誌からの仕事は受けない」と発表し引退する。ライフワークとして長編史伝『西郷隆盛』を完成すること、5部作『日本』を完成することなどが理由といわれるが、テレセラーへの嫌気も一因であったのではないかといわれている。

『天と地と 上巻』、1962(昭和37)年、朝日新聞社発行、函、日本近代文学館提供

「史伝文学」を蘇らせる

海音寺文学の功績の一つに「史伝文学」の復興がある。史実の人物や事柄をテーマにした歴史小説において、フィクションの要素を排除し、文献調査などをもとに真実を現代に明らかにしようとする試みである。その代表作が『武将列伝』と『悪人列伝』だ。

海音寺は文学を通して、日本人、日本の歴史に向き合い続け、忘れられつつある歴史を啓蒙することを目標としていたが、1977(昭和52)年に急逝し、『日本』と『西郷隆盛』は未完となる。

なお、『天と地と』は1990(平成2)年に制作費50億円の超大作として映画化され、400万枚もの前売り券がばら撒かれたが、実際にはそれほど客が入らなかったといわれている。

歴史をとおして、史実と人間の「実」を描き出そうと作品に向き合い続け、一過的なブームや「虚」とは距離を置こうとしてきた海音寺の作品にとっては皮肉なことである。

●作家

海音寺潮五郎《かいおんじちょうごろう》

1901(明治34)年～1977(昭和52)年

鹿児島県伊佐郡大口村(現・伊佐市)生まれ。本名は末富東作。國學院大學を卒業後、中学の国漢教師として勤めながら創作を行う。本名を隠すためにペンネームを使うようになる。1929(昭和4)年、『うたかた草紙』が『サンデー毎日』大衆文芸に入選。32(昭和7)年、長編『風雲』で同賞を受賞。教師を辞め、作家に専念する。36(昭和11)年、『天正女合戦』と『武道伝来記』で直木賞を受賞。41(昭和16)年、陸軍報道班員として徴用されるが、翌年、健康を害して帰国し入院生活の後に郷里へ疎開。終戦にかけて、執筆活動はスランプで、漢籍に没頭する。戦後、長編小説『風霜』がGHQの検閲のため発表できなかった。57(昭和32)年に完結した『平将門』は新時代の歴史小説の先駆といわれる。日本史に忠実に書く史伝の復活に貢献。代表作に『武将列伝』『孫子』『天と地と』『西郷隆盛』『西郷と大久保』『幕末動乱の男たち』『江戸開城』など。直木賞の選考委員を務めた。紫綬褒章受章、文化功労者。77(昭和52)年、脳出血と心筋梗塞で死去。

1961
（昭和36年）

何でも見てやろう

小田実

敗戦国として再出発した日本の幸福

空前の海外旅行ブーム

「べ平連（ベトナムに平和を！市民連合）」の代表の一人としてベトナム反戦運動を率いた小田実が、フルブライト基金を受けて米国ハーバード大学に留学したのは1958（昭和33）年の夏だ。1年間の留学を経て、ヨーロッパからインドまで約10カ月間をかけて貧乏旅をしながら帰国し、その体験を記したのが『何でも見てやろう』である。

今でいうバックパッカーのはしりとして、各国の下層・上層の民を問わず、生身で接し、世界を見聞した小田の旅行記は、とりわけ10代後半から若い成人世代に憧れをもって受け止められた。1961（昭和36）年2月の刊行から同年末までの約10カ月間で20万部以上を売り上げる大ベストセラーとなっている。

当時は、堀田善衛『インドで考えたこと』、犬養道子『お嬢さん放浪記』、北杜夫『どくとるマンボウ航海記』が売れた旅行記ブームの時代で、この流れは伊丹十三『ヨーロッパ退屈日記』、森村桂『天国にいちばん近い島』を経て、紀行小説に受け継がれていく。五木寛之『さらばモスクワ愚連隊』の後、1986（昭和61）年に刊行された沢木耕太郎の『深夜特急』は1992（平成4）年までシリーズが続き、今でもバックパッカーのバイブルである。

小田が渡米した1958（昭和33）年は皇太子（平成天皇）と美智子様（皇后）がテニスコートの恋を実らせて婚約を発表した年である。翌年の皇太子ご成婚に向けて、一般家庭に白黒テレビが普及しはじめ、同時期に普及した電気洗濯機、電気冷蔵庫と合わせて「三種の神器」と呼ばれた。長嶋茂雄がプロ野球デビューし茶の間を熱狂させ、『月光仮面』が国産ドラマとして大ヒットした。当時のテレビは米国のホームドラマや西部劇が多く放送されたこともあり、この時期、一般市民の西欧に対する心理的ハードルは大いに下がった。東京有楽町では「第1回日劇ウエスタンカーニバル」が開催され、エルビス・プレスリーやハワイアンバンドに影響を受けたロカビリー旋風が巻き起こり、ミッキー・カーチスや平尾昌晃らのスターを生んだ。

国際社会で日本の存在感が増す

こうした海の向こうへの憧憬のムードが国民生活に現れるきっかけとなるようなできごとも多くあった。自由主義陣営の支持を得た日本の国連安全保障理事会非常任理事国入り、国際ペン大会の日本初開催、南極での昭和基地建設などである。1958（昭和33）年に東京・国立競技場で開幕したアジア競技大会は、1964（昭和39）年の五輪を東京招致するためのアピールの狙いもあった。この国際大会の成功が功を奏し、翌年に東京五輪が決定する。この時代は、日本が敗戦国から本格的に国際社会の一員として世界に歩み出した時代だといえる。

国家単位での海外進出は、その後、五輪開催の頃に国民レベルでも本格化していく。「海外渡航自由化」が認められ、観光での海外旅行が一般市民でも可能になったのである。とはいえ、庶民にとって、海外旅行は高額で簡単に手の届くものではなかった。企業は海外旅行が当たる懸賞を企画し、キャッチコピー「トリスを飲んでハワイへ行こう」が流行語となった。

小田実の『何でも見てやろう』は、まだ日本の若者にとっての海外が、スクリーンの向こうの漠然とした夢であった時代に、自分たちと等身大の著者が書いたリアルな見聞録という意味でも、憧れをもって迎えられたといえるだろう。

『何でも見てやろう』、1961（昭和36）年、河出書房新社発行、日本近代文学館提供

●作家・社会運動家

小田実《おだまこと》

1932（昭和7）年～2007（平成19）年

大阪市福島で大阪市職員の父と、商家の母のもとに生まれる。1951（昭和26）年、大阪府立夕陽丘高校時代に長編小説『明後日の日記』を書く。翌年、東京大学教養学部入学。57（昭和32）年、同大学文学部言語学科を卒業し、人文研究科修士科へ進学。翌年、フルブライト基金を受け、ハーバード大学大学院へ留学。その後の1日1ドルの世界旅行記を『何でも見てやろう』として刊行しベストセラーに。65（昭和40）年〈ベ平連（ベトナムに平和を！市民連合）〉の代表になり、ベトナム戦争終結まで反戦運動の中心的存在として活躍する。70（昭和45）年、開高健、高橋和巳らと『人間として』を創刊。95（平成7）年、西宮市の自宅で阪神淡路大震災に被災。被災者生活再建支援法の制定に向けて活動する。98（平成10）年、『「アボジ」を踏む』で川端康成文学賞を受賞。〈九条の会〉呼びかけ人の一人。小説と評論の作家活動と平和運動を生涯にわたり続けた。2007（平成19）年、死去。代表作に『HIROSHIMA』『ひとりでもやる、ひとりでもやめる』『中流の復興』など。

1962（昭和37年）

竜馬がゆく

司馬遼太郎

国民的歴史小説家の誕生

この人の作品は数年前から見ていて、ゆたかな才能と常に独自の道を歩こうとする態度に大いに望を嘱していた。『梟《ふくろう》の城』にかぎらず、人を酔わせるものがしばしばある。これは単にうまいとかまずいとかいうことと別のものである。

史伝文学の第一人者で、直木賞の選考委員を務めていた海音寺潮五郎の選評である。１９５９（昭和34）年、後に日本を代表する歴史小説家となる司馬遼太郎は、豊臣秀吉の暗殺計画を軸に暗躍する忍者の生き様を書いた『梟の城』で、第42回直木賞を受賞した。当時の司馬は産経新聞社で記者として勤務するかたわら、創作活動を行い、伝奇小説などを多く書いていたが、この受賞の翌年に専業作家に転じている。そんな司馬が、いままでの歴史小説に新風を吹かせ、自身の地位を本格的な歴史小説家として確立した作品が『竜馬《りょうま》がゆく』である。

本作は司馬の古巣である産経新聞の夕刊に、１９６２（昭和37）年6月から１９６６（昭和41）年5月まで連載され、１９６３（昭和38）年から文藝春秋より全5巻（立志篇・風雲篇・狂瀾篇・怒濤篇・回天篇）で刊行された。

龍馬像を作った司馬文学の代表作

土佐の豪商の子として生まれ、脱藩の後は、薩長同盟の成立を取り持ち、倒幕と大政奉還の立役者として活躍した坂本龍馬は、いまでこそ誰もが知る幕末の英雄だ。しかし、当時は幕末に関心を持つ層などで限定的によく知られる存在だった。その龍馬で、司馬が長編を書くことになった陰には、当時の産経新聞社社長水野成夫と、かつての司馬の同僚渡辺司郎の存在があった。

東京帝国大学時代、夏目漱石、島崎藤村、森鷗外に親しみ、後にアナトール・フランス『神々は渇く』の翻訳などでフランス文学者としても功績を遺した水野は、読者獲得のためにも、産経新聞の連載小説に力を入れていこうという考えを持っていた。そこで、中央公論社社長嶋中鵬二に相談したところ、大宅壮一から「よそを探さなくても産経に司馬遼太郎という作家がいるじゃないですか」という助言を得ることとなり、司馬の起用が決まった。

その話を聞いた司馬のかつての同僚で、高知県出身の渡辺司郎は、坂本龍馬を書くようにと進言する。しかし司馬は、中里介山の『大菩薩峠』の司馬版を書こうと考えており、いったん断る。とはいえ、思い返せばかねてより坂本龍馬の名を耳にするたび自身の心に引っかかっていたこと、司馬夫人が龍馬に母性愛のような魅力を感じたこと、そして、ある中国青年が龍馬の銅像の前で「あなたはアジアの先駆者だった」と涙したという時事通信の記事を読んだことが重なって、司馬はその気になる。

今日に生きる坂本龍馬

執筆の際に文献を徹底的に調べ上げることで知られる司馬が、坂本龍馬の資料に費やした金額は１０００万円以上にのぼり、東京神保町の古書店に依頼して集めた文献は３０００冊にもなったという。司馬は龍馬研究の第一人者である平尾道雄に敬意を示しながらも、その著書や学説に引っ張られない自分なりの龍馬像を築こうとした。その思いは『竜馬がゆく』というタイトルにも込められている。なぜ「龍馬」ではなく、「竜馬」なのか。司馬はその問いにこう答えた。

僕は学者じゃなくて小説家やろう。この小説は僕の竜馬やし、自由な竜馬を書くんや。

こうして、年譜や履歴だけではなく、本人の書いた手紙や、メモを注視していくことによって仕上がった、司馬の書く「坂本竜馬」は、現在の誰もが知る「坂本龍馬」像のスタンダードとなったのである。

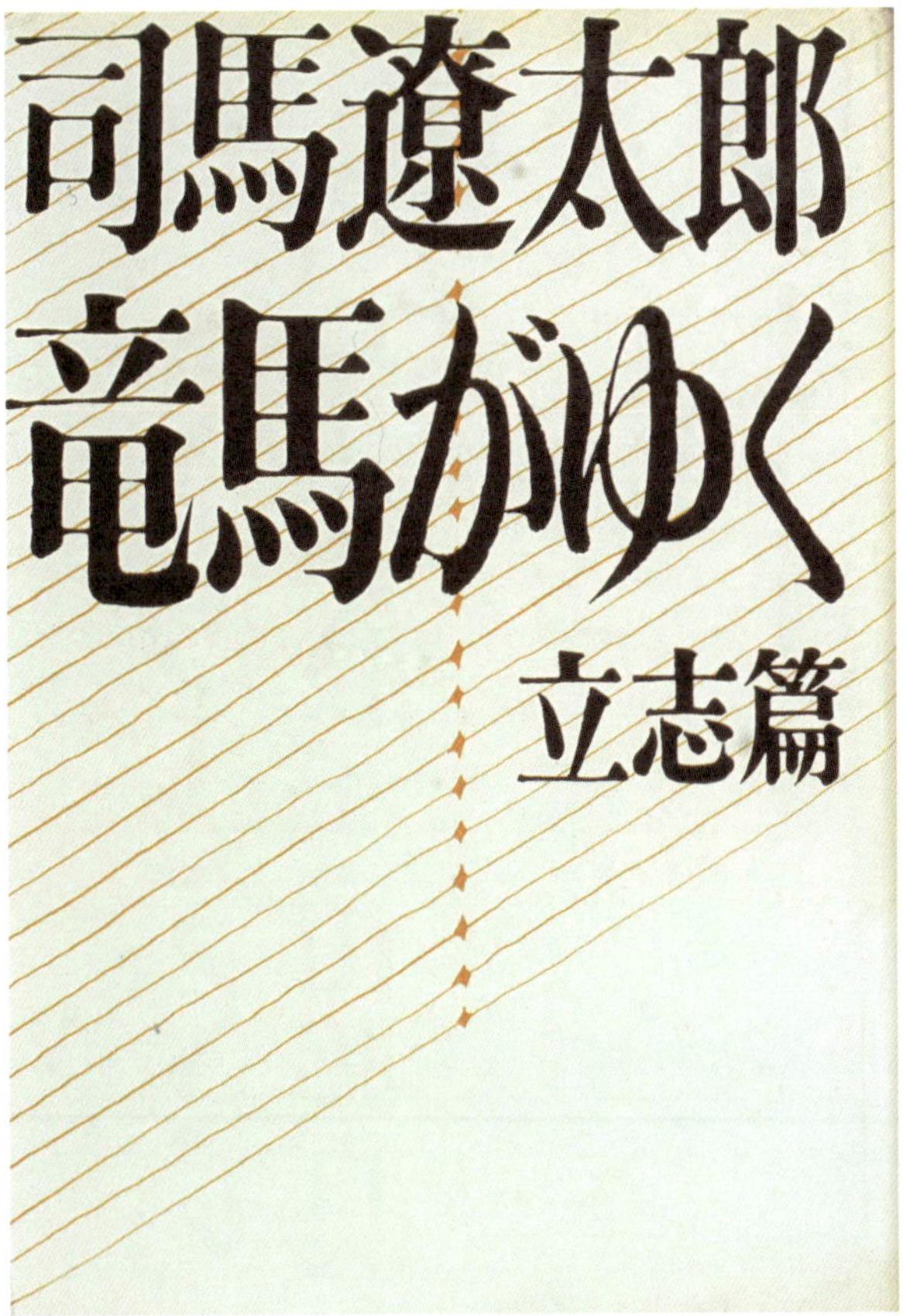

『竜馬がゆく 立志篇』、1963（昭和38）年、文藝春秋発行、日本近代文学館提供

●作家

司馬《しば》遼太郎《りょうたろう》

１９２３（大正12）年～１９９６（平成８）年

大阪市生まれ。中学時代から大阪外国語学校蒙古語学科を卒業するまで、ジャンルを問わず古今東西の書物に没頭する。司馬遷の『史記』やロシア文学に特に傾倒。学徒出陣により入隊後、新潟県で陸軍少尉として終戦を迎える。戦争をした日本への憤りが作家活動の原点となる。復員後、新世界新聞、新日本新聞を経て、産経新聞文化部へ入社。京都の取材を通じて、桑原武夫など、京都学派の学者と親交を結ぶ。１９６０（昭和35）年、『梟の城』で直木賞受賞。以後、次々と歴史小説を発表し話題になる。66（昭和41）年、『竜馬がゆく』『国盗り物語』で菊池寛賞を受賞。93（平成５）年には文化勲章を受章。「司馬史観」とよばれる自在な歴史の解釈が魅力として人気を博し、河井継之助、商人高田屋嘉兵衛といったマイナーな人物にも光を当て、そうした人物が今日一般に知られているイメージを構築した。71（昭和46）年紀行随筆『街道をゆく』を『週刊朝日』で連載するが、急逝。忌日は「菜の花忌」と呼ばれる。他の代表作に『坂の上の雲』『翔ぶが如く』『世に棲む日日』など。

1963（昭和38年）

ぐりとぐら 中川李枝子・山脇百合子

世界中で愛される絵本のベストセラー

日本の絵本、世界へ

1963（昭和38）年の刊行以来、いまや世代を超えて読み継がれている人気絵本『ぐりとぐら』。福音館書店から刊行されている作品7冊と関連書籍を合わせると、シリーズ累計発行部数は2490万部。第1作目の『ぐりとぐら』だけでも472万部を誇り、『いないいないばあ』（松谷みよ子作、瀬川康男絵、童心社）の569万部に次ぐ、ミリオンセラー絵本である。絵本以外の児童文学では『星の王子さま』（アントワーヌ・ド・サン＝テグジュペリ著、内藤濯訳、岩波書店）が640万部で、『ハリー・ポッター』シリーズ、『モモ』が続く。一度、人気に火がつくと、長く売れ続けるのが絵本や児童文学の特徴だ。

「おりょうりすること　たべること」が大好きな双子の野ねずみが主人公の『ぐりとぐら』シリーズは当初、父母向けの雑誌『母の友』に読み切りの『たまご』という作品名で登場した。保育士として働きながら執筆活動を行い、すでに『いやいやえん』で野間児童文芸奨励作品賞や、サンケイ児童出版文化賞などを受賞していた中川李枝子が話を担当し、妹の山脇百合子が挿絵を担当している。『ちびくろ・さんぼ』のトラのバターやホットケーキから着想を得て生み出されたという「ぐり」と「ぐら」がつくる大きな「かすてら」は、子どもたちばかりでなく大人の心もつかみ、1960年代後半からは、英国、デンマーク、台湾、韓国、タイ、オランダなど、世界各国でも翻訳されて、世界中の人たちに愛されてきた。1960年代～1970年代初頭にかけては、至光社や福音館書店が先駆者となり、ボローニャやフランクフルトの国際ブックフェアで日本の児童文学を紹介しはじめた時期である。

児童文学成立期の「童心主義」

日本における児童文学の成立は近代文学の成立期に重なる。児童文学史を開く作品となった巌谷小波《いわやさざなみ》の処女作『こがね丸』が博文館の「少年文学叢書　第一編」として出版されたのは1891（明治24）年。巌谷は児童文学者として民話の再話に尽力し、この頃創刊が相次いだ少年雑誌のひとつ『少年世界』の主筆を務めた。

その後、『赤い蝋燭《ろうそく》と人魚』などの作品を残し「日本の児童文学の父」と呼ばれた小川未明の第一童話集『赤い船』が1910（明治43）年に刊行される。

1918（大正7）年には鈴木三重吉が児童雑誌『赤い鳥』を創刊し、北原白秋、泉鏡花、高浜虚子らが参同した。『赤い鳥』は最盛期には3万部もの発行部数を誇ったとされ、芥川龍之介の『蜘蛛の糸』や有島武郎『一房の葡萄』、新美南吉『ごん狐』が掲載されたほか、菊池寛、西條八十、谷崎潤一郎も作品を寄稿している。

続いて『金の船』（後に『金の星』と改題）、『童話』『おとぎの世界』などの児童雑誌の刊行も相次ぎ、この頃の「子どもの純真無垢」に価値を見出す児童観、あるいは児童文学観は「童心主義」と呼ばれて開花する。

中川李枝子はある講演会でこうした童心主義の童話に魅力を感じなかったので、野間児童文芸賞の選考で自身の『いやいやえん』を巡って意見が割れたのは、さもありなんと察しがついたと語っている。それよりはむしろ、戦後「岩波少年文庫」で刊行された名作の数々を読んだ経験が、保育士として、そして児童文学作家としての原点となった。

岩波少年文庫は1950（昭和25）年、児童文学作家で翻訳家の石井桃子が中心となって、古今東西の名作をセレクトしたシリーズだ。『星の王子さま』、『ドリトル先生』シリーズ、『長くつ下のピッピ』などのロングセラーを翻訳刊行し、現在も絶えず世界の児童文学作品を紹介し続けている。

『ぐりとぐら』（こどものとも傑作集）、1967（昭和42）年、福音館書店発行

●絵本作家

中川李枝子《なかがわりえこ》・山脇百合子《やまわきゆりこ》

（中川）1935（昭和10）年～
（山脇）1941（昭和16）年～

それぞれ札幌と東京で生まれる。中川は保育園に勤務するかたわら、物語の創作を行い、保育園の子どもたちをモデルにした童話『いやいやえん』でデビューし、厚生大臣賞、サンケイ児童出版文化賞などを受賞する。その際、いつも絵を描いている山脇（旧姓大村）に挿し絵を依頼して以降、姉妹コンビで多数の作品を手がけていく。姉妹で手掛けた作品に、『ぐりとぐら』シリーズ、『そらいろのたね』『たからさがし』『くまさん　くまさん』など。デビュー当時、まだ学生だった山脇は絵本作家になるつもりは特になかった。絵だけではなく文も手がけた作品に『ゆうこのキャベツぼうし』『そらをとんだけいこのあやとり』、翻訳に『きつねのルナール』『ユーリーとソーニャ』など。中川は児童文学以外にも作詞やエッセイで活躍し、作詞に、宮崎駿監督によるアニメ映画『となりのトトロ』のオープニングテーマ曲『さんぽ』などがある。

1964
（昭和39年）

平凡パンチ

高度成長期の真っただ中に創刊

銀座の若者文化「みゆき族」

東京オリンピックが開催され、東海道新幹線が開通した１９６４年、東京銀座のみゆき通りには「アイビー・ファッション」で装った若者たちが、たむろしていた。「アイビー・ルック」とは、米国東海岸の名門私立大学の学生たちのあいだで流行していた三つボタンブレザーや、コットン・パンツ、ローファーを取り入れたスタイルで、ハリウッド俳優のアンソニー・パーキンスが象徴的存在だった。みゆき通りの若者たちは国内でアイビー・ファッションをリードした石津謙介が創業したファッションブランド「VAN」や、それに対抗してトラディショナル、欧州路線のスタイルを打ち出した「JUN」の紙袋を小脇に抱えた。彼らは「みゆき族」と呼ばれた。

六〇年安保の政治的な時代を経て、穏健に変容した若者たちは大衆化していた。大学生の数は１９６５（昭和40）年には１００万人に達し、「みゆき族」も反社会的な騒ぎを起こすようなことはなかった。彼らの関心は、ファッション、クルマ、異性であり、みゆき通りにあった「VAN」のショップを目指したのである。この頃、若者文化の中心は銀座であり、新宿でも、渋谷でも原宿でもなかった。銀座全盛時代のストリートカルチャーに一役買った雑誌がある。銀座にある平凡出版から１９６４（昭和39）年４月28日に創刊された週刊誌『平凡パンチ』である。

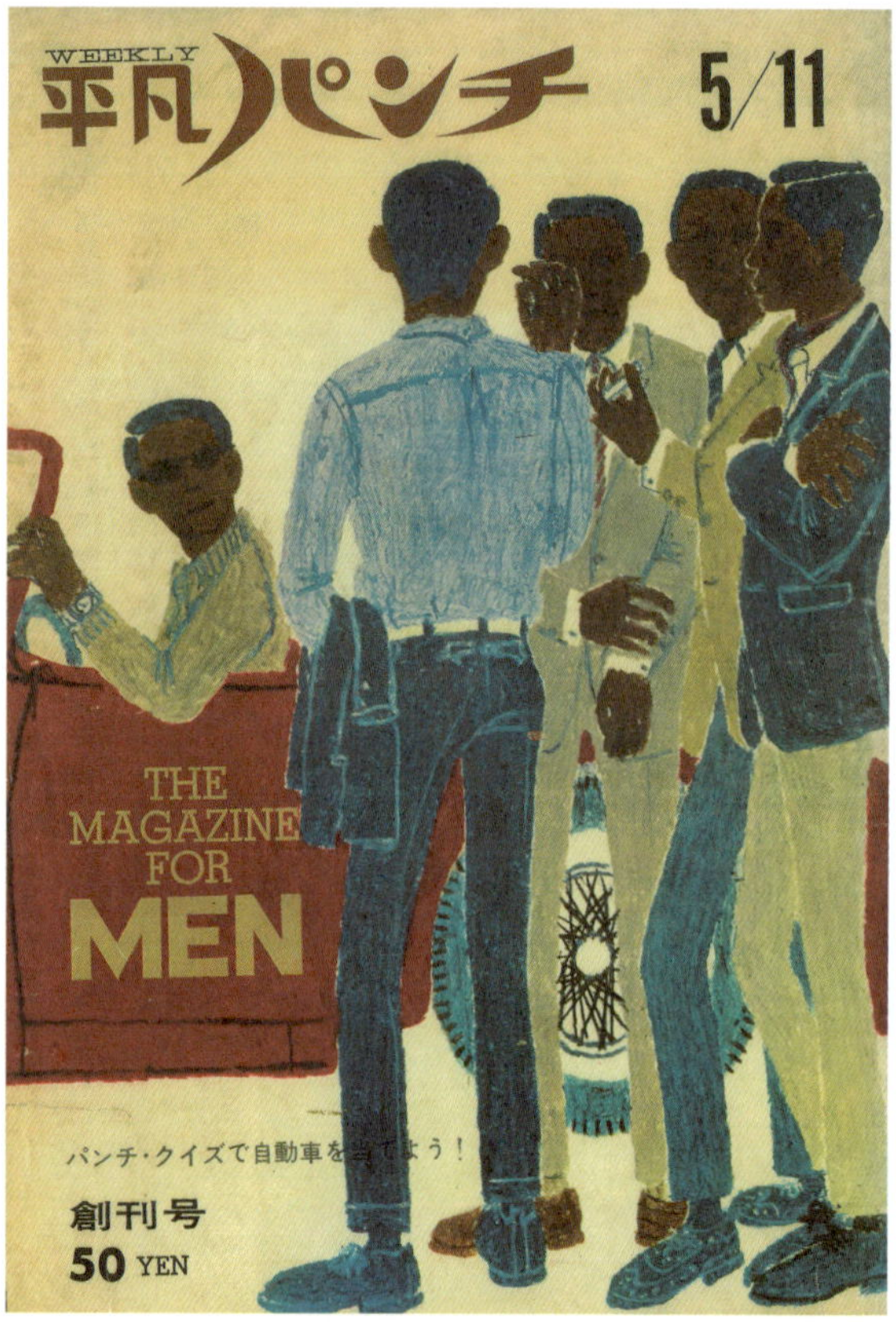

『平凡パンチ 創刊号』、1964（昭和39）年、
平凡出版（現・マガジンハウス）発行、大宅荘一文庫提供

「ファッション・クルマ・女性のグラビア」に若者が夢中に

1956（昭和31）年の『週刊新潮』の創刊を皮切りに、人びとの情報源は月刊誌から週刊誌へと切り替わりつつあった。1950年代後半には週刊誌の年間販売部数が月刊誌を上回った。映画は1960年に年間入場者数10億人台を全盛に、以後動員数を減らした。テレビの契約台数は1962（昭和37）年には1000万台を超えた。

アイビー・ルックで語り合う60年代の銀座の若者達。

こうしたメディアの変化を背景に、高度経済成長のただ中、消費のスタイルが変わったことに目をつけて創刊されたのが『平凡パンチ』だった。マガジンハウスの前身である平凡出版の清水達夫は、初の「男性向け週刊誌」の創刊を考えた。『PLAYBOY（プレイボーイ）』や『Esquire（エスクァイア）』といった欧米の男性誌がモデルである。大橋歩による洒落たパステル画を表紙に起用し、英国の風刺雑誌『PUNCH（パンチ）』から名前を取った。

『平凡パンチ』は、国民所得が上がり、豊かになった若者たちに「ファッション・クルマ・女性のグラビア」を惜しみなく提供し、流行の発信源となった。この3要素はいまでこそ、男性誌に欠かせないコンテンツだが、『平凡パンチ』の功績である。

1966（昭和41）年には集英社からライバル誌『週刊プレイボーイ』が創刊され、やがて部数を追い抜かれるようになるが、大人びたヌード・グラビアには、加納典明はじめ、まだ駆け出しの写真家を起用し、こだわりが光っていた。

1983（昭和58）年には、社名がマガジンハウスに変わったが、この頃には、後進の過激なヌード専門誌や、カタログ雑誌、ファッション誌のあいだで雑誌としての位置づけが難しくなり、何度かの刷新にもかかわらず部数低落がとまらなくなっていた。

創刊から25年後の1988（平成元）年、『平凡パンチ』は休刊した。とはいえ、編集部が確かな目で選んだアイテムを、広告か記事かわからない文章とレイアウトで見せる『平凡パンチ』の手法は、同社の『POPEYE（ポパイ）』や『BRUTUS（ブルータス）』に受け継がれた。『POPEYE』は40年、『BRUTUS』は35年以上経ってもなお、時代をけん引する媒体として存続している。

1968
（昭和43年）

共同幻想論

吉本隆明

国家からの自立を呼びかける

1968（昭和43）年に刊行された『共同幻想論』は全共闘（全学共闘会議）の若者にバイブルとして支持された思想書であり、戦後日本最大の思想家といわれた吉本隆明の代表作である。国家とは何か？　という普遍的な命題に対して、吉本が使った「共同幻想」という言葉が、当時、マルクス主義的な国家論に限界を感じつつあった若者たちに、なかばファッションのように受け入れられた。

国家とは、政治的、経済的な支配者が自らの既得権益を守るために、まるで自らの利害が社会全体の利害であるかのように構築したルール体系である、という考えがマルクス主義的な国家の定義である。これに対して、国家とは共同の幻想であると説いたのが吉本だ。吉本は国家が特定のイデオロギーに支えられた権力的・暴力的装置であるならば、そのイデオロギーが崩壊したときに国家は解体させられるはずだがそうはならず、形を変えて存続するのはなぜかと考える。そして、『遠野物語』や『古事記』を取り上げながら、人は国家というフィクションを創造し、そのフィクションを共有し、縛られていると説く。共有するフィクション＝共同幻想を解体し、自立することが課題だという。

新しい世界観を提示した独自の国家論

1968（昭和43）年から全国へ広がった全共闘運動は、「インターン（研修医）制度廃止」に伴う「登録医師制度」に反対した東大医学部学生自治会が無期限ストに突入。医学部生の安田講堂占拠に対し、大学側は機動隊を導入して学生を排除した（東大紛争）。このやり方に反発した他学部の学生らにも運動が広がり、東大全共闘の結成を経て、学生たちは大学の自治、学問の自由、大学の社会的責任などを問うた。東大紛争は2度目の講堂占拠と解除の後に沈静化に向かうが、学生運動そのものは体制批判の政治闘争として各地へ波及していく。

平和や、体制批判をメッセージ性のある歌詞に込めて歌うフォークが若者の共感を集めたのも、ベトナム戦争、大学紛争が背景にあったこの時代のことである。ベ平連のメンバーが仕切った新宿駅西口地下広場のフォークゲリラには毎週、数千人もの人が集まるようになり、新左翼セクト、アジ演説なども行われて、政治集会の側面も持つようになった。しかし、機動隊が集会排除に乗り出してから、このフォークゲリラは下火となる。

そして、1969（昭和44）年8月には「大学の運営に関する臨時措置法」が成立する。これは、1年以上紛争が続いた場合、廃校にすると定めた法案であり、学生運動は、後に先鋭化していく一部を除いて次第に沈静化していった。

新左翼を経て、新・新左翼へ

60年安保の時期にすでに新左翼の思想的カリスマだった吉本隆明は、60年安保後に全学連主流派が混乱状態に陥ってからは「自立の思想」を標榜し続けた。「自立の思想」とは、特に国家からの自立を意味しており、『共同幻想論』はこうした前提から成立した思想書だった。とはいえ、吉本の思想への賛否はさまざまであり、この本の価値は多くの若い読者が挫折した難解な文章、すなわちそのレトリックにあるのではないか、それこそ思想家本人の実像が読者の共同幻想なのではないかといった痛烈な批判もある。

吉本自身は1980年代以降、新左翼的な立場から、消費社会へ寄り添う側へと転向していき、1990年代には自らを体制・反体制にとらわれず、問題ごとに態度を明確にする「新・新左翼」であると語った。その評論・思想活動は文学、サブカルチャー、政治、社会、宗教と多岐にわたった。

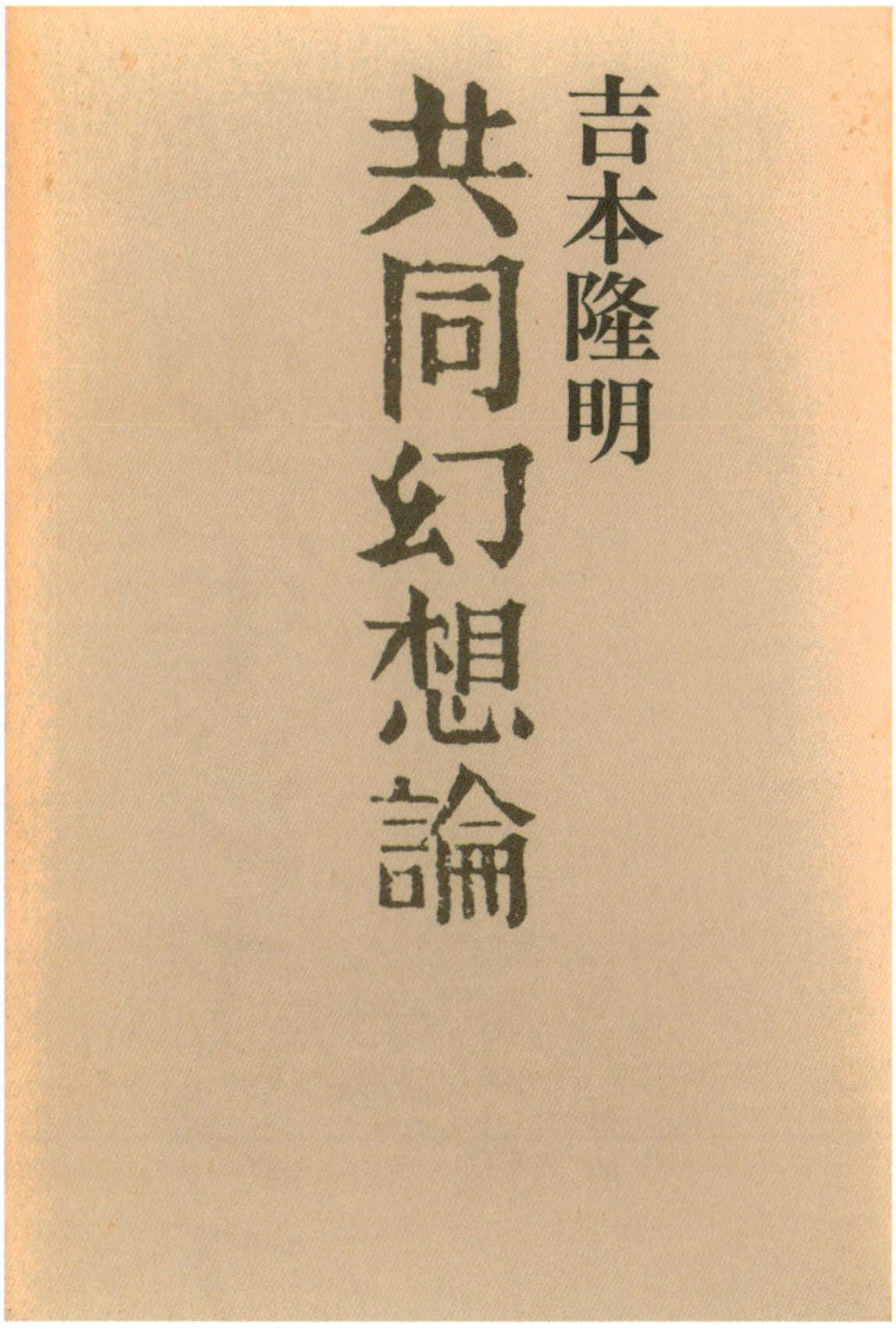

『共同幻想論』、1968（昭和43）年、河出書房新社発行、函

●思想家・評論家

吉本隆明

よしもとたかあき

1924（大正13）年〜2012（平成24）年

東京月島の船大工の家に生まれる。東京府立化学工業学校を経て米沢高等工業学校（現・山形大学工学部）に入学し、この頃、宮沢賢治、高村光太郎、小林秀雄などに影響されて詩作をはじめる。1945（昭和20）年、東京工業大学に進学し、47（昭和22）年、電気化学科卒業。49（昭和24）年『ランボー若しくはカール・マルクスの方法についての諸注』を執筆。同年、東京工業大学大学院特別研究生に合格し、工場に勤務しながら詩作や評論活動を続ける。56（昭和31）年、初代全学連委員長の武井昭夫と『文学者の戦争責任』を著し、58（昭和33）年には『転向論』を『現代批評』創刊号に発表。60年代は60年安保を牽引した全学連主流派に共感・共闘するポジションを取る。80年代以降はサブカルチャーの分野でも評論を展開。文学、政治、社会、宗教など、評論領域は多岐にわたり、「戦後思想界の巨人」と呼ばれる。著書に『共同幻想論』『言語にとって美とはなにか』『ハイ・イメージ論』『カール・マルクス』『ひきこもれ』『日本語のゆくえ』『吉本隆明が語る親鸞』『フランシス子へ』など。長女がマンガ家のハルノ宵子、次女は作家の吉本ばなな。2012（平成24）年、死去。

1968
（昭和43年）

少年ジャンプ

発行部数のギネス記録を樹立

読者の目線を追求

今日まで1万数千誌を超える雑誌が発行されてきた。その中で発行部数においてギネス世界記録を持つ雑誌が『少年ジャンプ』である。

集英社の『少年ジャンプ』は、小学館の『少年サンデー』、講談社の『少年マガジン』よりも10年遅い1968（昭和43）年に創刊された。

この年、先行する両雑誌の発行部数は100万部を超え、対する『少年ジャンプ』は10万5000部という少部数で発行され、現在とは異なる月2回刊行というスタイルだった。

すでに有名なマンガ家は先行誌に取られているため、『少年ジャンプ』は才能ある新人を発掘し、彼らを登用していく。

マンガは60年代の若者文化として、フォークやロックとともに退行文化的に認識されることもあったが、先行誌の売れ行きに象徴されるようにマンガの人気は全国で高まっていた。

こうした中、『少年ジャンプ』は「マンガの本数とページ数が多い」ことで差別化を図り、独自性を打ち出していった。他誌より高い定価90円という価格設定だったが、号を追うごとに順調に部数を伸ばして発行部数50万部を超える。この頃になると現在のような週刊に切り替え、育成した新人を専属制にした上で1週間全力で『少年ジャンプ』のマンガ制作に集中させる方針へと切り替えて行った。

また、創刊して日が浅いことから主な読者層を小学5、6年生と考え、彼らに対してイメージ調査を実施。その結果、当時の少年たちが求めるものとして「友情・努力・勝利」という、3つのキーワードが重要であるとの見解に達する。少年マンガにおける王道的主人公の型である「熱血な主人公」はここから誕生していくこととなった。

この路線は、80年代にマンガ界全般に流行した「ラブコメブーム」の中にあっても変わることなく、むしろそうした流行のアンチ・テーゼとして、より熱血硬派路線を突き進むこととなった。そこで人気を博したのが『キン肉マン』『キャプテン翼』『北斗の拳』である。

発行部数が300万部に達した頃からは、読者投票によって掲載マンガの面白度・人気度を集計する人気カウンター方式を導入していく。人気の低い作品は10週目で打ち切りとなる厳しい淘汰方法であったが、なにより読者の声を重要視したマンガ雑誌であるともいえる。

ギネス記録を持つマンガ雑誌

以来、順調に発行部数を伸ばしていき、１９８８（昭和63）年の暮れの特大号で、日本の雑誌では前人未到の５００万部を突破した。

さらに、１９９５（平成７）年の新年号では『少年ジャンプ』歴代最高部数６５３万部を記録し、発行部数のギネス世界記録にも登録されている。

『少年ジャンプ』に掲載されたマンガの中には世界一の記録をもつマンガが複数ある。

『こちら葛飾区亀有公園前派出所（こち亀）』は「最も発行巻数が多い単一漫画シリーズ」としてギネス世界記録に認定、『ONE PIECE（ワンピース）』は「１人の作者が描いたコミック累計発行部数が世界最多」としてギネス世界記録（平成27年末時点で約３億２０８６万部）に認定された。また「１人の作者による最多の漫画出版記録」として、故石ノ森章太郎氏が全５００冊、７７０作品で認定されている。

昨今、クールジャパンという言葉が多用されるようになってきたが、これは元々日本のポップカルチャーが海外で人気となる現象を指す言葉である。

若者に人気があり、日本独自の進化を遂げたマンガも欠かすことのできないクールジャパンの要素といえる。

なかでも、１９８４（昭和59）年から連載が始まった『ドラゴンボール』は累計発行部数１億５７００万部という、日本のコミック歴代発行部数第３位を誇り、その人気は海を越えて広がった。現在では海外30カ国で翻訳されており、全世界で楽しまれるマンガのひとつとなっている。

日本のマンガが海外でも人気が高い理由としては、登場人物が個性的であることや丁寧なストーリー展開などが挙げられることが多い。

また、１９９７（平成９）年に連載を開始した『ONE PIECE（ワンピース）』は『ドラゴンボール』を上回り、累計発行部数３億２０８６万部というギネス世界記録からもわかるように世界中で親しまれる大人気作品へと成長している。

『少年ジャンプ 創刊号』、1968（昭和43）年、集英社発行©集英社

1969
（昭和44年）

苦海浄土
石牟礼道子

水俣病を
人間の側から描いた
公害問題の原点

公害が社会問題化

高度経済成長期の１９５０年代後半から１９７０年代、公害による住民への健康被害が各地で発生した。被害の大きかった、四日市ぜんそく、水俣病、新潟水俣病、イタイイタイ病は特に「四大公害病」と呼ばれる。１９７０（昭和45）年には東京の主要道路の環七通り近くにあった学校で光化学スモッグの被害も初報告され、こうした公害問題は日本の成長の陰の負の産物であった。

１９５３（昭和28）年頃から患者が確認され、１９５６（昭和31）年に正式に発生が認められた水俣病は、メチル水銀中毒による慢性の神経系疾患である。化学工業会社チッソの水俣工場（熊本県水俣市）が水俣湾に流した廃液から、プランクトンが低濃度のメチル水銀を吸収。食物連鎖により、生物濃縮したメチル水銀を含む魚介類を食べた近隣の漁民たちが中毒になった。しびれ、運動失調、視野狭さく、四肢麻痺などの症状が起こり、重症者は死にいたる。公害病に認定された患者は２３００人にのぼる一方で、水銀中毒の症状を有しながらも認定にはいたらない未認定患者は７万人。いまだに１０００人以上の患者が認定を求めて係争は続いている。

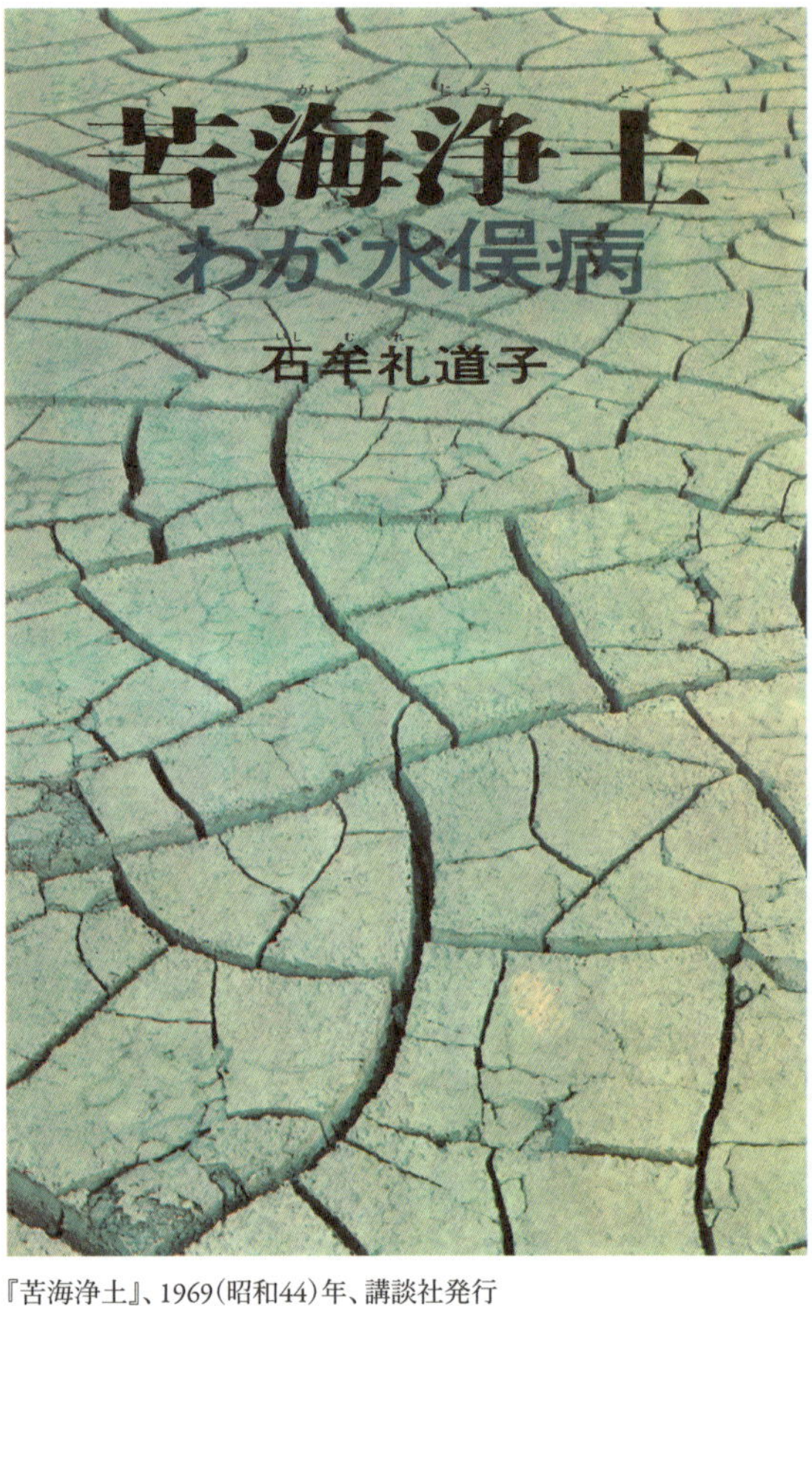

『苦海浄土』、1969（昭和44）年、講談社発行

水俣病の現状を世に伝える

小学校の代用教員を務めたのち、結婚・出産を経た主婦の石牟《いしむ》礼《れ》道子は１９５９（昭和34）年、肺結核にかかり水俣市立病院に

入院した。そこで、同じ病院に水俣病患者二十数名が入院していることを知り、見舞いをはじめる。

故郷で起きている悲劇に衝き動かされて、水俣病患者からの聞き書きをはじめた石牟礼は、1960（昭和35）年、『奇病』というタイトルで、後に『苦界浄土』第三章「ゆき女きき書」の原型となる文章を発表する。

「ゆき女きき書」には、40を過ぎて後妻に入ったゆき女が水俣病を発病し、夫は看病を続けたが、ついには彼女を見捨てて離縁した顛末が書かれている。

1969（昭和44）年1月、『苦海浄土　わが水俣病』が講談社から刊行された。『空と海のあいだに』というタイトルで『サークル村』や『熊本風土記』に連載されていた聞き書き形式の小説作品である。石牟礼は患者に代わり、方言を生かした語りで綴り、現場目線で近代産業の所業、責任回避の論理を否定する。

今考えて、ほんに残念と思うのは、原因もわからんじゃったせいもあるが、正式には三十一年四月に奇病の発表があったわけですが、こうなるまで、患者も漁民もほったらかしじゃったことですよ。実質的な発生は二十八年暮ですから。

『苦海浄土』がようやく刊行されたのは、1968（昭和43）年9月に水俣病が公害病認定されたことも一つの契機であったと考えられる。石牟礼は水俣病のすべてを見ようとした。ときには大学病院に頼んで患者の解剖に立ち会うことさえあった。チッソの社長が東京から謝罪に訪れたときは、両親を水俣病で失い、弟も同じ病気に罹患した姉の言葉を借りて次のように綴っている。

よう来てくれなはりましたな。待っとりましたばい、十五年間！／あのよな恐ろしか人間殺す毒ば作り出す機械全部、水銀も全部、針金ひとすじ釘一本、水俣に残らんごと、地ながら持っていってもらいまっしょ。東京あたりにでも大阪あたりにでも。／さあ！　何しに来なはりましたか。上んならんですか。両親が、仏様が、待っとりましたて……。

『苦海浄土』は第1回大宅壮一ノンフィクション賞に選ばれたが、石牟礼はその受賞を辞退した。

●詩人・作家

石牟礼道子

いしむれみちこ

1927（昭和2）年～

熊本県天草に生まれ、生後3カ月で水俣へ移住。チッソの城下町として活気にあふれた栄町で過ごす。成績優秀で、小学校卒業後は紡績工場の女工になると本人は思っていたが、教師のすすめで、三年制の水俣実務学校に進学。卒業後、小学校に代用教員として勤務。戦後、退職して結婚し主婦業のかたわら詩歌を中心に文学活動をはじめる。1955（昭和30）年、『熊本風土記』で『海と空のあいだに』（後に改題・改編したものが『苦海浄土』）の連載をスタート。翌年、短歌研究五十首詠に入選。69（昭和44）年、『苦海浄土』が刊行され、水俣病問題が注目される契機になる。翌年、第1回大宅壮一賞に決まるが、受賞辞退。代表作に『天の魚』『椿の海の記』『西南役伝説』『アニマの鳥』（『春の城』改題）など。『週刊金曜日』の創刊にも参画した。2001（平成13）年度朝日賞、02（平成14）年度芸術選奨文部大臣賞（『はにかみの国 石牟礼道子全詩集』などの受賞歴がある。自然と共生する人間を主題にした作品の社会性や芸術性が評価されている。

1970
（昭和45年）

アンアン／ノンノ

女性ファッション誌の老舗

豊かな日本の個人旅行ブーム

1970（昭和45）年3月からの半年間、大阪の千里丘陵で開催されたのが、日本初、さらにはアジア初の万国博覧会「日本万国博覧会」である。「人類の進歩と調和」をテーマに77カ国が参加し、岡本太郎の「太陽の塔」や、アポロ12号が持ち帰った「月の石」の展示が人気を呼んだ。万博には最終的に、目標入場者数をはるかに超える、6421万人もの人が全国から来場した。

万博は、国鉄輸送網やダイヤの発展との相乗効果で、日本人が「個人旅行」に関心を向けるきっかけをつくった。万博終了後も旅客数を維持するため国鉄が実施した個人旅行拡大キャンペーンが「ディスカバー・ジャパン」である。

『アンアン』『ノンノ』に誘われて観光地をゆく若い女性たち。

万博終了から1カ月後の10月14日（鉄道の日）からスタートした国鉄の「ディスカバー・ジャパン」は、広告代理店電通の総合プロデュースのもと、日本と自分自身を再発見するというコンセプトで全国的に展開されたキャンペーンである。キャンペーンのサブタイトル「美しい日本と私」は、川端康成のノーベル文学賞受賞記念講演「美しい日本の私」をアレンジしたものだ。同月には、永六輔が主題歌を作詞し、レポーターも務めた国鉄提供のテレビ番組『遠くへ行きたい』の放送もはじまり、日本人はますます個人旅行への憧憬を深くしていった。こうした個人旅行ブームを女性のトレンドにしてしまった媒体がある。平凡出版（現マガジンハウス）の女性誌『アンアン（an・an）』と、集英社の女性誌『ノンノ（non-no）』だ。

自立する女性たち「アンノン族」

同年3月『平凡パンチ』の女性版として、『アンアン』の前身である『アンアン エル・ジャポン（an・an ELLE Japon）』が創刊された。表紙に外国人モデルを起用して、澁澤龍彦の童話や、三島由紀夫のエッセーを掲載し、知的で文化的な香りを漂わせていた。

その後、１９７１（昭和46）年5月には『週刊プレイボーイ』の女性版として『ノンノ（non-no）』が創刊され、『アンアン』と人気を二分する。両誌はファッション、恋愛、グルメ、ダイエット、占いなど、女性が関心を持つ内容を総合的に網羅していたが、当初、反響を集めたのが旅に関する企画だった。

「団体旅行」が主流の時代に、若い女性が一人で神社仏閣を訪れ、地元の食材を味わい、マイペースに休日を楽しむ様子に読者は刺激された。京都や鎌倉のほか、飛騨高山、倉敷、金沢、軽井沢、小樽など、両誌が取り上げた観光地には女性客が殺到した。両誌を片手に観光地に訪れる女子大生やＯＬは「アンノン族」と呼ばれるようになる。「アンノン族」の現象に注目した国鉄は、『アンアン』のモデルとして活躍した秋川リサを全国周遊券のテレビＣＭに起用したほか、「ディスカバー・ジャパン」終了後も女性旅行者を意識して、１９７８（昭和53）年には山口百恵の『いい日旅立ち』をキャンペーンソングに採用し、女性の個人旅行は一般化していった。

「アンノン族」を生んだ『アンアン』はその後も、「カラス族」「刈り上げヘア」「ハウスマヌカン」といったファッション分野での流行を生み、恋愛やセックスについてもオープンに特集を組んで、開放的で自立した女性像を提案してきた。『アンアン』が発信してきた、旧来の価値にとらわれず自由に自立して人生を謳歌する女性のイメージは、女性の一人旅が一般的でなかった時代に、それを後押しした姿勢を継続してきたといえる。また、ウーマン・リブにも寄り添い、１９８０年代には、職業特集などを組んで女性の社会進出を後押しした。

『an・an 創刊号』、1970（昭和45）年、平凡出版（現・マガジンハウス）発行、大宅荘一文庫提供

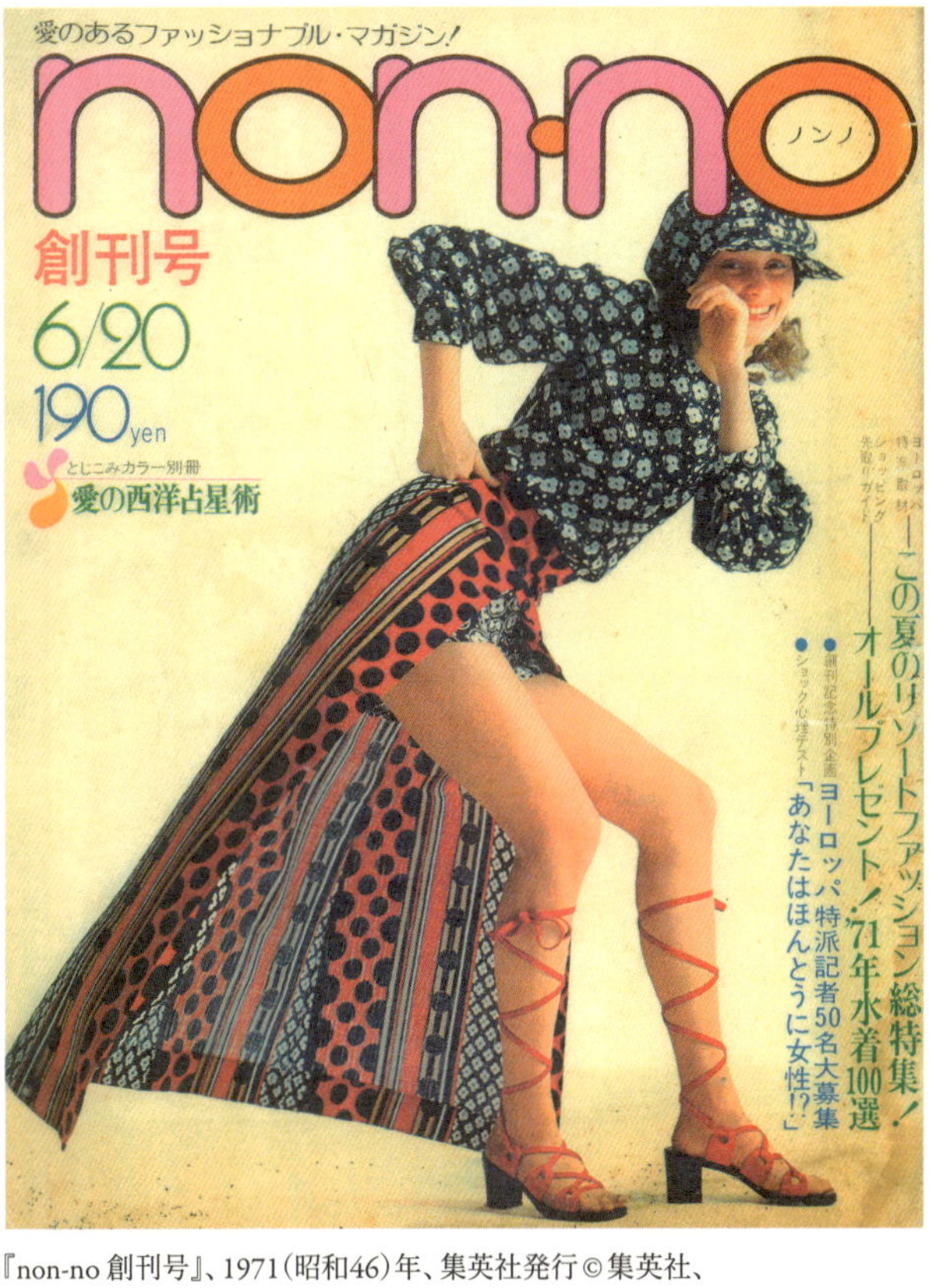

『non-no 創刊号』、1971（昭和46）年、集英社発行©集英社、大宅荘一文庫提供

1972（昭和47年）

恍惚の人

有吉佐和子

いちはやく認知症と高齢者介護を取り上げた

日本の高齢化社会を予見

１９７３（昭和48）年9月15日の敬老の日、国鉄中央線の特別快速と快速に、日本で初めてのシルバーシートが登場した。翌年からは山手線や地下鉄、私鉄、バスにも導入され、全国に広がりを見せていく。現在、シルバーシートは、老人や体の不自由な人だけではなく、妊婦などにも配慮して、「優先座席」という呼称に変わっている。シルバーシートが登場したのには理由がある。

その前年に就任したばかりの時の首相田中角栄が「福祉元年」を宣言。高齢者に手厚い社会福祉施策を目指し、70歳以上の老人医療費無料化が実現する。戦後、国民の平均寿命は延び、男性70・7歳、女性76・9歳に達していた。一方で出生は同年の２０９万人をピークにして、以降下がり続けることとなり、日本は高齢化社会への一歩を静かに踏み出しつつあった。こうした背景に加え、人びとが高齢者福祉や老後に関心を持ちはじめる最初のきっかけをつくった長編小説がある。

１９７２（昭和47）年、第一次田中角栄内閣が誕生する4週間前に出版された、有吉佐和子の『恍惚《こうこつ》の人』である。新潮社から刊行され、同年の年間売り上げ1位、１９４万部のベストセラーとなった。

『恍惚の人』は、認知症患者とその家族による、介護の難しさをテーマにした作品である。商社勤務の多忙の夫と、弁護士事務所に邦文タイピストとして勤務しながら家事をこなす妻の昭子、大学受験生の一人息子、そして認知症を患った昭子の舅《しゅうと》を軸に話は展開する。

かつて嫁いびりがひどかった舅は、大食、記憶障害、徘徊、失禁など認知症に付きものの症状を呈し、昭子に頼りきりの状況に陥る。夫は呆けてしまった父親と向き合うことを避けるばかりで役に立たず、介護はほとんど昭子だけに重くのしかかる。昭子は疲れ果てて、焦燥し、苛立つが、舅の介護をやり遂げようと心に決める。物語は最終的に舅の死をもって終了する。こんな一節がある。

（略）老人福祉指導主事は、すぐ来てくれたけれど何一つ希望的な、あるいは建設的な指示は与えてくれなかった。はっきり分かったのは、今の日本が老人福祉では非常に遅れていて、人口の老齢化に見合う対策は、まだ何もとられていないということだけだった。

政府も動かした社会派文学

有吉は『恍惚の人』の着想を自身の出産直後に得た。物忘れがひどくなり危機感をおぼえ、老人問題について調べることにしたのである。

凝り性で有名な有吉は外国へ出かけると老人の施設を見学した。そうした取材が先に紹介したような一節を紡がせた。有吉は当時の心境を「現代にあって老いて生きるのは自殺するより遥かに苦痛のことであると悟った。科学の進歩は人間の寿命を延ばしたが、それによって派生した事態は深刻である」と語っている。

『恍惚の人』は翌年には東宝で映画化され、昭子を高峰秀子、舅を森繁久彌が演じた。「恍惚の人」は流行語にもなった。有吉は1億円以上にものぼったこの本の印税を、老人ホームに寄付しようとした。しかし、寄付には8000万円もの税金がかかることがわかり、議論を呼んだ。

政府はとうとう、社会福祉施設に対する寄付は無税にするという方針を取ることになった。先のシルバーシートや老人医療の無料化と同じく、小説の力が世論を動かしたのである。

『恍惚の人』、1972（昭和47）年、新潮社発行

●作家

有吉佐和子

ありよしさわこ

1931（昭和6）年～1984（昭和59）年

和歌山県に生まれる。父は長州藩士の出、母方は紀州の名士。横浜正金銀行勤務の父の赴任にともない、小学校時代を旧オランダ領東インドで過ごす。帰国後、東京市立第四高女（現・都立竹台高校）、疎開先の和歌山高女（現・和歌山県立桐蔭高校）などを経て、東京女子大学英文学科へ。休学後、同短期大学英文科を卒業。大蔵省外郭団体職員を経て舞踏家・吾妻徳穂の秘書に。学生時代から演劇評論家を志し、1956（昭和31）年『地唄』で、文學界新人賞と芥川賞の候補となり文壇に登場する。古典芸能を題材としたほか、紀州を舞台にした年代記『紀ノ川』『有田川』『日高川』の三部作、ある外科医に献身する嫁姑を描いた『華岡青洲の妻』、老年問題を取り上げた『恍惚の人』、公害問題に踏み込み反響を呼んだ『複合汚染』などで社会派としての地位も確立。第10期中央教育審議会委員を務めたほか、社会活動にも取り組んだ。茶道をたしなみ、和装姿も印象に残した。84（昭和59）年、急性心不全のため急逝。

1973
（昭和48年）

日本沈没

小松左京

高度経済成長後の社会へのアンチテーゼ

高度経済成長の終焉

１９７３（昭和48）年10月6日、第４次中東戦争が勃発した。石油の99パーセント以上を輸入に依存する日本は、原油減産の影響をもろに受けた。国民は混乱状態に陥り、ニクソン・ショック以来はじまっていたインフレ（狂乱物価）が加速した。石油危機は日本社会に不安をもたらし、翌年、日本経済はとうとうマイナス成長へと転じる。

高度経済成長の終焉を意識せざるを得なかった社会不安の時代に出版されたのが、小松左京の『日本沈没』である。１９６４（昭和39）年の執筆開始から9年をかけて書き上げられたＳＦ長編で、光文社カッパ・ノベルスより上下巻で刊行された。初版は各3万部だったが、最終的には上巻２０４万部、下巻１８１万部まで売り上げを伸ばし、小松は１９７４（昭和49）年に日本推理作家協会賞と星雲賞日本長編部門を受賞した。『日本沈没』の内容は次のようなものである。

地球物理学者の田所は地震の観測データから日本列島の異変を予見する。深海調査で海底に奇妙な亀裂と乱泥流を見つけた田所は、データの解析を続けた結果、日本の陸地のほとんどは、地殻変動によって2年以内に沈没するという結論に達する。田所に対して半信半疑だった政府も、とうとう日本人を海外へ脱出させるための「D計画」を発動する。同じくして、田所の予想以上のはやさで、各地で巨大地震が相次いで発生する。Ｄ計画のもと、多くの日本人が海外へ避難する一方で、国内に留まる者もいた。そして、北関東の大爆発で日本列島は完全に沈没する。

小松は『日本沈没』のテーマを、日本人が「流浪の民」になったらどうなるのかに据えていて、こう語っている。

> 日本人がこの四つの島を離れて、世界のなかに入っていかざるをえないとしたら、いったい、どこまでねばり強くやってゆけるか。そして世界の文化のなかで、日本人はどのへんのランキングにおさまるのかを、たしかめてみたいということなんです。だから、あの小説は、日本が沈んだところからはじめてもよかったんです。

東日本大震災を経て再注目

『日本沈没』が刊行された年は、社会不安に加えて、関東大震災から50年目を迎える節目の年でもあった。日本人は忘れがちになっていた自然災害に対して漠然とした不安を抱いていた。『日本沈没』発売直前には浅間山が爆発し、茨城や千葉にまで灰を降らせた。首都圏の真下に活断層が発見され、第2次関東大震災が近いという噂がささやかれ、非常食を買い込む人もいた。そして、『日本沈没』の設定さながらに小笠原諸島の海底火山が爆発した。こうした偶然も重なり、『日本沈没』は自然災害への警鐘を鳴らす書としても受け止められたのだ。

災害が起きるたびに、いまだに必ず取り上げられる『日本沈没』だが、1995（平成7）年に起きた阪神淡路大震災の際には、小松自身も被災し、作家としての使命感から『小松左京の大震災'95――この私たちの体験を風化させないために』にその記録を残した。

『日本沈没 上下』、
1973（昭和48）年、光文社発行

そして、2011（平成23）年3月11日、日本人は東日本大震災という未曾有の自然災害を経験する。震災についてのコメントを求めて、小松の元へはメディアから取材の申し入れが殺到する。しかし、体調が優れなかった小松は、その申し入れを断り続ける。そして次の言葉を残して同年7月に世を去った。

この危機は必ず乗り越えられる。日本は必ずユートピアを実現できる。日本と日本人を信じている。

●作家

小松左京《こまつさきょう》

1931（昭和6）年～2011（平成23）年

大阪で生まれる。生家は金属加工の町工場を経営しており、技術者の兄の影響で幼少期より科学に親しむ。旧制中学3年で終戦を迎え、同世代の少年が多く戦死したという事実が、創作を志す原点となる。中学時代はダンテの『神曲』に衝撃を受け、後に京都大学文学部でイタリア文学を専攻するきっかけとなる。第三高等学校を経て、京大入学後は安部公房を愛読し、劇作家で小説家のピランデッロを研究。また、反米感情、反戦平和への共感から日本共産党員として活動するが、ソ連の原爆開発にショックを受け離党。卒業後は、経済誌記者、ラジオ大阪の時事漫才台本の執筆などを行う。1962（昭和37）年、処女短編集『地には平和を』の『地には平和を』と『お茶漬の味』が直木賞候補に。以後、SF作家として活躍し、星新一、筒井康隆とともに「御三家」と称される。代表作に『日本沈没』『さよならジュピター』『首都消失』など。2011（平成23）年、肺炎のため死去。関西を愛し、関西の文化事業でも貢献。日本SF作家クラブ会員、宇宙作家クラブ顧問、城西国際大学客員教授。

取次システム

近代以降の出版流通システムの流れ

江戸時代の出版社（版元）は、出版、卸問屋、小売り、古書売買の機能を一手に担っていた。近代的流通システムとしての、取次制度は明治時代に入ってから成立する。

出版物が一般に流通するにつれて卸と小売りが分化し、「元取次」や、「せどり屋」が取次業者として現れる。

せどり屋とは、版元や元取次と書店の間に入り、書店から注文された品物を集めてきて、書店へ取り次ぐ存在であった。個人経営の小回りの効く取次として明治、大正期には重宝された。

大正期に入って登場した、雑誌や書籍を共に扱う取次を「大取次」、特定した地域をカバーしているものを「中取次」、市内の小さな書店に二次的に取り次ぐのを「小取次」と呼んだ。

1897（明治30）年には、東京堂、北隆館、東海堂、良明堂、上田屋、至誠堂の6取次時代になる。1925（大正14）年にはそれぞれが統合し、東京堂、北隆館、東海堂、大東館の4取次時代となる。そのほとんどが主に雑誌を扱った。

昭和初期には、この流通ルートに鉄道弘済会ルートが加わる。また、読者への訪問販売などの直販ルートも出てくる。

この頃の雑誌と書籍の流通ルートは、雑誌は元取次から中取次を通し、雑誌店へ流れるか、または鉄道弘済会を通して駅売り店へ。書籍は専門取次から小取次を通し、書店へ流れた。

現在一般的となっている委託制は1909（明治42）年、『婦人世界』（実業之日本社）が始めた。委託制をとったことで、マスセールスに結びつき、発行部数が大きく伸びたという。

戦時下体制の1941（昭和16）年、政府は出版物の一元的配給を行い、検閲を強化するための統制機関として「日本出版配給株式会社」を設立し、4大取次は強制的に解散させられ、統合された。「日配」体制下では計画生産と買切制が徹底された。

戦後になって、日配は解体され、多くの取次が作られたが、実際には全取引量が東販、日販、中央社、大阪屋、栗田、日教販など数社に集中した。

そのなかでも、半数以上が東販、日販の2社に集中し、この傾向は現在でも続いている。

第五章

昭和後期（戦後）・平成

——失われた時代と未来への展望

感性の時代の巨大ベストセラー

「脱・近代文学」の先駆けとなったのが1976（昭和51）年に『限りなく透明に近いブルー』で芥川賞を受賞した村上龍だろう。1979（昭和54）年に『風の歌を聴け』で文壇に登場する村上春樹との「ダブル村上」の登場前後は日本文学の分水嶺と位置づけられる。

村上龍の同作は、基地がある町で麻薬や性行為に浸る無軌道な若者を描き、賛否両論を巻き起こした。芥川賞の選考会でも評価が真っ二つに分かれたが、話題が話題を呼び、現在、単行本と文庫本の販売部数の合計は370万部をこえている。村上龍の受賞は時代が確実に政治の季節から、感性の季節へと転換し始めた兆しであった。

ベストセラーが転換点を迎えるのは80年代。テレビの影響が大きくなり、タレントが書いた本が上位に顔を出すようになる。1981（昭和56）年、黒柳徹子の『窓ぎわのトットちゃん』は550万部を記録。黒柳徹子の知名度の高さもあったが、70年代末に管理教育が強化され、学校が息苦しい場所として感じられるようになった時代背景によって大衆の支持を得た。黒柳が描いた自由教育へのノスタルジーが読者を惹きつけた。

80年代にはフェミニズムにとっても記念碑的な本が登場する。社会学者の上野千鶴子による『セクシィ・ギャルの大研究』だ。タイトルの軽さと裏腹に、内容はかたく、広告の女性のポーズやしぐさを分析し、隠された性的メッセージを暴く。女性が女性であることを強制されている現実を描くことで、女性に自らの存在の呪縛を気づかせることになる。

現在では珍しくないが、当時、国が専業主婦の家事労働を賃金に換算したことが、話題を呼んだ。これは、家父長制のもとで専業主婦をただ働きさせたことで日本が経済成長を遂げたのだから、家事労働に賃金を支払うべきだという上野の運動の成果でもあった。

バブル期は、文学界もヒット作が目立つ。若者たちの間では村上春樹の『ノルウェイの森』が1987（昭和62）〜1989（平成元）年に爆発的な売れ行きになる。1988（昭和63）年は『ダンス・ダンス・ダンス』もベストセラーにランクイン。同時期に『キッチン』でデビューした吉本ばななも1989（平成元）年に『TUGUMI』が年間で最も売れたのを筆頭に『キッチン』、『白河夜船』、『哀しい予感』がベストセラーになる。評論家の紀田順一郎は、吉本ばななの出現を「画期的」と指摘する。デビューしたばかりで、四冊がベストセラーになったことを受け、「文学作品が経験などを要求されなくなって、感性的な部分だけでも容易に受け入れられる時代になった」としている。

実際、90年代以降、その傾向は色濃くなる。メディアの多様化で社会のたこつぼ化が進み、人々の関心も拡散。ヒット作の背景が見えにくくなる。

２０００年代初頭の大ベストセラーは２００３（平成15）年の養老孟司の『バカの壁』だ。斬新なタイトルと語り口が人気を集めた。４００万部を超えて同年のベストセラー1位になり、新語・流行語大賞にも選ばれる。新書のベストセラーはその後も２００５（平成17）年の藤原正彦『国家の品格』、２００７（平成19）年の坂東眞理子『女性の品格』と定期的に生まれる。個人の関心が以前よりも狭くなり、体系立てられた知的関心への興味は薄くなったことが、新書ブームの背景として指摘される。実際、相次いで新たに新書に出版社が参入する一方、撤退したところは少ない。

メディアの転換を象徴するのが同時期に登場した「ケータイ小説」だろう。職業作家でない素人が個人サイトや無料の携帯サイトで公開した小説を書籍化したものだが、１００万部を超える物も少なくない。中でも２００２（平成14）年の『Deep Love』は２７０万部を超え、後にケータイ小説ブームを巻き起こすことになる。語彙の少なさや表現の稚拙さ、筋道の粗さなどから文壇からはほぼ無視されたが、10代後半から20代前半の女性からは圧倒的な支持を得た。

２０１７（平成29）年現在、純文学の世界で動向が最も注目されている作家は村上春樹だろう。２００９（平成21）年5月に長編小説『１Ｑ８４』の第1巻『ＢＯＯＫ１』、第2巻『ＢＯＯＫ２』を刊行すると、2冊の合計が発売から約2週間で１００万部を超えた。２０１３（平成25）年4月に刊行した最新作『色彩を持たない多崎つくると、彼の巡礼の年』は、発売から1週間で１００万部を発行した。最新作で２０１７（平成29）年2月末に発売された『騎士団長殺し』の『第1部』『第2部』の2冊は初版と事前増刷を併せて合計１３０万部という驚異的な数字になっている。

人間の内面や主体を重んじた近代文学と一線を画し、高度資本主義経済のまっただ中で乾いた会話を特色とする世界観で村上は後世の作家に影響を与えた。世界や歴史とのつながりが希薄で、自分の手が届く範囲しか確かに信じられるものもないし、興味もない。それはまさに21世紀を生きる私たちの世界を映し出しているのだろう。

1974（昭和49年）

かもめのジョナサン
リチャード・バック

五木寛之の「創訳」で若者たちの心をとらえた寓話

波乱の時代の寓話

1970（昭和45）年、アメリカではベトナム戦争の泥沼化によって反戦の機運が高まる。そんな中、リチャード・バックによって『かもめのジョナサン』は書かれた。

ジョナサンという一羽のかもめを主人公とした短い物語は、美しいかもめの写真をふんだんに掲載しているのが特徴だったが、大々的に宣伝されることはなかった。しかし、西海岸のヒッピーの間では密かなブームとなり、やがて『風と共に去りぬ』以来の超ベストセラーとなった。その勢いは「1日6万部の売上」と喧伝されたほどである。

他のかもめたちに除け者にされようと自分の信じる道をひたすらに突き詰めていくジョナサンの姿は、公民権運動や反戦運動、オイルショックなどといった波乱の時代にあったアメリカ人の心を掴んだ。寓話的な体裁も手伝って、誰もが受け入れやすいヒーロー像として支持されたのである。そして、全世界で4000万部を超えるセールスを記録するビックタイトルとなっていく。

日本では1974（昭和49）年に刊行されるが、当時の日本は土地投機やインフレが進行し、オイルショックによる物価高騰から「狂乱物価」などという言葉まで生まれていた。高度経済成長が終わりを告げる混迷の中、『かもめのジョナサン』は発売された。

五木寛之の創訳

新潮社が版権を購入した当時はまだ人気が出ておらず、価格にして数万ドル、1000万円レベルだったという。その後、アメリカで一大ブームを巻き起こしたことで「ベストセラーにはベストセラー作家を」と、純文学からエンターテイメントまで幅広くカバーしていた五木寛之が訳者に起用された。

日本における『かもめのジョナサン』人気については「アメリカでベストセラーだという以上に、《訳者が五木寛之というのは何なのだろう》と手に取った人が多い」と書評家の北上次郎は述べている。事実、新潮社から刊行された日本語版は五木寛之の「創訳」であることと、それまでにはない小ぶりの版型だったことも目を引き、270万部ものセールスを記録した。

「創訳」とは創作翻訳のことで、小さな部分は自由に日本語に移し替えるなど、五木の手によって原文から加筆修正された部分があることを指している。

あえて「創訳」という形をとったことについて五木は「原書がきわめて平易な文章で書かれ、自由に入手できるという点から、原文に即して味わいたい読者は、直接それに触れることが可能だと思ったから」としている。

『かもめのジョナサン』は3章構成の物語であるが、実は著者リチャード・バックの意向で日の目を見ることのなかった最終章が存在していた。「この結末が必要だと信じられず、書くのを途中で止めた」という第4章の原稿は、発表から約半世紀の時を超えて彼の妻によって発見された。

2012（平成24）年に自身が運転する飛行機で瀕死の重傷を負ったリチャード・バックは、そのことをきっかけに改めて4章に加筆を行う。そして、4章構成の『かもめのジョナサン』を電子書籍として販売するにいたった。

日本では2014（平成26）年に再び五木寛之が「創訳」を手がけて刊行された。6月30日の発売前から新聞やニュース番組でも取り上げられ、その注目度はメディアの影響もあって発売後も続いた。こうして、『かもめのジョナサン』はオリジナル版の読者のみならず、新たな読者を獲得することにも成功した。

『かもめのジョナサン』、1974（昭和49）年、新潮社発行

●作家

リチャード・バック

1936（昭和11）年〜

アメリカ合衆国イリノイ州生まれ。1955（昭和30）年からロングビーチ（カリフォルニア）州立大学に通った。米国海軍予備区でパイロットを務めた後、飛行機に関連する雑誌のテクニカルライターや編集者として仕事をした。また、アメリカ合衆国空軍の保護区に勤めたが、ついには大好きなバーンストーマー（曲技パイロット）になった。57（昭和32）年に結婚して6人の子どもを授かった（『かもめのジョナサン』は息子のジョナサンに因んで名づけられた）が、70（昭和45）年に離婚。その後再婚するも、97（平成9）年に離婚。その2年後に3度目の結婚をした。邦訳されている主な著作は、『王様の空』『飛べ、銀色の空へ』『ぼくの複葉機』『翼の贈物』『イリュージョン 退屈してる救世主の冒険』『夜と嵐をついて』『飛べ、光のなかを飛べ、永遠のときを』『One』『翼にのったソウルメイト』『僕たちの冒険』『ヒプノタイジング・マリア』など。

1976
（昭和51年）

限りなく透明に近いブルー

村上龍

閉塞状況の打破を目指した青春小説

作品の舞台となった、東京・横田基地周辺の当時の街並。

異例のスピード出版とベストセラーへ

米軍基地の町でクスリと乱行パーティに明け暮れる若者たち。それを写す主人公リュウの目は無垢であり、まるで夏休みの思い出を描くかのように清潔な青春小説へと転化している。

ショッキングで若者よりのテーマとイメージ豊かな描写が話題となり、『限りなく透明に近いブルー』は1976（昭和51）年に「第19回群像新人文学賞」及び、「第75回芥川賞」を受賞する。

石原慎太郎の『太陽の季節』以来の注目を集めることとなった。

芥川賞決定後11日目に本作はスピード出版され、初版は5万部だった。

通常、芥川賞候補作は文芸誌などに発表されたものが『文藝春秋』に転載されて単行本になるのが習わしだが、本作は『文藝春秋』に掲載されるよりも25日早く単行本として出回った。

発売から2カ月後の重版で100万部を突破し、異例の速さでミリオンセラーになった。その後も各地で飛ぶように売れ、累計で200万部を超すにいたる。

出版と同時に一世を風靡した本作は、当時の芥川賞受賞作の中でも異例のベストセラーであった。

『太陽の季節』以来の衝撃

『限りなく透明に近いブルー』は石原慎太郎の『太陽の季節』と比較されることが多かった。石原慎太郎の『太陽の季節』が主人公より一世代若い人へ向けて書かれたものに対し、『限りなく透明に近いブルー』は主人公の同世代へ向けて書かれたものだったという点は2つの作品の大きな違いだったといえる。

作者の村上龍が当時24歳の美大生だったこと、高校時代「エンタープライズ闘争」を見て感動し、自らも学校の屋上を封鎖。それにより謹慎処分を受け、謹慎中にヒッピー文化と出会ったことで上京を決意したという。著者自身もまさしく当時の「若者」のひとりであったのである。

60年安保から1970（昭和45）年の全共闘運動の敗北が決定されていく流れや、ベトナム内乱への米軍の介入を時代背景として、60年代末期からアメリカや日本の青年たちの間で麻薬が流行していく。

アメリカでの麻薬流行はベトナム戦争の存在とは切り離せないが、日本の若者には戦争という明確な死の危険が迫っているわけではなかった。高度経済成長が終焉に向かう中での閉塞感や、全共闘運動壊滅後の沈滞ムードといった社会の息苦しさから逃れようとしていた空気があった。

こうした時代だからこそ、『限りなく透明に近いブルー』は受け入れられたといえる。

本作で描かれるのは米軍基地の街である福生《ふっさ》を舞台に、ヒッピー文化の影響を強く受けた若者たちの日常だった。

それを語る主人公リュウの若者らしいフラットな視線は善悪や常識から離れたものではあるが、だからこそ多くの若い読者に支持されたのである。

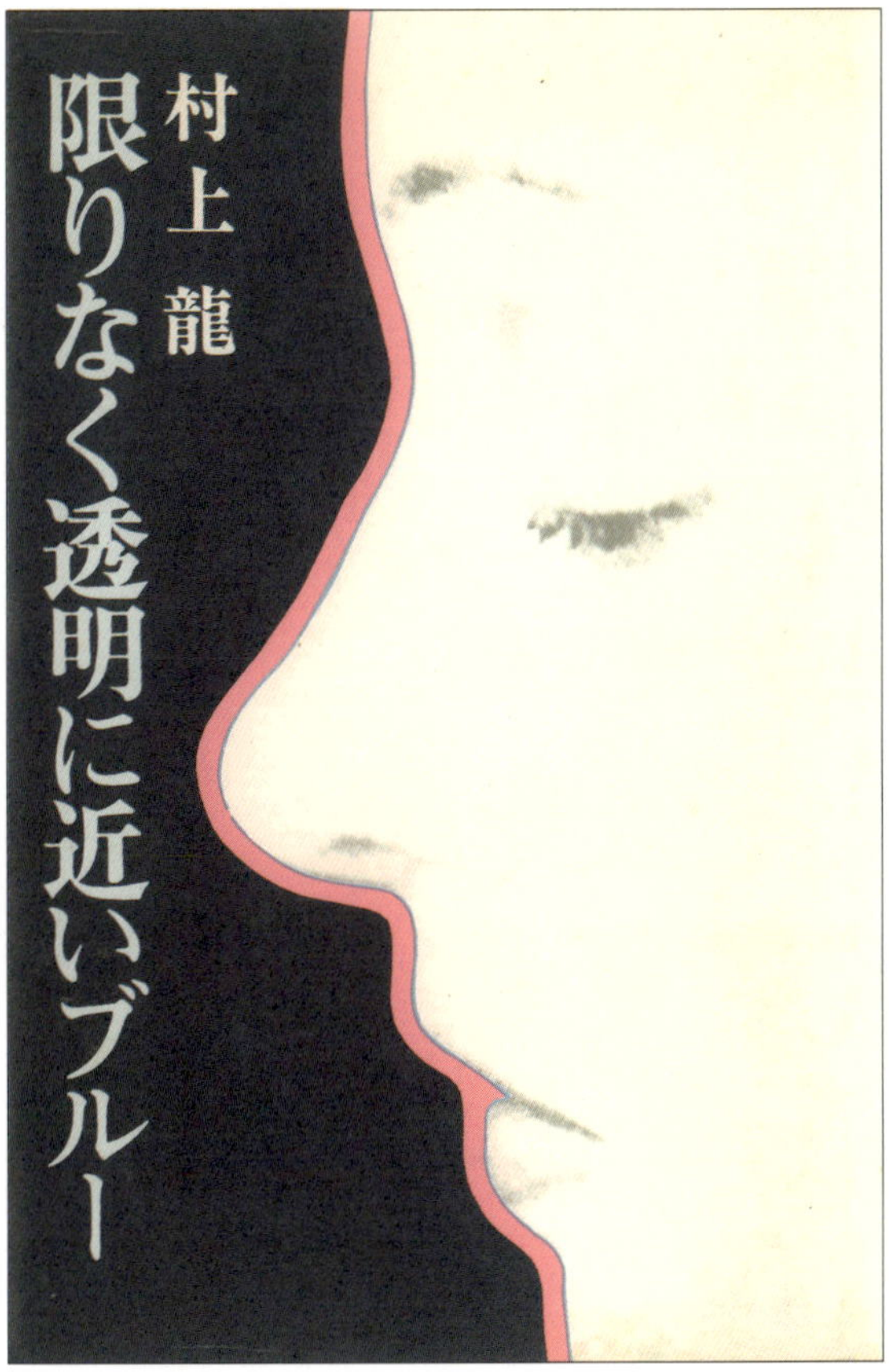

『限りなく透明に近いブルー』、1976（昭和51）年、講談社発行

●作家

村上龍

むらかみりゅう

1952（昭和27）年〜

長崎県生まれ。早くから文に親しみ、小学校卒業時に『小学校回想記』、中学生の時にはＰＴＡ新聞に『初恋と美』を寄稿して市長賞を受賞した。1967（昭和42）年、長崎県立佐世保北高等学校に入学。翌年、佐世保港に米軍の原子力空母が入港した際の、学生たちによる入港阻止運動に共感し、校舎の屋上をバリケード封鎖して学校から謹慎処分を受けたりヒッピー文化に影響を受けたりした。71（昭和46）年、高校を卒業して上京。翌年2月まで、佐世保と同じく米軍基地のある福生市に住んで享楽的な生活を見聞きし、その春に武蔵野美術大学に入学したころから小説を書きはじめた。76（昭和51）年、選考会で賛否が分かれた『限りなく透明に近いブルー』が芥川賞を受賞した。同年、結婚し大学を中退。80（昭和55）年に『コインロッカー・ベイビーズ』を発表して第3回野間文芸新人賞を受賞し、以降、精力的に創作活動を続けた。21世紀前後からややや方向を変え、働くことへの興味を促す『13歳のハローワーク』を発表、ＴＶ番組にも出演している。2013（平成25）年には電子メディア「村上龍電子本製作所」を立ち上げ、電子出版や発信を行っている。

1981
（昭和56年）

窓ぎわのトットちゃん

黒柳徹子

教育のあり方を問いかけるエッセイ

1970年代以降、高校や大学への進学希望者が増えたことで大学間格差が広がり、学歴社会の様相が深まっていく。詰め込み型の学習に拍車がかかり、集団授業の中で授業についていけない生徒も多く発生することとなった。彼らの中には校内暴力や非行に走り、不登校になる者も現れた。連日のように校内暴力に関するニュースが流れ、1980年代には校内暴力を扱った『3年B組金八先生』や『スクール☆ウォーズ』といった学園ドラマも放送されるほどであった。

若い世代の荒《すさ》んだ行動が注目を集める中、高度経済成長期を経験した世代は中高年となり、定年退職まで閑職に就いて毎日を過ごすようになる。そんな状況を表して、1978（昭和53）年には「窓ぎわ族」という言葉が流行語に選ばれた。

この流行語は1981（昭和56）年に刊行されたベストセラー『窓ぎわのトットちゃん』のタイトルにも使われている。

トットちゃんというのは著者である黒柳徹子の幼少時代の愛称である。好奇心旺盛であまりにも自由奔放な性格のため、入学した公立小学校では落ちこぼれとされ、東京は自由が丘の私立トモエ学園へ転校することとなる。

「ありのまま」で生きることの衝撃

トモエ学園はヨーロッパで生まれたリトミック教育を日本で初めて実践的に取り入れた学園で、時間割も子供の自由意志に任せ

『窓ぎわのトットちゃん』、1981（昭和56）年、講談社発行

るなど画一的な集団授業とは異なり、一人ひとりの自主性を育む教育方針が取られていた。

作中、小林宗作校長がトットちゃんにかけた「君は本当はいい子なんだよ」という言葉は、世間では理解されにくいトットちゃんの個性を認め、ありのままの姿を認める愛情深い言葉だったといえる。

出版当時、黒柳はタレントとして抜群の知名度と人気を誇っており、『窓ぎわのトットちゃん』も人気タレントの自伝的エッセイとして受け入れられる向きがあった。そのため初版は2万部だったが、次第にトモエ学園の教育方針が注目を集めると同時に、当時の学校教育や家庭のしつけを批判した教育書として幅広い読者から支持を得ることに成功した。

テレビやラジオを用いたパブリシティ

発売を控えた2月末に黒柳本人がテレビ朝日で30分間、朗読を交えて本を紹介した。4月にはＴＢＳラジオの2時間放送「土曜ワイド」にて、久米宏が「学校ってなんですか」という特集のメインに『窓ぎわのトットちゃん』を取り上げる。

こうしたテレビとラジオによるパブリシティの影響もあり、初版発売後の第13週目くらいから販売部の電話が鳴りっぱなしという状態になる。

当時、戦後のベストセラーでもっと売れたのは『日米会話手帳』の３６０万部であったが、『窓ぎわのトットちゃん』は初版発売後８カ月で３８０万部を達成し、戦後ベストセラーの記録を簡単に抜き去ったのであった。

１００万部のロングセラーを目標にしていた本作は、当初より装本や写植文字など、読者に長く楽しんでもらえるよう随所に工夫をこらしている。上質紙を使用し、挿絵はいわさきちひろ氏を採用するなど、丁寧に作り込まれた本だったことも長く愛される要因であった。

原本や絵本、文庫本などを含めた累計発行部数は７００万部を超え、現在では35カ国に翻訳されて世界中で親しまれている。

●タレント

黒柳徹子

くろやなぎてつこ

１９３３（昭和８）年〜

東京に生まれる。幼いときから「変わった子ども」だったため、尋常小学校からトモエ学園に転校。校長先生から「君は本当はいい子なんだよ」と言われて居場所を見つける。東洋音楽学校（現・東京音楽大学）声楽科卒業後、１９５３（昭和28）年にＮＨＫ専属女優第一号の一人として日本放送協会に入局。翌年、ＮＨＫラジオ・ドラマ『ヤン坊ニン坊トン坊』で初の主演。58（昭和33）年には『第9回ＮＨＫ紅白歌合戦』で紅組の司会を務めた。以降、テレビやラジオなどで大活躍を続ける中、大好きなパンダを紹介し、それもきっかけとなり、72（昭和47）年の日中国交正常化記念に2頭のパンダが上野動物園に贈られてきた。同年、テレビ朝日で『徹子の部屋』が始まり、現在に至るまで世界最長寿番組となっている。78（昭和53）年からＴＢＳの音楽番組『ザ・ベストテン』の司会を89（平成元）年の最終回まで務めた。81（昭和56）年、自伝的ノンフィクション『窓ぎわのトットちゃん』が出版され、社会現象を巻き起こした。その他、国際連合傘下のユニセフ（国際連合児童基金）親善大使、日本パンダ保護協会名誉会長など、多方面にわたって活躍している。

1982
（昭和57年）

セクシィ・ギャルの大研究
上野千鶴子

「女らしさ」「男らしさ」を解き明かすフェミニズムの代表作

フェミニズムの思想

フェミニズムとは、19世紀末に欧米で広まった女性解放思想である。

第二次世界大戦前までは主に女性の権利を主張していたが、１９６０年代に入るとアメリカを中心とするウーマン・リブの影響を受けて、人々の意識や生活に組み込まれた性抑圧、性差別の告発によって「女性による人間解放」を目指す思想や運動に変化していく。

こうした動きに合わせて、１９７９（昭和54）年には国際連合総会で女性差別撤廃条約が締結された。

日本でも、古くは平塚らいてうなど女性の権利向上を社会に訴える者たちがおり、１９８２（昭和57）年に発売された本作も女性解放運動などで有名な上野千鶴子による初の著作である。

著者はニューアカデミズムの旗手と評される存在ではあったものの、当時世間の知名度が高いとはいえなかった。

しかし、メディアで人気だった山口昌男、栗本慎一郎の両学者や文化人からの推薦文を掲載するなど、初の書籍としては異例なほど豪華な仕様となった。

その内容は女性学と記号論をドッキングさせたもので、文中に60枚を超える解説のための広告を掲載している。

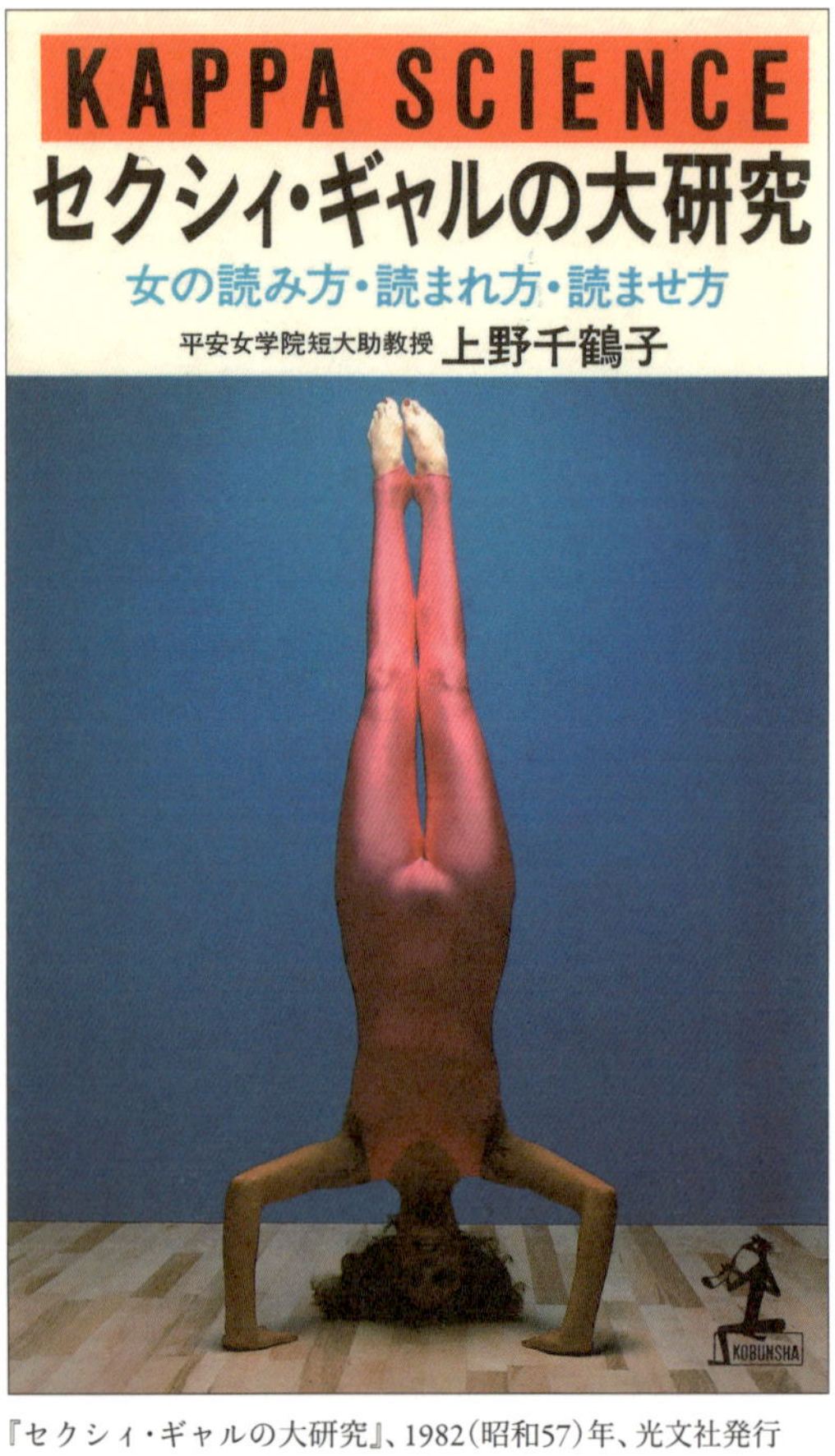

『セクシィ・ギャルの大研究』、1982（昭和57）年、光文社発行

普通の学術書では読者の関心を得ることはできないが、広告という視覚的アプローチが強いものを、実際の写真やイラストを多用して説明することで、より読みやすさを意識した作りとなっているのである。

こうして、『セクシィ・ギャルの大研究』は初版から1993（平成5）年までの累計が11万部を超えるベストセラーとなった。2004（平成16）年には『文藝春秋』の「日本を震撼させた57冊」という特集に取り上げられており、学術書でありながら一般社会に大きな衝撃を与えた。

膨大な分析による考察

当初、相互行為論で有名なアーヴィング・ゴフマンの『Gender Advertisements』を翻訳しようと考えていた著者は、その内容がアメリカの商業広告を対象とし、事例や分析についてもアメリカ的でしかないことに疑問を持った。

日本の商業広告から日本社会を分析したいと考えた著者は、ゴフマンが採用した行動学の方法を応用して、日本の商業広告写真を分析することにしたのである。

その対象となったのは、1980（昭和55）年に刊行された『アンアン』『ノンノ』『モア』『ミセス』『プレイボーイ』『ポパイ』など。多岐にわたる雑誌の中から、人物や体の一部が登場する写真やイラストを収集し、分類した。

分析対象となる広告写真は500枚を超え、60枚のスライドショーにまとめられた。

この時のスライドショーを用いて日本各地で行った講演は好評を呼び、その内容をより一般向けに改めたのが本作である。

著者の軽い語り口とわかりやすい説明は、写真やイラストを通して当時の社会を分析し、「女らしさ」や「男らしさ」を具体的に解き明かしている。

●社会学者

上野千鶴子《うえのちづこ》

1948（昭和23）年〜

富山県生まれ。1972（昭和47）年、京都大学文学部哲学科社会学専攻卒業。77（昭和52）年に同大学院文学研究科社会学専攻博士課程を退学した後、同大学院文学研究科社会学専攻研修員、平安女学院短期大学（現・平安女学院大学短期大学部）専任講師に就任するなど、さまざまな大学で教鞭を執りながら研究その他の活動を始めた。80（昭和55）年前後、女性を置き去りにしたマルクス主義にメスを入れ、社会科学、社会学、家族社会学、女性学、ジェンダー論などについて研究・発表を行っている。82（昭和57）年には、商業広告にあふれているセクシュアリティーを鋭く論じた『セクシィ・ギャルの大研究―女の読み方・読まれ方・読ませ方』を刊行し、高い評価を得た。87（昭和62）年、アグネス・チャンがテレビの収録に乳児を連れてきたことが批判された際、上野がアグネスを擁護して評価は逆転した。2007（平成19）年に「人口学的少数派」に向けて書いた『おひとりさまの老後』は大きな話題を呼んだ。現在NPO法人ウィメンズアクションネットワーク理事長。「ちづこのブログ」「ちづこの手帖」「web上野ゼミ」などで情報発信している。

1983
（昭和58年）

優しいサヨクのための嬉遊曲

島田雅彦

ナイーブで孤独な若者の魂の日々

新時代の旗手

１９８３（昭和58）年に『優しいサヨクのための嬉遊曲』を雑誌『海燕《かいえん》』6月号に発表してデビューした島田は、ポスト・モダンの時代にふさわしい新鋭作家として登場した。

通常であれば新人作家は文芸誌の新人賞を獲得してデビューを飾るものだが、島田は東京外語大学4年に在学中に大学の恩師の紹介で『海燕』の編集長に直接原稿を持ち込んだことがきっかけでデビューが決まった。新人賞を持たない新人作家という珍しい存在である。

そして、発表された『優しいサヨクのための嬉遊曲』は第89回芥川賞の候補となった。受賞こそ逃してしまうものの文壇からの注目度は高く、三島由紀夫や大江健三郎などと同じ学生作家の登場に、マスコミからも取り上げられることとなった。

ファッションとしてのサヨク

昭和末期は空前のバブル景気に沸いていたものの、戦後の冷戦体制を支えてきた価値観や秩序が崩壊し、それまであった中心を喪失した時代であったといえる。

『優しいサヨクのための嬉遊曲』ではこうした時代に大学で「サヨク運動」をする若者たちの姿がユーモアを交えて描かれる。

例えば主人公は恋人から何をやっているのか尋ねられ、「だから、朝起きてね、電車に乗って、アジトに通うわけ。そこで勉強したり、機関誌のガリ切ったり、まっ、デスクワークして、お茶なんか飲んだりして、また家に帰るんだ」と答える。

ここには60～70年代の「左翼」としてのイデオロギーは存在し

喫茶店に集う学生たち（京都「進々堂」店内風景）。

ない。主人公たちにとって、「左翼」は一種のファッション「サヨク」でしかないのである。

この作品に散りばめられた軽快なコミカルさからは、「日本の左翼は机上の空論だ」とする著者のメッセージを読み取ることもできるだろう。

『優しいサヨクのための嬉遊曲』と同じように、著者の大学時代の経験を生かした小説として有名な作品がある。それは1987（昭和62）年発表の村上春樹著『ノルウェイの森』である。

『ノルウェイの森』は『優しいサヨクのための嬉遊曲』より前の時代、学生運動が盛んだった頃に大学生だった青年を主人公としている。

『優しいサヨクのための嬉遊曲』の主人公がやがて「サヨク運動」から遠ざかっていくのに対し、『ノルウェイの森』の主人公は最初から学生運動に対して冷ややかな態度をとっている。

2つともナイーヴな青年の目を通して社会を見つめ、若者のどこか満たされない心の孤独感を扱った作品である。

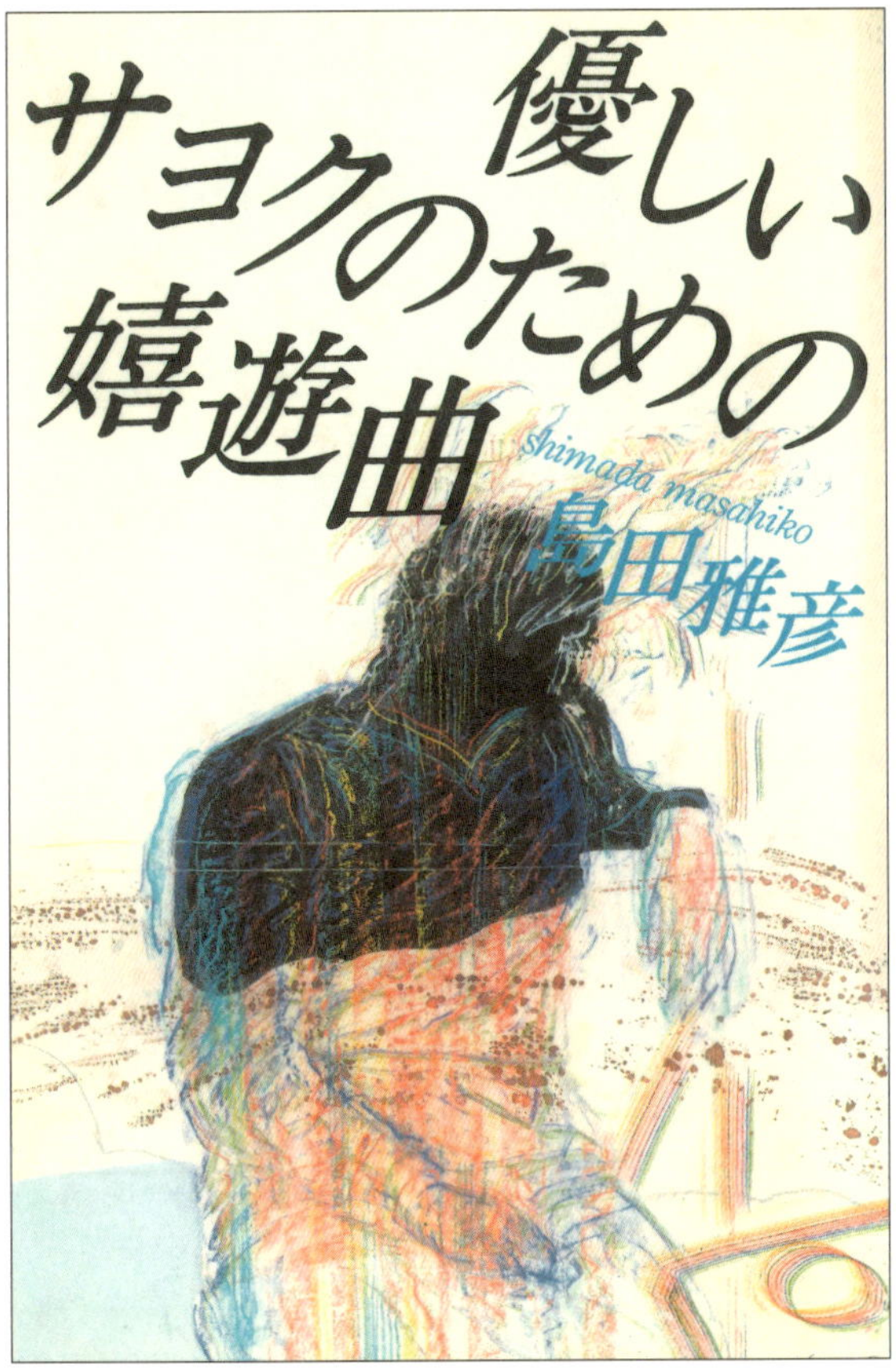

『優しいサヨクのための嬉遊曲』、1983（昭和58）年、福武書店発行

●作家

島田雅彦

しまだまさひこ

1961（昭和36）年〜

東京都生まれ、神奈川県育ち。東京外国語大学でロシア語を学び、1984（昭和59）年に卒業。13歳のころ小説を書こうと思い立ち、書店や図書館の本を読破。高校では美人先輩がいる文芸部に所属して、学生運動をやっていた。島田をオルグにきた卒業生が彼女を口説くので、左翼に対する恨みが培われたという。大学在学中に、『優しいサヨクのための嬉遊曲』が芥川賞の候補となり、その端整な顔立ちから「文壇の貴公子」と言われた。84（昭和59）年、『夢遊王国のための音楽』で野間文芸新人賞受賞。86（昭和61）年、アイデンティティ神話に対するアンチテーゼという狙いも込めた『僕は模造人間』を発表。戯曲も書き、映画にも出演した。「自らの代表作とすべく書いた」という『無限カノン3部作』を2003（平成15）年に完成させ、その第1部『彗星の住人』は三枝成彰が作曲、島田自身が台本を書いて、翌年に『Jr.・バタフライ』としてオペラ化された。微妙に変化をしながらも、当初から「サヨク」「ヒコクミン」などと自称したアウトロー的な立場を取っている。03（平成15）年からは、法政大学国際文化学部教授も務めている。

1985
（昭和60年）

ベッドタイムアイズ
山田詠美

女と男の自由で自然な関係

日本の転換期

１９８５（昭和60）年、日本と米国、フランス、西ドイツ、イギリスの先進5カ国の財務相と中央銀行総裁がドル高を修正するための協調介入、いわゆるプラザ合意を果たした。

合意は劇的な効果を挙げ、為替市場では急激な円高が進行。１ドル２４０円台だった相場はその2年後には１２０円台近くまで上昇した。日本経済は輸出産業を中心に打撃を受け、各メーカーが海外現地生産を拡大させる要因となった。

また、日銀が円高不況対策として低金利政策を続けたことによって80年代後半のバブル景気がもたらされたといわれており、この年のプラザ合意は日本経済に大きな影響を与えたといえる。

この年、ジャズクラブの歌手である主人公と黒人の脱走兵スプーンとの危うい同棲生活を描いた山田詠美著『ベッドタイムアイズ』が第22回文藝賞を受賞した。

日米安全保障条約の締結により、戦後日本には在日米軍の基地が作られた。

東京都にある基地としては福生《ふっさ》の横田基地が有名である。周辺には米軍を相手にした店も多く、日本でありながら基地の近くではアメリカ風の建物も珍しくなかった。

『ベッドタイムアイズ』を書いた山田も横田基地近くのアパートで黒人兵と同棲し、以前にはエロ漫画を描いていたという。ほかにもＳＭクラブや雑誌のヌードモデルをしていたこともあるという経歴は、当時スキャンダラスな騒ぎとなった。

同時に作品は高く評価され、芥川賞候補となった後１９８７（昭和62）年には映画化までされた。

そうして本作は32・7万部を売り上げ、異色の経歴を持つ著者の華々しいデビューを飾ったのである。

自由な愛の表現

男女の同棲生活が赤裸々に描かれたこともこの作品が注目を浴びた一因だが、そういった情景を感覚的にとらえ、リズミカルな文体で描写することで猥雑《わいざつ》な感じを払拭している。

スプーンは私をかわいがるのがとてもうまい。ただし、それは私の体を、であって、心では決して、ない。私もスプーンに抱かれる事は出来るのに抱いてあげる事が出来ない。

セックスやドラッグのシーンは過激ではあるが、ふとした情景の中に主人公の心の動きが表れる筆致は斬新であった。

恋愛物語という普遍的なストーリーを新たな視点ですくい上げ、著者ならではの筆致で言葉を紡ぐ。評論家のみならず一般の読者にも、こうした著者独特の表現が受け入れられた。

また、作品内では女性歌手が黒人兵を養い、「飼育」するという、ある種の日米関係逆転が成立している。

日米安保闘争など、当時の人々が認識していた日米関係の構図をあえて反転させたり、恋愛を夢見る少女の恋愛観とは真逆の、肉体の輝きや快楽的な性愛を強調した愛の高まり、大人の愛を描いたりと、既成概念を打ち壊すような構図が取り込まれている。

こうした既成概念の破壊と同時に、男と女の関係に留まらない、性や人種を超えた人間関係にまで視野を広げた本作に、近代主義的な恋愛の否定を読むこともできるだろう。

その意味で、山田の『ベッドタイムアイズ』はポスト・モダンにつながるベストセラー作品だといえる。

『ベッドタイムアイズ』、1985（昭和60）年、河出書房新社発行

●作家

山田詠美

やまだえいみ

1959（昭和34）年〜

東京生まれ。「読書少女」だったと、後に話している。父の転勤のため日本各地を転々としたあと、高校時代に親が宇都宮市に居を構えた。明治大学文学部時代は漫画研究会に所属し、当時すでにプロになっていたOBのいしかわじゅんが同会を訪ねてきたことがきっかけで、『漫画エロジェニカ』に本名の山田双葉として漫画家デビュー。1981（昭和56）年に大学を中退し、クラブなどでアルバイトをしながら漫画作品を発表、『シュガー・バー』『ミス・ドール』『ヨコスカフリーキー』を出版している。85（昭和60）年、黒人と交わる「女」を斬新な筆致で衝撃的に描いたデビュー作『ベッドタイムアイズ』で文藝賞を受賞。以降、87（昭和62）年に『ソウル・ミュージック・ラバーズ・オンリー』で直木賞、89（平成元）年『風葬の教室』で平林たい子文学賞、91（平成3）年『トラッシュ』で女流文学賞、96（平成8）年『アニマル・ロジック』で泉鏡花文学賞、2000（平成12）年『A2Z』で読売文学賞、05（平成17）年『風味絶佳』で谷崎潤一郎賞、12（平成24）年『ジェントルマン』で野間文芸賞、16（平成28）年『生鮮てるてる坊主』で川端康成文学賞と、受賞ラッシュが続いた。

1987（昭和62年）

ノルウェイの森

村上春樹

累計1100万部突破した100パーセントの恋愛小説

黄金の時代への追憶

『ノルウェイの森』は1987（昭和62）年に発表されたが、小説は1960年代後半から1970年代初頭が舞台となっている。村上春樹自身が大学生活を送った時期と重なる60年代は、1964（昭和39）年の東京オリンピック開催をはさみ、高度経済成長を成し遂げた時代である。

激化する学生運動でデモをする学生たち。

しかし、一方で、泥沼化するベトナム戦争への反対から、世界中で学生運動が白熱した時代でもあった。日本では、日米安全保障条約の改定を前に、全学共闘会議（全共闘）が各大学で作られ、学生運動が激化していた。

いわば、右肩上がりの経済成長に重ね合わせて個人の人生を考え、発言することができた時代なのだ。

しかし、1973（昭和48）年の第一次オイルショックにより、その楽観的ともいえる成長への希望は断ち切られることとなり、閉塞感が時代を覆った。ある種のファッションでもあった学生運動は再燃することなく、政治や国家を論じていた若者も、悲壮さすらある使命感のもと、企業戦士として再びの経済成長に貢献することとなった。

『ノルウェイの森』が読まれた80年代後半は、熱い60年代、70年代の影すらなく、世代共通の目標などを失いつつある時代ともいえる。経済成長や消費など、現実的な目標ばかりを追い求め、語るべきものを持たない時代に書かれた、熱い時代の余韻、追憶である。

生と死、孤独と喪失の物語

ハンブルグ空港に到着した飛行機でビートルズの『ノルウェイの森』を聴いたことから、主人公である「僕」は学生時代のことを回想する。高校時代から思いを寄せていた直子と大学時代に関係をもったあと、直子は姿を消した。直子の恋人キズキ、大学寮の先輩である永沢さん、緑、レイコさんなど、僕はさまざまな人との出会い、喪失をくり返す。

１９８７（昭和62）年９月に講談社から書き下ろし作品として刊行された、第５作目の長編小説である。

１９８３（昭和58）年に発表された短編小説『螢』を長編化したものであり、特に第２・３章は『螢』を下敷きとし、そのあとに続く部分が後日譚にあたる。作者本人によれば、「少しセンチメンタルな青春小説的な話」である『螢』を「まっとうにリアリズムで書いた」ものである。

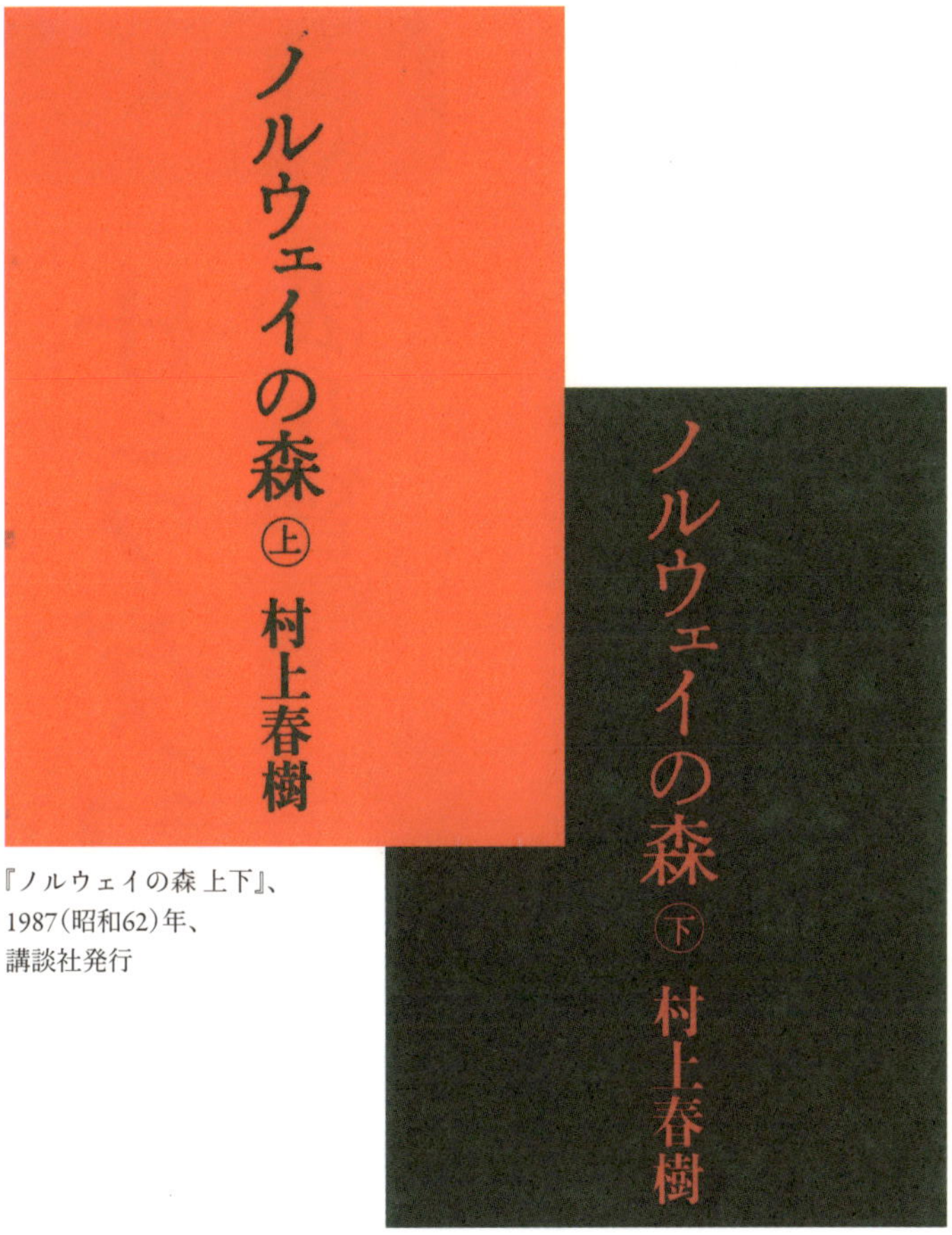

『ノルウェイの森 上下』、1987（昭和62）年、講談社発行

「僕」をはじめ、直子やキズキ、レイコさんなど、人々が孤独に闘いながら傷つき、喪失しながらも生きていく物語である。「１００パーセントの恋愛小説」とは、単行本の帯につけられたキャッチコピーだが、それと同時に成長小説であるともいえる。

●作家

村上春樹《むらかみはるき》

１９４９（昭和24）年～

京都生まれ。小学高学年は濫読、中学では19世紀の欧米翻訳文学に熱中。１９６８（昭和43）年に早稲田大学第一文学部入学、映画脚本家を目指して台本執筆なども。74（昭和49）年にジャズ喫茶を開業。翌年に早稲田大学卒業。プロ野球観戦中に小説を書こうと思い立ち、ジャズ喫茶を経営しながら創作に邁進。79（昭和54）年４月『風の歌を聴け』が第22回群像新人文学賞を受賞。80（昭和55）年『１９７３年のピンボール』を発表して文学賞の候補になり、翌年、作家業に専念するため店を人に譲る。86（昭和61）年10月ヨーロッパに移住し、翌年刊行の『ノルウェイの森』がベストセラーとなった。95（平成７）年６月に帰国して『ねじまき鳥クロニクル』第３部を刊行（読売文学賞）。05（平成17）年には『海辺のカフカ』の英訳版が出版されフランツ・カフカ賞、フランク・オコナー国際短編賞を受賞するなど、国際的に高く評価される。09（平成21）年『１Ｑ８４』で毎日出版文化賞受賞。同年２月エルサレム賞受賞、12月スペイン芸術文学勲章が授与され、11（平成23）年６月、カタルーニャ国際賞を受賞。小説のほかエッセイ、ノンフィクション執筆、アメリカ文学の新訳など多岐に亙って活躍している。

1987
（昭和62年）

サラダ記念日

俵万智

新しい現代短歌の先駆け

口語体の短歌

1987（昭和62）年、ゴッホの『ひまわり』が58億円で日本の保険会社に落札されるなど、日本がバブル景気に沸いていたこの年、1冊の歌集が発売4カ月で100万部を達成した。それが俵万智の『サラダ記念日』である。

村上龍の『限りなく透明に近いブルー』が1976（昭和51）年の年間ベストセラーとなって以来、11年ぶりに文芸作品がベストセラーの上位に現れたのだった。

それまで短歌は趣味として楽しまれることはあっても歌集となると途端に需要が少なく、書店への流通そのものがなかった。このため、『サラダ記念日』の反響の大きさには短歌界のみならず出版界全体も驚くこととなった。

1999（平成11）年に雑誌『短歌研究』が「短歌界二〇世紀の大きな出来事」というアンケートを行ったところ、回答者は2167名にも上った。その第4位に入っているのが『サラダ記念日』刊行である。

第1位がアララギ派の解散、第2位が前衛短歌の隆盛という短歌界の大きな流れであったことを鑑《かんが》みると、1冊の歌集が与えた影響の大きさがうかがえる。

『サラダ記念日』は多くが口語体で詠まれており、親しみやすい恋をテーマとしている。

規則的な定型詩を用いるなど短歌独自のリズムを維持しつつも、今までの短歌のイメージを覆すような若々しい感性で詠まれた歌は、普段から短歌に親しんでいる歌壇の読者以外に一般の読者の関心や共感を呼んだ。

かつては口語で詠む動きもあった短歌だが、近代短歌においてはほとんどが文語体である。

これは、五七五七七という音数律と相まって文語を用いることで醸し出される情緒が重視されたからだが、戦後はこうした短歌への否定論が流行したこともあった。

『サラダ記念日』には文語の歌も含まれているが、音律数をそのままに口語で詠まれた歌は特に世間の注目を集めた。一般の読者が短歌に抱きがちな古臭いイメージを一新し、同時に日常のなんでもない風景を軽やかに切り取ることでモダンな趣を与えることに成功したといいえる。

編集者の長田洋一は当初、俵にエッセイの打診も行っていたが、歌を読んで歌集の出版を決心。初版は定価980円の8000部で、読者年齢層の高い媒体にパブリシティを行い、徐々に年齢を下げていった。

これが功を奏して現在まで歌集としては異例の280万部を売り上げるベストセラーとなったのである。

「サラダ記念日」について

タイトルともなった、

「この味がいいね」と君が言ったから七月六日はサラダ記念日

については、著者自身がTwitterにて裏話を披露している。

この歌が詠まれたきっかけは、鶏の唐揚げをカレー味にしたのを彼氏に褒められたことだった。

歌にするにあたって「唐揚げ」はより軽やかなイメージのある「サラダ」に変更し、日付は野菜が元気な初夏とサラダの音の響きを考慮し、何でもない普通の日が記念日と思える歌にしたいとの考えで7月6日になったということである。

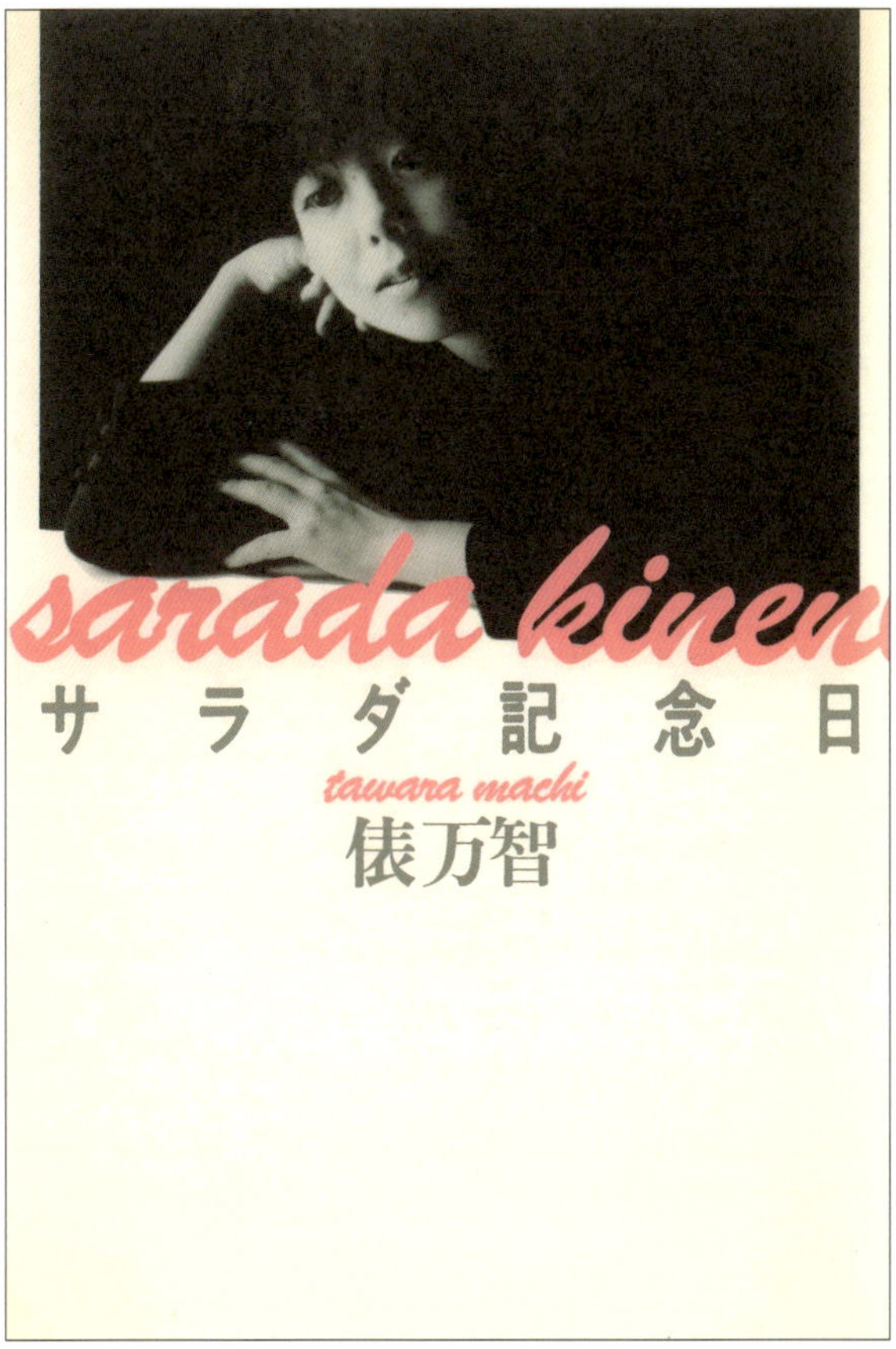

『サラダ記念日』、1987（昭和62）年、河出書房新社発行

●歌人

俵万智《たわらまち》

1962（昭和37）年〜

大阪生まれ。小学生のとき子ども向けの本を多数読破。1981（昭和56）年、早稲田大学第一文学部入学。翌年に〈竹柏会〉『心の花』（短歌雑誌）を主宰している佐佐木幸綱の講義に惹かれ、短歌を志すようになった。83（昭和58）年、角川書店の歌誌『短歌』に初投稿。塚本邦雄選の秀逸に選ばれて勇気が湧き、〈竹柏会〉に入会。85（昭和60）年に大学を卒業し、神奈川県立橋本高等学校の国語教師となる。『野球ゲーム』で第31回角川短歌賞次席。翌年、『八月の朝』で第32回角川短歌賞を受賞。87（昭和62）年に発表した『サラダ記念日』が、日常会話で使われるカタカナ語も巧みに交えた新鮮な短歌で多くの人々を魅了して大ベストセラーとなり、社会現象を引き起こした（翌年、現代歌人協会賞受賞）。その後、橋本高校を退職し、91（平成3）年、第二歌集『かぜのてのひら』を上梓。94（平成6）年、戯曲『ずばぬけてさみしいあのひまわりのように』を書き、つかこうへいが上演。97（平成9）年、第三歌集『チョコレート革命』を上梓。2003（平成15）年より初の小説『トリアングル』を読売新聞に連載。翌年、『プーサンの鼻』を発表。評論『愛する源氏物語』で第14回紫式部文学賞を受賞。

1988（昭和63年）

キッチン
吉本ばなな

平成文学の旗手

平成文学の始まりを代表する作家といえば、吉本ばななや村上春樹である。

1988（昭和63）年に発売された吉本ばななの短編集『キッチン』は、『キッチン』『満月　キッチン2』『ムーンライト・シャドウ』の3編からなる。中でも『キッチン』は第6回海燕新人文学賞、泉鏡花文学賞を受賞し、デビュー作にも拘わらず爆発的人気を博した。1989（平成元）年7月半ばには100万部を達成していた。

それまでの昭和文学では前衛的作品からリアリズム表現を極めた作品まで、いずれも「私」や「世界」と真摯に向き合いながら新しい表現方法を模索していたといえる。それに対して平成文学はどこかファンタジー色の強い文学の台頭が顕著だった。

吉本ばななもデビュー当時より文体がマンガ的だと指摘されていた。本人も子供の頃はマンガが好きだったと述べており、絵が上手ければマンガ家になりたかったという趣旨の発言もしている（『FRUITS BASKET』より）。言い換えれば、平成文学とはマンガやアニメ、米国のポップ・カルチャーなどから影響を受けて育った作家の出現によるものともいえる。

現代を「フツー」に切り取った新しさ

『キッチン』は唯一の肉親であった祖母を亡くした主人公みかげがひょんなことから、祖母と交流のあった大学生雄一の家で彼の母親えり子とともに生活するところから始まる。3人の生活を通して、みかげが孤独を癒していく話である。

この作品が昭和文学と異なっている大きな点は「世の中に、この私に近い血の者はいないし、どこへ行ってなにをするのも可能だなんてとても豪快だった。こんなに世界がぐんと広くて、闇はこんなにも暗くて、その果てしない面白さと淋しさに私は最近初めてこの手でこの目で触れたのだ」など、肉親の死や孤独な生活という深刻な題材にも拘わらず、これまでの伝統的なリアリズムとは違って、どこかあっけらかんとしており、柔らかな自我ともいえる軽やかさがあることである。

新しい家族観

『キッチン』では肉親の死が物語のキーとなっているが、本当に描かれているのは生きることや、共に生きていく家族の存在についてである。

『キッチン』に登場するえり子はもとは男性だが、雄一の母親がなくなってからは女性として生活している。父親が母親になっても雄一にとってえり子が家族であることには変わりはない。ただ、家族の構成要素が従来の家族観と異なるのが田辺家であった。

そこへ、唯一の肉親である祖母を失った主人公のみかげが転がり込む。みかげは田辺家とは赤の他人ではあるが、一緒に暮らしているうちにお互いが本当の家族のように感じていく。こうして血縁に縛られない新しい家族ができ上がるのである。

『キッチン』『満月』ともに作中には食事に関する描写が多く登場する。そして、食事する時間と空間、一緒に食事する人たちとの絆はかけがえのないものとして描かれていた。『満月』で、「どうして君とものを食うと、こんなにおいしいのかな」と問う雄一にみかげは「食欲と性欲が同時に満たされるからじゃない?」と笑う。それを聞いた雄一は大笑いしながら「きっと、家族だからだよ」と答える。このシーンからも、『キッチン』『満月』という作品が、血縁がなくとも一緒に食事をしてあたたかい時間を共有できる者同士を家族として肯定していることがわかる。

あらゆるものが流動的になった時代、既存の家族観が形骸化し始めていることが示唆されているといえる。

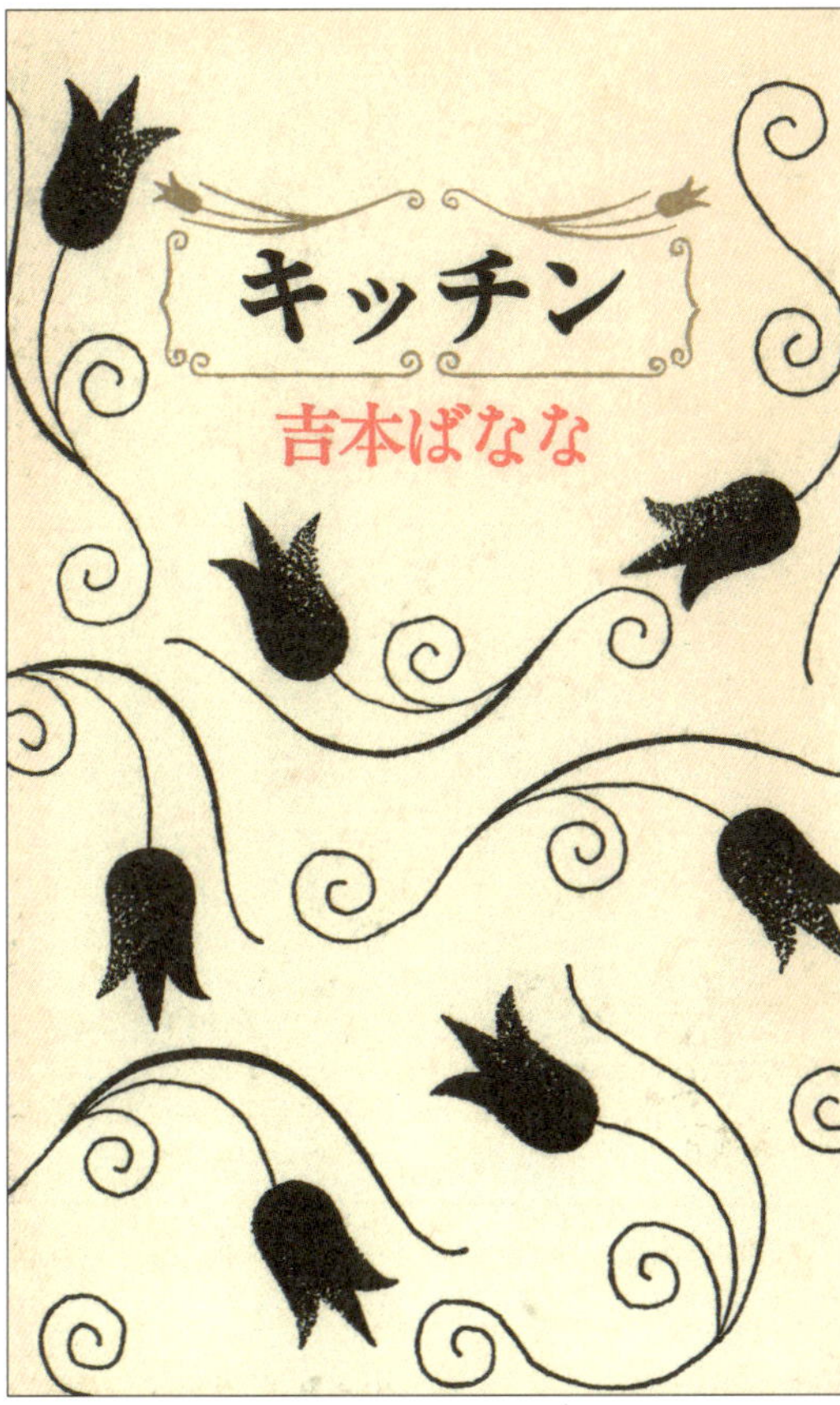

『キッチン』、1988（昭和63）年、福武書店発行

●作家

吉本ばなな

よしもとばなな
1964（昭和39）年～

東京生まれ。父は詩人・評論家の吉本隆明、母は俳人の吉本和子。絵の上手な姉（漫画家のハルノ宵子）に対抗して、5歳のころから作家になろうと考えていた。日本大学芸術学部文芸学科卒業。スポーツもせず、夜更かしして小説を書いては居眠り、大学では酒も飲む日々を送る。卒業制作として、愛する人との出会いと別れを描いた小説『ムーンライト・シャドウ』が日大芸術学部長賞を受賞し、1年後に第16回泉鏡花文学賞にも輝いた。1987（昭和62）年9月、『キッチン』が第6回海燕新人文学賞を受賞し、『海燕』同年11月号に掲載されて作家デビュー。翌年1月、初の単行本『キッチン』が刊行された（『うたかた／サンクチュアリ』と共に第39回芸術選奨文部大臣新人賞受賞）。89（平成元）年3月『TUGUMI』（中央公論社）が刊行された。生涯追求するモチーフは「死」。また、脳には子孫を残したいという本能に逆らうプログラムはなされていない、つまり人間は本能的に生を尊重する気がするので、性善説の考えを信じるという。2002（平成14）年にペンネームを「よしもとばなな」に改名、15（平成27）年に「吉本ばなな」へ再改名。

1993（平成5年）

犬婿入り

多和田葉子

現代の都市に隠された民話的世界

異類婚姻譚

民俗学の世界では人間と動物など異種族が結ばれる話を異類婚姻譚と呼ぶ。日本で長く親しまれている『鶴の恩返し』もこの類型の昔話であり、このような話は世界中に散見されている。また、ギリシア神話の『エロスとプシケ』、グリム童話の『蛙の王子』など、『鶴の恩返し』とは反対に人間が女性の場合も多々ある。日本では『猿婿入り』『河童婿入り』『鬼婿入り』『蛇婿入り』など多岐にわたった類型が伝えられており、江戸時代後期に書かれた『南総里見八犬伝』における伏姫と八房の関係は、『犬婿入り』である。

こうした民話や昔話の中に留められていた異類婚姻譚を、現代の小説の中で復活させたのが多和田葉子著『犬婿入り』である。本作は第１０８回芥川賞を受賞している。

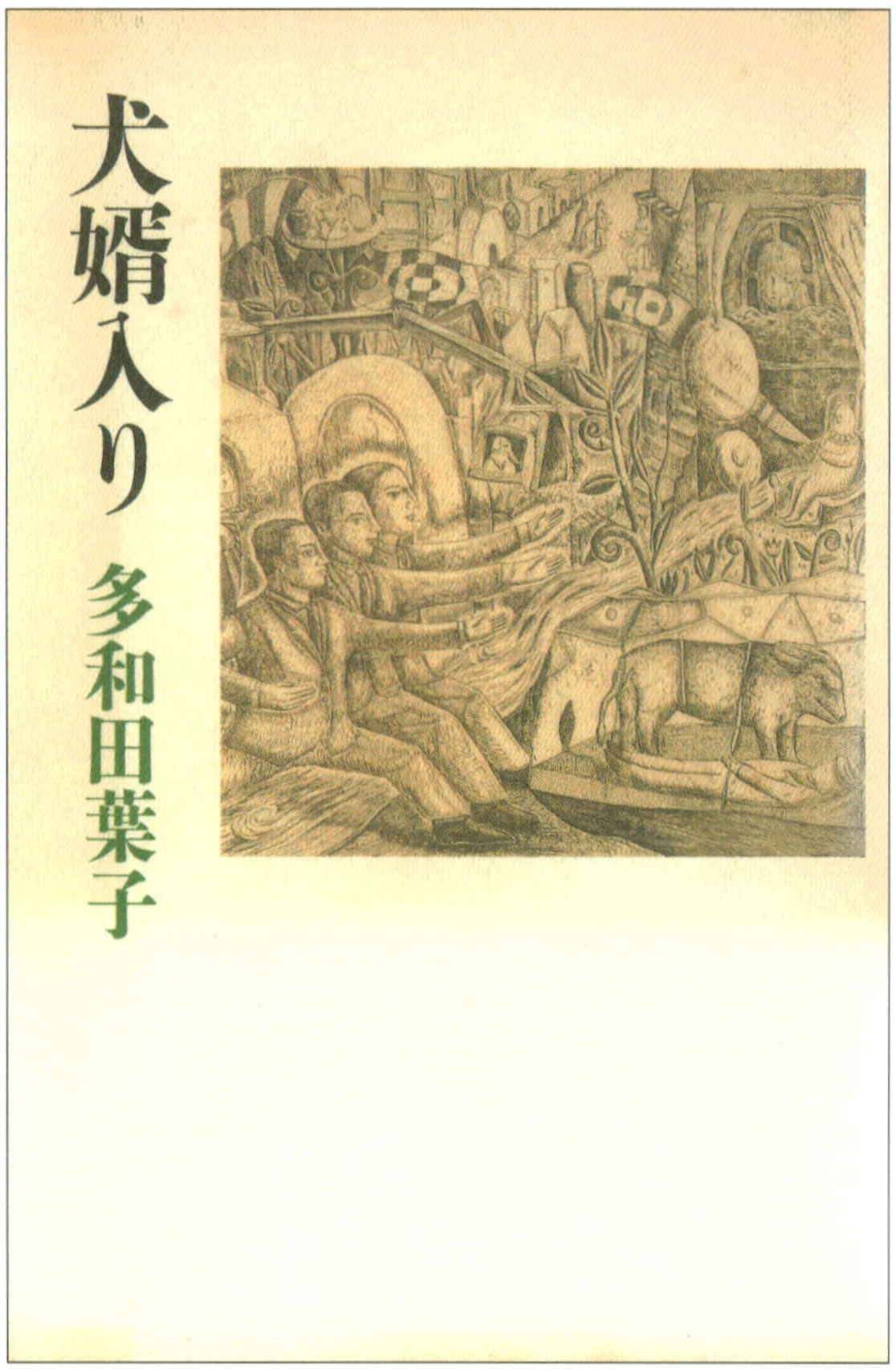

『犬婿入り』、1993（平成5）年、講談社発行

現代に蘇る民話

多摩川べりにある町で学習塾を開く主人公みつこはある日、生徒たちに「犬婿入り」の話を聞かせる。すると、自分のもとに太郎という男性が押しかけてきて、奇妙な二人の同棲生活が始まってしまう。

『犬婿入り』というタイトルが示すように、本作は異類婚姻譚の中でも犬婿伝承の民話を積極的に取り込んで作られていた。

一人暮らしのみつこの前に突然現れた太郎は、犬歯でみつこの首の肌を「チュウチュウ」吸ったり、みつこを空中に持ち上げ肛門をペロンペロンと舐めたりと、彼の言動はどこか犬を思わせる。

こうした太郎の様子は伝承にある、雄犬が人間の娘のお尻を舐めたり、身体から出る排泄物を処理したりする場面を下敷きとしたものであると考えられる。

また、みつこも同じ鼻紙を三度使うことを勧める話から、鼻くそ手帳、ニワトリの糞で作った膏薬などといった、身体の排泄に関わる言動の多さが見受けられる。

どちらも、団地や旧市街地の住人たちの日常からは逸脱した異質な存在ではあるが、民話においてこうした異質な存在は、共同体における無意識の制度を浮かび上がらせ、破壊する役目を担うことが多い。

本作では彼らが共同体に大きな破壊をもたらすことはないが、やがてお互いのパートナーを見つけて、別々に共同体から去って行く。

彼らのこうした姿は作中の共同体ではなく、物語の外側にいる読者の予想や価値観を見事に裏切っているといえる。

著者はドイツを生活拠点に、日本語、ドイツ語、日独翻訳という3つの表現形態で創作活動を続ける前衛作家である。

このように複数の表現形態を行き来する創作は、既成の言語体系に絡《から》められていた感覚を解き放ち、新たな表現の可能性を探ってゆこうとする意欲的な試みだ。

『犬婿入り』の芥川賞を始めとし、ハンブルク市文学奨励賞やレッシング賞、ドイツの歴史ある文学賞、クライスト賞受賞など、ドイツでの活躍も目覚ましい。

近年では、著者のように母語から離れて創作する作家の文学を「越境文学」と呼ぶ。

日本でも小説から俳句にいたるまで、日本語を母語としない外国人の台頭がみられるようになっており、「越境文学」は世界の文学における重要な一角となりつつある。

●作家

多和田葉子

たわだようこ

1960(昭和35)年〜

東京生まれ。立川高校時代からドイツ語を学ぶ。1982(昭和57)年、早稲田大学第一文学部ロシア文学科卒業。卒業式を待たずに海外へ出発し、5月、ハンブルク市のドイツ語本輸出取次会社に就職。87(昭和62)年、ドイツの出版社から初めて2カ国語の詩集を発表。ハンブルグ大学に通いはじめ、翌年、初めてドイツ語で短編小説を書く。89(平成元)年、日本語で書いた小説のドイツ語訳が出版される。翌年ハンブルク大学修士課程修了。ハンブルク市の文学奨励賞を受賞。91(平成3)年、書類結婚した夫を異国に訪ねる「私」を描いた『かかとを失くして』で第34回群像新人文学賞、93(平成5)年に『犬婿入り』で芥川賞、その他多数の賞を受賞。ドイツにおいても、レッシング奨励賞、シャミッソー文学賞、ゲーテ・メダルなどを授与される。2000(平成12)年、ドイツの永住権を取得。チューリッヒ大学大学院博士課程修了。博士号(ドイツ文学)を取得。16(平成28)年11月に「ユニークなドイツ語の使い方で、新たな表現の可能性を示した」として、ドイツで最も権威ある文学賞の1つ、クライスト賞を日本人として初めて受賞。多くの著作が多言語に翻訳されている。

1997（平成9年）

アンダーグラウンド

村上春樹

地下鉄サリン事件の衝撃

地下鉄サリン事件

1995（平成7）年3月20日朝、東京・霞が関で交差する地下鉄3路線の5車両に猛毒のサリンがまかれた。通勤途中の人々が巻き込まれ、13名の死者と6000名以上の被害者が出た。「地下鉄サリン事件」と呼ばれるこの事件は、麻原彰晃を教祖とした新興宗教団体オウム真理教によって引き起こされた無差別テロ事件である。

世界でも類を見ないテロ事件に世間の関心は高まり、マスコミは連日のように事件の経緯やオウム真理教について報じた。なかでも、カルト的宗教団体であるオウム真理教の信者や幹部に高学歴のエリート層が多くいたことは社会を驚かせた。

事件発生時、アメリカにいた村上はオウム事件の報道を見て被害者についての報道が少ないことに違和感を覚えたという。

「巻き込まれた普通の人たちの言葉が重なって事件の全体像が見えるのではないか」と考えた村上は、事件の被害者から話を聞き、それをまとめたノンフィクション本の執筆を決めた。

初めに、報道で名前だけ判明している被害者700名近くのリストを作ったが、身元が判明したのは約20パーセントだった。なんとか140名あまりと連絡を取ったものの、半数以上は協力を拒んだという。

事件によって精神的にも被害を受けた人々が、この件について触れられたくないと思うのは無理からぬことだった。

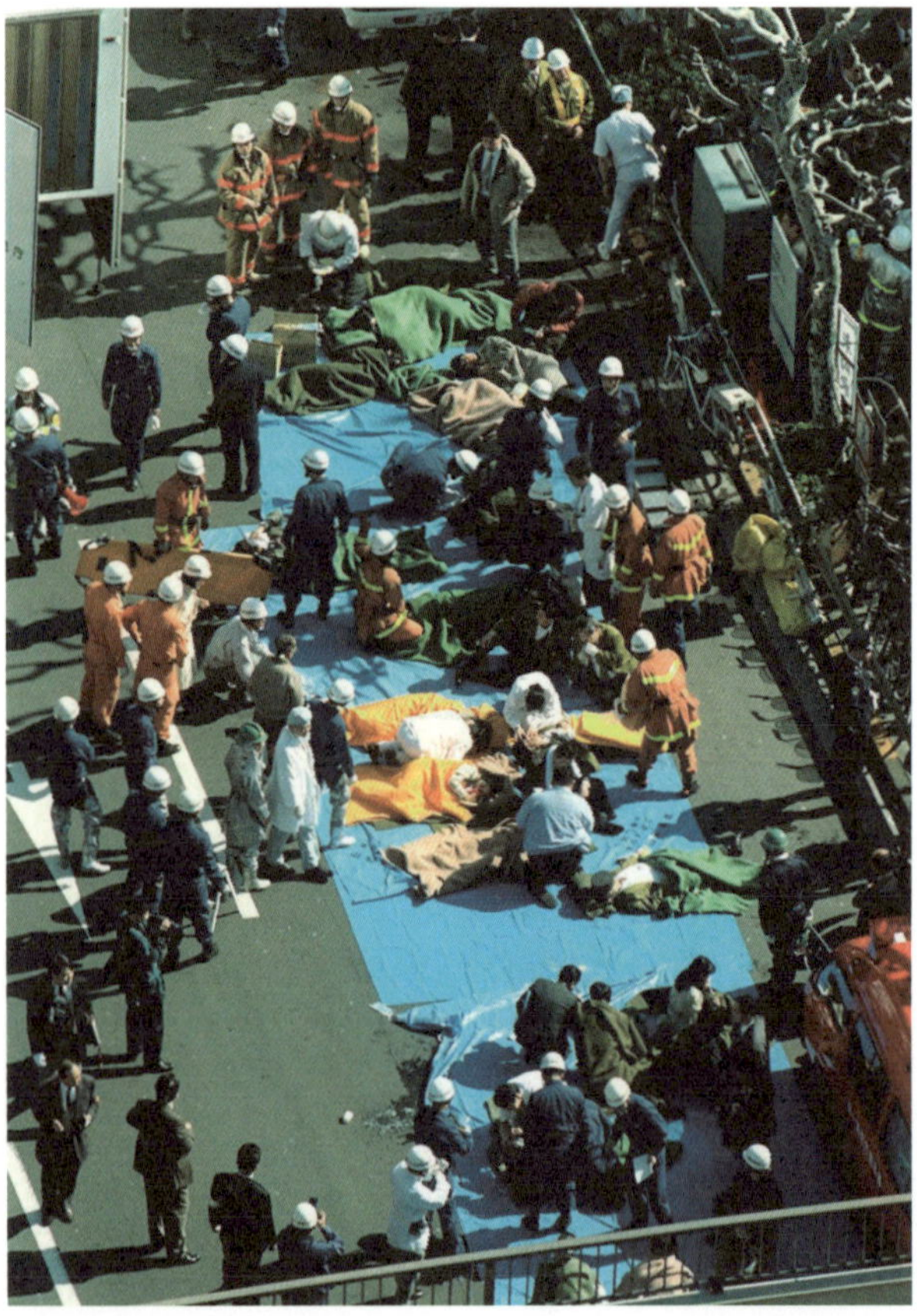

1995（平成7）年にオウム真理教によって起こされた、地下鉄サリン事件。

その結果、事件の被害者とその遺族、総勢62名の協力を得て、村上春樹初のノンフィクション作品『アンダーグラウンド』は完成した。

インタビューの手配にアシスタント2名が協力したほかは、編集と執筆のすべてを村上ひとりで企画、実行した本書は、780ページにも及ぶ大作である。

被害者たちの真実

事件発生から2年後、1997（平成9）年3月13日に『アンダーグラウンド』は発売された。

当時すでにベストセラー作家として人気のあった村上春樹が、地下鉄サリン事件のノンフィクションを書くということで、世間の反響は大きかった。

本作のインタビュー法は対象者の目線に寄り添うもので、既存のインタビュー本にはみられない、セラピストの面談に近い手法が取り入れられていた。

その点についてノンフィクション作家やジャーナリストからは、取材対象者の証言に混じる虚構を完全に取り除かなくてはノンフィクションとはいえないなどと批判も起こった。

しかし、著者は被害者から「語られた話」に客観性が欠けるとしても、それが「嘘である」と断じることはできないとしている。被害者から語られた話を「別のかたち」をとった真実として克明に記したことで、既存のものとは異なった新しいノンフィクション作品となったのである。

本作によって今まで報道されることのなかった、未曽有のテロ事件に巻き込まれた被害者たちから見た、それぞれの地下鉄サリン事件が明らかにされた。

それから1年後の1998（平成10）年11月には、本作の続編にあたる『約束された場所で—underground 2』も刊行された。こちらはオウム真理教の信者や元信者によって「語られた話」を、『アンダーグラウンド』と同じようにまとめたノンフィクション作品である。

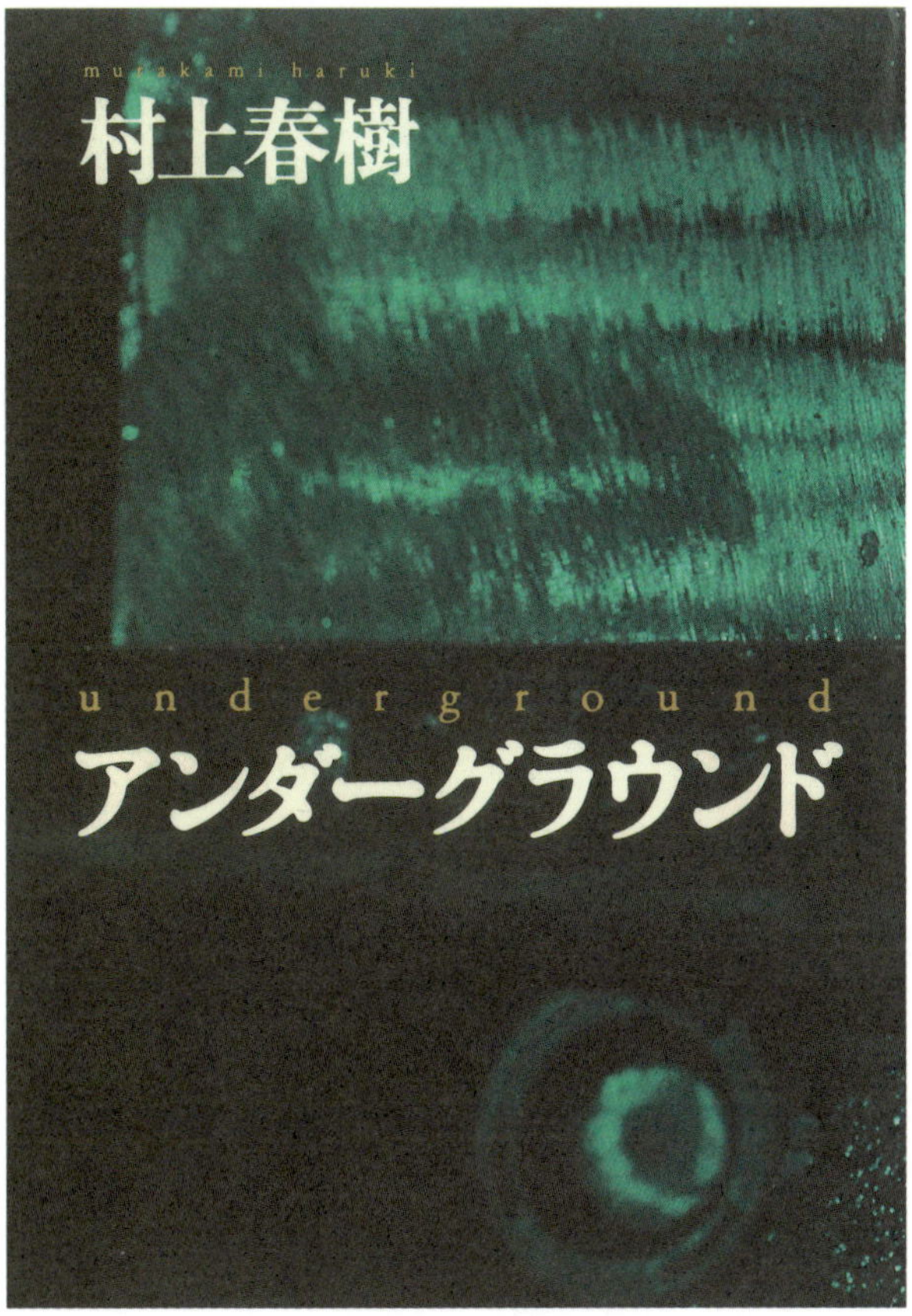

『アンダーグラウンド』、1997（平成9）年、講談社発行

（著者紹介は237ページ）

1999
（平成11年）

ハリー・ポッターと賢者の石
J・K・ローリング

大人も夢中になった児童文学

日本を席巻した英国発の児童文学

1999（平成11）年12月、J・K・ローリング著『ハリー・ポッターと賢者の石』は翻訳出版された。初版部数は2万8000部というスタートだったが翌年の1月中旬には28万部に到達した。

作者であるJ・K・ローリングはイギリス人女性であり、1巻目の原稿を12の出版社に持ち込んですべて断られたと伝えられている。なんとかイギリスで出版にこぎつけると、発売と同時に瞬く間に人気に火がついた。1999（平成11）年には130カ国で1000万部が刊行された。

日本での出版にはその翻訳権と出版権を巡って大手出版社からオファーがあったそうだが、権利を獲得したのが従業員1名という小さな出版社であったことでも話題を呼んだ。

従来、児童文学といえば子供が読むものと思われがちだが、本書は大人の読者も大量に獲得している。

海外の有名な児童文学作品としては他にも『モモ』『ゲド戦記』『指輪物語』などがあり、どれも世代を超えた有名人気作品である。しかし、『ハリー・ポッター』はシリーズを通して人気が根強く、日本国内ではシリーズ全巻がミリオンセラーを達成するほどであった。『ハリー・ポッター』シリーズは全7巻を通して主人公ハリーと闇の魔法使いヴォルデモートとの戦いが描かれているが、同時にハリーの成長を通して教養小説型の学園ドラマという体裁も取っていた。

1巻で1歳ずつハリーの年齢が上がるシリーズ構成となっており、ハリーの成長に合わせて小説の文章自体も難しいものへとレベルが上がっていく。さらに、ハリーが直面する問題も巻を重ねるごとに複雑で深刻なものへと変わっていくこととなる。

例えば社会的不平等や差別、しがらみといった必ずしも善悪で割り切ることのできない問題などである。これらの問題を抱えた登場人物たちの言動はファンタジー作品という枠にとどまらず、現実味のあるものとして子供から大人まで多くの読者の共感を呼んだ。

その1巻目である『ハリー・ポッターと賢者の石』は、自分が魔法使いであることを知らずに育った11歳の主人公ハリー・ポッターのもとに、魔法学校からの入学許可書が届くところから始まる。魔法の世界に足を踏み出すことでハリーは友人たちを得て、幼い頃に亡くなった両親の死の真相も知ることになっていく。

小さな出版社の奇跡

亡夫から小出版社である静山社を引き継いだ松岡佑子は、「ハリー・ポッターの世界を英語で読んだこの面白さを、そっくりそのまま日本の読者に伝えたい。それが私の使命だ。そう思いこませる何かがこの本にはあった」（第1巻「ハリーへのラブレター」）というほど『ハリー・ポッター』の翻訳出版に意欲をみせた。

『ハリー・ポッターと賢者の石』は当初、イギリス本国では児童書としては長すぎるという理由で大手出版社から断られ、ブルームズベリー社という小出版社から刊行されたという経緯がある。同じように日本でも小さな出版社の社長である松岡佑子の熱意あるオファーが著者J・K・ローリングに届き、独占契約を結ぶに至った。

こうして、『ハリー・ポッター』は日本国内においてシリーズ累計2360万部を超える大ベストセラーとして、無事に出版されることとなったのである。

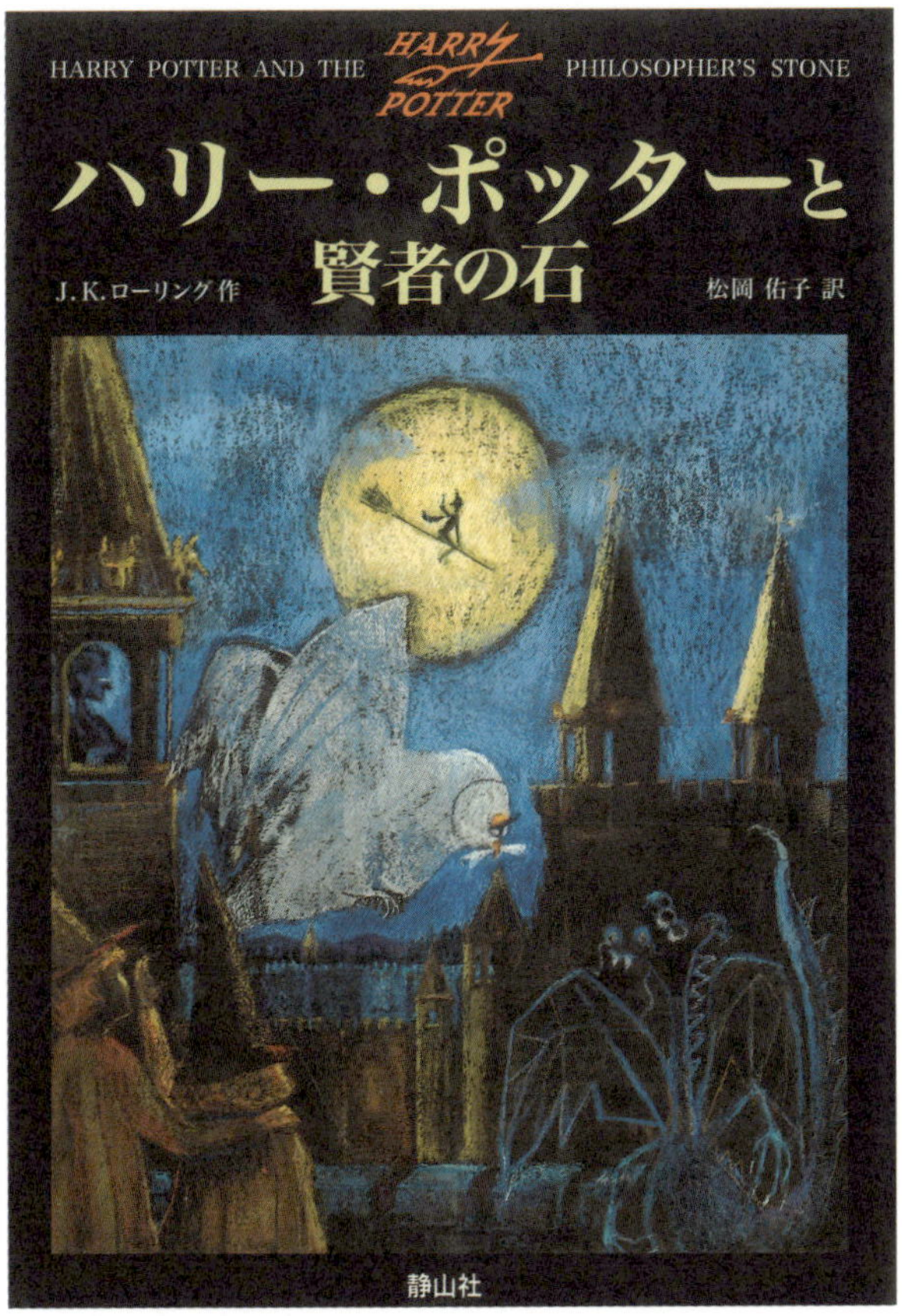

『ハリー・ポッターと賢者の石』、1999（平成11）年、静山社発行

●作家

J・K・ローリング

1965（昭和40）年〜

本名はジョアン・ローリング。英国のグロスタシャー州生まれ。最初の結婚で一人の子どもをもうけるも離婚。2001（平成13）年に再婚して二人の子どもを出産。ローリングは子どものころから空想家で、6歳のときから物語を書きはじめた。エクセター大学でフランス語と古典を学んだ後、英語教師として仕事を始めたが、作家になる夢を抱き続けていた。1990（平成2）年、電車に乗っていた彼女は突然、『ハリー・ポッター』の着想を得た。乳飲み子をかかえ、生活保護を受けながら、第一作『ハリー・ポッターと賢者の石』を書き上げるのに6年を要した。9社に拒否されたが、97（平成9）年にロンドンのブルームズベリー社が出版を引き受けた。空前のヒットを続けながら最終第7話『ハリー・ポッターと死の秘宝』を2007（平成19）年に刊行。大英帝国勲章、アンデルセン文学賞、英国アカデミー賞など、多くの賞を受賞。短編や大人向けの小説、ノンフィクションも書き、13（平成25）年にはロバート・ガルブレイスというペンネームで探偵小説を出版。慈善活動も意欲的に行っている。

2003（平成15年）

14歳からの哲学

池田晶子

学校とは違う、「考えて、知る」ための教科書

イベントから人気に火がつく

1970年代に校内暴力やいじめ、不登校、落ちこぼれといった問題が深刻化したことで、80年代からは詰め込み型の教育を改め、学校教育は「ゆとり教育」へと徐々に移行していく。

その結果、毎週土曜日を休日とした完全学校週5日制の実施、及び「生きる力」の育成を目的とした「総合的な学習の時間」が新たに設置されることとなった。しかし、「生きる力」といった曖昧な要素の指導については、教育現場からも困惑する声が数多く上がっていた。

こうした中、出版元のトランスビュー社長である中嶋廣は息子が学校のトラブルに巻き込まれたことで、本当の意味で子供に「生きる力」を伝えられる本を作りたいと考えた。

そして2003（平成15）年3月に出版されたのが『14歳からの哲学』である。14歳という年齢は一般的には思春期にあたるが、1993（平成5）年に起きた山形マット死事件や1997（平成9）年に起きた神戸連続児童殺傷事件などは、いずれも14歳が犯罪に手を染めた凶悪事件として大々的に報じられた。同書が発刊された数カ月後にも長崎で14歳の少年が男児を殺害するという事件が発生。こうした事件の影響から、14歳という年齢に注目が集まることとなった。初めて哲学について考える子供にもわかりやすいよう、平易な文章を使って優しい語り口で書かれているのが特徴的である。

著者の池田は、「考える」ことから「善悪」、「人生の意味」など、哲学として欠かすことのできない要素を一つひとつ取り上げ、その上で「とにかく大事なことは、君が《知りたい》という気持ちを強くもっているということ、ただそれだけだということです」と、若い読者にエールを送っている。

ジュンク堂でのトークセッションやリブロ、三省堂書店でのサイン会、朝日カルチャーセンターでの公開講座を催すなど、精力的にイベントを催すことで同書の知名度は上がっていった。

当初のターゲットは中高生であったが、3月の発売と同時に注文が入り、1週間後には大手各書店での人気順位1位、2位に並ぶ。1カ月弱で1万部を売り切ると、今度は朝日新聞に著者の記事が掲載される。1日1000部の注文が入るようになり、その後NHK名古屋放送とテレビ朝日の番組で同書と著者が取り上げ

られた。こうして、中高生のみならず世間から大きな反響を得た本書は30万部を売り上げた。

取次会社を通さない出版社

出版社のトランスビューは、取次会社を通さない直取引を主な販売ルートとしている。

これは書店との直取引のシステムを作ったり、部分的に本の発送を行ったりと、本来の業務以外にも多くの仕事に追われることを意味する。それでも、トランスビューは創業以来返品率2％を維持しているという。それは単に、書店には発注部数に責任を持ってもらうこと、そして、版元は満数出荷を行うという実にシンプルな取引の結果である。

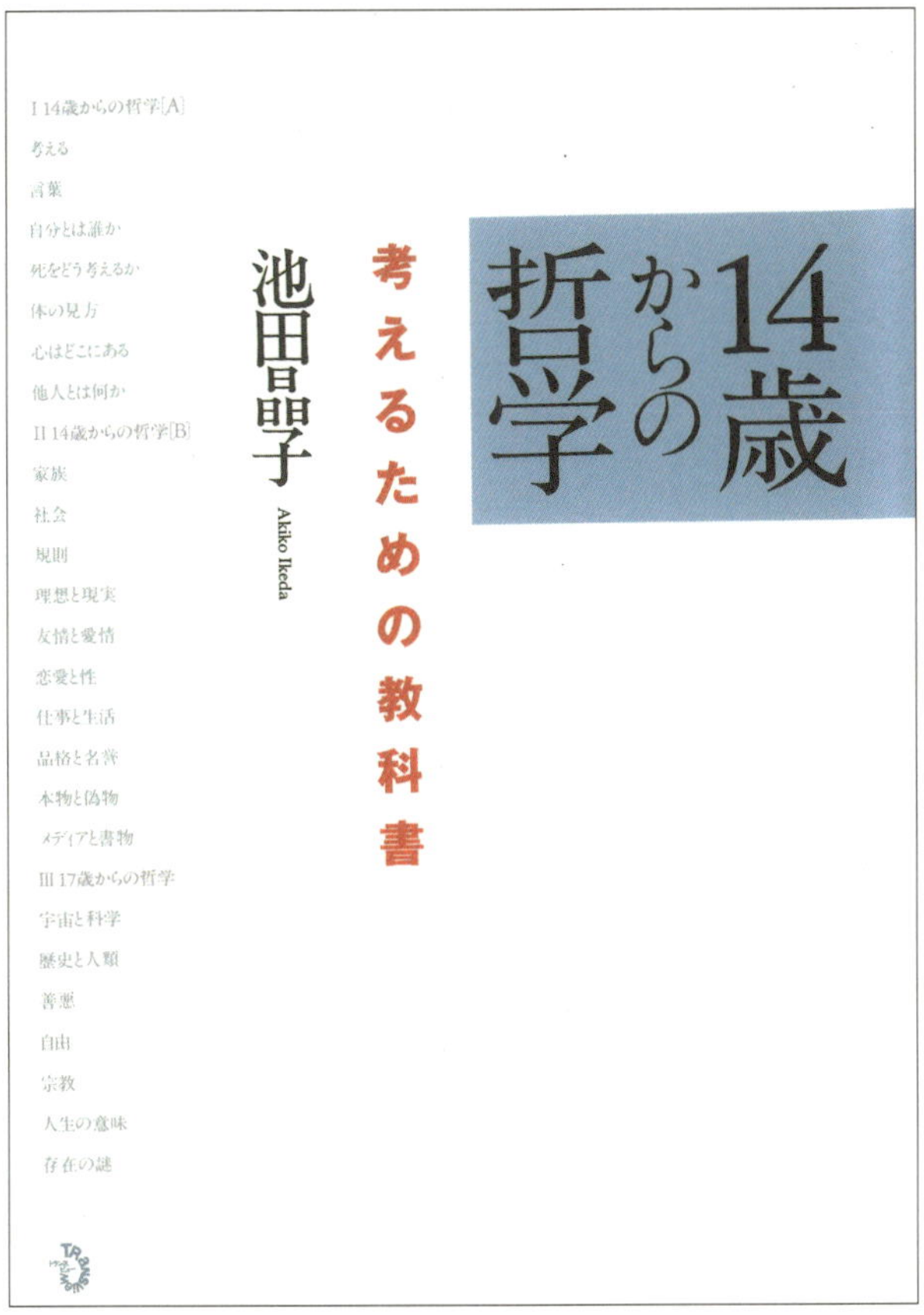

『14歳からの哲学』、2003(平成15)年、トランスビュー発行

「出庫数が上がっているだけ。読んでほしいのではなく買ってほしいだけ。もう、そんな状況はけっこう」と考える中嶋は、出版不況にあってもこの姿勢を崩さない。

「何百部売れようが、一人ひとりの読者には関係ないこと。読者にとって本はあくまでも《この一冊》なのです」。本当に求められる本を作り、その本を必要としてくれている人へ確実に届けるという、小出版社ならではの販売戦略である。

●作家

池田晶子　いけだあきこ

1960(昭和35)年～2007(平成19)年

東京生まれ。1983（昭和58）年、慶應義塾大学文学部哲学科倫理学専攻を卒業。大学時代、哲学者木田元に師事。卒業後、『文藝』の校正の仕事をきっかけに、文筆活動に専念するようになる。87（昭和62）年、『最後からひとりめの読者による埴谷雄高論』を出版。間を置いて91（平成3）年に『事象そのものへ！』を著し、「専門用語による《哲学》から哲学を解放し、日常の言葉で美しく語る《哲学エッセイ》」を確立。以後、ソクラテスの「対話篇」の再創造と位置づけられる『帰ってきたソクラテス』シリーズや、善悪・自由・愛・生と死など、一度は考えるべき30の問いに真正面から答える『14歳からの哲学　考えるための教科書』、週刊誌の連載や中高生への講演活動などを通じて、《本質を考えることの面白さと形而上の切実さを、存在の謎としての生死の大切さ》を訴え続けた。2007（平成19）年、腎臓ガンのため死去。没後、夫の伊藤實を理事長としてＮＰＯ法人「わたくし、つまりNobody」が設立され、「人間精神の本質たる《考えること》を実践する人々を顕彰するために「（池田晶子記念）わたくし、つまりNobody賞」が創設された。

2002（平成14年）

ケータイ小説

ネット上の小説を書籍化

女子中高生の支持

2002（平成14）年、スターツ出版からケータイ小説『Deep Love』が発売された。『Deep Love』は当時まだインディーズ作家であったYoshiが女子高生への取材をもとに書いたフィクションであり、個人のサイトで公開していた無料のケータイ小説である。

もともと女子中高生に人気のある作品でアクセス数は2000万件を超えており、作者が自費出版すると10万部を超えるという人気作品だった。しかし、「無料で読める作品にわざわざ本を購入する読者いない」「全体的に文字数が少なく、内容・表現が稚拙」「作者が素人」などの理由から、大手出版社が商業出版に動くことはなかった。

これらの指摘はケータイ小説全般にみられるものであり、「文字数が少ない・語彙が簡単・改行が多い」という点に関して、『Deep Love』作者のYoshiは「当時は配信できる文字数に2000文字程度という限界」があったこと、携帯を利用している若者はそれをツールとして利用しているだけで小説好きではなく、「文字が嫌いな人にも読んでもらえる工夫が必要」だったと述べている。

同じく、ケータイ小説には共通するテーマとして売春・レイプ・妊娠・薬物・不治の病・自殺・真実の愛・恋人との死別・自傷行為・DVなどが挙げられる。大手出版社が利益が見込めないと判断する中、知名度の低かったスターツ出版が『Deep Love』を出版すると、瞬く間に270万部を超える大ベストセラーとなる。文芸書の年間ベストセラー入りも果たし、「第一次ケータイ小説ブーム」の幕開けとなったのだった。

『Deep Love』のヒットと前後して、無料の携帯サイト「魔法のiランド」には素人作家のケータイ小説が次々と投稿されるようになっていた。そして、そこから『天使がくれたもの』『恋空』といった新たな人気ケータイ小説が生まれる。Chacoの『天使がくれたもの』は2005（平成17）年に商業出版された、『Deep Love』に続く「第二次ケータイ小説ブーム」の牽引役ともいうべき作品である。

『Deep Love』が当時の女子高生の実体験を取材した上で書かれているのに対し、こちらは作者自身の体験をそのまま書いたとされ、ここから「実体験」をもとにした「リアルな物語」の出版が相次ぐようになり、若者を中心に人気を博していく。

実写化のヒットと市場の拡大

ケータイ小説『恋空』はこのジャンルにおけるひな型的作品といえるほど、基本的なパターンを踏襲したストーリーである。

主人公が高校に入学するところから物語は始まり、携帯メールのやり取りを通じて同級生のヒロと交流を深めていく。そのうちに2人は付き合うことになるのだが、流産やシンナー、ヒロの暴行などが起きて別れてしまう。大学生になった主人公はヒロの友人から実はヒロが難病に侵されていて、自分に寂しい思いをさせまいと別れを選んだことを知らされる。主人公はヒロと復縁し、一緒に幸せな時を過ごすのだが最後には死別する。ヒロの子供をお腹に宿した主人公は、悲しみを乗り越えて強く生きていくことを決意する。

美嘉の『恋空』は商業出版後、すぐに100万部を達成し、2007（平成19）年には新垣結衣、三浦春馬といった若手人気俳優を起用して映画化もされた。ケータイ小説の映画化ということで不安の声も上がる中、公開2週間で動員160万人を超える大ヒットを記録。翌年にはドラマ化もされた。

こうした状況に、各企業もこぞってケータイ小説市場へ参入。スターツ出版と「魔法のｉランド」、その他の企業が参加して「日本ケータイ小説大賞」を設立したのを皮切りに、ケータイ小説の文学賞があちこちで設立されることとなった。このようなケータイ小説の広がりには、携帯電話やネットの普及が大きく関係しており、メディアの変化によって生み出された新たなブームだといえる。新しい形としては、これらの本は電子機器の画面と同じように、文章は横組みとなっている。

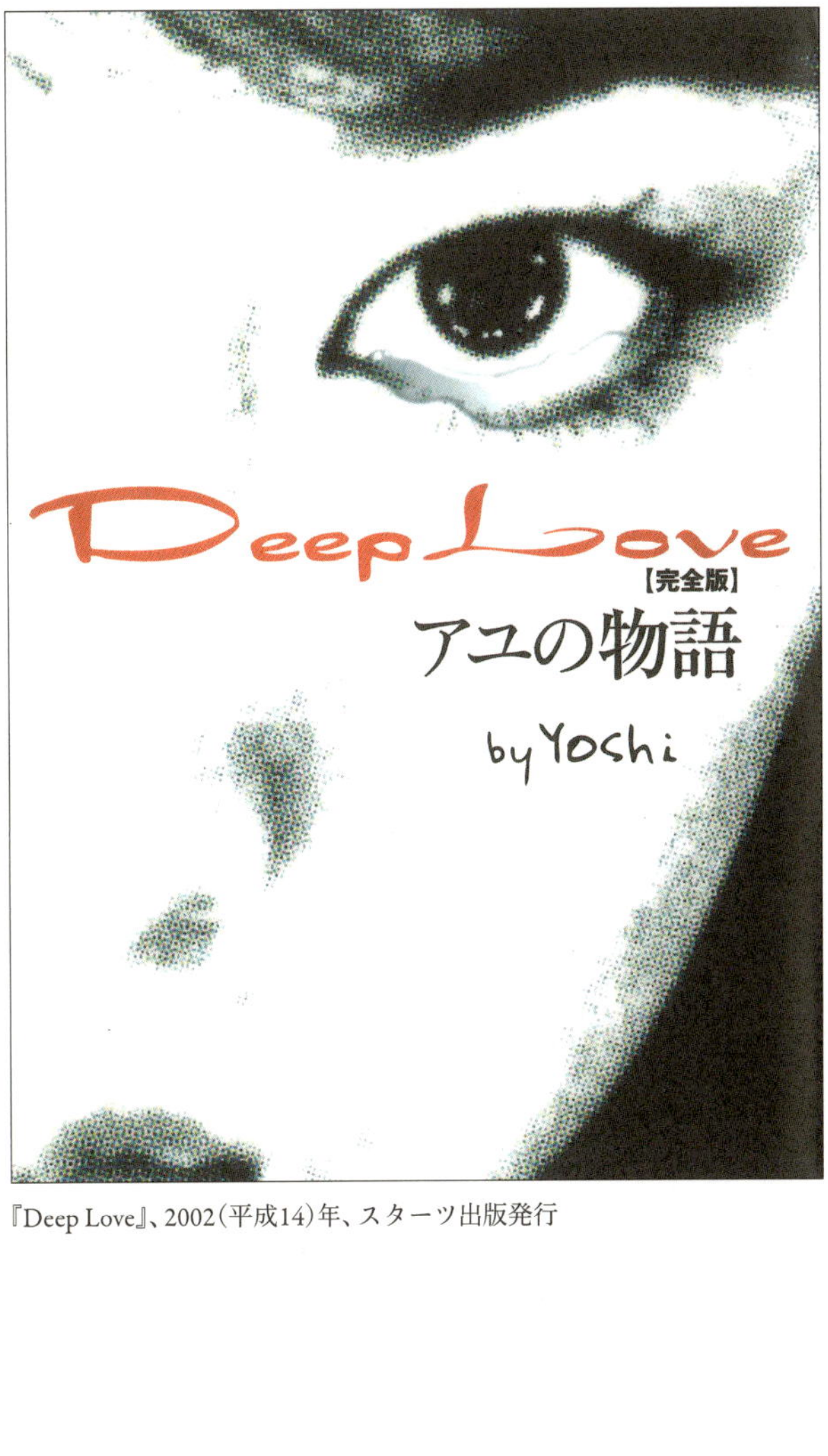

『Deep Love』、2002（平成14）年、スターツ出版発行

『恋空 上』、2006（平成18）年、スターツ出版発行

2003
（平成15年）

バカの壁

養老孟司

新書ブームをけん引したベストセラー

私たちを囲む「壁」

近年、新書ブームの火付け役となったのは2003（平成15）年4月に発売された『バカの壁』である。

1938（昭和13）年、「現代人の現代的教養を目的」として岩波新書が創刊され、現在に至るまで各出版社がさまざまな新書を創刊してきた。総じて、教養やビジネスなど専門的な知識を取り上げ、専門家である著者の書き下ろしという形が主流であった。

本書はこうした形式を取らず、東京大学名誉教授、養老孟司の独白を新潮社の編集部の人たちが文章化してまとめており、著者は「自分の文章ともいえるし、他人の文章のようでもある」「この本は私にとって一種の実験なのです」と述べている。

新潮新書の第1弾として発売された本書は、人目を引く斬新なタイトルとわかりやすい語り口が人気となり、400万部を超えて同年のベストセラー第1位となった。

この『バカの壁』については、まえがきに「結局われわれは、自分の脳に入ることしか理解できない。つまり学問が最終的に突き当たる壁は、自分の脳だ」とある。誰もが人生で突き当たる諸問題を平易な言葉でまとめ、幅広い年代から受け入れられたのがヒットの要因であるといえる。

さらに、タイトルの「バカの壁」は同年の新語・流行語大賞に選ばれるほどの知名度を誇り、後に『死の壁』、『超バカの壁』、『自分」の壁』が発表され、累計580万部を突破する「壁」シリーズとなっている。

『バカの壁』の後も新書ブームは続き、日本の品格を取り戻そうと書かれた藤原正彦著『国家の品格』（200万部）、このタイトルにあやかった坂東眞理子著『女性の品格』（240万部）なども刊行された。

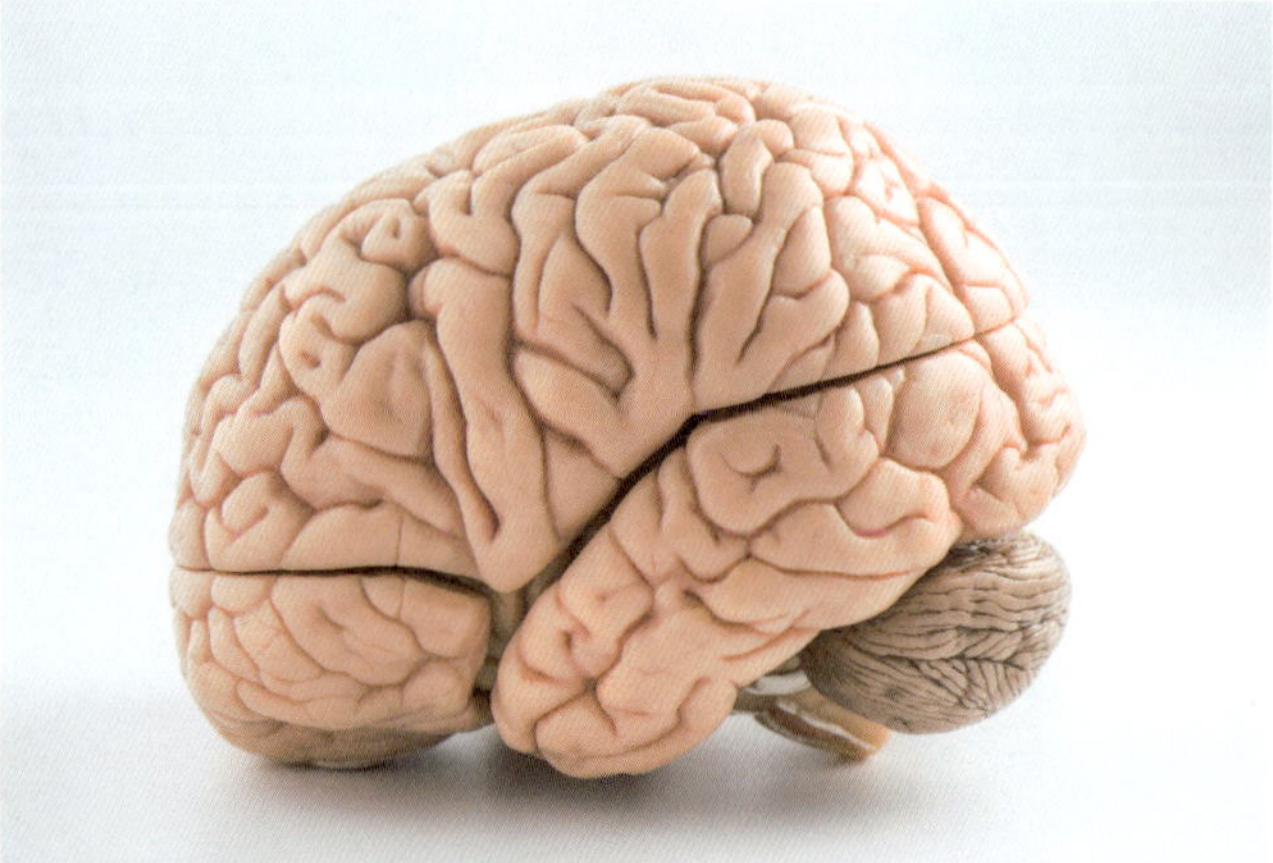

ヒトの脳の模型。

実例と明快な説明

第一章の「《話せばわかる》は大嘘」では、著者の体験を通して「バカの壁」がごくありふれた日常に潜んでいることが語られる。

学生に、ある夫婦の妊娠から出産までのドキュメンタリーを見せたところ、男女で感想が正反対になった。女子の「大変勉強になりました。新しい発見が沢山ありました」という感想に対し、男子は「こんなことは既に保健の授業で知っていることばかりだ」という。

このような違いを目の当たりにした養老は「要するに、男というものは、《出産》ということについて実感を持ちたくない。だから同じビデオを見ても、女子のような発見が出来なかった、むしろ積極的に発見しようとしなかったということです」、「本当は何もわかっていないのに、《わかっている》と思い込んで言うあたりが、怖いところです」と述べる。人間が情報に対していかに自分勝手な取捨選択を行っているのか、ディティールを観察せずに知ったつもりになってしまうことの危うさが指摘されていく。

こうした物事の捉え方の他、第六章「バカの脳」では「脳そのものは均質なので、外形や機能で《賢い》とか《バカ》とか判断することは実際には難しい」として、複雑に思われる脳の仕組みについて、例えを用いたわかりやすい説明がなされている。

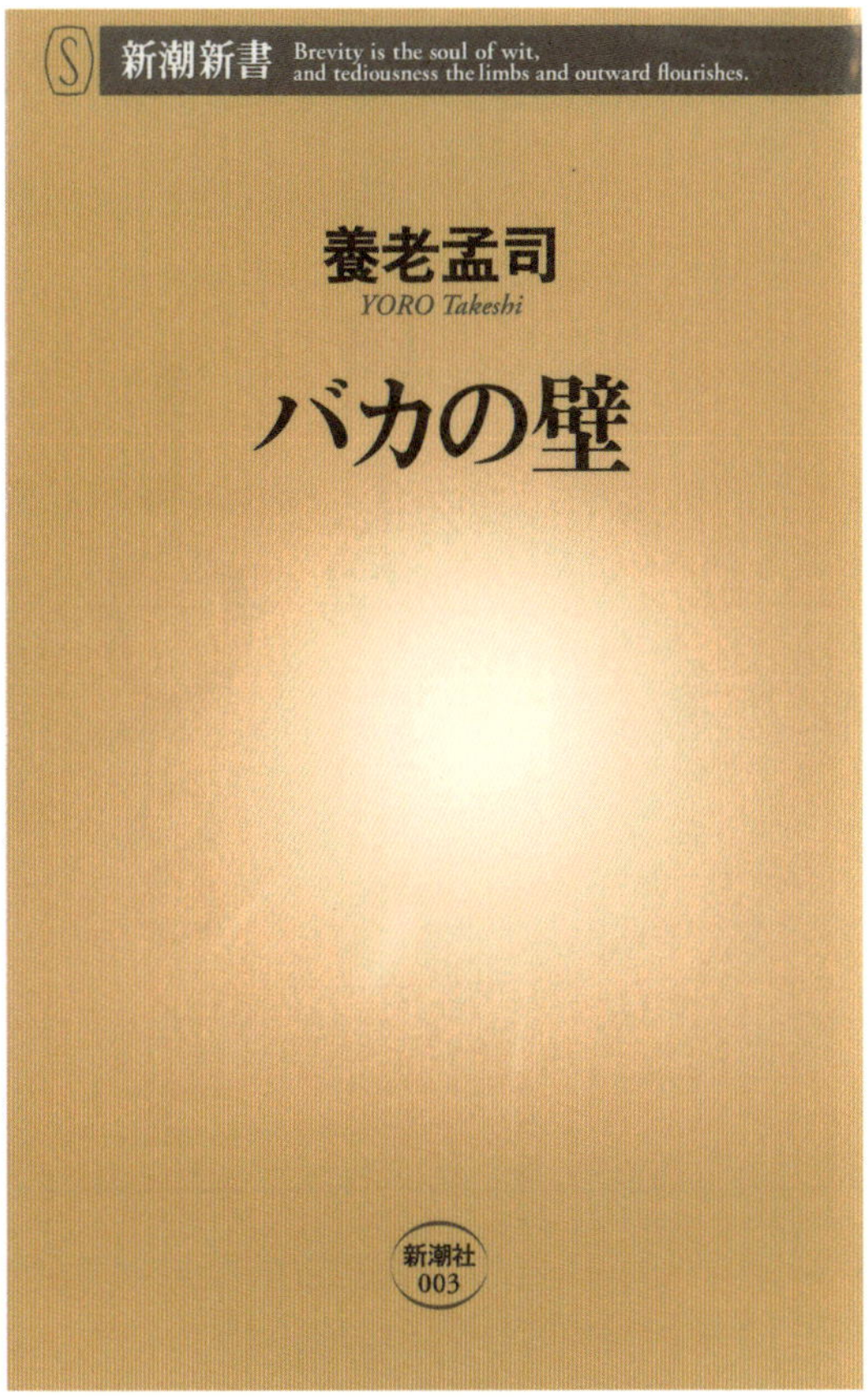

『バカの壁』、2003（平成15）年、新潮社発行

●医科学者

養老孟司

ようろうたけし

1937（昭和12）年～

神奈川県生まれ。東京大学医学部を卒業、同大学院基礎医学で解剖学を専攻し、1967（昭和42）年医学博士号を取得。東京大学助手、助教授を経て、81（昭和56）年解剖学教授となる。以後、東京大学総合研究資料館館長、東京大学出版会理事長を歴任した。95（平成7）年、東京大学を定年前に退官。以後は北里大学教授、大正大学客員教授を歴任し、現在は日本ニュース時事能力検定協会名誉会長、ムシテックワールド館長、京都国際マンガミュージアム館長、日本ゲーム大賞選考委員会委員長、NPO法人〈ひとと動物のかかわり研究会〉理事長などを務めている。意識は頼りにならない、客観的な事実もないという立場から、『ヒトの見方—形態学の目から』などの啓蒙書を次々と世に送り出した。著作は『脳の中の過程—解剖の眼』『脳の見方』『形を読む—生物の形態をめぐって』『進化・人間はどこへ』『唯脳論』『脳という劇場—唯脳論・対話編』『脳に映る現代』『脳が読む』『本が虫』『日本人の身体観の歴史』『身体の文学史』『ミステリー中毒』『虫眼とアニ眼』など多数。

2009（平成21年）

1Q84

村上春樹

シリーズ全巻ベストセラー記録

村上春樹による久しぶりの長編作品として、『1Q84』は2009（平成21）年に『BOOK1』、『BOOK2』が同時発売された。その人気は高く、一週間で96万部を達成するほどの異例のスピードでベストセラーを達成し、この年の毎日出版文化賞を受賞した。

翌年には続編となる『BOOK3』も発売され、シリーズ3巻の総売上は300万部を突破する。これは、血液型本『自分の説明書』シリーズ（文芸社）が前年に300万部を記録して以来、1年8カ月ぶりの大型セールスであった。

その人気は国内にとどまらず、アメリカやドイツ、フランスなど多くの国で翻訳出版もなされている。韓国では日本文学ブームの影響もあって、2009（平成21）年に年間ベストセラー1位となり、翌年には100万部突破を記録した。

作品の第一稿が5000枚くらいあったという本作は、主人公たちが1984（昭和59）年の日本からパラレル・ワールドの世界に迷い込むというストーリーである。

史上空前の売れ行きを記録

『1Q84』というタイトルはイギリスの作家ジョージ・オーウェルの有名な『1984年』をもじったもので、こちらは20世紀の半ばに平等の共産主義的ユートピアを作ろうとして、思想統制による恐怖のディストピアを作ってしまう、ビッグ・ブラザーの独裁国家の物語だった。

本作ではオーウェルの作品と異なり、独裁国家や思想統制の監視国家ではなく、人間救済を目的としたユートピアが、やがてディストピアへと変化していく世界が描かれた。

作中に登場する〈証人会〉や〈タカシマ塾〉、〈あけぼの〉といった存在は、現実世界のエホバの証人や山岸会、連合赤軍を連想させる。

中でもカルト教団〈さきがけ〉は、著者の初めてのノンフィクション作品が地下鉄サリン事件を題材にした『アンダーグラウンド』であることから、そのモデルとして〈オウム真理教〉を取り入れていると考えられる。加えて、1984（昭和59）年はオウム真理教が活動を開始した年でもある。彼らはマンション一室を借りて、〈オウム神仙の会〉として活動を開始した。わずか3名のスタッフで始まったこの教団は、11年後に日本を震撼させるテロ事件を引き起こし、罪もない多くの人々を苦しめる加害者となったのである。

加害者と被害者

主人公のひとりである青豆は、ＤＶや虐待で女性を苦しめる男

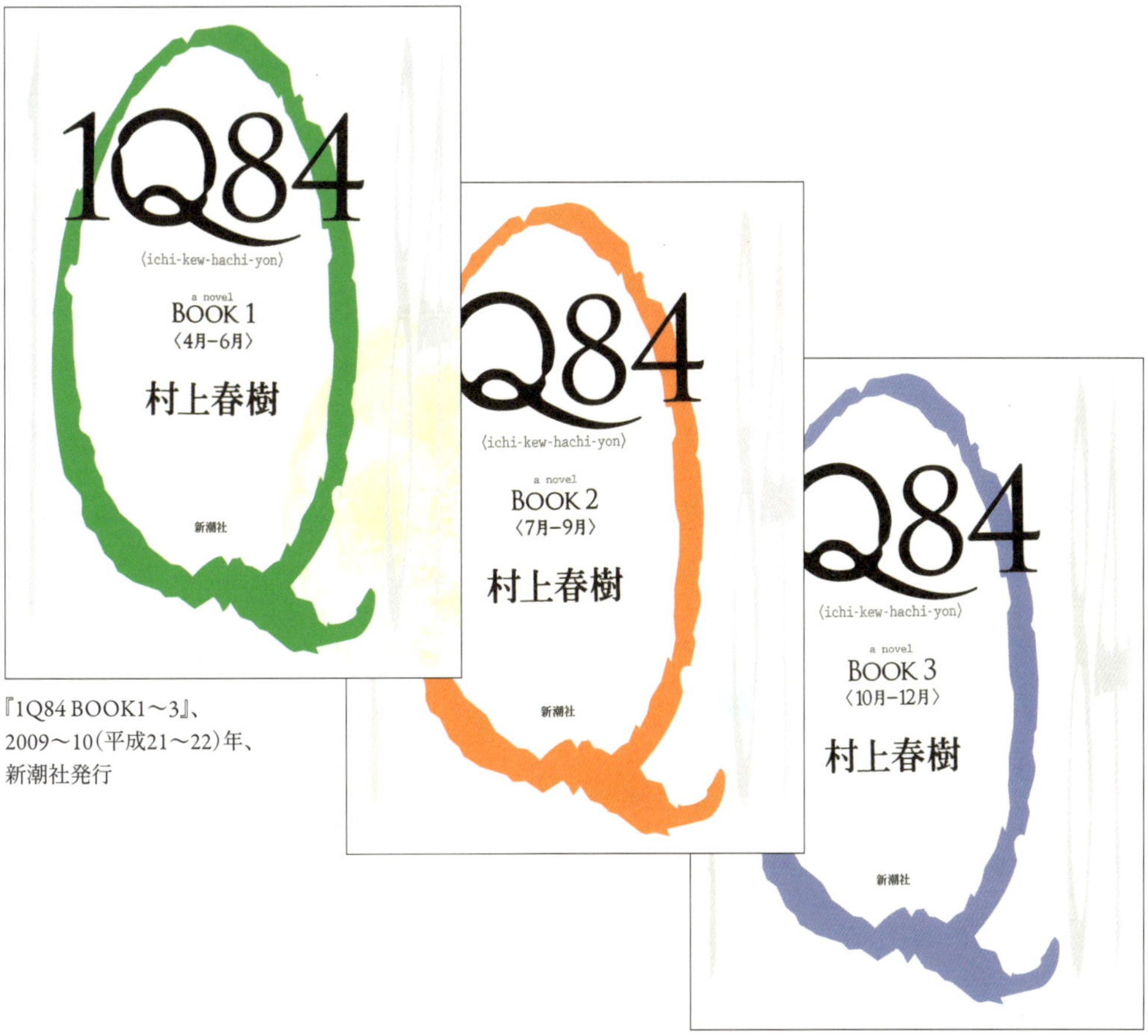

『1Q84 BOOK1～3』、2009～10(平成21～22)年、新潮社発行

性を暗殺していく。

そのターゲットである〈さきがけ〉のリーダーは彼女に殺されることを受け入れつつも、「この世には絶対的な善もなければ、絶対的な悪もない」、「善悪とは静止し固定されたものではなく、常に場所や立場を入れ替え続けるものだ」と語り始める。

少女たちを凌辱したリーダーは悪であり加害者ではあるが、青豆が正義のもとに彼を殺害すると、残された〈さきがけ〉のメンバーは青豆を加害者として復讐しようとする。

物語はその枠を超えて、正義と悪、加害者と被害者という関係や、両者がいつでも反転されうる、危うい均衡の上にあることを描いてゆく。

資本主義や物質的繁栄にこだわる現代社会に対して、共産コミューンやスピリチュアルな精神主義に走るカルト集団は、世界のどこにでも生まれる。だからこそ、彼らの存在に内包された現代システムの問題点は、世界共通といえるだろう。

著者は『１Ｑ８４』に関するインタビューで、「この時代の世相全体を立体的に描く僕なりの《総合小説》を書きたかった。純文学というジャンルを超えてさまざまなアプローチをとり、たくさん引き出しを確保して、今ある時代の空気の中に、人間の生命を埋め込めればと思った」と語っている。

主人公たちの恋愛模様を絡めながら、現代の世界が直面している大きな問題を描いている点が、本作が世界中で読まれている理由だといえよう。

（著者紹介は２３７ページ）

2010（平成22年）

電子書籍

進化し続ける新しいメディア

電子書籍元年

2010（平成22）年、「iPad」「Amazon Kindle」「GALAPAGOS」「Reader」など、電子書籍端末が相次いで発表されたこの年は「電子書籍元年」といわれる。世間でも、今まで紙媒体で楽しむのが主流だった書籍を、新しいメディアで楽しむことができると、大きな話題となった。

電子書籍より以前は、CD-ROMがパッケージ・メディアとして利用されていた。こちらは1984（昭和59）年に登場した後、日本では1987〜1988（昭和62〜63）年にかけて『広辞苑CD-ROM版』『電子広辞苑』が発売されている。CD-ROMの膨大な記憶容量や検索の高速性と多様性は、紙媒体にはない利点であった。

こうした利点はそのままに、システムやネットワークの発達によってより利便性の向上を叶えたのが電子書籍である。読者は縦書きや横書き、文字の大きさなどを好みに合わせて変えることができ、端末さえ持っていれば24時間いつでもどこでも読書を楽しめるようになった。

紙の本では持ち歩きや保管方法に悩まされることもあるが、電子書籍では購入した書籍データをネット上や端末内に保存するので、これらの難点は簡単に解消される。

さらに、従来のように紙面の制約がないため、図版や動画、脚注など、より自由度の高い構成が可能となり、紙媒体とは異なる読書体験を読者に提供することも可能となった。

中でも電子コミックの売り上げは年々増加し、2014（平成26）年には1000億円を超えている。

また、IDPF（IDPF＝International Digital Publishing Forum）が策定した「EPUB」というオープンフォーマットを使えば、誰でも比較的容易に電子書籍を作ることができ、ネットを通して配信することもできるようになっている。

高齢者や障害者の利用

文字の表示方法やレイアウトを変えることのできる電子書籍は、活字の認識が困難で活字によって情報を入手することができない視覚障害者や学習障害者、高齢者といった読書障害を持つ人々にも、読書を楽しむ機会を与えることとなった。

「iPhone」や「iPad」に搭載されているボイスオーバーという音声読み上げ機能などは、１９９０（平成２）年にアメリカで制定されたＡＤＡ法の存在が根底にある。

この法律には、活字による情報収集が困難な人々が簡単に電子書籍を手に入れることのできる、アクセシブルな環境の実現義務を政府や企業に求めることが含まれている。

日本でもこうしたガイドラインは作られているが、電子書籍市場の成長に伴ってますます重要視されるべき事項だといえる。

文部科学省は２０１１（平成23）年から3年にかけてデジタル教科書の実証研究を行い、２０１４（平成26）年にはデジタル教科書の制度面での課題を整理している。

実証研究は、ＩＣＴ（情報や通信の技術）を効果的に活用して子供たちが主体的に学習する「新たな学び」を創造することを目標としている。実際にこの研究に参加した学校では、画像や動画を活用することで生徒の興味・関心を呼び、習熟度に応じたデジタル教材を利用することで一人ひとりの知識や理解の定着がみられたと、デジタル教科書を評価している。

生徒一人ひとりがタブレット端末を持ち、デジタル教科書によって学習するという、従来の授業とは異なった学習スタイルが近い将来、実現する可能性がある。

Kindle

iPad Pro

雑誌コード

IBMのパンチカードシステムからスタート

昭和20年代の後半からは雑誌の創刊が増加していった。

雑誌の数が増えてくると、その管理が煩雑になる。販売会社は雑誌の増加に比例して、事務作業も大変な量となり、事務効率化の流通改革を図る必要にせまられた。

雑誌を主力としていた東京出版販売株式会社（現・株式会社トーハン）が、1954（昭和29）年10月に、アメリカのIBM社から、パンチカードシステム(Punch Card System)を導入した。

当初は雑誌のタイトルに50音順に4桁のコードを付けただけの社内管理用コード（IBMコード）であった。

この管理コードを使用すると、送品や返品の伝票作成や計算、売上統計事務などが機械化されて、大量の事務処理が合理化された。このシステムは他の販売会社も導入した。

大衆消費社会が訪れた昭和30年代前半に、出版業界には、週刊誌ブームが起こった。月刊誌を凌ぐ勢いで週刊誌の創刊が続き、その刊行点数の飛躍的な増加により、これまでのコード体系の見直しが必要となった。

日本出版取次協会が、1978（昭和53）年3月にこれまでの4桁コードから発行形態別も表す5桁コードに改訂した。そして、名称を「雑誌コード」として販売会社共通のコードとした。

また、雑誌がコンビニにまで販売網を拡大すると、コンビニ店舗が使用するPOSシステムとの互換性が必要になってきた。

1982（昭和57）年12月に、日本雑誌協会は、流通システム開発センターの協力で、バーコード研究小委員会を設置した。POSシステムに対応するには、JAN (Japanese Article Number) コード体系に準拠する必要があるので、翌年1月から雑誌をJANコードで管理するための協議を開始した。

検討の結果、雑誌名（雑誌コード）に加え、月号を表した新雑誌コードと価格表記を加えた13桁の『共通雑誌コード』が誕生した。

13桁は、プリフィックス491（49は日本、1は出版物）で始まるコード体系でJANコードにそっている。

その後、1987（昭和62）年に流通システム開発センターと雑誌業界によって共通雑誌コードが制定されて、雑誌の裏表紙への印刷が行われることになった。共通雑誌コードは、出版業界全体の標準となり、流通の効率化が大きく進展した。

第六章

日本の出版社

——言論によって日本の知性を支えてきた

吉川弘文館——歴史に強い老舗の出版社

歴史学中心の人文書出版で名高い吉川弘文館の誕生は、1857（安政4）年にさかのぼる。創業者、吉川半七は江戸の書林若林屋喜兵衛方で修行した後、書籍仲買業を始めた。1863（文久3）年には請われて近江屋の養子となった。近江屋三代目の誕生である。

幕末動乱の時代となり、江戸の街から本が払底してしまうと、ここに目をつけた半七は、江戸に残る古い出版物を仕入れて京阪の本屋に卸し、そこで新刊を仕入れて江戸で売った。この商売は当たり、資金をためた半七は海路の回船を利用して大量交易に成功し、より巨額の資金を蓄えた。

1870（明治3）年には京橋南伝馬町（現中央区京橋1丁目）に引っ越し、吉川書房を立ち上げた。明治政府が小学校4年制の教育制度を実施すると、半七は吉川書房の階上に書物展覧所を設ける。図書館の前身ともいえるものであり、仮名垣魯文に宣伝文を頼むなど斬新な試みであったが、残念なことに1876（明治9）年、火災にあって建物ごと焼失してしまう。それでも、書物展覧所設立は、大槻如電、文彦の兄弟と知り合い、本格的な出版に乗り出していくきっかけとなった。

1879（明治12）年には、推挙されて宮内省御用書肆となった。やがて、明治天皇の思し召しにより、『幼学綱要』や『万葉集古義』の出版を命じられる。吉川書房は編集に時間のかかる基本的史料を多数刊行した。

たとえば、『国史大系』は、文明史家であり、経済学者でもあった田口卯吉の企画である。日本史研究に必須の文献を編集校訂し、1897（明治30）年から1904（明治37）年にかけて32冊の基本的史料を発行した。さらに昭和になって、研究の進歩にともない多数の項目を新たに加え、校訂を全面的にやり直したものが『新訂増補国史大系』全66冊で、完成するまでには太平洋戦争を挟んで35年間を要したという。

また、『古事類苑』普及版全51冊は、編纂所を文部省内に設置する国家的な大事業であった。こちらもやはり1879（明治12）年から1914（大正3）年まで35年の歳月をかけている。

1902（明治35）年、半七は63歳で逝去。その後、吉川書房は1904（明治37）年に資本金10万円の合資会社として新発足し、このときに名前も吉川弘文館と改めた。吉川弘文館は、1923（大正12）年の関東大震災、昭和初頭の経済恐慌、第二次世界大戦などの危機を乗り越え、1949（昭和24）年に株式会社として戦後のスタートを切った。現在も学術的な歴史物に強みを発揮している。

丸善――インテリが憬れた洋書の殿堂

丸善は、早矢仕有的《はやしゆうてき》が１８６９（明治２）年に創業した輸入商社である。最初は「丸屋商社」と名乗った。代表者名に丸屋善八という架空の人物を名乗ったことからやがて「丸善」となる。丸善は、設立当初から世襲制を廃したり所有と経営を分離するなど、事実上日本初の近代的会社として知られる。

万年筆、自動研磨安全カミソリ、タイプライター、バーバリーレインコート、電動計算機など、欧米文化の先端を行く輸入品と同時に洋書も輸入していた。

出版社としては語学、自然科学、工学分野の辞典、学術書などを翻訳していた。たとえば、１８７４（明治７）年から１８７９（明治12年）にかけては文部省訳『百科事典』67巻、１８８２（明治15）年には『新體詩抄』、翌年には『百科全書』12巻、１９０２（明治35）年から１９０６（明治39）年にかけては『大英百科全書《エンサイクロペディア・ブリタニカ》』を月賦払いで販売した。大英百科全書は正価２８５円（当時の小学校教諭の初任給が10〜13円）と高価だったが、伊藤博文、新渡戸稲造、團琢磨、徳富蘆花、犬養毅ら日本を代表する人々が予約注文し、合計で５６００セットを販売した。翻訳の他にも、京都帝大教授水野敏之丞『電波と無線通信』、東京帝大教授荒川文六『電気工学』、三好学博士『日本植物景観』などの学術書を出版していた。

丸善の出版物は一般読者には専門的で、近づきがたいものがあった。洋書の読者は学者、文化人で占められ、島崎藤村、田山花袋、小山内薫、谷崎潤一郎、永井荷風、芥川龍之介などのエッセイや日記に丸善の名が頻繁に登場している。とくに有名なのは梶井基次郎の『檸檬《れもん》』だ。丸善の美術書の棚に檸檬を仕掛け、これが大爆発したらどんなに面白いだろうと空想する掌編小説である。

戦時下に入ると、丸善の出版物はほとんど理工学書に固まっていった。

ところが、創業から１２０年、オイルショックの頃から、理工系のみの出版では経営が難しくなっていく。コピーの普及で高額な専門書がコピーされ、学生数の減少と理工系離れ、さらには出版媒体の変化などもあった。

その対応として出版分野を広げ、一方では、デジタル時代に対応したＣＤ‐ＲＯＭ、インターネット利用、ビデオ出版などを試みるが、２００５（平成17）年には産業再生法に基づく事業再構築計画を経済産業省に提出し、２００７（平成7）年には大日本印刷の子会社となった。出版部門については、２０１１（平成23）年に分社化して「丸善出版株式会社」を設立し、遺産を引き継いで、『理科年表』や『化学便覧』その他の専門書を発行している。

有斐閣――古書店から法律出版専門へ

有斐閣は1877（明治10）年、江草斧太郎により神田一ツ橋町に古書店として創業された。西郷隆盛が西南戦争を起こした年から今に続く長寿出版社である。創業当初は有史閣と称した。江草が神田を選んだ理由は「新興の文教地区」「（東大に）優秀な学生が全国から集まってきていた」と同社百年史にある。有史閣創業当時、界隈には人家も少なく、後に一大書店街となる神田神保町の草分けであった。

創業の2年後、江草は社名を有斐閣と改める。四書『大学』の一節「有斐君子」を由来とし、学問に精進した衛武公にならって学術研究とともにある出版活動の意を込めたとされる。1889（明治22）年「大日本帝国憲法」の公布とともに近代国家としての法律が整備される時期を読んで『現行刑法汎論』など数冊の法律書を出版。1891（明治24）年には『帝国六法全書』を刊行した。その後近代日本の発展に伴い、経済学、社会学等の分野へも裾野を広げた。

第二次大戦の終わった翌年の1946（昭和21）年の夏、天皇機関説事件により発禁となっていた美濃部達吉著『憲法撮要』の改訂版を学問復興の第1号として刊行。さらに大幅改訂して復刊した『六法全書』は以来毎年国会が終了するたびに新版を発行している。さらに法律改定のスピードに合わせて持ち運びに便利な『小六法』『ポケット六法』をシリーズに加え、今も法律を学ぶ学生の必携図書となっている。

1952（昭和27）年法律を志す読者を対象とした法律雑誌『ジュリスト』を創刊。5年後の創業八十周年を記念して刊行を開始した『法律学全集』（全60巻）は28年を費やして完結した。この間、またその後今に至るまで、法律実務家の要請に応えた「法律相談シリーズ」、法学生のための「有斐閣大学双書」「有斐閣アルマ」シリーズなどを刊行し「法律の有斐閣」の地歩を固めた。

時代の要請に応じて『ジュリストＤＶＤ』『六法全書電子復刻版ＤＶＤ』や、他社とも接続できる新しい形態の判例データベースなど、デジタル化やウェブ展開を進めている。また、少部数では復刊の難しかった書籍を「オンデマンド出版」にラインナップし、長期にわたる出版資産を埋没させることなく実務学問の分野に生かすなど、まさに「学問研究とともにある出版社」として2017（平成29）年創立140年を迎える。

春陽堂書店——明治大正期の文芸を独占

春陽堂書店は１８７８（明治11）年和田篤太郎が神田泉町に創業した文芸書出版社である。最初は絵草紙の小売行商をしていたが、１８８２（明治15）年ごろから文芸書の出版を開始した。広く名前を知られるようになったのは『狐《きつね》の裁判』『三十五日間空中旅行』『魯敏孫《ロビンソン》漂流記』などの翻訳書を出版してからである。

１８８９（明治22）年に文芸誌『新小説』を創刊した。誌名は戯作のたぐいの古い小説ではなく、欧米に影響を受けた真の文学を追究する意気込みから名付けたが、翌年2月に廃刊する。6年後の１８９６（明治29）年7月、本格的な第二期創刊を行う。このとき、幸田露伴が編集主任につくことで、『新小説』は硯友社《けんゆうしゃ》系の作家の作品を中心に掲載する明治大正期の代表的文芸誌となった。

雑誌と並行して、尾崎紅葉、山田美妙、巌谷《いわや》小波《さざなみ》らの作品を収めた『新作十二番』『文学世界』などの叢書を発行し、半紙に木版刷り、彩色表紙、口絵入りの装丁がきれいなことで評判になった。ほかに幸田露伴、夏目漱石、森鷗外、島崎藤村など明治文壇の主要作家の作品を独占的に出版し、文芸部門のシェアを独占した。和田篤太郎の商売は手堅く、どんなに売れると予想が立っても初版は千五百部以上は刷らないという方針を堅持した。

和田篤太郎は１８９９（明治32）年に43歳の若さで死去するが、社長は妻のうめがあとを継ぎ、うめの連れ子、きんが嫁ぎ先でもうけた静子が三代目、四代目を静子の夫の利彦が引き継いだ。

利彦の時代に春陽堂書店は飛躍的に発展した。関東大震災に遭遇し、日本橋の社屋を失ったにもかかわらず、昭和初頭の円本時代を先駆ける『明治大正文学全集』（全60巻）を刊行して大成功する。『日本戯曲全集』（全48巻）、『鷗外全集』（全18巻）、『逍遥全集』、『世界童話集』、『長塚節全集』、『小山内薫全集』、『創作探偵小説集』など、10巻、20巻を超える全集叢書を精力的に刊行し続けたのである。

『明治大正文学全集』が完結するのと前後して１９３１（昭和6）年に「春陽堂文庫」が登場する（昭和26年に「春陽文庫」と改名）。最初は純文学中心の文庫だったが、のちに大衆小説へと路線変更する。

第二次世界大戦後は『現代大衆文学全集』『日本探偵小説全集』などをいち早く出版した。種田山頭火、尾崎放哉、金子みすゞなど、詩歌関連書も発行している。

三省堂——二度の倒産を乗り越えて

1881（明治14）年、亀井忠一が神田神保町で古書店を創業した。これが三省堂のスタートである。

忠一は古本の売り買いを通じて学生が洋書辞典を渇望していることを知り、1888（明治21）年、日本初の英和辞典『ウェブスター氏新刊大辞書和訳字彙』を刊行する。3年後には三省堂編輯所を新設し、1895（明治28）年には自前の印刷所を持って出版、印刷、販売の一貫化をはかった。

明治30年代に入り、日本最初の百科事典を企画する。しかし、企画から第1巻刊行まで10年の歳月がかかり、過大投資で1912（大正元）年に倒産に追い込まれた。全資産を投げ出し、200名の債権者に弁済した忠一は1915（大正4）年に株式会社として再出発。1919（大正8）年についに『日本百科大辞典』を完結させる。1922（大正11）年には王子製紙と共同開発して、薄手の紙を用いた携帯用の『袖珍コンサイス英和辞典』を刊行し、辞書の三省堂のイメージ作りに成功した。

一方で、教科書と参考書にも参入し、旧制中学校の英語、国語を中心とした出版物を刊行した。

1930（昭和5）年には亀井寅雄が二代目社長に就任し、戦前の黄金期を迎えた。大きな成果としては『コンサイス英和辞典』『明解国語辞典』『現代英文解釈法』などだ。とくに1943（昭和18）年に刊行された『明解国語辞典』は改訂版を加えて55年間で1700万部のロングセラーとなり、三省堂の辞書売り上げの牽引車となっている。

戦後は亀井要が三代目社長に就任することで企業を混乱に陥れ、その恣意的な経営によって1974（昭和49）年に2回目の倒産に至る。引き金となったのは「定価シール貼り」事件だった。オイルショックで石油が大幅に値上がりしたのに連動し、用紙の値上げもうなぎ登りとなった。約80点の辞書の値段を平均30パーセント値上げすることにして、新定価をシールで貼る措置をとった。これが大学生協に拒否され、マスコミに便乗値上げと書き立てられて業績が一気に落ちこんだのである。会社再生法適用の申請が通り、1975（昭和50）年に上野久徳弁護士が管財人となり、約10年かけて56億円の債務を返済して、1984（昭和59）年に三省堂は更生した。

新生三省堂を飛躍させたのは、企画から30年をかけた『大辞林』だった。岩波書店の『広辞苑』の唯一のライバルである『大辞林』は1988（昭和63）年に発売され、80万部を超えるベストセラーとなった。

冨山房——良書普及のための事典出版社

冨山房は1886(明治18)年、坂本嘉治馬により神田神保町で創業された。坂本は冨山房の前身東洋館書店に入社、創設者小野梓の「学問の独立」「良書普及」の意に心をうたれ、小野が35歳の若さで没するとただちにその遺志を継いで冨山房を立ち上げたのである。

冨山房の企業理念は、小野に始まり坂本を経て今に続いている。

小野梓は1852(嘉永5)年に高知藩の軽格の武家に生まれた、幕末から明治前期の官僚、政治家である。米英への留学によって視野を広げた小野は、海外でも出身旧藩をひきずり封建的な感情を持つ日本人留学生に対し、国際社会における日本の役割、相互扶助など留学本来の意義を説く啓蒙活動をし、論文や法律草案も精力的に著述した。その一方で、参議であった大隈重信と共同で憲法制定への道を模索するが挫折。ともに官職を辞してから立憲改進党を起こす中心人物となる。

さらに大隈と共同で早稲田大学の前身である東京専門学校を設立。大隈が「早稲田大学の父」と呼ばれるのに対し「早稲田大学の母」と称され、真の創設者とも言われている。創立当時の演説で小野は「学問の独立のためにはぜひとも日本語で教え、日本語で学ぶということにしなければならない」と述べた。

小野梓の父の遺言に「不朽の書物を著して後世を導け」「書を活用する人となれ、書を読む人となるな」などの文言があり、梓はこの父の影響を強く受けていた。良書普及のためには、良書を安く出版しなければいけない、との思いから東洋館書店を開業。洋書ばかりでなく新進気鋭の学者の法学者、経済学者の書籍を多数発行した。その中には小野自身による一番の大著『国憲汎論』も含まれていた。

その後、坂本は冨山房を創業し、「良い本は高くとも売れる」という信念から、『大日本国語辞典』(全5巻)、『大言海』(全4巻)、『大日本地名辞書』(全7巻)、『国民百科大辞典』(全12巻)などを刊行し、事典出版社として成功する。その一方、小学校、中等学校の教科書を出版し、学ぶものを助け導く出版事業を続けた。

第二次大戦後、絶版となっていた事典類を次々に復刊、あらたに大学教科書も出版した。以後現在にいたるまで、社会科学系、自然科学系の学術書から、文学、芸術、児童書まで、幅広い分野の出版を行っている。

中央公論新社――消滅の危機をしのいだ名門

中央公論社は1914（大正3）年に誕生したが、その起源は1886（明治19）年に遡る。『中央公論』は最初『反省会雑誌』という誌名で、勢いを増すキリスト教に対抗するために、浄土真宗本願寺派に属する青年僧侶たちの修養雑誌として発刊された。のちに本願寺から独立し、麻田駒之助の経営のもとに、『反省雑誌』と改題、自由な評論雑誌の性格を濃くしていった。1889（明治32）年、『中央公論』と改題、発行所を反省社に改めた。

1903（明治36）年頃、東京帝国大学の学生だった滝田樗陰《ちょいん》が編集部の一員となって編集の中軸になると、中央公論は思想界、文芸界に指導的地位を占めるようになった。

文壇で自然主義が興りつつあった時期で、中央公論は国木田独歩、島崎藤村、田山花袋などに活躍の場を提供したが、一方で夏目漱石、谷崎潤一郎、志賀直哉、有島武郎、芥川龍之介ら、反自然主義の作家の力作も掲載した。この雑誌の創作欄は毎号文壇で注目の的となり、ここに取り上げられるか否かが作家の地位を決定することにさえなった。

1914（大正3）年、発行所を中央公論社に改めた。第一次世界大戦の末期、吉野作造、大山郁夫らの間に民主主義《デモクラシー》の論議が活発となると、論文発表の機会を提供し、時代の潮流を作り出した。

1916（大正5）年には、嶋中雄作が『婦人公論』を創刊する。1928（昭和3）年、麻田駒之助は中央公論社の経営を嶋中雄作に譲渡して引退した。新しく社長となった嶋中は、社員の中から交替で編集長を選任して、実務にあたらせた。

この後、民主主義、自由主義の立場を守っていた中央公論は、軍部の発言が強くなるとともに右翼や反動勢力の憎しみを買ったが、論調を変えることはなかった。そのため1944（昭和19）年に廃業を命じられる。

戦後は、いちはやく事業が再開された。

次男の嶋中鵬二が二代目社長を継いだが、内憂外患の時代が続いた。週刊誌ブームに遅れじと『週刊コウロン』を創刊して失敗。また、1961（昭和36）年には「風流夢譚事件」で右翼少年に自宅を襲われた。

1969（昭和44）年には、純文学誌『海』を創刊するが、15年後の1984（昭和59）年に廃刊となる。

鵬二は1997（平成9）年4月3日、約150億円の負債を残して死去。妻雅子が会長となるが、1999（平成11）年、中央公論社は読売新聞社傘下に入り、中央公論新社となった。『中央公論』や『婦人公論』は誌名を残して発行を続けている。

東洋経済新報社——最古の週刊誌を刊行

東洋経済新報社は、経済の専門雑誌『週刊東洋経済』の発行元である。その前身である『東洋経済新報』は、1895（明治28）年に創刊された。当初は旬刊、3000部発行だったが、1919（大正8）年10月より週刊に改める。1961（昭和36）年1月より『週刊東洋経済』と改称、現在に至る。

歴代の主幹（社長兼編集長）に、町田忠治、天野為之、植松考昭、三浦銕太郎、石橋湛山、高橋亀吉などがいる。東洋経済新報として創刊当初は渋沢栄一、豊川良平らの支援を受けた影響で自由経済、政党政治を支持していた。大正期には民本政治、普通選挙を支持し、その後、対華21カ条要求、シベリア出兵、金解禁、満州事変などを厳しく批判した。その論調は自由主義で一貫し、日露戦争後から満州事変までの大正デモクラシー期には、言論界の最尖端に位置した。

政府が日露戦争後中国大陸への拡張政策を進めていた時代に、東洋経済新報はその政策を「大日本主義」と批判し、統計数字を駆使して領土拡張主義を攻撃。自由な経済主義を通して日本の繁栄をはかれと主張した。すなわち帝国主義の放棄の主張であり、「小日本主義」である。

1910（明治43）年5月から1912（大正元）年10月までは、『東洋時論』という当時におけるもっとも急進的な月刊総合雑誌を発行している。

植松の死後、三浦銕太郎は先代の社風を継承し、主張の中心を「個人の解放」「自由の伸張」におき、具体的には普通選挙実施、婦人と労働者の解放、最小軍備主義の採用、産業保護政策廃止などを掲げたが、最大の特色は「小日本主義」にある。

この三浦銕太郎の卓説は、石橋湛山に引き継がれた。石橋時代のハイライトは、昭和初期の大不況時代に「金解禁問題」で徹底的な批判を政府に挑み、東洋経済を日本の代表的な経済雑誌に成長させたことだった。金解禁では率先して「新平価解禁」、解禁後の「金輸出再禁止と管理通貨制度導入」などの主張をリードした。

また、東洋経済新報社といえば、四半期ごとに刊行される投資家のための企業情報誌『会社四季報』の発行で有名である。全上場企業を網羅し、業績予想などの企業データを掲載している。創刊は1936（昭和11）年である。

新潮社――四代にわたる文芸出版

新潮社は1896（明治29）年創業の文芸出版の老舗である。

創業者の佐藤義亮は秋田出身の文学青年で、18歳で上京し、秀英舎（いまの大日本印刷）で働きながら文芸誌『新声』を創刊したが、この雑誌は失敗する。

改めて1904（明治37）年に『新潮』を創刊した。『新声』の反省から、次の三箇条を定める。

○良心に背く出版は、殺されてもせぬ事　○どんな場合でも借金をしない事　○決して約束手形を書かぬ事

その他に、経営の中軸は身内で固める一方で、才能のある編集者や作家を高く評価して重用する方針をとった。

新潮社と文芸系の執筆者の間には深い信頼関係がある。

一例を挙げると、島崎藤村が姪のこま子と「新生事件」を起こし、海外逃亡を企て、旅費として『破戒』『春』『家』などの初期主要作品の著作権を売りに出した時、義亮は2000円で買い取った。当時破格の値段である。「あれでは新潮社は潰れる」という声をよそに、藤村の本は新潮社の手に移ってからもよく売れ、作者の文名の高まりもあって、新潮社の利益は2000円以上のものであった。このこともあり、藤村の大作『夜明け前』がライバルの中央公論社に7年越しで連載された後、単行本は新潮社から出版された。明治以降の有名な作家の全集などが新潮社からきわだって多く刊行されているのは、創業者によって種を蒔かれ、何代も続いてきたさまざまな形の財産が理由である。太平洋戦争に敗れ、義亮は長男義夫に社長の座を譲った。

当時、新潮社には『日の出』というドル箱雑誌があったが、戦争に協力したかどでその存続は難しく、次の雑誌を出す必要があった。義夫は『小説新潮』を創刊し、成功した。1955（昭和30）年、三代目の社長を約束された亮一が『週刊新潮』の創刊を提案した。当初は『タイム』のような硬い雑誌を作る予定だったが、『タイム』を翻訳してみると、格調は高いが面白みに欠けた。

当時の常務である齋藤十一が「金銭欲、色欲、権力欲――この三つに興味のない人間はいないはずだ。それをどう表現するかではないのか」とヒントをもたらし、ここで『週刊新潮』の編集方針は決まった。翌年、『週刊新潮』は出版社系初の週刊誌として創刊され、成功する。それから25年後には、写真週刊誌『ＦＯＣＵＳ』を創刊し、これも成功する。新潮社の強みは「新潮文庫」や「新潮叢書」といった手堅いシリーズもの、三島由紀夫などの文学全集、個人全集がしっかり刊行され続けていることにある。

実業之日本社――委託販売制の先駆者

実業之日本社の創業者増田義一は、東京専門学校の同窓生、光岡威一郎と〈大日本実業学会〉を創立。同社の歴史は１９８７（明治30）年６月10日、同会の機関誌として『実業之日本』を創刊したことから始まる。

当時、「実業」という言葉はできたての新造語であった。実業という言葉は「農工商」、「産業」も意味しており、虚業の対義語として登場した。そんな新しい言葉を冠した『実業之日本』が軌道に乗ると、増田義一は次に『婦人世界』を創刊した。１９０６（明治39）年のことである。

この雑誌が大成功し、発行部数は十数万部に伸びた。当時としては巨大な部数である。増田義一は、それまで誰もなしえなかった「注文制」から「委託制」へ踏み切り、部数はさらに激増して、25万部（最高31万部）に達した。

この急激な伸びは印刷業界にも革新をもたらし、秀英舎（のちの大日本印刷）は４万５０００円も投じてドイツから日本最初の活版輪転機を購入して『婦人世界』の部数に対応したほどである。

実業之日本社の黄金時代はここから始まる。『小学男生』『小学女生』『日本少年』『少女の友』『幼年の友』が次々に創刊されていった。

増田義一には『実業之日本』を通じて、青年たちのために実業教育、社会教育を施す志があった。そのため、対象年齢の低い順に『幼年の友』から『婦人世界』『実業之日本』へ至るよう一貫性を考えて刊行した。

二代目の義彦社長が就任したのは、戦後の出版ラッシュの時代であった。１９４６（昭和21）年に文芸雑誌『文学季刊』『経済思想』『国民の歴史』を創刊し、教科書部門も再開した。さらに、文学、児童、家庭関係図書を第一出版部に、政治、経済を第二出版部に分け、総合出版社への道のりを歩み始めた。

ヒット企画は、１９５９（昭和34）年の『漫画サンデー』創刊と、１９６１（昭和36）年の「ブルーガイドブックス」のスタートであった。とくにブルーガイドブックスは実業之日本社を支えるシリーズとなっていた。

その後、１９８３（昭和58）年には、三代目の義和が社長に就任。１９９３（平成５）年には地上11階地下２階の新社屋が完成した。

なお、旗艦雑誌である『実業の日本』（昭和39年に改題）は苦しい状況が続き、三代目の義和社長のもとで大リニューアルを敢行したが、創刊１０５年目にして休刊となった。

講談社――日本出版界の最大手

講談社は1909（明治42）年に野間清治が創業した総合出版社である。日本一を目指すため「おもしろくてためになる」をモットーに雑誌を発行した。まず、〈大日本雄弁会〉を創設して弁論雑誌『雄弁』を発行。これは演説を速記にとって載せるものだった。続いて同じ方法で講談を掲載する『講談倶楽部』を発行した。

大正時代に入って、この二誌が軌道に乗ると、『少年倶楽部』『キング』『幼年倶楽部』を次々と創刊し、『富士』『現代』『婦人倶楽部』『少女倶楽部』と合わせて九大雑誌を擁する一大雑誌帝国を築き上げた。

九大雑誌は社内でも激しく競争しながら発展し、頂点に立った『キング』は1927（昭和2）年の新年号で145万部という戦前の記録を打ち立てた。全盛期の1931（昭和6）年には九大雑誌の月刊発行部数が五百二十九万部といい、出版界全体の20パーセント近くの数字になった。

1934（昭和9）年、音羽にギリシア神殿風の新社屋が落成した。ところが、不幸は病気という形で襲ってくる。一人息子の恒《ひさし》が不治の病であることが判明した。また1938（昭和13）年、野間清治は急性狭心症で急逝してしまった。二代目の恒も社長をついで22日で病没。三代目は、清治の夫人左衛が中継ぎし、恒の若い夫人登喜子に養嗣子を迎えた。これが講談社、中興の祖となる野間（旧姓高木）省一である。

省一が四代目を継いだのは敗戦直後であった。それまでの経営方針が国策に沿った忠君愛国であったため、A級戦犯出版社のレッテルを貼られ、存続を危ぶまれる危機のただ中であった。省一は自ら社長を辞任し、専務経営体制を敷いた。講談社が総合出版社への体制を整えだしたのは、この時期であった。純文学雑誌の『群像』を創刊し、省一の社長への復帰を得て、続々たる刊行物により会社としてのアイデンティティを築いていった。

第二の危機は1954（昭和29）年に訪れた。緩慢な衰退の兆しが見えたのである。このとき、省一は人員整理も減給も行わず、積極的な攻めの経営でこの危機を乗り切った。1958（昭和33）年には群像新人賞を制定して新人の発掘、育成に努めた。また『週刊現代』『少年マガジン』のほか、キングの現代版『現代』を創刊。出版は全分野にわたり、書籍だけで出版界最多の年間1000点以上を発行した。野間文芸賞、亀井勝一郎賞、吉川英治文学賞、同新人賞ほか多数の賞を主催。光文社、キングレコードなど系列会社を含めて講談社グループを形成している。2011（平成23）年には野間省伸《よしのぶ》が七代目社長に就任している。

誠文堂新光社――衝撃のベストセラー『日米会話手帳』

小川菊松は１９１２（明治45）年に大取次の至誠堂から独立し、せどり屋と俗称される東京市内を回る書籍専門小取次の誠文堂を創業した。１９３５（昭和10）年、新光社を吸収合併して現社名の誠文堂新光社となる。

小川菊松には見事な思いつきでベストセラーを生み出す才能があった。

創業から8年目の１９１９（大正8）年、平凡社の『ポケット顧問　や、此《これ》は便利だ』に触発されて、実用双書の「是丈《これだけ》は心得置くべし」シリーズで『社交要訣』篇、『日常法律』篇など全16冊を出し、5年間に１２０万部のベストセラーとなり社の基礎を固めた。

関東大震災で店舗を焼失し、会社の財産を失ったが、すぐさま『大震大火の東京』を刊行、2万８０００部を売った。この震災で「これからは科学の時代だ。そこへ乗りだそう」と決意したのである。

定期刊行物は、科学と生活、趣味に裏付けられた雑誌が多い。１９２４（大正13）年創刊の『子供の科学』『ＭＪ無線と実験』をはじめ、昭和初期から平成にかけて創刊された雑誌には『囲碁』『農耕と園芸』『愛犬の友』『ブレーン』『フローリスト』『月刊天文ガイド』『ガーデンライフ』『ねこ倶楽部』などがある。

太平洋戦争の敗戦時、小川はある用事で千葉におり、岩井駅で詔勅放送を聞いて、帰京の列車の中で英会話本のアイデアを思いつく。

小川は一夜で和文の原稿を作り、そこに英訳を入れて『日米会話手帳』と銘打って出版することにした。30万部印刷して取次の日配へ見本を持っていくと、「１００万部は買うが、定価50銭では困る。1円にしてくれ」という。50銭で売って儲かるものを倍の値段では儲けすぎだと話し合いの末、80銭に妥協して発行すると、これが爆発的に売れた。

大日本印刷の輪転機をすべて一週間動員して３００万部を刷ったが、それでも地方には回らない。小川は親しい名古屋と京都の書店に紙型を送って20万部前後ずつ刷らせた上、他でも各々10万部ずつ印刷して販売し、総部数３６０万部という空前の発行部数記録を作ったのだった。日本の出版の歴史において、この記録を破ったのは『窓際のトットちゃん』だけである。

ダイヤモンド社——算盤主義に徹する生真面目さ

ダイヤモンド社は1913（大正2）年に石山賢吉が創業し、月刊の経済雑誌『ダイヤモンド』を創刊する。ダイヤモンドの巻頭で『本誌の主義』として次のように述べた。

本誌の主義は算盤《そろばん》の二字を以て尽きます。本誌は是とするも非とするも総て算盤に拠り、算盤を離れて何物もない。本誌の印に算盤をつけたのは此故であります。

本誌は、算盤を以て如何なる有価証券に投資するのが有利にして又不利なるかを研究し、此方面の人々に向かって一種の転ばぬ先の杖を提供します。

創刊号の定価は10銭、部数は1000部だった。当初は廃刊の危機にさらされたが、創刊3年後に第一次世界大戦景気が訪れ、雑誌は軌道に乗った。大戦景気でさまざまな会社が設立される。それらの会社に正確な数字を基礎にした情報を発信して、信頼を掴んだのであった。

石山賢吉は『ダイヤモンド』を中心に据え、『ダイヤモンド通信』『ダイヤモンド日報』と枝分かれさせた。また、1946（昭和21）年には月刊から旬刊に変更した。さらに、『全国株主要覧』『銀行会社年鑑』など、現在の『会社職員録』『全上場会社組織図要覧』につらなる年鑑の分野を開拓していった。

1933（昭和8）年には株式会社化し、商号を「経済雑誌ダイヤモンド社」に変更した。さらに1971（昭和46）年には「株式会社ダイヤモンド社」に変更している。

創業27周年の1940（昭和15）年に石山賢吉は会長職に引き、阿部留太が社長に就任した。

1955（昭和30）年、『ダイヤモンド』は週刊化する。日本の出版社系週刊誌としては初の快挙であった。旗艦誌が伸びる一方で、『近代経営』『セールス』などを創刊。また、アメリカ経営学関係の文献、オートメーション関連書、生活技術、自己啓発書も刊行するようになった。こうした中から、1969（昭和44）年、大ヒットであるドラッカー著『断絶の時代』が生まれる。高度経済成長がストップしたあたりから労使問題が起こり、創業家の社長が退陣する危機もあったが、外部から社長を迎え、より付加価値の高い経営へと路線を変更していった。2004（平成16）年には「ダイヤモンド経済小説大賞」（のちの「城山三郎経済小説大賞」）を創設し、平成21年には創業以来初のミリオンセラー『もし高校野球の女子マネージャーがドラッカーの「マネジメント」を読んだら』を出版している。

平凡社――百科事典の伝統を引き継ぐ

1878（明治11）年生まれの下中弥三郎は3歳で父親を失い、小学校は3年までしか行けなかったが、検定試験に合格して埼玉師範学校の教壇に立つまでになった。

教師から一転、1914（大正3）年に平凡社を創業する。最初に刊行したのは、下中芳岳の名で書き下ろした新語辞典『ポケット顧問　や、此《これ》は便利だ』であった。

正規の教育を受けず、独学で師範教師にまでなった自らの経験を元に、独学者のために刊行した本が『や、此は便利だ』であり、その後、大黒柱となる『大百科事典』を生み出した。

『や、此は便利だ』がベストセラーとなり、昭和初期の円本ブーム時代になると、スケールの大きな全集や大事典の出版体制が整う。1000ページ1円という『現代大衆文学全集』（全60巻）の予約出版で25万人の会員を獲得。続いて『世界美術全集』（全36巻）で12万人の予約を確保。『菊池寛全集』『社会思想全集』など46種類にのぼる全集や叢書を刊行した。

大衆文学全集の大当たりで感触を得た下中は『平凡』を創刊したが、5号で行き詰まってしまった。円本ブームも終わり、全集、叢書の売り上げも思わしくない。1931（昭和6）年には100万円の不渡りを出してしまった。この危機を一転させるために、下中は『大百科事典』を打ち出すのである。

全27巻、索引1巻の『大百科事典』の予約者は2万5000人に達した。この成功の勢いで、下中は『大事典』を企画、刊行するが、ここでまたも失敗する。刊行途中で50万円の不渡りを出してしまった。この時の危機は『大百科事典』の普及版を出すことでなんとか乗り越える。

戦後も下中が公職追放にあうなど苦難から始まるが、『大百科事典』の復刊や『家庭科事典』『社会科事典』で地盤を固め、平凡社らしい『世界美術全集』『世界歴史事典』などの大型企画を打ち出していった。

「百科事典の平凡社」という社風を決定づける『世界大百科事典』（全32巻）の刊行は、1955（昭和30）年から始まる。1961（昭和36）年発行の『国民百科事典』はベストセラーになったが、第二次『国民百科』が売れず、またも倒産の危機に陥った。

現在は、経営をスリム化して、百科事典的な知性や雑誌『太陽』の伝統を活かしつつ、一般書籍を中心とする出版社へと脱皮している。

主婦の友社――一社一誌の信念

石川武美が主婦の友社を創業したのは、1916（大正5）年である。『婦女界』『婦人の友』の営業、編集に携わっていた10年間の経験をもとに、石川自身が書き下ろした『貯金の出来る生活方法』が大ヒットし、雑誌の創刊資金を作ることができた。

石川が婦人誌の発行を思いついたのは、当時の女性が小学校を出ると同時に活字と縁のない生活になってしまうためだった。石川は、これらの主婦たちに向けて、日常の知識を中心とした実用に役立つ雑誌を作りだそうとしたのである。

『主婦の友』（最初は『主婦之友』。昭和29年に改称）は1万部でスタートした。創刊号は、菊判120頁であった。講談社の『婦人倶楽部』と競い合いながら着実に部数を伸ばした。躍進の鍵は、両誌が争うように付けた数々の付録である。

競争が頂点に達した1934（昭和9）年の新年号は『家庭作法宝典』（512頁）を第1付録に、15種類の付録がつき、「風呂敷をお持ちください」と新聞広告に書き添えたほどだった。両誌の発行部数は100万部を超えていたが、毎月赤字となり、これを見かねた実業之日本社社長の増田義一が仲裁に立ち、1941（昭和16）年に石川武美と講談社社長の野間清治の間で自粛の協定が結ばれた。戦前の部数のピークは168万部に達した。

戦後、石川武美は公職追放にあい、社長から身を引いた。

後を継いだ婿養子の石川数雄は医学博士で、出版事業についてはまったくの素人であった。当時の『主婦の友』は民間療法をたくさん紹介していたが、数雄は雑誌の誌面を科学的な医学記事をメインに変更した。それでも1950年代に入ると、家庭の婦人向け雑誌全体が傾き始め、一社一誌主義だった主婦之友社には厳しい情勢となった。

1970（昭和45）年、未婚女性をターゲットにした『アイ』を創刊したが、約10年で休刊となった。

三代目の晴彦は次々と新雑誌を創刊した。

平成になってオーナー家以外の村松邦彦社長が誕生。2000（平成12）年には『話を聞かない男、地図が読めない女』というミリオンセラーを放ったが、2008（平成20）年には度重なるリニューアルも功を奏さず旗艦誌の『主婦の友』が休刊になった。主婦の友社は2009（平成21）年、大日本印刷による第三者割当増資により関連会社となっている。

小学館――一ツ橋グループの総帥

小学館は、相賀《おうが》武夫が１９２２（大正11）年8月8日に創業した。

武夫は大阪で小中学生向けの学習参考書類を刊行していた研文館に入社し、17歳の若さで主任に抜擢され、東京出版所長になった。

25歳の時、「日本文化の基礎は小学教育にある」という理念のもと、学年別学習誌を創刊する。『小学五年生』と『小学六年生』の2誌であった。当初は低迷したが、翌年4月号から黒字に転じる。関東大震災に負けることなく、武夫は精力的に雑誌を刊行し続け、１９２５（大正14）年までに『セウガク一年生』から『小学六年生』までのラインナップを整えた。

他社からもライバル誌が次々と創刊され始めたので、武夫はやがて男女別の学年別学習誌が出て来ると予測し、姉妹社となる集英社を創業し、娯楽性の高い『尋常小学一年生』を創刊する。

しかし、激務が祟って、武夫は１９３８（昭和13）年、42歳の若さで逝去した。跡取りの徹夫は中学一年生の少年であった。

第二の創業者と言われる徹夫が社長に就任したのは敗戦の翌年１９４５（昭和20）年である。

紙不足、金不足の中で、ようやく戦前の学年別学習誌の姿に戻ったのは１９４８（昭和23）年である。この間、集英社から、紙芝居の山川惣治原作『少年王者』を発行し、大ベストセラーにしている。

徹夫はこの時期から、新入社員の採用をこれまでの教職員経験者中心から大学新卒採用に切り替え、昭和30年代以降に総合出版社に発展するための布石も打った。

１９５５（昭和30）年からは戦後のベビーブームに生まれた子供たちが小学校に入学し始め、講談社も学年別学習誌に参入して競争が激化したが、徹夫はこうした戦いを通じて、強気の出版事業を進めていく。

書籍の出版を始めて、まずは創業40周年に『日本百科大事典』（全14巻）を企画し、成功を収めた。さらに『週刊女性セブン』と『週刊ポスト』という2つの週刊誌を創刊した。少年週刊誌では『少年サンデー』から藤子不二雄の『オバケのQ太郎』という爆発的なヒットが生まれた。これはテレビ放映との相乗効果によるものである。

新雑誌をつねに創刊し、メディア・ミックスをも手がける小学館は、現在も一ツ橋グループの総帥としての勢いを示している。１９９２（平成4）年に、徹夫は昌宏に社長の座を譲った。

文藝春秋――菊池寛の作った旗艦誌『文藝春秋』

小説家として成功した菊池寛が月刊誌『文藝春秋』を創刊したのは1923(大正12)年だった。創刊号の編集後記が面白い。

もとより、気まぐれに出した雑誌だから、何等の定見もない。原稿が、集らなくなったら、来月にも廃るかも知れない。また、雑誌も売れ景気もよかったら、拡大して、創作ものせ、堂々たる文芸雑誌にするかも知れない。

それが90余年を過ぎ、雑誌不況の時代に平均数十万部を売り上げているのだからなにが起きるかわからない。

『文藝春秋』の値段は創刊当時破格に安く、『中央公論』が1円、『新潮』が80銭の時代に「かけうどん」と同じ10銭だった。安さと、華やかさと、誌面の面白さがあいまって、創刊号の3000部は売り切れ、4年後の1926(大正15)年新年号の部数は11万部となっていた。

菊池寛は1928(昭和3)年に組織を株式会社に改め、『文藝講座』『映画時代』『オール讀物』などを次々と創刊した。また1935(昭和10)年には芥川賞と直木賞を創設し、純文学畑の新人には芥川賞を、大衆文学の新人には直木賞を贈ることにした。この両賞は2大文学新人賞として現在もなお続いている。

敗戦の翌年、菊池寛は文藝春秋社を解散したが、雑誌だけは残し、自分は関係しないと明言した。社員の池島信平らはただちに旧社時代の副社長佐佐木茂索を社長として文藝春秋新社(後に文藝春秋に社名変更)を創立した。

『文藝春秋』の編集長となった池島信平は斬新な企画で部数を飛躍的に伸ばし、1950(昭和25)年6月に銀座西五丁目に新社屋を購入、さらに5年後には西八丁目の新社屋に移転する繁盛ぶりだった(昭和16年から麹町に移転)。

その後、オーナー不在のまま社長の座を禅譲しながら、『週刊文春』を創刊し、また『諸君!』『スポーツ・グラフィック・ナンバー』『クレア』など、次々と定期刊行物を発行した。さらに出版部門を充実させ、1974(昭和49)年「文春文庫」もスタートさせた。

同年、旗艦誌の『文藝春秋』が、ジャーナリズム史に残るスクープ「田中角栄研究――その金脈と人脈」(立花隆)と「淋しき越山会の女王」(児玉隆也)を発表したのである。70万部の『文藝春秋』は一内閣崩壊の原動力となったのだった。

第七章

日本の出版人

——見識と勇気を持って生きた人たち

大橋佐平――博文館時代を築いた日本の出版王

博文館創業者の大橋佐平は１８３５（天保６）年、長岡城下上田町の油商人の二男に生まれた。神童と言われ、４歳で百人一首を覚えそらんじ、７歳から読み書き、算盤を習った。15歳の時、飛脚に従い京都、四国、九州、江戸を回る。22歳で酒造株を買うと、独立して三国屋佐平と改名し、長岡藩御用達として発展。その後、大橋の姓を譲り受け大橋佐平となる。戊辰の役では佐幕派に命を狙われた。戊辰戦争後は長岡商人の代表の一人として町の復興に尽力し、市中学校、長岡分黌、長岡洋学校の設立に尽力した。『万国公法』『商売往来』などを教科書に取り入れるなど実用的な教育を行った。

文明開花・殖産興業に合わせて、内国通運会社の代理店、郵便事業、北越新聞の創刊など、さまざまな新規事業を立ち上げた。

１８８６（明治19）年11月上京すると、出版社「博文館」を創業する。娘時子の発案で、各雑誌から著名な論文を抜粋した『日本大家論集』を刊行しベストセラーとなる。続いて、実学的でわかりやすい内容の作品を、若い編集人を起用して発刊。『日本之商人』『日本之法律』などは、いずれも大量生産による廉価版という方針で作られており、これが明治維新の新時代に合致した。博文館の名前は日本全国に広まり、幅広い読者層を掴んで、出版王国博文館時代を作り上げた。

主な定期刊行物は『日本之少年』（明治22年）、『江戸会誌』（同年）、『太陽』（明治28年）、『少年世界』（同年）、『文藝倶楽部』（同年）などである。また主なシリーズ物に「温知叢書」（明治24年）、「日本文庫」（同年）、「少年日本歴史読本」（同年）、「少年文学」（同年）、「帝国文庫」（明治26年）などがある。

出版取次の東京堂（トーハンの前身）、印刷の博文館印刷（のちの共同印刷）、洋紙の博進堂、通信社の内外通信社など、多くの事業を興した。晩年、有料の私設図書館である財団法人大橋図書館の建設に取り組んだが、開館に間に合わず、１９０１（明治34）年11月３日、66歳で没した。

桐生悠々――信濃毎日新聞の主筆。個人雑誌で反戦運動を続けた

明治から大正にかけての新聞人、桐生悠々《きりゅうゆうゆう》は１８７３（明治６）年５月20日金沢に生まれた。本名は政次《まさじ》。１８９９（明治32）年、東京帝国大学法科卒業。東京府、東京火災、博文館に半年ずつ在席し、下野《しもつけ》新聞社、大阪毎日新聞社、大阪朝日新聞社を３年ずつ転々としたのち、１９１０（明治43）年『信濃毎日新聞』主筆となる。

主筆となった桐生は社説やコラムを書くだけではなく、営業面にまでかかわり、新聞人としての才能を開花させた。「書きたいものを書くのではなく、書かなければならないものを書く」という強い信念を持ち、利害関係を生じそうな一切の人間関係を廃した。

１９１２（大正元）年９月、乃木将軍の殉死を批判する社説『陋習《ろうしゅう》打破論―乃木将軍の殉死』で論議を呼ぶ。１９１４（大正３）年『新愛知新聞』主筆として名古屋に赴任すると、名古屋市内電車買収問題などで『名古屋新聞』と論戦を展開。１９１７（大正６）年の檜山事件では、女学校長の非行を追及する社会浄化の論陣を張って裁判沙汰にもなる。

桐生悠々としては珍しく新愛知新聞には10年奉職するが、社内改革に破れ、１９２４（大正13）年に退職する。この後、衆議院選挙に出馬して落選したり、退職金をはたいて日刊紙『中京朝日』を創刊するもわずか54日で廃刊するなどの迷走が続き、１９２８（昭和３）年にようやく信濃毎日新聞主筆に戻った。名古屋での奔放な生活が祟り、この頃の桐生はアルコール依存症状態にあったが、百坪ほどの土地を借り、新聞記者を続けながら百姓をすることで復活した。

１９３３（昭和８）年８月11日、東京市を中心とした関東一帯で行われた防空演習を批判して、『関東防空大演習を嗤《わら》ふ』の社説を書く。敵機の空襲があったならば木造家屋の多い東京は焦土化すること、被害規模は関東大震災に及ぶであろうこと、空襲は何度も繰り返されるであろうことなど、12年後の日本各都市の惨状をかなり正確に予言した上で、「だから、敵機を関東の空に、帝都の空に、迎へ撃つといふことは、我軍の敗北そのものである」と喝破した。この言説は陸軍の怒りを買い、悠々は同９月に再び信濃毎日新聞の退社を強いられた。

１９３４（昭和９）年から名古屋で個人雑誌『他山の石』を発行、戦時体制に組み込まれつつある言論界で死ぬまで軍部と全体主義に対する批判を続けた。１９４１（昭和16）年喉頭癌のため68歳で逝去。

下中弥三郎——平凡社を創業し、百科事典刊行の先駆

平凡社の創業者、下中弥三郎《しもなかやさぶろう》は１８７８（明治11）年、兵庫県の現・篠山市に生まれた。実家が半陶半農のため、小学校の時から立杭焼に従事した。独学で準教員検定試験に合格して神戸の雲中小学校代用教員となった。

１９０２（明治35）年に上京し、『婦女新聞』の編集にあたりながら『児童新聞』を刊行する。

１９１１（明治44）年には埼玉師範学校の教諭となるが、学生の試験を調べていて、彼らの用字、用語がでたらめであることに気づく。試験問題に外来語や流行語、新聞語を出すと満足に答える者は少なかった。そこで、下中はなにか書いてくれと頼みに来た成蹊社の主人に、新聞語の解説と文字便覧を一体化したものを書きたいと提案した。「や、それは便利な本ですな」という主人の言葉がそのままタイトルとなり、『や、此《これ》は便利だ』が生まれた。

１９１４（明治47）年に刊行された『や、此は便利だ』は売れたが、成蹊社は他の失敗で倒産してしまった。下中は借金をして自分で出版することにした。これが平凡社の始まりである。なお、社名は妻のみどりが下中が日頃突飛なことをするので、出版社くらいは平凡社にしたらと提案して通ったという。

教育者としては、１９１９（大正8）年の夏、教員団体〈啓明会〉を結成、翌年には労働諸団体とともに第1回メーデーを主催、「教育改造の四綱領」と題する教育改革構想を発表した。

平凡社の出版活動は次第に拡大していき、昭和初年の円本ブームに乗った。『現代大衆文学全集』（全60巻）、『世界美術全集』（全36巻）、『社会思想全集』（全40巻）など、１９２７（昭和２）年から１９３１（昭和６）年までに30種７００巻以上の円本を刊行し「円本全集の総本山」と呼ばれた。

とくに『現代大衆文学全集』は、それまで「新講談」と呼ばれ、やや蔑まれていた大衆小説を、「大衆文学」という文学の一角を占めるものとして読者の認識を改めさせた。

１９３１（昭和６）年には１００万円の不渡りを出して倒産するが、下中はへこたれず、『大百科事典』（全28巻）の刊行を宣言し、11月から刊行を実施する。大阪の取次店である柳原書店が協力してくれたこともあり、この事典は成功し、平凡社は生き延びる。30年代には国家社会主義の立場にたって戦争に協力したため、戦後は公職追放された。解除後は、平和運動や世界連邦運動を積極的に推進した。

野間清治——『少年倶楽部』『キング』などを創刊し雑誌王国を築く

講談社の創業者である野間清治《せいじ》は、1878（明治11）年、群馬県桐生に生まれた。県立尋常師範学校を経て小学校教員となる。その後東京帝大文科大学臨時教員養成所に入り、中等教員の資格を得て沖縄に赴任。1907（明治40）年東京帝大法科大学の首席書記に迎えられ上京した。

この頃、学生の間には弁論がブームが起こっていた。野間はいちはやくこのブームに目をつけ、弁論を速記して雑誌にすることを考える。

1909（明治42）年〈大日本雄弁会〉を設立し、出版社の大日本図書から『雄弁』を創刊した。創刊当時、野間には出版の知識がほとんどなかったが、内容が優れていたため、『雄弁』は最初から売れた。

そこで1911（明治44）年には、硬に対する柔として『講談倶楽部』を創刊し、講談社を起こした。『講談倶楽部』は、寄席で上演される講談を掲載する雑誌で、民衆教育の側面があった。

ところが、『講談倶楽部』は苦戦する。野間清治は『講談倶楽部』をすべて自分でやろうとして大日本図書に相談したところ、『雄弁』の発行権も無料で譲られることになり、書記の仕事をしながら二つの雑誌を作ることになった。

創刊号は10000部、2号3号は8000部を刷ったが、売れたのはそれぞれ1800部から2000部程度であった。

「『講談倶楽部』の創刊後、9カ月目から10カ月目、この時が一番苦しかった」と後から野間清治は述懐している。

やがて『講談世界』というライバルが出てくるが、その競争には負けずに済んだ。大きな障害は、講談、落語の速記者今村次郎からの、『講談倶楽部』に浪曲を乗せ続けるなら、今後、講談、落語の原稿を提供しないという申し出だった。両者は激しく対立したが、最終的にもの別れに終わった。しかし、清治には秘策があった。「在来の講談の代わりに、文学に堪能な小説家や伝記作家が、講談の形式と題材を具合よく採り入れて、講談と同様な興味ある面白い物語を書き得ない筈はないと思いついた」のである。

野間はこれを実行し、新講談、新落語はやがて文学の世界に大衆文学というジャンルを切り拓いていく。読者からも好評だった。この後、最盛期には9誌を発行し、他に報知新聞社、キングレコードの社長となり、一大マスコミ王国を築いた。

岩波茂雄——近代日本の出版業界の創建者

岩波茂雄は1881（明治14）年8月27日長野県諏訪市中洲の農家に生まれた。父の義質は村の助役をしていたが、体が弱く茂雄が15歳のとき病死した。戸主となった茂雄は、母を助け農業をしていたが1899（明治32）年に上京し、杉浦重剛を慕い旧制日本中学に入学。母が苦労して学資を仕送りしてくれた。

1901（明治34）年、第一高等学校に入学する。友人の藤村操《みさお》が自殺した際、茂雄は哲学書等を携えて40日間山小屋に篭もり死について真剣に考え、自身も死を選びつつあったが、母親の下山の訴えで下界へ戻るという経験をする。1905（明治38）年東京帝国大学哲学科選科に入学。

大学選科修了後は神田高等女学校（現在の神田女学園）の職につくが「人に教える前に教うべきは自らである、人を救う前に救わるべきは自分である」と懊悩し、退職する。

田園生活も考えるが、その前に一商人として生きてみようと1913（大正2）年、神田区南神保町に古本業岩波書店を開く。開店するや古書店としては破格の正札販売を実施した。「古本を言い値で売るものがあるか」と叱られるが、自らの信念を通し、次第に顧客を増やしていった。

夏目漱石の知遇を得て1914（大正3）年には『こゝろ』を出版。岩波書店の処女出版となる。漱石没後は安倍能成らと『漱石全集』を刊行した。

大正初期、哲学の基礎的知識を普及する必要性を痛感し、「哲学叢書」を創刊。また、自然科学についても同様の思いで「科学叢書」を創刊した。その後は、講座、全書、新書、六法全書、教科書などに拡大していったが、いつもその根底には「世の中の必要に応じたい、我が国に欠けたものを補いたい」という信念があった。

大正末期から昭和初めにかけて円本ブームが到来したが、茂雄は大量予約方式で読者を縛る方法には感心せず、1冊を安く購入できる「岩波文庫」を創刊し、大きな反響を得た。

その次にしたのが各大学の先生の講義を一般に開放するための「岩波講座」。そして、同時に常識や教養を向上させる目的で「岩波新書」も始めた。

やがて満州事変を機として言論圧迫の時代がやってきた。日中戦争について「日本はしなくてもいい戦争をしている」と日本軍に対して批判的な立場から活動を展開した。1946（昭和21）年2月戦後初の文化勲章を受章し、同年4月25日に死去した。

石橋湛山——東洋経済新報社中興の祖

石橋湛山《たんざん》は１８８４（明治17）年に東京で生まれた。父は日蓮宗僧侶、杉田湛誓である。

山梨県尋常中学校（後の県立甲府中学、現在の山梨県立甲府第一高等学校）へ進学し、クラーク博士の薫陶を受けた大島正健校長より大きな影響を受ける。二浪後、早稲田大学高等予科の編入試験を受けて合格。早稲田大学では、田中王堂のゼミナールに学び、絶大な影響を受けた。「もし今日の私の物の考え方に、なにがしかの特徴があるとすれば、主としてそれは王道哲学の賜物である」（『湛山回想』）

早稲田大学を卒業して、更に一年間研究科で勉強し、１９０８（明治41）年12月に、島村抱月の紹介で東京毎日新聞社に入社したが、社内の派閥抗争のため一年たたずで退社。１９０９（明治42）年12月には東京麻布の第１師団・歩兵第３連隊に入営する。湛山は伍長に昇進し、軍曹として除隊した。

１９１１（明治44）年１月には東洋経済新報社に入社するが、同年９月には自らの意思で見習士官として再入営し、最終試験を経て１９１３（大正２）年歩兵少尉となる。

１９１２（大正元）年11月、東京経済新報社主幹の三浦銕太郎の媒酌で岩井うめ（梅子）と結婚する。

湛山は大正デモクラシーにおける世論を形成した一人として、いち早く「民主主義」を提唱した。また三・一独立運動をはじめとする朝鮮における独立運動に理解を示した。帝国主義に対抗する「加工貿易立国論」を唱えて台湾・朝鮮・満州の放棄を主張するなど、小日本主義をとなえる。

１９２４（大正13）年12月に第五代主幹となり、翌年１月には代表取締役専務に就任する。

部下の高橋亀吉と共に経済論壇の一翼を担い、金解禁にあたっては金本位制復帰に反対して、勝田貞次らと共に実体経済に合わせて通貨価値を落とした上での復帰「新平価解禁」を主張した。

日中戦争〜敗戦に至るまで『東洋経済新報』誌上で長期戦化を訓戒し、同誌は政府から監視されて紙やインクの配給を制限された。

日本敗戦直後の１９４５（昭和20）年８月25日には、論説『更正日本の進路——前途は洋々たり』で科学の力を使って日本を再建すれば未来は明るい、とする先見のある見解を述べている。１９７３（昭和48）年４月25日88歳で死去。

菊池寛──芥川賞・直木賞を創設した文壇の寵児

小説家にして出版人の菊池寛《かん》は、1888(明治21)年、香川県に生まれた。父は小学校庶務課で家は貧しかったが、向学心が強く、京都大学選科に進んでイギリス戯曲を学んだ。

卒業後、時事新報社に入社。1919(大正8)年に発表した『恩讐の彼方に』が主題の明晰さと表現の簡潔さで評判を呼び、文壇的地位を確立した。同年には『藤十郎の恋』が、翌年には『父帰る』が上演され大評判となった。その後、通俗小説の分野で新生面をひらいた同年の『真珠夫人』、1925(大正14)年の『受難華』などの成功により社会的な名声を博したために、純文学作家としての活動はほぼ大正期に終わる。

1923(大正12)年、すでに大御所の位置にあった菊池寛は文藝春秋社を創設し、『文藝春秋』を創刊した。創刊の辞にこうある。

私は頼まれて物を云うことに飽いた。自分で、考えていることを、読者や編集者に気兼ねなしに、自由な心持で云って見たい。……一には自分のため、一には他のため、この小雑誌を出すことにした。

ところが、菊池寛には出版者としての才能があった。雑誌は成功し、現在まで存続している。

1934(昭和9)年半ば、売れ行き不振にあえいでいた同社の『話』の編集長を自ら買って出た。菊池の示したプランは「朝日・毎日争覇戦」「講談社はどんなところか」「銀座の女給をメンタルテストする」といったもので、それまで毎号1000円の赤字にあえいでいた『話』は一気に9円10銭の黒字に回復した。名編集者の池島信平は「一度、頭を下げていったものを、グッと強い力で上に持ち上げるということは天才編集者でなければできない」と言っている。

『文藝春秋』において、菊池寛はふたつの大きな発明をした。ひとつは座談会である。1927(昭和2)年3月号には「徳富蘇峰座談会」を載せた。聞き手は菊池、芥川龍之介、山本有三という豪華なものであった。もうひとつは、芥川賞と直木賞の創設である。この両賞は趣旨通り、新進作家の育成にも役立っているが、雑誌の売れない2月と8月に発表することによって、文藝春秋社の経営にも寄与しているのであった。

1938(昭和13)年、〈日本文学振興会〉を作ってこの賞の運営をこの財団法人に移したのは、たとえ文藝春秋社が倒れても両賞は存続できるようにとの菊池寛の配慮であった。菊池寛の文学の社会化に尽くした功績は大きい。

◉古田晁——筑摩書房を創業し多くの文学作品を刊行

筑摩書房の創業者、古田晁《あきら》は１９０６（明治39）年、現在の長野県塩尻市に生まれた。旧制松本中学、旧制松本高等学校文科甲類を経て東京帝国大学文学部倫理学科を卒業する。

卒業後、渡米し、父の経営する日光商会に勤務し、１９３６（昭和11）年に帰国した。

１９４０（昭和15）年、臼井吉見、唐木順三、中村光夫を編集顧問として筑摩書房を創業した。ちなみに、筑摩書房の名前は臼井が郷里にちなんで千曲とつけたところ、妻に「それではせんきょくと読んでしまう」と言われ、松本にかかわりのある筑摩にしたという経緯がある。

最初に出版したのは『中野重治随筆抄』、宇野浩二『文藝三昧』、中村光夫『フロオベルとモウパッサン』の３冊であった。２０００冊を刷ったが、紙や装丁に金をかけたため、いずれも完売しても赤字であった。

戦争末期、太宰治と知り合い、太宰が情死寸前に書き上げた『人間失格』は、古田晁の心配りで完成した面が強い。『太宰治全集』は、死後、筑摩書房から何度も刊行され、この社の苦境を救った。

１９４６（昭和21）年、臼井吉見編集長で総合雑誌『展望』を創刊する。創作と論説の二本立てで一時的に成功するが、戦後の混乱が静まるにつれて『展望』の売り上げは落ちていき、また、書籍の返本は続き、古田は苦境に陥る。高利貸しへの金利が全人件費を上回る惨状となり、古田は深酒にふけった。

それでも昭和20年代は、年に一度くらいは来るベストセラーによって救われていた。もっとも、経理を一任されていた武ノ内静雄は「だが、年に一度のベストセラーもまた、焼け石に水で、高利の借金は蟻地獄のごとく地下でふえつづけ、手形の決済日は大波のように五日目ごとに押し寄せてきた」と書いている。

このピンチの中で、臼井吉見が『現代日本文学全集』（全１００巻）のプランを立てた。企画の段階で全56巻になり、１９５３（昭和28）年に『島崎藤村集』から開始された。既刊の文学全集との違いをもたせるために『破戒』を初版本のまま復元し、装丁は第一人者の恩地孝四郎を起用した。一冊３５０円で３万部配本したところ、増刷につぐ増刷で大成功した。１９７３（昭和48）年10月30日67歳で死去。

赤尾好夫──『受験新報』を創刊した受験産業の草分け的存在

旺文社創業者の赤尾好夫は1907（明治40）年、現在の山梨県笛吹市石和町に肥料商の子として生まれた。子供の頃はいたずら好きで、悪童として知られていた。中学を卒業する時のスピーチでは、熱が昂じて教育改革論にまで及んで大問題となり、卒業を取り消されそうになった。

その影響もあり、1年間浪人して、文学や歴史の勉強をした。1928（昭和3）年、東京外国語学校（現東京外国語大学）に入学。3年生の時にジャーナリズム研究のための新聞研究会を作り、鈴木史郎、大宅壮一などの先輩を招いて話を聞いた。1931（昭和6）年に卒業したが、世は非常な就職難の時代であった。すこし健康を害していた好夫は温泉に療養に行き、出版を思い立った。父から450円（当時の月給は30〜40円であった）を借りて、上京し、欧文社（現旺文社）を創立した。

最初に手がけたのは、中学生を対象とした通信添削教育である。数カ月で会員数も増え、採算もとれるようになり、資金も整い、出版も行うことになった。通信教育の機関誌として『受験旬報』（のちの『螢雪時代』）を出した。記事の3分の1くらいは自分で書いていて、後日、この中から巻頭言を集め、『若人におくることば』として「旺文社文庫」から発刊している。

出版は、英語の単語帳から始めた。日本の試験問題、あるいは教科書、参考書の中から単語を1年くらいかけてピックアップし、単語の重要度を一つひとつランク付けしていくのである。これが日本一のロングセラーとなった『英語基本単語熟語集』、いわゆる「豆単」である。

会社は1938（昭和13）年に目白から牛込横寺町に移転し、順調に成長したが、1941（昭和16）年に太平洋戦争が始まった。戦後はGHQの追放処分に遭い、一切の公的活動を禁止された。自宅に引きこもり農業、射撃、囲碁、書などをしたが、のちに「この追放生活の間が自分でも生涯の間で一番精神的収穫があった時のように思う」（日本経済新聞の『私の履歴書』）と回想している。

追放がとけると、文化放送や日本教育テレビ（現在はテレビ朝日）の創業や、放送大学の設立にも貢献し、また実用英語技能検定や全国学芸コンクール（現全国学芸サイエンスコンクール）の創立（昭和32年）にも協力。教育と情報の融合に努め、日本メディア界の発展に貢献した。1985（昭和60）年没。

年表

年表

年代	作品	事件
1870（明治3）年	『西洋道中膝栗毛』（仮名垣魯文） 『真政大意』（加藤弘之）	・大教宣布の詔
1871（明治4）年	『西国立志編』（S・スマイルズ　中村正直訳） 『安愚楽鍋』（仮名垣魯文）	・廃藩置県 ・日清修好条規
1872（明治5）年	『学問のすゝめ』（福沢諭吉） 『自由之理』（J・S・ミル　中村敬宇訳）	・富岡製糸場開業 ・新橋・横浜間に鉄道開業
1873（明治6）年	『通俗伊蘇普物語』（イソップ　渡部温訳）	・徴兵令公布
1874（明治7）年	『百一新論』（西周） 『明六雑誌』（森有礼）	・台湾出兵（征台の役） ・北海道屯田兵制度創設
1875（明治8）年	『文明論之概略』（福沢諭吉）	・樺太・千島交換条約
1876（明治9）年	『天路歴程』（J・バンヤン　村上俊吉訳）	・日朝修好条規
1877（明治10）年	『日本開花小史』（田口卯吉）	・西南戦争開始
1878（明治11）年	『八十日間世界一周』（J・ヴェルヌ　川島忠之助訳） 『花柳春話』（リットン　丹羽純一郎訳）	・地方三新法制定 ・大久保利通暗殺
1879（明治12）年	『高橋阿伝夜叉譚』（仮名垣魯文） 『民権自由論』（植木枝盛）	・沖縄県設置（琉球処分） ・コレラ大流行
1880（明治13）年	『民権弁惑』（外山正一） 『言論自由論』（植木枝盛）	・集会条例公布
1881（明治14）年	『小学唱歌集』（文部省）	・自由党結成
1882（明治15）年	『民約訳解』（ルソー　中江兆民訳） 『新体詩抄』（外山正一、矢田部良吉、井上哲次郎）	・日本銀行開業 ・壬午事変
1883（明治16）年	『経国美談』（矢野龍渓）	・鹿鳴館開館
1884（明治17）年	『怪談牡丹燈籠』（三遊亭円朝）	・秩父事件
1885（明治18）年	『佳人之奇遇』（東海散士） 『小説神髄』『当世書生気質』（坪内逍遥）	・大阪事件 ・内閣制度創設
1886（明治19）年	『小説総論』（二葉亭四迷） 『雪中梅』（末広鉄腸） 『言文一致』（物集高見）	・学校令公布 ・ノルマントン号事件 ・大同団結運動はじまる
1887（明治20）年	『三酔人経綸問答』（中江兆民） 『浮雲』（二葉亭四迷） 『中央公論』（滝田樗陰）	・保安条例公布 ・東京美術学校、東京音楽学校設立
1888（明治21）年	『孝女白菊の歌』（落合直文　井上巽軒） 『法廷の美人』（黒岩涙香） 『あひゞき』（ツルゲーネフ　二葉亭四迷訳）	・枢密院設置 ・市制・町村制公布
1889（明治22）年	『二人比丘尼色懺悔』（尾崎紅葉） 『露団々』『風流仏』（幸田露伴）	・大日本帝国憲法発布 ・衆議院議員選挙法
1890（明治23）年	『国民新聞』（徳富蘇峰）	・第1回衆議院議員総選挙

	『舞姫』（森鷗外） 『浮城物語』（矢野龍渓）	・第1回帝国議会開会 ・教育勅語発布
1891（明治24）年	『真善美日本人』（三宅雪嶺） 『萬朝報』（黒岩涙香） 『小公子』（バーネット　若松賤子訳）	・大津事件 ・田中正造、足尾鉱毒事件質問書を衆議院に提出
1892（明治25）年	『五重塔』（幸田露伴） 『即興詩人』（アンデルセン　森鷗外訳）	・品川弥二郎内相の選挙干渉
1893（明治26）年	『内部生命論』（北村透谷）	・防穀令賠償問題解決
1894（明治27）年	『滝口入道』（高山樗牛） 『日本風景論』（志賀重昂）	・日清戦争宣戦布告 ・北里柴三郎、ペスト菌を発見
1895（明治28）年	『たけくらべ』『にごりえ』（樋口一葉） 『うらおもて』（川上眉山） 『余は如何にして基督信徒となりし乎』（内村鑑三）	・下関条約調印 ・三国干渉 ・住友銀行設立
1896（明治29）年	『今戸心中』（広津柳浪） 『多情多恨』（尾崎紅葉） 『十五少年漂流記』（J・ヴェルヌ　森田思軒訳）	・民法公布 ・造船奨励法公布 ・第1回近代オリンピック（アテネ）開催
1897（明治30）年	『金色夜叉』（尾崎紅葉） 『若菜集』（島崎藤村）	・貨幣法施行 ・台湾総督府官制公布 ・志賀潔、赤痢菌を発見
1898（明治31）年	『武蔵野』（国木田独歩） 『歌よみに与ふる書』（正岡子規） 『不如帰』（徳冨蘆花）	・共和演説事件 ・西・ローゼン協定

	『福翁自伝』（福沢諭吉）	
1899（明治32）年	『天地有情』（土井晩翠） 『日本の下層社会』（横山源之助）	・文官任用令改正 ・東海道本線全通
1900（明治33）年	『高野聖』（泉鏡花） 『明星』（与謝野鉄幹） 『海底軍艦』（押川春浪）	・北清事変 ・治安警察法公布 ・立憲政友会結成
1901（明治34）年	『みだれ髪』（与謝野晶子） 『巌窟王』（デュマ　黒岩涙香訳） 『思出の記』（徳富蘆花）	・第1次桂太郎内閣成立 ・八幡製鉄所操業 ・足尾銅山鉱毒事件
1902（明治35）年	『病牀六尺』（正岡子規） 『噫無情』（ユーゴー　黒岩涙香訳）	・日英同盟成立 ・八甲田山遭難事件
1903（明治36）年	『食道楽』（村井弦斎） 『東洋の理想』（岡倉天心）	・平民社結成 ・七博士意見書提出
1904（明治37）年	『火の柱』『良人の自白』（木下尚江） 『露骨なる描写』（田山花袋） 『藤村詩集』（島崎藤村）	・日露戦争勃発 ・第1次日韓協約
1905（明治38）年	『吾輩は猫である』（夏目漱石） 『海潮音』（上田敏訳） 『青春』（小栗風葉）	・ポーツマス条約調印 ・日比谷焼打事件 ・第2次日韓協約
1906（明治39）年	『坊ちゃん』『草枕』（夏目漱石） 『破戒』（島崎藤村）	・韓国統監府開庁 ・日本社会党結成 ・南満州鉄道株式会社設立

	『野菊の墓』（伊藤左千夫）	
1907（明治40）年	『蒲団』（田山花袋） 『婦系図』（泉鏡花） 『虞美人草』（夏目漱石）	・帝国国防方針を決議 ・ハーグ密使事件 ・第3次日韓協約
1908（明治41）年	『三四郎』（夏目漱石） 『何処へ』（正宗白鳥） 『武士道』（新渡戸稲造）	・戊申詔書発布
1909（明治42）年	『それから』（夏目漱石） 『田舎教師』（田山花袋） 『邪宗門』（北原白秋） 『ふらんす物語』（永井荷風） 『ヰタ・セクスアリス』（森鷗外）	・伊藤博文が暗殺される ・三井合名会社設立
1910（明治43）年	『門』（夏目漱石） 『歌行燈』（泉鏡花） 『青年』（森鷗外） 『一握の砂』（石川啄木） 『刺青』（谷崎潤一郎） 『遠野物語』（柳田国男）	・韓国併合 ・大逆事件
1911（明治44）年	『雁』（森鷗外） 『修善寺物語』（岡本綺堂） 『家なき児』（菊池幽芳） 『お目出たき人』（武者小路実篤） 『すみだ川』（永井荷風） 『善の研究』（西田幾多郎） 『青鞜』（平塚らいてう） 『或る女』（有島武郎）	・警視庁が特別高等課を設置 ・工場法公布
1912（明治45～大正元）年	『悲しき玩具』（石川啄木） 『暗夜行路』（志賀直哉） 『行人』（夏目漱石）	・明治天皇崩御 ・第1次護憲運動
1913（大正2）年	『赤光』（斎藤茂吉） 『大菩薩峠』（中里介山） 『阿部一族』（森鷗外） 『桐の花』（北原白秋）	・立憲同志会結成 ・軍部大臣現役武官制改正
1914（大正3）年	『三太郎の日記』（阿部次郎） 『道程』（高村光太郎） 『猿飛佐助』（立川文庫） 『こころ』（夏目漱石）	・第一次世界大戦はじまる ・シーメンス事件
1915（大正4）年	『羅生門』（芥川龍之介） 『道草』（夏目漱石） 『入江のほとり』（正宗白鳥）	・中国に二十一カ条の要求提出 ・大戦景気がはじまる
1916（大正5）年	『明暗』（夏目漱石） 『高瀬舟』『渋江抽斎』（森鷗外）	・第4次日露協約 ・憲政会結成

年	作品	出来事
	『鼻』（芥川龍之介） 『坑夫』（宮嶋資夫） 『憲政の本義を説いて其有終の美を済すの途を論ず』（吉野作造）	
1917（大正6）年	『父帰る』（菊池寛） 『貧乏物語』（河上肇） 『月に吠える』（萩原朔太郎） 『和解』『城の崎にて』（志賀直哉） 『カインの末裔』（有島武郎） 『出家とその弟子』（倉田百三）	・石井・ランシング協定
1918（大正7）年	『腕くらべ』（永井荷風） 『小さき者へ』（有島武郎） 『蜘蛛の糸』『地獄変』（芥川龍之介） 『生れ出づる悩み』（有島武郎） 『古寺巡礼』（和辻哲郎） 『田園の憂鬱』（佐藤春夫）	・原敬内閣成立 ・米騒動 ・シベリア出兵
1919（大正8）年	『友情』（武者小路実篤） 『幼年時代』（室生犀星） 『古事記及び日本書紀の新研究』（津田左右吉） 『地上』（島田清次郎） 『新生』（島崎藤村）	・パリ講和会議 ・朝鮮で三・一独立運動 ・中国で五・四運動 ・ヴェルサイユ条約調印
1920（大正9）年	『惜しみなく愛は奪ふ』（有島武郎） 『真珠夫人』（菊池寛） 『死線を越えて』（賀川豊彦）	・国際連盟加入 ・戦後恐慌はじまる
1921（大正10）年	『愛と認識との出発』（倉田百三） 『まざあ・ぐうす』（北原白秋）	・原敬刺殺される ・ワシントン会議開催 ・4カ国条約調印
1922（大正11）年	『多情仏心』（里見弴） 『破船』（久米正雄） 『一房の葡萄』（有島武郎） 『近代の恋愛観』（厨川白村）	・海軍軍縮条約・9カ国条約調印 ・全国水平社創立大会 ・日本農民組合結成 ・日本共産党結成
1923（大正12）年	『日輪』（横光利一） 『二銭銅貨』（江戸川乱歩） 『青猫』（萩原朔太郎） 『文藝春秋』（菊地寛）	・関東大震災 ・虎ノ門事件 ・亀戸事件 ・甘粕事件
1924（大正13）年	『春と修羅』（宮沢賢治） 『痴人の愛』（谷崎潤一郎） 『鞍馬天狗』（大佛次郎） 『伸子』（宮本百合子）	・第2次護憲運動 ・加藤高明護憲3派内閣成立 ・アメリカ議会が排日移民法可決
1925（大正14）年	『檸檬』（梶井基次郎） 『月下の一群』（堀口大學訳） 『女工哀史』（細井和喜蔵） 『家庭に於ける實際的看護の秘訣』（築田多吉）	・日ソ基本条約調印 ・治安維持法可決 ・男子普通選挙法可決

1926（大正15年12月24日まで）年	『伊豆の踊子』（川端康成） 『海に生くる人々』（葉山嘉樹）	・大正天皇崩御 ・労働農民党、社会民衆党、日本労働党結成
1926～7（昭和元年～2）年	『鳴門秘帖』（吉川英治） 『レ・ミゼラブル』（ユーゴー　豊島与志雄訳）	・金融恐慌 ・山東出兵を声明
1927（昭和2）年	『或阿呆の一生』『歯車』『河童』（芥川龍之介）	
1928（昭和3）年	『卍』（谷崎潤一郎） 『キャラメル工場から』（佐多稲子） 『放浪記』（林芙美子） 『蓼喰ふ虫』（谷崎潤一郎） 『上海』（横光利一） 『罪と罰』（ドストエフスキイ　中村白葉訳）	・第一回普通選挙実施 ・済南事件 ・張作霖爆殺事件 ・パリ不戦条約調印
1929（昭和4）年	『太陽のない街』（徳永直） 『蟹工船』（小林多喜二） 『夜明け前』（島崎藤村） 『山椒魚』（井伏鱒二） 『様々なる意匠』（小林秀雄）	・世界恐慌はじまる ・四・一六事件
1930（昭和5）年	『機械』（横光利一） 『測量船』（三好達治） 『「いき」の構造』（九鬼周造） 『生命の實相』（谷口雅春）	・ロンドン海軍軍縮条約調印 ・桜会結成 ・金輸出解禁実施
1931（昭和6）年	『一粒の麦』（賀川豊彦） 『ゼーロン』（牧野信一） 『のらくろ二等兵』（田河水泡） 『侍ニッポン』（郡司次郎正） 『南国太平記』（直木三十五）	・満州事変 ・三月事件 ・金輸出再禁止
1932（昭和7）年	『青年』（林房雄） 『ごん狐』（新美南吉） 『グスコーブドリの伝記』（宮沢賢治）	・五・一五事件 ・満州国建国宣言 ・日満議定書調印
1933（昭和8）年	『丹下左膳』（林不忘） 『人生劇場』（尾崎士郎） 『春琴抄』（谷崎潤一郎） 『若い人』（石坂洋次郎） 『党生活者』（小林多喜二）	・塘沽停戦協定 ・滝川事件
1934（昭和9）年	『山羊の歌』（中原中也） 『白夜』（村山知義） 『あにいもうと』（室生犀星） 『女の一生』（モーパッサン　山本有三訳）	・満州国にて、溥儀が皇帝に ・国防省、『国防の本義と其強化の提唱』刊行
1935（昭和10）年	『蒼氓』（石川達三） 『宮本武蔵』『親鸞』（吉川英治） 『雪国』（川端康成） 『故旧忘れ得べき』（高見順） 『真実一路』（山本有三）	・第1次国体明徴声明 ・相沢事件 ・華北分離工作

1936（昭和11）年	『いのちの初夜』（北条民雄） 『怪人二十面相』（江戸川乱歩） 『迷路』（野上弥生子）	・二・二六事件 ・ロンドン海軍軍縮会議脱退 ・日独防共協定調印 ・ワシントン海軍軍縮条約失効
1937（昭和12）年	『鮫』（金子光晴） 『生活の探求』（島木健作） 『濹東綺譚』（永井荷風） 『路傍の石』（山本有三） 『旅愁』（横光利一） 『君たちはどう生きるか』（山本有三・吉野源三郎）	・盧溝橋事件 ・南京事件 ・文部省『国体の本義』刊行
1938（昭和13）年	『麦と兵隊』（火野葦平） 『風立ちぬ』（堀辰雄） 『石狩川』（本庄陸男） 『蛙』（草野心平） 『在りし日の歌』（中原中也） 『車輪の下』（ヘッセ　高橋健二訳）	・国家総動員法成立
1939（昭和14）年	『富嶽百景』（太宰治） 『源氏物語』（谷崎潤一郎訳） 『北岸部隊』（林芙美子） 『三国志』『新書太閤記』（吉川英治）	・第二次世界大戦はじまる ・ノモンハン事件 ・価格等統制令
1940（昭和15）年	『哲学入門』（三木清） 『如何なる星の下に』（高見順）	・日独伊三国同盟調印 ・大政翼賛会発会

	『走れメロス』（太宰治） 『熊のプーさん』（ミルン　石井桃子訳）	
1941（昭和16）年	『智恵子抄』（高村光太郎） 『菜穂子』（堀辰雄） 『次郎物語』（下村湖人） 『哲学ノート』（三木清） 『ドリトル先生「アフリカ」行き』（H・ロフティング　井伏鱒二訳）	・太平洋戦争はじまる
1942（昭和17）年	『姿三四郎』（富田常雄） 『山月記』（中島敦） 『深雪』（藤澤桓夫） 『近代の超克』（知的協力会議） 『英語基本単語集』（赤尾好夫）	・ミッドウェー海戦 ・食糧管理法公布
1943（昭和18）年	『米・百俵』（山本有三） 『巴里に死す』（芹沢光治良） 『細雪』（谷崎潤一郎） 『李陵』（中島敦）	・大東亜会議開催 ・学徒出陣
1944（昭和19）年	『津軽』（太宰治）	・レイテ沖海戦
1945（昭和20）年	『日米会話手帳』（小川菊松） 『旋風二十年』（森正蔵）	・東京大空襲 ・広島・長崎に原爆投下 ・ポツダム宣言
1946（昭和21）年	『無常という事』（小林秀雄）	・天皇の人間宣言

年	書籍	出来事
	『堕落論』『白痴』（坂口安吾） 『愛情はふる星のごとく』（尾崎秀実） 『暗い絵』（野間宏） 『完全なる結婚』（V・D・ヴェルデ　神谷茂数、原一平訳）	・GHQが公職追放を指令 ・東京裁判開廷 ・日本国憲法公布
1947（昭和22）年	『人生論ノート』（三木清） 『ビルマの竪琴』（竹山道雄） 『夏の花』（原民喜） 『斜陽』（太宰治） 『新寶島』（手塚治虫）	・教育基本法、学校教育法を公布 ・日本国憲法施行
1948（昭和23）年	『人間失格』（太宰治） 『俘虜記』（大岡昇平） 『この子を残して』（永井隆） 『暮しの手帖』（花森安治）	・民主自由党結成 ・GHQが経済安定9原則実施を指令
1949（昭和24）年	『夕鶴』（木下順二） 『仮面の告白』（三島由紀夫） 『石中先生行状記』（石坂洋次郎） 『千羽鶴』（川端康成） 『柿の木のある家』（壺井栄） 『共産主義批判の常識』（小泉信三） 『きけわだつみのこえ』（日本戦没学生記念会） 『家庭の医学』（小林太刀夫監修）	・ドッジ＝ラインを発表 ・下山事件、三鷹事件、松川事件 ・湯川秀樹、ノーベル物理学賞受賞
1950（昭和25）年	『徳川家康』（山岡荘八） 『武蔵野夫人』（大岡昇平） 『潜行三千里』（辻政信） 『チャタレー夫人の恋人』（D・H・ローレンス　伊藤整訳） 『少年期』（波多野勤子）	・警察予備隊設置 ・レッドパージ方針を決定 ・朝鮮戦争がはじまる
1951（昭和26）年	『壁』（安部公房） 『犬神家の一族』（横溝正史） 『広場の孤独』（堀田善衛） 『真空地帯』（野間宏） 『人間の歴史』（安田徳太郎） 『山びこ学校』（無着成恭） 『ニッポン日記』（M・ゲイン　井本威夫訳） 『共産党宣言』（K・マルクス、F・エンゲルス　大内兵衛、向坂逸郎訳）	・サンフランシスコ講和会議 ・対日平和条約・日米安全保障条約を調印
1952（昭和27）年	『三等重役』（源氏鶏太） 『二十四の瞳』（壺井栄） 『野火』（大岡昇平） 『光ほのかに―アンネの日記』（アンネ・フランク　皆藤孝蔵訳） 『赤毛のアン』（モンゴメリ　村岡花子訳） 『鉄腕アトム』（手塚治虫）	・日米行政協定調印 ・破壊活動防止法成立 ・血のメーデー事件
1953（昭和28）年	『あすなろ物語』（井上靖）	・奄美群島、本土復帰

『火の鳥』(伊藤整)
『第二の性』(S・ボーヴォワール　生島遼一訳)
『星の王子さま』(サン・テグジュペリ　内藤濯訳)

1954(昭和29)年

『文学入門』『女性に関する十二章』(伊藤整)
『潮騒』(三島由紀夫)
『プールサイド小景』(庄野潤三)
『小説作法』(丹羽文雄)

・MSA協定調印
・自衛隊法公布
・第五福竜丸、ビキニ環礁で被爆

1955(昭和30)年

『人間の條件』(五味川純平)
『はだか随筆』(佐藤弘人)
『欲望』(望月衛)

・自由民主党結成
・砂川闘争
・第1回原水爆禁止世界大会

1956(昭和31)年

『太陽の季節』(石原慎太郎)
『金閣寺』『鹿鳴館』(三島由紀夫)
『楢山節考』(深沢七郎)
『鍵』(谷崎潤一郎)
『氷壁』(井上靖)
『挽歌』(原田康子)
『セロひきのゴーシュ』(宮沢賢治)

・日ソ共同宣言
・国連に加盟

1957(昭和32)年

『天平の甍』(井上靖)
『死者の奢り』(大江健三郎)
『点と線』(松本清張)
『人間の壁』(石川達三)

・国連の安全保障理事会非常任理事国になる

『裸の王様』(開高健)
『海と毒薬』(遠藤周作)
『インドで考えたこと』(堀田善衛)

1958(昭和33)年

『にあんちゃん』(安本末子)
『陽のあたる坂道』(石坂洋次郎)
『飼育』(大江健三郎)
『赤と黒』(スタンダール　小林正訳)
『人を動かす』(カーネギー　山口博訳)

・東京タワー完成

1959(昭和34)年

『敦煌』(井上靖)
『日本三文オペラ』(開高健)
『どくとるマンボウ航海記』(北杜夫)
『催眠術入門』(藤本正雄)
『アルジャーノンに花束を』(ダニエル・キイス　稲葉由紀訳)
『少年マガジン』

・皇太子明仁親王、正田美智子成婚

1960(昭和35)年

『死の棘』(島尾敏雄)
『眠れる美女』(川端康成)
『砂の器』(松本清張)
『忍ぶ川』(三浦哲郎)
『忘れられた日本人』(宮本常一)
『パルタイ』(倉橋由美子)
『天と地と』(海音寺潮五郎)

・新安保条約、日米地位協定調印
・三池炭坑争議

年	書籍	出来事
	『図々しい奴』（柴田錬三郎） 『私は赤ちゃん』（松田道雄） 『性格』（宮城音弥） 『頭のよくなる本』（林髞） 『性生活の知恵』（謝国権） 『龍の子太郎』（松谷みよ子）	
1961（昭和36）年	『雁の寺』（水上勉） 『憂國』（三島由紀夫） 『古都』（川端康成） 『パリ燃ゆ』（大仏次郎） 『瘋癲老人日記』（谷崎潤一郎） 『一瞬の夏』（沢木耕太郎） 『何でも見てやろう』（小田実） 『英語に強くなる本』（岩田一男） 『記憶術』（南博） 『易入門』（黄小娥）	・農業基本法公布
1962（昭和37）年	『砂の女』（安部公房） 『楡家の人びと』（北杜夫） 『非の器』（高橋和巳） 『太平洋ひとりぼっち』（堀江謙一） 『竜馬がゆく』（司馬遼太郎）	・新産業都市建設促進法 ・LT貿易覚書調印

年	書籍	出来事
	『手相術』（浅野八郎） 『いやいやえん』（中川李枝子）	
1963（昭和38）年	『さぶ』（山本周五郎） 『時間の習俗』（松本清張） 『砂の上の植物群』（吉行淳之介） 『片腕』（川端康成） 『国盗り物語』（司馬遼太郎） 『白い巨塔』（山崎豊子） 『愛と死をみつめて』（河野實、大島みち子） 『老人と海』（ヘミングウェイ　福田恒存訳） 『危ない会社』（占部都美） 『ぐりとぐら』（中川李枝子、山脇百合子）	・部分的核実験禁止条約調印
1964（昭和39）年	『他人の顔』（安部公房） 『されどわれらが日々』（柴田翔） 『炎は流れる』（大宅壮一） 『個人的な体験』（大江健三郎） 『考へるヒント』（小林秀雄） 『ライ麦畑でつかまえて』（サリンジャー　野崎孝訳） 『平凡パンチ』	・経済協力開発機構に加盟 ・東海道新幹線開通 ・東京オリンピック開催
1965（昭和40）年	『豊饒の海』（三島由紀夫） 『抱擁家族』（小島信夫）	・日韓基本条約 ・朝永振一郎、ノーベル物理学賞受賞

	『氷点』(三浦綾子) 『ヒロシマ・ノート』(大江健三郎) 『本居宣長』(小林秀雄) 『聖少女』(倉橋由美子) 『おれについてこい!』(大松博文)	
1966(昭和41)年	『黒い雨』(井伏鱒二) 『沈黙』(遠藤周作) 『華岡青洲の妻』(有吉佐和子) 『青年の環』(野間宏) 『笹まくら』(丸谷才一) 『夏の流れ』(丸山健二) 『天国にいちばん近い島』(森村桂) 『頭の体操』(多湖輝)	・新東京国際空港を成田市三里塚に建設決定 ・ビートルズ来日
1967(昭和42)年	『火垂るの墓』(野坂昭如) 『レイテ戦記』(大岡昇平) 『鬼平犯科帳』(池波正太郎) 『万延元年のフットボール』(大江健三郎) 『蒼ざめた馬を見よ』(五木寛之) 『燃えつきた地図』(安部公房) 『民法入門』(佐賀潜) 『試験にでる英単語』(森一郎)	・非核三原則を表明 ・公害対策基本法公布

1968(昭和43)年	『おろしや国酔夢譚』(井上靖) 『坂の上の雲』(司馬遼太郎) 『塩狩峠』(三浦綾子) 『三匹の蟹』(大庭みな子) 『青春の蹉跌』(石川達三) 『どくとるマンボウ青春記』(北杜夫) 『道をひらく』(松下幸之助) 『共同幻想論』(吉本隆明) 『ゴルゴ13』(さいとう・たかを) 『少年ジャンプ』	・小笠原諸島返還協定に調印 ・大気汚染防止法・騒音規制法公布 ・川端康成、ノーベル文学賞受賞
1969(昭和44)年	『冬の旅』(立原正秋) 『孤高の人』(新田次郎) 『アカシアの大連』(清岡卓行) 『青春の門』(五木寛之) 『赤頭巾ちゃん気をつけて』(庄司薫) 『背教者ユリアヌス』(辻邦生) 『苦海浄土』(石牟礼道子) 『ドラえもん』(藤子・F・不二雄)	・佐藤・ニクソン会談 ・東大安田講堂事件
1970(昭和45)年	『沖縄ノート』(大江健三郎) 『日本人とユダヤ人』(イザヤ・ベンダサン) 『花埋み』(渡辺淳一)	・日米安保条約の自動延長が決定 ・大阪万博

	『ブンとフン』（井上ひさし） 『誰のために愛するか』（曾野綾子） 『華麗なる一族』（山崎豊子） 『冠婚葬祭入門』（塩月弥栄子） 『アンパンマン』（やなせたかし） 『アンアン』	
1971（昭和46）年	『死の島』（福永武彦） 『八甲田山死の彷徨』（新田次郎） 『春の坂道』（山岡荘八） 『二十歳の原点』（高野悦子） 『戦争を知らない子供たち』（北山修） 『ノンノ』	・沖縄返還協定に調印 ・ドル＝ショック
1972（昭和47）年	『恍惚の人』（有吉佐和子） 『ぐうたら人間学』（遠藤周作） 『たんぽぽ』（川端康成） 『剣客商売』（池波正太郎） 『翔ぶが如く』（司馬遼太郎） 『般若心経入門』（松原泰道） 『日本列島改造論』（田中角栄） 『指輪物語』（トールキン　瀬田貞二訳）	・沖縄が日本に返還 ・日中共同声明 ・浅間山荘事件 ・札幌冬季オリンピック開催
1973（昭和48）年	『箱男』（安部公房）	・金大中事件

	『太郎物語』（曽野綾子） 『日本沈没』（小松左京） 『不毛地帯』（山崎豊子） 『吉里吉里人』（井上ひさし） 『アルキメデスは手を汚さない』（小峰元） 『ノストラダムスの大予言』（五島勉）	・日ソ首脳会談 ・江崎玲於奈、ノーベル物理学賞受賞
1974（昭和49）年	『兎の眼』（灰谷健次郎） 『不機嫌の時代』（山崎正和） 『梅干と日本刀』（樋口清之） 『虚構の家』（曾野綾子） 『落日燃ゆ』（城山三郎） 『状況へ』（大江健三郎） 『かもめのジョナサン』（リチャード・バック　五木寛之訳）	・日韓大陸棚協定 ・田中角栄首相、金脈問題 ・佐藤栄作、ノーベル平和賞受賞
1975（昭和50）年	『複合汚染』（有吉佐和子） 『火宅の人』（檀一雄） 『震える舌』（三木卓） 『日本文学史序説』（加藤周一） 『播磨灘物語』（司馬遼太郎） 『元禄太平記』（南條範夫） 『親の顔が見たい』（川上源太郎）	・イギリスのエリザベス女王来日 ・三木首相、先進国首脳会議に出席
1976（昭和51）年	『限りなく透明に近いブルー』（村上龍）	・ロッキード事件、田中角栄逮捕

	『復習するは我にあり』（佐木隆三） 『毎日が日曜日』（城山三郎） 『人間の証明』（森村誠一） 『スローなブギにしてくれ』（片岡義男） 『知的生活の方法』（渡部昇一） 『間違いだらけのクルマ選び』（徳大寺有恒） 『こちら葛飾区亀有公園前派出所』（秋本治）	・王貞治、初の国民栄誉賞
1977（昭和52）年	『密会』（安部公房） 『ルーツ』（A・ヘイリー　安岡章太郎・松田銑訳） 『エーゲ海に捧ぐ』（池田満寿夫） 『僕って何』（三田誠広） 『泥の河』『螢川』（宮本輝） 『ゴヤ』（堀田善衛） 『エディプスの恋人』（筒井康隆） 『風と共に去りぬ』（M・ミッチェル　大久保康雄・竹内道之助訳） 『不確実性の時代』（J・K ガルブレイス　都留重人訳）	・日米漁業協定調印 ・日ソ漁業暫定協定調印
1978（昭和53）年	『黄金の日日』（城山三郎） 『海を感じる時』（中沢けい） 『和宮様御留』（有吉佐和子） 『道頓堀川』（宮本輝） 『三毛猫ホームズの推理』『セーラ服と機関銃』（赤川次郎） 『犬笛』（西村寿行） 『父の詫び状』（向田邦子）	・日中平和友好条約調印 ・靖国神社がA級戦犯を合祀 ・新東京国際空港開港
1979（昭和54）年	『風の歌を聴け』（村上春樹） 『同時代ゲーム』（大江健三郎） 『金閣炎上』（水上勉） 『四季・奈津子』（五木寛之） 『さらば国分寺書店のオババ』（椎名誠） 『ジャパン アズ ナンバーワン』（ヴォーゲル　広中和歌子・木本彰子訳） 『天中殺入門』（和泉宗章）	・東京サミット開催
1980（昭和55）年	『コインロッカー・ベイビーズ』（村上龍） 『なんとなくクリスタル』（田中康夫）	・初の衆参同日選挙開催
1981（昭和56）年	『蒲田行進曲』（つかこうへい） 『虚人たち』（筒井康隆） 『悪魔の飽食』（森村誠一） 『人間万事塞翁が丙午』（青島幸男） 『窓ぎわのトットちゃん』（黒柳徹子） 『タッチ』（あだち充）	・中国残留孤児、初の正式来日 ・福井謙一、ノーベル化学賞受賞
1982（昭和57）年	『羊をめぐる冒険』（村上春樹） 『さようなら、ギャングたち』（高橋源一郎） 『探偵物語』（赤川次郎）	・鈴木首相、先進国首脳会議に出席

	『Wの悲劇』(夏樹静子) 『セクシィ・ギャルの大研究』(上野千鶴子) 『気くばりのすすめ』(鈴木健二) 『積木くずし』(穂積隆信) 『プロ野球を10倍楽しく見る方法』(江本孟紀)	
1983(昭和58)年	『佐川君からの手紙』(唐十郎) 『首都消失』(小松左京) 『生きて行く私』(宇野千代) 『優しいサヨクのための嬉遊曲』(島田雅彦) 『コンスタンティノープルの陥落』(塩野七生) 『北斗の拳』(武論尊・原哲夫)	・田中角栄元首相に実刑判決 ・青函トンネル開通
1984(昭和59)年	『愛情物語』(赤川次郎) 『愛のごとく』(渡辺淳一) 『メイン・テーマ』(片岡義男)	・日本専売公社民営化関連5法成立 ・電電公社民営化3法成立
1985(昭和60)年	『世界の終りとハードボイルド・ワンダーランド』(村上春樹) 『ベッドタイムアイズ』(山田詠美) 『豊臣秀長 ある補佐役の生涯』(堺屋太一) 『ぼくらの七日間戦争』(宗田理) 『ドラゴンボール』(鳥山明)	・NTT、JT発足 ・プラザ合意 ・日航ジャンボ機墜落
1986(昭和61)年	『深夜特急』(沢木耕太郎) 『優駿』(宮本輝) 『この国のかたち』(司馬遼太郎) 『塀の中の懲りない面々』(安部譲二)	・東京サミット開催 ・男女雇用機会均等法施行
1987(昭和62)年	『ノルウェイの森』(村上春樹) 『サラダ記念日』(俵万智) 『ゲームの達人』(S・シェルダン 中山和郎、天馬龍行訳) 『ビジネスマンの父より息子への30通の手紙』(キングスレイ・ウォード 城山三郎訳) 『MADE IN JAPAN』(盛田昭夫) 『ジョジョの奇妙な冒険』(荒木飛呂彦)	・国鉄、分社民営化され、JRグループに ・全日本民間労働組合連合会結成大会 ・利根川進、ノーベル医学・生理学賞受賞
1988(昭和63)年	『ダンス・ダンス・ダンス』(村上春樹) 『キッチン』(吉本ばなな) 『うたかた/サンクチュアリ』(吉本ばなな) 『陰陽師』(夢枕獏) 『天河伝説殺人事件』(内田康夫) 『十津川警部の挑戦』(西村京太郎) 『日本人の英語』(M・ピーターセン) 『こんなにヤセていいのかしら』(川津祐介)	・リクルート事件 ・税制改革法、所得税法等改正、消費税法など税制改革関連法成立 ・青函トンネル開業 ・瀬戸大橋開通
1989(平成元)年	『ホーキング、宇宙を語る』(ホーキング 佐藤勝彦訳) 『ラッフルズホテル』(村上龍) 『TUGUMI』(吉本ばなな) 『孔子』(井上靖)	・昭和天皇崩御 ・消費税(3%)実施

	『スカートの下の劇場』（上野千鶴子） 『「NO」と言える日本』（盛田昭夫・石原慎太郎）	
1990（平成2）年	『文学部唯野教授』（筒井康隆） 『新宿鮫』（大沢在昌） 『うたかた』（渡辺淳一） 『恋愛論』（柴門ふみ） 『SLAM DUNK』（井上雄彦）	・自民・社会両党代表が北朝鮮訪問
1991（平成3）年	『諸葛孔明』（陳舜臣） 『大地の子』（山崎豊子） 『リング』（鈴木光司） 『トラッシュ』（山田詠美） 『ソフィーの世界』（ヨースタイン・ゴルデル　池田香代子訳）	・政府が多国籍軍の追加支出を決定 ・ソ連のゴルバチョフ大統領来日
1992（平成4）年	『複合不況』（宮崎義一） 『清貧の思想』（中野孝次） 『国境の南、太陽の西』（村上春樹） 『ゾウの時間ネズミの時間』（本川達雄） 『火車』（宮部みゆき）	・佐川急便事件 ・PKO協力法、国際緊急援助隊派遣法改正 ・PKO派遣部隊、カンボジアへ ・天皇・皇后が初の訪中 ・文部省、学校5日制を実施
1993（平成5）年	『深い河』（遠藤周作） 『マークスの山』（高村薫） 『犬婿入り』（多和田葉子） 『マシアス・ギリの失脚』（池澤夏樹）	・8派連立の非自民党内閣成立 ・東京で先進国首脳会議
	『生きるヒント』（五木寛之） 『マディソン郡の橋』（ロバート・ジェームズ・ウォラー　村松潔訳）	
1994（平成6）年	『ねじまき鳥クロニクル』（村上春樹） 『虹の岬』（辻井喬） 『大往生』（永六輔） 『知の技法』（小林康夫他） 『ビリー・ミリガンと23の棺』（ダニエル・キイス　堀内静子訳）	・ニューヨーク市場で戦後初の1ドル100円割れ ・大江健三郎、ノーベル文学賞受賞
1995（平成7）年	『パラサイト・イヴ』（瀬名秀明） 『鉄道員（ぽっぽや）』（浅田次郎） 『恋』（小池真理子） 『沈まぬ太陽』（山崎豊子） 『失楽園』（渡辺惇一） 『不機嫌な果実』（林真理子） 『脳内革命』（春山茂雄） 『あいまいな日本の私』（大江健三郎）	・新食糧法施行 ・阪神・淡路大震災発生 ・地下鉄サリン事件
1996（平成8）年	『蒼穹の昴』（浅田次郎） 『理由』（宮部みゆき） 『精霊の守り人』（上橋菜穂子） 『バッテリー』（あさのあつこ） 『「超」勉強法』（野口悠紀雄） 『7つの習慣』（スティーブン・コヴィー　川西茂訳）	・日米安全保障宣言

1997(平成9)年	『少年H』(妹尾河童) 『アンダーグラウンド』(村上春樹) 『チョコレート革命』(俵万智) 『レディージョーカー』(高村薫) 『インザ・ミソスープ』(村上龍) 『ONE PIECE』(尾田栄一郎)	・消費税5%スタート ・改正男女雇用機会均等法成立
1998(平成10)年	『大河の一滴』『他力』(五木寛之) 『日蝕』(平野啓一郎) 『老人力』(赤瀬川原平) 『五体不満足』(乙武洋匡) 『話を聞かない男、地図が読めない女』(アラン・ピーズ、バーバラピーズ　藤井留美訳)	・中国・江沢民国家主席が来日 ・長野冬季オリンピック開催
1999(平成11)年	『永遠の仔』(天童荒太) 『柔らかな頬』(桐野夏生) 『バトル・ロワイアル』(高見広春) 『日本語練習帳』(大野晋) 『ハリー・ポッターと賢者の石』(J・K・ローリング　松岡佑子訳)	・北朝鮮の工作船に海上警備行動を発令 ・山一證券廃業 ・JCO東海事業所で国内初の臨界事故
2000(平成12)年	『命』(柳美里) 『だから、あなたも生きぬいて』(大平光代) 『チーズはどこへ消えた?』(スペンサー・ジョンソン　門田美鈴訳) 『金持ち父さん貧乏父さん』(ロバート・キヨサキ&シャロン・レクター)	・九州・沖縄サミット開催 ・ロシア・プーチン大統領が来日 ・白川英樹、ノーベル化学賞受賞

2001(平成13)年	『模倣犯』(宮部みゆき) 『声に出して読みたい日本語』(齋藤孝) 『世界の中心で、愛をさけぶ』(片山恭一) 『ザ・ゴール』(ゴールドラット　三本木亮訳) 『生き方上手』(日野原重明) 『世界がもし100人の村だったら』(池田香代子)	・中央官庁が1府12省庁に再編 ・テロ対策特別措置法成立 ・野依良治、ノーベル化学賞受賞
2002(平成14)年	『半落ち』(横山秀夫) 『海辺のカフカ』(村上春樹) 『Deep Love』(Yoshi)	・日朝平壌宣言 ・北朝鮮拉致被害者5人が帰国
2003(平成15)年	『蹴りたい背中』(綿矢りさ) 『蛇にピアス』(金原ひとみ) 『博士の愛した数式』(小川洋子) 『14歳からの哲学』(池田晶子) 『13歳のハローワーク』(村上龍) 『バカの壁』(養老孟司)	・日本郵政公社発足 ・イラク人道復興支援特別措置法成立 ・個人情報保護関連5法成立
2004(平成16)年	『電車男』(中野独人) 『ダ・ヴィンチ・コード』(ダン・ブラウン　越前敏弥訳)	・有事法制関連7法成立 ・年金改革関連法設立 ・新潟県中越地震発生
2005(平成17)年	『東京タワー』(リリー・フランキー)	・郵政民営化法成立

	『半島を出よ』（村上龍） 『容疑者Xの献身』（東野圭吾） 『さおだけ屋はなぜ潰れないのか?』（山田真哉） 『下流社会』（三浦展） 『国家の品格』（藤原正彦）	・京都議定書発効 ・福知山線脱線事故
2006（平成18）年	『陰日向に咲く』（劇団ひとり） 『人は見た目が9割』（竹内一郎） 『病気にならない生き方』（新谷弘実） 『女性の品格』（坂東眞理子） 『恋空』（美嘉）	・陸上自衛隊がイラクから撤退 ・教育基本法改定が成立
2007（平成19）年	『八日目の蝉』（角田光代） 『ゴールデンスランバー』（伊坂幸太郎） 『ホームレス中学生』（田村裕） 『おひとりさまの老後』（上野千鶴子） 『生物と無生物のあいだ』（福岡伸一） 『夢をかなえるゾウ』（水野敬也）	・防衛省が発足 ・参院選で自民党大敗北
2008（平成20）年	『告白』（湊かなえ） 『悼む人』（天童荒太） 『流星の絆』（東野圭吾） 『のぼうの城』（和田竜） 『脳を活かす勉強法』（茂木健一郎）	・洞爺湖サミット開催 ・リーマン・ショック ・小林誠・益川敏英、ノーベル物理学賞、下村脩、ノーベル化学賞受賞
2009（平成21）年	『1Q84』（村上春樹） 『ヘヴン』（川上未映子） 『天地明察』（冲方丁） 『神様のカルテ』（夏川草介） 『もし高校野球の女子マネージャーがドラッカーの『マネジメント』を読んだら』（岩崎夏海）	・民主党政権発足 ・裁判員制度が施行
2010（平成22）年	『くじけないで』（柴田トヨ） 『下町ロケット』（池井戸潤） 『謎解きはディナーのあとで』（東川篤哉） 『伝える力』（池上彰） 『体脂肪計タニタの社員食堂』（タニタ）	・鳩山由紀夫内閣総辞職 ・惑星探査機はやぶさ帰還 ・根岸英一・鈴木章、ノーベル化学賞受賞
2011（平成23）年	『舟を編む』（三浦しをん） 『人生がときめく片づけの魔法』（近藤麻理恵）	・東日本大震災 ・東京電力福島第一原発事故発生
2012（平成24）年	『海賊とよばれた男』（百田尚樹） 『64』（横山秀夫） 『置かれた場所で咲きなさい』（渡辺和子） 『聞く力』（阿川佐和子）	・消費税関連法案成立 ・山中伸弥、ノーベル医学・生理学賞受賞
2013（平成25）年	『村上海賊の娘』（和田竜） 『色彩を持たない多崎つくると、彼の巡礼の年』（村上春樹） 『約束の海』（山崎豊子） 『嫌われる勇気』（岸見一郎、古賀史健）	・富士山が世界文化遺産に

2014（平成26）年	『女のいない男たち』（村上春樹） 『鹿の王』（上橋菜穂子） 『サラバ！』（西加奈子） 『学年ビリのギャルが1年で偏差値を40上げて慶應大学に現役合格した話』（坪田信貴）	・消費税が8%に ・御嶽山噴火 ・赤崎勇・天野浩・中村修二、ノーベル物理学賞受賞
2015（平成27）年	『火花』（又吉直樹） 『君の膵臓をたべたい』（住野よる） 『家族という病』（下重暁子） 『その女アレックス』（P・ルメートル　橘明美訳）	・マイナンバー制度開始 ・改定公職選挙法で選挙年齢が18歳以上に ・大村智、ノーベル医学・生理学賞、梶田隆章、ノーベル物理学賞受賞
2016（平成28）年	『コンビニ人間』（村田沙耶香）	・熊本地震

索引◉書名索引・人名索引

書名索引

英数字

人名索引

英数字

参考文献

『樋口一葉全集』、新世社、1941～1942
『明治時代の新聞と雑誌』、西田長寿著、至文堂、1966
『日本出版百年史年表』、日本書籍出版協会編、日本書籍出版協会、1968
『近代日本文学史』、三好行雄編、有斐閣、1975
『戦後出版の系譜』、田所太郎著、日本エディタースクール出版部、1976
『栗田確也の追憶』、「栗田確也の追憶」編集委員会編、栗田出版会、1978
『近代文学ノート 1～4』、勝本清一郎著、みすず書房、1979～1980
『抵抗の新聞人桐生悠々』、井出孫六著、岩波書店、1980
『フランス小説移入考』、富田仁著、東京書籍、1981
『日本の出版界を築いた人びと』、鈴木省三著、柏書房、1985
『吉本ばななと俵万智』、古橋信孝著、筑摩書房、1990
『吉本ばなな論』、松本孝幸著、JICC出版局、1991
『新文芸読本　与謝野晶子』、河出書房新社、1991
『群像日本の作家・6　与謝野晶子』、大岡信ほか編、小学館、1992
『徳富蘇峰と国民新聞』、有山輝雄著、吉川弘文館、1992
『菊地君の本屋』、永江朗著、アルメディア、1994
『日本大百科全書　1～26』小学館、1994～1998
『作家の自伝・23』、日本図書センター、1995
『結核の文化史』、福田真人、名古屋大学出版会、1995
『石橋湛山』、増田弘著、中央公論社、1995
『資料集成日本近代文学史』、磯貝英夫著、右文書院、1995
『日本出版史料 1～10』、日本出版学会・出版教育研究所編、
日本エディタースクール出版部、1995～2005
『出版界365日小事典』、鈴木徹造著、日本エディタースクール出版部、1996
『出版人物事典』、鈴木徹造著、出版ニュース社、1996
『ベストガイド日本の名著』、小田切秀雄編、自由国民社、1996
『出版の検証』、日本出版学会著、文化通信社、1996
『図鑑日本語の近代史』、紀田順一郎著、ジャストシステム、1997
『私の岩波物語』、山本夏彦著、文藝春秋、1997
『女性作家シリーズ22　中沢けい・多和田葉子・荻野アンナ・小川洋子』、
中沢けい［ほか］著、角川書店、1998
『明治の人物誌』、星新一著、新潮社、1998
『明六雑誌 上中下』、山室信一・中野目徹校注、岩波書店、1999～2009
『出版クラッシュ!?』、安藤哲也・小田光雄・永江朗著、編書房、2000

『いま、宮沢賢治を読みなおす』、小森陽一著、
川崎市生涯学習振興事業団かわさき市民アカデミー出版部、2001
『はじめて学ぶ日本児童文学史』、鳥越信編著、ミネルヴァ書房、2001
『20世紀のベストセラーを読み解く』、江種満子・井上理恵編、學藝書林、2001
『出版女性史』、池田恵美子編著、世界思想社、2001
『告白の文学：森鴎外から三島由紀夫まで』伊藤氏貴著、鳥影社、2002
『はじめて学ぶ日本の絵本史・3』、鳥越信編、ミネルヴァ書房、2002
『江戸時代の図書流通』、長友千代治著、思文閣出版、2002
『時代を創った編集者101』、寺田博編、新書館、2003
『猿飛佐助』、雪花山人著、角川書店、2003
『ベストセラーだけが本である』、永江朗著、筑摩書房、2003
『出版社大全』、塩澤実信著、論創社、2003
『明六雑誌』とその周辺』、神奈川大学人文学研究所編、御茶の水書房、2004
『龍の如く』、稲川明雄著、博文館新社、2005
『明治文学：随筆・2』、柳田泉著、平凡社、2005
『出版巨人創業物語』、佐藤義亮・野間清治・岩波茂雄著、書肆心水、2005
『ベストセラーの仕掛人』、植田康夫監修、新文化編集部編、アーク出版、2005
『メディア異人列伝』、永江朗著、晶文社、2005
『戦後思想の名著50』、岩崎稔・上野千鶴子・成田龍一編、平凡社、2006
『幸田露伴論』、関谷博著、翰林書房、2006
『あたらしい教科書：2　本』、永江朗監修、川端正吾・天野祐里編、
プチグラパブリッシング、2006
『村上春樹論集成』、川本三郎著、若草書房、2006
『ブックショップはワンダーランド』、永江朗著、六耀社、2006
『出版産業の変遷と書籍出版流通』、蔡星慧著、出版メディアパル、2006
『出版業界の危機と社会構造』、小田光雄著、論創社、2007
『編集者国木田独歩の時代』、黒岩比佐子著、角川学芸出版、2007
『なぜケータイ小説は売れるのか』、本田透著、ソフトバンククリエイティブ、2008
『ケータイ小説的。』、速水健朗著、原書房、2008
『文学地図』、加藤典洋著、朝日新聞出版、2008
『戦う石橋湛山』、半藤一利著、東洋経済新報社、2008
『現代の出版』、植田康夫著、出版メディアパル、2008
『どすこい出版流通』、田中達治著、ポット出版、2008
『雑誌は見ていた。』、植田康夫著、水曜社、2009

『反=日本語論』、蓮實重彦著、筑摩書房、２００９
『和辻哲郎：文人哲学者の軌跡』、熊野純彦著、岩波書店、２００９
『幸田露伴』、齋藤礎英著、講談社、２００９
『本は世につれ』、植田康夫著、水曜社、２００９
村上春樹『１Ｑ８４』をどう読むか』、河出書房新社編集部編、河出書房新社、２００９
『本の現場』、永江朗著、ポット出版、２００９
『日本近代文学の断面：１８９０－１９２０』、岩佐壮四郎著、彩流社、２００９
『江戸の本屋さん』、今田洋三著、平凡社、２００９
『コンサイス日本人名事典』、三省堂編修所編、
上田正昭・津田秀夫・永原慶二・藤井松一・藤原彰監修、三省堂、２００９
『出版状況クロニクル 1〜4』、小田光雄著、論創社、２００９〜２０１６
『村上春樹：都市小説から世界文学へ』、松本健一著、第三文明社、２０１０
『村上春樹を読みつくす』、小山鉄郎著、講談社、２０１０
『文豪たちの手紙の奥義』、中川越著、新潮社、２０１０
『出版界おもしろ豆事典』、塩澤実信著、北辰堂出版、２０１０
『新書がベスト』、小飼弾、ベストセラーズ、２０１０
『幕末明治傑物伝』、紀田順一郎著、平凡社、２０１０
『ヒーローのいた時代』、植田康夫著、北辰堂出版、２０１０
『セゾン文化は何を夢みた』、永江朗著、朝日新聞出版、２０１０
『戦時統制とジャーナリズム』、吉田則昭著、昭和堂、２０１０
『戦後出版史』、塩澤実信著、小田光雄編、論創社、２０１０
『筑摩書房それからの四十年』、永江朗著、筑摩書房、２０１１
『和本入門』、橋口侯之介著、平凡社、２０１１
『出版大崩壊』、山田順著、文藝春秋、２０１１
『江戸の本屋と本づくり：〈続〉和本入門』、橋口侯之介著、平凡社、２０１１
『筑摩書房の三十年１９４０－１９７０』、和田芳恵著、筑摩書房、２０１１
『樋口一葉考』、中村稔著、青土社、２０１２
『ビジュアル明治クロニクル』、世界文化社、２０１２
『ビジュアル大正クロニクル』、世界文化社、２０１２
『文豪たちの大喧嘩』、谷沢永一著、筑摩書房、２０１２
『雑誌メディアの文化史』、吉田則昭・岡田章子編、森話社、２０１２
『本の本』、斎藤美奈子著、筑摩書房、２０１２
『天才・菊池寛』、文藝春秋編、文藝春秋、２０１３
『岩波茂雄』、中島岳志著、岩波書店、２０１３
『島田清次郎：誰にも愛されなかった男』、風野春樹著、本の雑誌社、２０１３
『短歌のドア：現代短歌入門』、加藤治郎著、角川学芸出版、２０１３
『新宿で85年、本を売るということ』、永江朗著、メディアファクトリー、２０１３
『書籍文化の未来』、赤木昭夫著、岩波書店、２０１３
『昭和の出版が歩んだ道』、能勢仁・八木壮一共著、出版メディアパル、２０１３
『カッパ・ブックスの時代』、新海均著、河出書房新社、２０１３
『宗教で読み解くファンタジーの秘密・2』、中村圭志著、トランスビュー、２０１４
『日本ミステリー小説史』、堀啓子著、中央公論新社、２０１４
『本について授業をはじめます』、永江朗著、少年写真新聞社、２０１４
『「本が売れない」というけれど』、永江朗著、ポプラ社、２０１４
『生きる力』、佐藤義亮著、広瀬書院、２０１４
『完本ベストセラーの戦後史』、井上ひさし著、文藝春秋、２０１４
『ザ・クロニクル戦後日本の70年　1〜14』、共同通信社、２０１４〜２０１５
『下中彌三郎』、中島岳志著、平凡社、２０１５
『本の世紀』、信濃毎日新聞取材班編、東洋出版、２０１５
『電子書籍ビジネス調査報告書２０１５』、インプレス総合研究所編、
インプレス、２０１５
『障害者の読書と電子書籍』、日本盲人社会福祉施設協議会情報サービス部会編、
小学館、２０１５
『広辞苑の中の掘り出し日本語』、永江朗著、新潮社、２０１５
『書物学　第4巻　出版文化と江戸の教養』、勉誠出版、２０１５
『未完の平成文学史』、浦田憲治著、早川書房、２０１５
『村上春樹は、むずかしい』、加藤典洋著、岩波書店、２０１５
『「フランスかぶれ」の誕生』、山田登世子著、
藤原書店、２０１５『飾らず、偽らず、欺かず』、田中伸尚著、岩波書店、２０１６
『もういちど読む山川日本戦後史』、老川慶喜著、山川出版社、２０１６
『戦後的思考』、加藤典洋著、講談社、２０１６
『出版の冒険者たち。』、植田康夫著、水曜社、２０１６
『戦後文学を読む』、奥泉光・群像編集部編、講談社、２０１６

朝日新聞（夕刊）　１９９４年2月10日
朝日新聞（夕刊）　１９９４年2月15日
朝日新聞　１９９４年10月31日
朝日新聞　２００７年10月6日

朝日新聞　２００９年４月２日
東奥日報　２０１１年10月24日
東京新聞(夕刊)　２００２年２月８日
東京新聞　２００３年11月２日
西日本新聞　２００７年４月15日
毎日新聞(夕刊)　１９８３年９月１日
北海道新聞　２００１年４月22日
北海道新聞(夕刊)　２００３年11月18日
読売新聞(夕刊)　１９８４年６月25日
読売新聞(夕刊)　１９９５年01月23
読売新聞　２０１６年８月10日
読売新聞　２００８年６月27日

『ＡＥＲＡ』１９８９年10月３日号
『Esquire　日本版』２００７年４月号、エスクァイアマガジンジャパン
『週刊朝日』２０１６年11月11日号
『週刊現代』１９９７年３月22日号
『週刊新潮』２０１４年７月14日号
『宣伝会議』２０１４年４月号
『文学界』１９８９年５月号
『文化評論』１９７６年９月号
『文學界』１９９７年６月号
『文藝』１９７６年９月号
『文藝春秋』１９８３年９月号
『文藝春秋』２００４年９月臨時増刊号
『本の話』２００５年６月号

（発行年順）

カバー・表紙・扉デザイン	渡邊民人（TYPEFACE）
本文デザイン	中務慈子
年表デザイン	オノ・エーワン
企画・進行	設楽幸生（WAVE出版）
原稿作成	深川岳志／栗下直也／田中里枝／馬渡紗弓／宮崎弘徳
校閲・校正	鴎来堂
写真協力	国立国会図書館／日本近代文学館／アマナ／毎日新聞社／大宅壮一文庫／博文館新社／未来社／高知県立文学館／集英社
編集協力	オメガ社／田中潤／藤原雅夫／深澤晴彦

監修 永江 朗（ながえ・あきら）

1958年北海道生まれ。法政大学文学部哲学科卒業。西武百貨店系の洋書店「アール・ヴィヴァン」に約7年間勤務した後、『宝島』などの編集を経てフリーライターに。「哲学からアダルトまで」幅広いジャンルで活躍する。とりわけ書店流通には造詣が深い。著書に『51歳からの読書術―ほんとうの読書は中年を過ぎてから』(六耀社)、『「本が売れない」というけれど』(ポプラ新書)、『おじさんの哲学』(原書房)、『小さな出版社のつくり方』(猿江商會)など。

日本の時代をつくった本

2017年4月30日　第1版第1刷発行

監　修　永江朗

発行者　玉越直人

発行所　WAVE出版
〒102-0074　千代田区九段南3丁目9番12号
TEL. 03-3261-3713　FAX. 03-3261-3823
振替 00100-7-366376
info@wave-publishers.co.jp
http://www.wave-publishers.co.jp

印刷所　中央精版印刷

ISBN978-4-86621-040-7
NDC902 319p 30cm